LE TRAVAIL

UNE RESPONSABILITÉ COLLECTIVE

LE TRAVAIL

UNE RESPONSABILITÉ COLLECTIVE

Rapport final
de la Commission consultative
sur le travail
et la révision du code du travail

Québec

L'édition de cet ouvrage a été réalisée
à la Direction générale des publications gouvernementales
du ministère des Communications du Québec

Dépôt légal — 4ᵉ trimestre 1985
Bibliothèque nationale du Québec
Bibliothèque nationale du Canada
ISBN 2-5510-9140-3
© Gouvernement du Québec

Monsieur Raynald Fréchette
Ministre du Travail
Hôtel du Gouvernement
Québec, Qc

Monsieur le Ministre,

Les soussignés, membres de la Commission consultative sur le travail et sur la révision du Code du travail, ont l'honneur de vous transmettre le rapport final de leurs démarches de consultation, concertation et législation sur le travail et la révision du Code du travail, dans le secteur privé, en votre qualité de Ministre responsable de la Commission et de Président du Comité interministériel créé par le Décret ministériel du 7 mars 1984 (n° 533-84), et vous prient de remettre ce rapport aux membres dudit Comité, les ministres de la Main-d'oeuvre et de la Sécurité du revenu, de l'Industrie, du Commerce et du Tourisme, de l'Enseignement supérieur, de la Science et de la Technologie, de la Condition féminine, et des présidents du Comité de développement économique et du Comité de développement social.

René Beaudry, j.c.p.,
Président.

Carol Jobin,
Secrétaire.
Montréal, le 31 octobre 1985

Jean-Jacques Gagnon,
Commissaire.

Jean Gérin-Lajoie,
Commissaire.

Viateur Larouche,
Commissaire.

Jeannine Mc Neil,
Commissaire.

Composition de la Commission consultative sur le travail

PRÉSIDENT

Monsieur le juge René Beaudry, j.c.p.

COMMISSAIRES

Monsieur Jean-Jacques Gagnon

Monsieur Jean Gérin-Lajoie

Monsieur Viateur Larouche

Madame Jeannine Mc Neil

COMITÉ DE GESTION

SECRÉTAIRE

Me Carol Jobin

SECRÉTAIRE-ADJOINT

Monsieur André L'Heureux

ADMINISTRATEUR

Monsieur Jean Boily

RESPONSABLE DES RELATIONS AVEC LES INTERVENANTS ET LES PARTENAIRES

Madame Gisèle Tremblay

DIRECTRICE DE LA RECHERCHE

Madame Nicole Lemay

Liste des personnes qui ont travaillé pour la Commission

Dominique Bastien,
  assistante de recherche

Carole Beaupré,
  secrétaire

Yves Bélanger,
  agent de recherche

Guy Bellemare,
  agent de recherche

Alain Bessette,
  agent de recherche

Paule Bolduc,
  agente d'information

Carole Bourgault,
  secrétaire

Jacques Brisbois,
  agent de recherche

Danielle Caron-Morissette,
  secrétaire du Président

Louise Carpentier-Girard,
  bibliothécaire

Colette Chatillon,
  agente de recherche

Yves Clermont,
  agent de recherche
  conseiller juridique

Marie Côté,
  téléphoniste-réceptionniste

Diane Crépin,
  technicienne en administration

Hélène Daoust,
  secrétaire

Jean Demers,
  administrateur

Nicole Desbiens,
  agente de recherche

Lucille Dubois,
  secrétaire

Nicole Duchesneau,
  assistante de recherche

Danielle Ferragne,
  secrétaire à l'administration

Louise Fortin,
  secrétaire

Lyne Gaudreault,
  secrétaire

Hélène Gendron,
téléphoniste-réceptionniste

Nicole Geoffroy,
agente d'information

Kenneth George,
agent de recherche

Louise Goyette,
secrétaire

Céline Huot,
secrétaire

Francine Jacques,
assistante de recherche

Marie Jacob,
agente de recherche

Nicole Joly,
*secrétaire du
Secrétaire-adjoint*

Daniel Labrie,
messager-chauffeur

Michèle Ladouceur,
secrétaire

Hélène Latouche,
directrice des communications

Lilianne Ledoux,
*secrétaire de la Directrice
de la recherche*

Louise Lemieux,
*secrétaire de la Responsable
des relations avec les
intervenants*

Carole Ouellet,
technicienne en administration

Claude-Philippe Painchaud,
agent de recherche

Rose-Marie Pelletier,
agente de recherche

Anne-Hélène Pénault,
agente de recherche

Nicole Perron,
bibliothécaire

Esther Poiré,
agente de recherche

Lisette Poulin,
technicienne en administration

Jocelyne Quessy,
agente d'information

Magdy Rizk,
agent de recherche

Linda Rouleau,
agente de recherche

Danielle Roy-Therrien,
secrétaire

Claudia Sciamma,
consultante en communication

Camille Simony,
secrétaire du Secrétaire

France Thibault,
téléphoniste-réceptionniste

Carole Tremblay,
  secrétaire

France Trudel,
  secrétaire

Guylaine Vallée,
  agente de recherche

Remerciements

Au moment de soumettre leur rapport, les commissaires et le soussigné désirent exprimer leur reconnaissance et leurs remerciements à l'endroit des personnes qui ont apporté leur précieuse collaboration à nos travaux et qui ont ainsi contribué à faciliter notre tâche. Une liste complète des collaborateurs figure au début de ce rapport.

Soulignons, en particulier, la précieuse assistance du secrétaire Me Carol Jobin, de l'administrateur Jean Boily, du secrétaire-adjoint André L'Heureux, de la directrice de la recherche Nicole Lemay et de la responsable des relations avec les intervenants et partenaires, Gisèle Tremblay.

Mesdames Danielle Caron-Morissette, secrétaire du Président, Camille Simony, responsable du secrétariat, Danielle Ferragne, secrétaire à l'administration, et Lilianne Ledoux, secrétaire du bureau de Québec ont, entre autres, assumé leurs responsabilités avec maîtrise et empressement.

Du 7 mars jusqu'au début de septembre 1984, cette Commission fut présidée par Monsieur Gilles Châtillon. Il a en particulier dirigé les travaux de mise en oeuvre du « Document de consultation » et présidé à la rencontre publique de concertation de juin 1984. Il a mis toutes ses énergies dans l'exercice de sa lourde responsabilité. Nous sommes heureux de lui transmettre notre appréciation pour son apport à la première phase des travaux de la Commission.

Nous sommes assurément tributaires de l'intérêt, de la participation et de la contribution des partenaires sociaux, des chercheurs, des membres du Comité ministériel, des associations professionnelles et des organismes publics, dont la liste figure aux annexes B et C du présent rapport. Qu'il nous soit permis, entre autres, de souligner la contribution expérimentée du président du Conseil consultatif du travail et de la main-d'oeuvre, Monsieur Raymond Parent et du juge en chef du Tribunal du travail Monsieur le juge Jean-Paul Geoffroy.

Enfin, nous avons grandement apprécié le concours constant et objectif du ministre du Travail, Monsieur Raynald Fréchette. De son Ministère, nous tenons à remercier le sous-ministre Yvan Blain, les sous-ministres adjoints Raymond Désilets et Réjean Parent, ainsi que le secrétaire François Delorme et le conseiller juridique Me Benoît Belleau pour l'empressement et l'excellence de leur collaboration.

René Beaudry, j.c.p.,
Président.

Table des matières

Introduction

La Commission consultative sur le travail (CCT) a été créée le 7 mars 1984 par décret gouvernemental dans le cadre d'une démarche de « consultation / concertation / législation sur le travail et la révision du *Code du travail* précisément pour le secteur privé ». [1]

Le mandat

Le mandat de la Commission comportait plusieurs facettes. Son but premier était de proposer aux partenaires sociaux et au Gouvernement des mesures propres à améliorer les relations du travail. Ces mesures devaient favoriser la poursuite des objectifs suivants : des relations du travail harmonieuses, une organisation du travail productive et une implication valorisante des travailleuses et des travailleurs dans l'entreprise.

Quant à la méthode, on prévoyait que la Commission étudie la situation, consulte des personnes et des groupes et identifie les consensus intervenus entre les partenaires pour en arriver à proposer des recommandations dans un rapport à déposer à un comité ministériel créé par le Gouvernement pour le représenter et présidé par le ministre du Travail. On précisait également les moyens à utiliser tels que l'exécution de recherches, la tenue d'audiences publiques régionales et nationales ainsi que l'élaboration d'un état de la situation et des propositions de solutions.

En même temps qu'il créait la Commission, le Gouvernement lui assignait la responsabilité de présider à la tenue d'une série de conférences socio-économiques sur le travail réunissant des représentants du milieu patronal, du monde syndical, des groupes intéressés aux relations du travail et des porte-parole du Gouvernement. Dans l'esprit du mandat, de telles conférences devaient être l'instrument des consensus à atteindre entre partenaires.

Enfin, le décret prévoyait que le rapport, les conclusions et recommandations de la Commission s'adresseraient aux partenaires sociaux, au Gouvernement et à la population.

En début de rapport, il y a donc lieu que la Commission fasse état de ses activités et de la démarche qu'elle a suivie pour en arriver à ses recommandations.

Les activités

Sitôt formée, la CCT a consacré ses travaux à évaluer les termes très généraux de son mandat et l'ampleur de la démarche de consultation/concertation/législation. C'est au cours de cette étape que la Commission décida de découper la matière à soumettre à la consultation en quatre champs :

1°) le travail et les conditions de travail,

2°) l'entreprise et la gestion,

3°) le droit d'association et les relations du travail, et

4°) les institutions, les mécanismes et les recours.

Chaque champ fut décrit en termes larges dans un document dont une première version fut d'abord soumise pour commentaires aux partenaires de la Commission, à la fin mai 1984. Une version finale fut ensuite rédigée. Intitulé *L'orientation et la démarche de consultation/concertation/législation sur le travail et la révision du Code du travail*[2], ce document servit de base de discussion à une conférence socio-économique réunissant les partenaires, présidée par Monsieur Gilles Châtillon alors président de la Commission. La « Conférence sur le travail et la révision du Code du travail »[3], tenue à Québec les 18 et 19 juin 1984, avait pour objectifs de permettre aux partenaires d'exprimer leur perception de la situation des relations du travail ainsi que leurs préoccupations et leur degré d'intérêt pour chacun des quatre champs d'étude déjà circonscrits. Les résultats[4] furent concluants à deux égards. Premièrement, l'opération n'a pas eu pour effet de réduire significativement le domaine d'étude de la Commission même si, à l'intérieur de chaque champ, des corrections purent être apportées. Deuxièmement, tous les partenaires tombèrent d'accord pour dire que la Commission devrait viser une plus grande intégration des lois du travail, en particulier des définitions et recours qu'elles contiennent.

Après cette conférence, la Commission s'engagea dans la préparation de la consultation publique. Un « Document de consultation »[5] fut rédigé. Sur la base des champs d'étude, quelque trente-cinq thèmes de consultation furent élaborés afin de permettre la plus large expression possible de tous les intervenants. Ceux-ci étaient invités à s'inscrire aux audiences[6], à déposer des mémoires et à exprimer leurs demandes sous forme de propositions d'action.

Peu avant le début des audiences publiques, la Commission prit acte de la démission de son président et de son remplacement par Monsieur le Juge René Beaudry, le 19 septembre 1984[7].

Les audiences publiques de consultation se tinrent du 2 octobre au 21 décembre 1984 et menèrent la Commission successivement à Jonquière, Baie-Comeau, Rouyn, Rimouski, Trois-Rivières, Sherbrooke, Québec, Hull et Montréal. Plus de soixante-douze (72) séances réparties sur environ trente-cinq jours ont permis à la Commission d'entendre quelque 250 intervenants dont les mémoires comportaient près de 1 675 propositions d'action, ce qui indique l'intérêt suscité par ces audiences[8]. Au terme de cette étape, la Commission devenait dépositaire d'une masse d'informations reflétant les aspirations de toute une société face au phénomène du travail[9].

Parallèlement à la consultation publique, la Commission avec l'aide du ministère du Travail, adoptait et mettait en oeuvre un programme de recherche qui, s'inspirant toujours de ses quatre champs d'étude, comportait une trentaine de projets confiés à des chercheurs universitaires, praticiens ou firmes[10]. La performance des chercheurs est digne de mention, si on considère que le délai imparti pour la réalisation des projets et du programme fut très court.

Le début de l'année 1985 fut consacré à faire le bilan de la consultation et à préparer une série de rencontres avec les organismes gouvernementaux et diverses associations professionnelles chargés de l'application des régimes de relations du travail. En février et mars 1985, la Commission a tenu une vingtaine de rencontres de ce type[11] qui lui ont permis de compléter son information sur les différentes propositions dont l'avaient saisie les intervenants. L'abondance de la matière à traiter et l'ampleur du travail à venir pour parvenir à un rapport final ont empêché la Commission, malgré son intérêt, de consulter davantage d'experts ou d'approfondir sa réflexion sur les expériences étrangères.

En mars 1985, la Commission ressentit le besoin de consulter ses principaux partenaires sur ce qui leur apparaissait comme la meilleure méthode de consultation/concertation pour en arriver à échanger sur des hypothèses de recommandations. Il est ressorti de cette consultation que la plupart des partenaires ne souhaitaient pas la tenue d'une autre conférence socio-économique publique mais inclinaient plutôt vers l'échange de vues lors de séances de consultation informelles sur des hypothèses de recommandations. La Commission a donc orienté ses travaux dans cette direction.

Peu après, comme prévu au moment d'entreprendre les audiences, un premier décret de prolongation portait l'échéance de remise du rapport de fin mai 1985 qu'il était, à fin septembre 1985[12].

En juin 1985, les partenaires furent à nouveau rencontrés par groupes d'intérêts pour faire connaître leurs réactions à des textes de la Commission portant sur un échantillon de quatre thèmes[13]. Cet échange fut enrichissant quoiqu'il n'apparut pas que les positions déjà exprimées dans les mémoires des partenaires aient considérablement évolué dans le sens d'un rapprochement.

À partir de ce moment, la Commission intensifia le travail de conception et de rédaction de son rapport, s'alimentant aussi des résultats des recherches qu'elle avait commandées.

Une dernière prolongation de mandat s'avéra nécessaire pour tenir compte des délais de publication du rapport et des recherches[14]. Ainsi, l'existence de la Commission fut prolongée jusqu'au 31 décembre 1985.

L'esprit du rapport

Tout au long de ses travaux, la Commission a poursuivi sa démarche tout en étant habitée par les aspirations, souvent inconciliables, des groupes qui vivent concrètement le travail et les relations du travail.

En prenant connaissance de ce rapport, il faut donc avoir en mémoire que cette Commission n'était pas tant un « groupe d'étude et de recherche » qu'un groupe de consultation. De là on comprendra que le rapport ne propose pas une réforme profonde et exhaustive d'un régime dont l'économie générale s'avérerait d'une logique sans faille. Il faut plutôt y voir des recommandations tributaires de la recherche d'un modus vivendi tenant compte des positions divergentes des partenaires à un moment donné de l'évolution de leurs relations. En ce sens, le rapport ne propose pas une vision de ce que devrait être idéalement le régime de relations du travail, mais propose plutôt un ensemble de mesures susceptibles d'apporter une relative détente dans les oppositions. Ces mesures ont été formulées en considérant la globalité de la situation et la rareté des consensus obtenus.

À défaut de tels consensus, les commissaires ont consacré de nombreuses heures de travail, d'étude et de discussions à les rechercher entre eux. Leurs recommandations portent sur un grand nombre de sujets dont les uns sont fort vastes, d'autres très controversés et d'autres enfin fondamentalement litigieux. Dans ce contexte, certains commissaires ont maintenu tout au long des délibérations des réserves individuelles quant au contenu et à la portée de certaines recommandations. À cet égard, compte tenu que la recherche d'un consensus était omniprésente et que la Commission a toujours essayé de tendre vers un rapport unanime, chaque recommandation reçoit l'appui de la large majorité des commissaires. Il est donc exact de dire qu'au-delà des réserves individuelles et ponctuelles, l'ensemble du rapport reflète leur pensée collective. C'est pourquoi les commissaires endossent tous ce rapport. Il ne faudra pas s'étonner qu'ensuite, chaque recommandation ne fasse pas l'unanimité des partenaires. Aussi, nous exprimons le souhait, dans l'intérêt de notre société, que l'on considère ces recommandations dans leur ensemble.

Avec du recul, on s'apercevra que cette Commission n'aura été qu'un moment dans les relations entre partenaires. C'est notre voeu que l'éclairage fourni par ce rapport les incite à consacrer davantage d'énergies à trouver entre eux des consensus. Un tel effort implique une reconnaissance sans ambiguïté de l'existence et de la contribution des autres. À cet égard, on ne peut que souhaiter une évolution des mentalités. D'ailleurs, la Commission a pu constater que, souvent, la loi n'est que la résultante de problèmes de mentalités et de comportements. En ce sens, nos recommandations, qu'elles impliquent ou non des amendements aux lois, sont autant d'adresses aux parties, d'où le titre du rapport: « Le travail: une responsabilité collective ».

Le plan du rapport

En un premier chapitre, un état de situation est dressé de façon sommaire afin de mieux situer le contexte dans lequel se situe la Commission.

Le second chapitre est consacré au travail dans son sens le plus large et aux conditions de travail. Il y sera notamment question du droit au travail, des statuts ou situations de travail et de la problématique entourant l'accès à l'égalité dans l'emploi et à l'emploi.

Le troisième chapitre traite de l'entreprise et de sa gestion. L'emphase est d'abord mise sur la gestion des ressources humaines. Ensuite, on y traite de trois phénomènes qui revêtent une certaine acuité dans le cadre des relations du travail au niveau de l'entreprise, soit les licenciements collectifs (ou fermetures d'entreprises), les changements technologiques et la sous-traitance.

Le quatrième chapitre, s'appuyant sur un consensus majeur, aborde l'intégration des lois du travail en un véritable *Code du travail.*

Le cinquième chapitre donne lieu à une analyse systématique des lois prévoyant les conditions minimales de travail, qui constituent le seul régime de relations du travail applicable aux non-syndiqués.

Le sixième chapitre s'intéresse aux rapports collectifs du travail. L'actuel *Code du travail* y est étudié selon sa séquence : syndicalisation, négociation et conflit de travail. On y examine en plus le régime des décrets de convention collective. Enfin, on y fait le point sur l'ensemble des institutions qui administrent les recours qui en découlent.

Le septième chapitre examine la situation de l'information, de la concertation et de la consultation principalement sous l'angle des politiques gouvernementales en ces matières.

Enfin, le rapport conclut en récapitulant les diverses recommandations.

On trouvera en annexe les actes constitutifs de la Commission, un bref rapport de ses activités de consultation / concertation, son programme de recherche et un projet de codification des lois révisées qui, à titre indicatif, évoque ce que serait un code intégré [15] comprenant entre autres les diverses recommandations du présent rapport.

Notes et références

1. Gouvernement du Québec, décret no. 533-84 concernant la création d'une Commission consultative et d'une Conférence socio-économique sur le travail, 7 mars 1984. Reproduit à l'Annexe « A »: *Décrets relatifs à la Commission consultative sur le travail.*

2. Commission consultative sur le travail, *L'orientation et la démarche de consultation/ concertation/législation sur le travail et la révision du Code du travail,* 1er juin 1984, 23 p.

3. Commission consultative sur le travail, *La Conférence sur le travail et la révision du Code du travail — Québec, les 18 et 19 juin 1984 — Programme,* juin 1984, 40 p.

4. Commission consultative sur le travail, *La Conférence sur le travail et la révision du Code du travail — Québec, les 18 et 19 juin 1984 — Rapport des délibérations,* janvier 1985, 395 p.

5. Commission consultative sur le travail, *Audiences publiques sur le travail et la révision du Code du travail — Document de consultation,* septembre 1984, 32 p.

6. Commission consultative sur le travail, *Participer au changement — Audiences publiques sur le travail et la révision du Code du travail; octobre, novembre, décembre 1984,* septembre 1984, feuillet.

7. Gouvernement du Québec, décret no. 2119-84 concernant les nominations de Messieurs René Beaudry et Jean Boily à la Commission consultative sur le travail, 19 septembre 1984. Reproduit à l'Annexe « A »: *Décrets relatifs à la Commission consultative sur le travail.*

8. Voir Annexe « B »: *Sommaire des activités de consultation/concertation de la Commission consultative sur le travail.*

9. Commission consultative sur le travail, *Résumé des propositions — Audiences publiques: octobre-décembre 1984,* mars 1985, 175 p.
Ce document a été rédigé à partir des *Recueils des propositions — Audiences publiques: octobre-décembre 1984,* février 1985:
Champ I: *Le travail et les conditions de travail,* tome I, pp. 1-570, tome II, pp. 571-1150;
Champ II: *L'entreprise et la gestion,* 438 p.;
Champ III: *Le droit d'association et les relations du travail,* tome I, pp. 1-796, tome II pp. 797-1598;
Champ IV: *Les institutions, les mécanismes et les recours,* 424 p.

10. Voir Annexe « C »: *Programme de recherche de la Commission consultative sur le travail.*

11. Voir Annexe « B » *Sommaire des activités de consultation/concertation de la Commission consultative sur le travail.*

12. Gouvernement du Québec, décret no. 686-85 concernant la Commission consultative sur le travail, 3 avril 1985. Reproduit en Annexe « A »: *Décrets relatifs à la Commission consultative sur le travail.*

13. Voir Annexe « B »: *Sommaire des activités de consultation/concertation de la Commission consultative sur le travail.*

14. Gouvernement du Québec, décret no. 1824-85 concernant la Commission consultative sur le travail, 4 septembre 1985. Reproduit à l'Annexe « A »: *Décrets relatifs à la Commission consultative sur le travail.*

15. Annexe « D »: *Projet de codification des principales lois du travail.*

Chapitre I

Données sur l'état de la situation

Préambule

La conjoncture économique québécoise du début des années 80 a eu de nombreuses répercussions sur le travail. Plusieurs secteurs industriels ont éprouvé des difficultés. Les fermetures et relocalisations d'entreprises ont notamment affecté de nombreuses régions et contribué à maintenir un taux de chômage élevé. Certains secteurs comme les pâtes et papiers se sont livrés à une vaste restructuration et à une modernisation de leurs activités de production. Enfin, la plupart des industries québécoises ont commencé à s'ajuster aux nouvelles technologies et à tenir davantage compte de la concurrence internationale. Ces réalités économiques nouvelles provoquent des réaménagements de la structure du travail et modifient la physionomie de l'emploi, avec diverses conséquences pour les travailleurs et travailleuses du Québec.

Le présent chapitre a pour objet de situer ces changements et leur impact sur le travail et les relations du travail au Québec au cours des dernières années. Nous y abordons quatre sujets principaux, soit l'évolution des entreprises, celle de l'emploi et des salaires, la nature des regroupements d'intérêts autour desquels les relations du travail se structurent et, finalement, la présentation des différents régimes de relations du travail en application au Québec.

Avant de nous engager dans cette présentation, signalons que ce chapitre constitue une version remaniée et condensée d'une recherche qui sera éventuellement publiée par la Commission.

1.1 La situation des entreprises au Québec

Notre économie fonctionne en vertu des règles du marché et de la libre entreprise. Elle repose sur le dynamisme des entreprises. Or, les données colligées dans le Fichier central des entreprises du gouvernement québécois permettent d'évaluer à environ 157 000 le nombre total des entreprises à but lucratif en opération au Québec en juin 1985[1], et à 250 000 le nombre des établissements[2].

La répartition sectorielle de ces entreprises reflète les caractéristiques principales de l'économie québécoise. En effet, la très grande majorité d'entre elles, près de 79 %, évolue dans le secteur tertiaire, contre 18 % dans le secteur secondaire et à peine 3 % dans le secteur primaire. Ces données nous permettent de constater notamment une certaine tertiarisation de l'économie.

Les entreprises québécoises sont généralement de taille modeste. En effet, 87 % de toutes les entreprises québécoises comptent en 1985 entre 0 et 49 employés alors que 0,2 % seulement en emploient 500 et plus. L'influence économique des petites entreprises n'est cependant pas proportionnelle à leur nombre. Les données disponibles sur la répartition de l'emploi au Québec indiquent, par exemple, que les petites et moyennes entreprises (PME)[3] manufacturières sont à l'origine de 54,3 % de l'emploi mais de 40,5 % de la valeur des livraisons. L'étude de l'évolution de la participation des PME à notre économie démontre toutefois que ce groupe est précisément celui qui s'est le plus développé en termes de valeur de production et de création d'emplois au cours des vingt dernières années[4]. Elle révèle, en outre, qu'à valeur de production égale, les PME ont été génératrices d'un plus grand nombre d'emplois. Ce constat met en évidence l'importance stratégique et croissante de ce groupe d'entreprises.

L'impression qui se dégage des chiffres que nous venons d'évoquer est cependant un peu trompeuse. Les PME, malgré leur nombre et malgré leur importance indéniable, n'exercent pas la même influence sur l'économie québécoise que les entreprises de plus grande taille. Cependant des données récentes indiquent que la part des activités réalisées par les grandes entreprises au Québec est déclinante. Le déplacement de certaines activités de production vers l'Ouest canadien et l'attrait des grandes entreprises pour les autres régions du monde expliquent en partie ce déclin.

Par ailleurs, plusieurs entreprises québécoises ont été affectées par la dernière récession. Au cours de 1981 et de 1982, plus particulièrement, le Québec a été à l'origine de 45 % des faillites commerciales canadiennes.

De 2 071 qu'elles étaient en 1979, ces faillites ont atteint le nombre de 3 306 en 1981 et franchi le cap des 4 000 en 1982[5]. La majorité des victimes de la récession ont été précisément des entreprises artisanales ou des PME mais plusieurs grandes sociétés ont également été contraintes de déposer leur bilan. Cette conjoncture défavorable a provoqué dans les milieux d'affaires de nombreuses remises en question et avivé certaines de leurs préoccupations les plus importantes telles la compétitivité et la productivité. Ces milieux désirent notamment se tailler une place nouvelle dans les économies nord-américaine et mondiale. Or, au plan de la productivité, le Québec montre un certain retard par rapport à l'Ontario et à l'ensemble du Canada. Selon l'Institut national de productivité (INP), malgré une amélioration récente digne de mention, le Québec accuse encore, à ce chapitre, un décalage de plusieurs années.

La conjoncture économique a également eu pour effet de stimuler ce qu'il est convenu d'appeler « l'entrepreneurship » québécois. Cet entrepreneurship s'est notamment manifesté par la création de nouvelles entreprises et par la réorientation des activités d'autres entreprises. On a ainsi consacré d'importantes ressources à la remise à neuf de l'équipement de divers secteurs industriels et au soutien de nouvelles activités orientées notamment vers les nouvelles technologies et les services aux entreprises.

Mais ce redéploiement de l'économie repose en grande partie sur l'amélioration de la productivité des entreprises. Or, celle-ci ne peut résulter uniquement des efforts de modernisation des équipements. L'entreprise doit également rechercher de nouvelles formules susceptibles d'améliorer la productivité de ses employés. Plusieurs entreprises se sont tournées vers des formules de participation à la propriété ou aux bénéfices dans le but d'augmenter l'intérêt de leurs salariés pour leur travail. L'impact direct de ces mesures sur la productivité est actuellement difficile à établir.

D'autres entreprises ont préféré des approches de gestion plus axées vers la satisfaction des travailleurs et l'amélioration du climat général dans lequel ils évoluent. La gestion des ressources humaines est ainsi devenue une des pièces de la restructuration des entreprises et du redéploiement industriel, en ce qu'elle transforme l'ensemble des rapports organisationnels et administratifs qu'entretiennent les travailleurs et les dirigeants dans l'entreprise. Une meilleure gestion des ressources humaines devrait permettre de pallier certaines faiblesses organisationnelles des entreprises.

L'application encore limitée de ces techniques de gestion et la faible sensibilité d'un trop grand nombre de gestionnaires à l'endroit de la satisfaction au travail de leurs employés demeurent des obstacles réels à l'amélioration de la productivité et des conditions de production.

1.2 La situation de l'emploi et des travailleurs

Les fluctuations de l'économie dont nous avons précédemment fait état ont également eu de nombreuses répercussions sur l'emploi au Québec. Après des baisses marquées en 1981 et 1982, l'emploi a connu une hausse de 2,2 % en 1983 et de près de 3 % en 1984. Cette croissance a cependant varié considérablement d'un secteur d'activité à l'autre. En 1984, plus de 7 emplois sur 10 étaient situés dans le secteur tertiaire contre 2,5 emplois dans le secteur secondaire et 0,5 dans le secteur primaire. La tertiarisation de l'emploi continue donc de s'accentuer (tableau 1.1). Rappelons, en effet, qu'entre 1941 et 1981, le secteur tertiaire a presque triplé sa main-d'oeuvre dépassant en cela le taux de croissance des autres secteurs de l'économie.

Ces dernières années, le secteur secondaire a fait face à une situation plutôt difficile. Le nombre d'emplois y est passé de 735 000 en 1980 à 681 000 en 1984[6], ce qui représente une baisse de 7,3 %. L'industrie de la fabrication est à l'origine de cette situation même si sa performance s'est améliorée de façon sensible entre 1983 et 1984 et même si les emplois perdus depuis 1980 n'ont pas été entièrement récupérés. Signalons enfin que le secteur primaire a dû s'ajuster à la nouvelle situation économique: l'agriculture et plusieurs industries rattachées à l'extraction minière, comme celle du fer qui a été grandement éprouvée au cours des dernières années, occupent aujourd'hui une position inférieure à celle d'il y a cinq ans.

Le niveau élevé du chômage est une autre manifestation de la performance de l'économie québécoise. De 8,1 % qu'il était en 1975, le taux de chômage au Québec est passé à 9,8 % en 1980, à 10,3 % en 1981 et à 13,8 % en 1983 pour redescendre par la suite à 12,8 % en 1984. On dénombre 401 000 chômeurs au Québec pour cette dernière année (tableau 1.2). Signalons toutefois qu'entre 1983 et 1984, le nombre total des chômeurs a baissé de 26 000 en valeur absolue[7]. Ce progrès récent dénote une amélioration de la situation économique générale.

Tableau 1.1

L'emploi par secteur d'activité au Québec, 1984

		en nombre (,000)	en %
Secteur primaire	**Sous-total:**	**128**	**4,8**
Agriculture		77	2,9
Autres industries primaires		51	1,9
Secteur secondaire	**Sous-total:**	**681**	**25,0**
Fabrication		560	20,5
Construction		121	4,4
Secteur tertiaire	**Sous-total:**	**1 913**	**70,2**
Transport, entreposage et communications		202	7,4
Commerce		480	17,6
Finances, assurances et affaires immobilières		146	5,4
Services socio-culturels, personnels et commerciaux		888	32,6
Administration publique et défense		196	7,2
Total		**2 722**	**100**

Source: Statistique Canada, *La population active*, catalogue 71-001.

Tableau 1.2

La population active, l'emploi et le chômage

Québec, 1976, 1980, 1984 (en milliers)

	1976	**1980**	**1984**
Population active	2 689	2 988	3 123
Emploi	2 456	2 694	2 722
Chômage	233	294	401

Source: Statistique Canada, *La population active*, catalogue 71-001.

D'un autre point de vue, la présence accrue des femmes sur le marché du travail constitue très certainement le phénomème marquant des dix dernières années. Au total, 74,1 % de la hausse nette de la population active observée entre 1975 et 1984 est attribuable aux femmes. L'emploi féminin a d'ailleurs suivi une trajectoire parallèle à celle de la présence féminine au sein de la population active. En 1975, la part totale de l'emploi dévolue aux femmes était de 34,7 % alors que dix ans plus tard, elle atteint 40,8 %. Mais les hommes adultes âgés de plus de 25 ans constituent encore, en 1984, le groupe le plus important de la population active (46,9 %) et de la population en emploi (48,2 %). Notons cependant la baisse du poids relatif de ce groupe depuis 1975[8].

En 1984, les jeunes âgés de 15 à 24 ans représentaient 22,5 % de la population active québécoise. Leur part de l'emploi ne se situait toutefois qu'à 20,8 % (tableau 1.3). De façon générale, les jeunes constituent en fait la catégorie de travailleurs la plus durement affectée par le chômage. Le taux de chômage atteint 20,5 % chez les jeunes hommes et 18,8 % chez les jeunes femmes[9].

L'étude de la répartition régionale de l'emploi met en relief un autre aspect du partage de l'activité économique. En effet, plusieurs régions du Québec ont ressenti plus durement les effets de la récession économique et ont dû faire face à une chute significative de l'emploi imputable principalement à la mauvaise performance de l'industrie primaire. En 1983, les trois régions qui ont été les plus frappées par le chômage sont le Bas-Saint-Laurent—Gaspésie, le Saguenay—Lac-Saint-Jean et l'Abitibi—Témiscamingue. Le chômage a également affecté dans une proportion supérieure à la moyenne les régions où sont concentrées les industries manufacturières traditionnelles telles les régions de la Mauricie et des Cantons-de-l'Est[10]. En fait, les régions qui ont le mieux résisté à la crise économique au cours des dernières années sont celles qui présentent une structure industrielle diversifiée et qui ont profité d'un apport substantiel du secteur des services, soit les régions de Montréal, de Québec et de l'Outaouais.

Tableau 1.3

Emploi selon le sexe et l'âge

Québec, 1984

		En nombre (,000)	en %
Hommes	**Sous-total :**	**1 611**	**59,2**
— 15-24 ans		299	11,0
— 25 ans et plus		1 312	48,2

		En nombre (,000)	en %
Femmes	**Sous-total:**	**1 110**	**40,8**
— 15-24 ans		267	9,8
— 25 ans et plus		843	31,0
Total		**2 722**	**100**

Source: Statistique Canada, *La population active*, catalogue 71-001.

L'emploi se répartit inégalement entre les différentes entreprises lorsqu'elles sont étudiées en fonction de leur taille. Ainsi, en 1982, les PME (5 à 199 employés) contribuaient à l'emploi manufacturier québécois dans une proportion de 52,6 % tandis que les grandes (200 à 499 employés) et les très grandes entreprises (500 employés et plus) y contribuaient respectivement pour 19,8 % et 25,7 %[11]. Selon des projections établies en 1982, la quote-part totale des PME à l'emploi devrait être encore plus importante et pourrait se situer près de la barre des 60 %[12].

L'impact de la conjoncture des dernières années a également modifié le profil de l'emploi. Les changements les plus significatifs concernent le travail à temps partiel. Entre 1980 et 1984, ce type d'emploi s'est accru de 31 %. Il faut dire qu'une proportion importante des nouveaux emplois créés au cours des dernières années sont des emplois à temps partiel. Les dernières statistiques disponibles nous indiquent d'ailleurs que la part des emplois à temps partiel dans l'emploi total est passé de 7,1 % en 1975 à 13,2 % en 1984 au Québec[13]. Précisons en outre que l'emploi à temps partiel touche plus fréquemment la main-d'oeuvre féminine et les travailleurs du secteur des services.

La très large majorité des travailleurs du Québec, soit 93,6 % d'entre eux, ont le statut de travailleurs salariés alors que les autres sont des travailleurs indépendants. L'importance de cette dernière catégorie de la population active a considérablement diminué depuis une quarantaine d'années au profit des travailleurs salariés.

Un peu plus de la moitié seulement des travailleurs salariés occupent des emplois réguliers à plein temps. Mais cela s'applique surtout aux hommes et beaucoup moins aux femmes. En effet, peu de femmes salariées occupent ce type d'emploi. Les jeunes sont, semble-t-il, dans une situation analogue à celle des femmes. En outre, il appert que plus un travailleur est scolarisé, plus ses chances d'occuper un emploi à plein temps sont élevées[14].

Le profil des travailleurs indépendants se démarque de celui des travailleurs salariés sur plusieurs points. De façon générale, cette catégorie de travailleurs compte plus d'hommes que de femmes et très peu de jeunes. Une proportion importante des travailleurs indépendants sont des professionnels travaillant à leur compte, des petits entrepreneurs ou des artisans. Ils se démarquent également des autres travailleurs en ce qui concerne leur représentation dans les secteurs économiques. En effet, plus de 80 % des travailleurs indépendants sont concentrés dans quatre secteurs d'activité soit l'agriculture, la construction, le commerce et les services socio-culturels commerciaux et personnels. En comparaison, ces quatre secteurs ne regroupent que 40 % de la main-d'oeuvre salariée[15].

Ce portrait de la situation ne concerne évidemment que le travail reconnu officiellement. Or, au cours des dernières années, nous avons assisté à une croissance importante du travail non déclaré, également qualifié de « travail clandestin ». Nous ne savons que peu de choses sur cette économie souterraine mais, selon une évaluation récente, elle représenterait une somme approximative de 14 milliards par année[16].

En juin 1984, on dénombrait 2 193 200 travailleurs salariés au Québec. En moyenne, ces salariés touchaient un revenu hebdomadaire de 400,34 $. Soulignons que l'écart entre les secteurs les mieux rémunérés et les secteurs les moins bien rémunérés tend à s'accroître. Par ailleurs, la rémunération québécoise se situe aujourd'hui dans une position fort différente de celle qu'elle occupait en 1980. Il y a cinq ans, le salaire hebdomadaire moyen des travailleurs québécois était supérieur à celui des travailleurs ontariens (316,29 $ contre 309,35 $ en juin 1980)[17]. Aujourd'hui ce rapport est inversé (400,34 $ contre 408,37 $ en juin 1984). Cette nouvelle situation découlerait principalement du gel du salaire minimum québécois.

L'étude de l'évolution de la structure salariale québécoise par taille d'entreprise pour 1984 dénote que la rémunération qui prévaut dans les grandes et les très grandes entreprises est généralement plus élevée que dans les PME ou les entreprises artisanales. Le salaire horaire moyen versé aux femmes est inférieur de 14,8 % (malgré une légère tendance à la hausse) à celui des hommes. Les domaines de l'activité économique occupés principalement par les femmes se situent d'ailleurs de façon générale sous la moyenne québécoise en matière de rémunération. Le taux de salaire horaire moyen varie également selon les régions. En 1983, il était, par exemple, de 9,85 $ dans les Cantons-de-l'Est et de 10,82 $ dans l'Outaouais.

Mentionnons enfin que la syndicalisation exerce une influence incontestable sur le niveau des salaires. Dans l'ensemble de la province, le taux horaire moyen des salaires des syndiqués se situe à 10,79 $ alors que celui des non-syndiqués n'atteint que 8,57 $. Non seulement constatons-nous l'existence d'un écart, mais l'analyse de l'évolution qui a marqué les dernières années démontre que cet écart va croissant. Sans préjuger des raisons qui expliquent le phénomène, on constate qu'en 1978 un non-syndiqué gagnait 15,0 % de moins qu'un syndiqué. En 1983, cet écart était de 20,6 %. Ajoutons que la conjoncture semble favoriser une baisse de la semaine de travail. En effet, la semaine moyenne de travail qui était de 38,04 heures en 1978 est passée à 37,35 heures en 1983[18].

Au Québec, le travail est donc en pleine mutation. Les travailleurs et les travailleuses en subissent les effets, ce qui fait naître de nouveaux besoins chez eux et de nouvelles revendications chez tous les partenaires du monde du travail.

1.3 Les regroupements d'intérêts

Si la conjoncture économique a eu autant d'impact sur la structure des entreprises au Québec et sur la forme même du travail, elle a aussi marqué profondément les attitudes des différents groupes impliqués dans les relations du travail. Si les relations du travail reposent principalement sur la libre négociation entre les parties, les syndicats et les représentants patronaux constituent en conséquence les principaux partenaires dans le monde du travail. À côté d'eux, par ailleurs, se sont créés divers regroupements qui se sont donnés pour tâche la défense des intérêts de certaines catégories de travailleurs et travailleuses. Ainsi, divers groupes socio-économiques viennent-ils alimenter les débats auxquels donnent lieu les orientations prises par les principaux intervenants dans les relations du travail.

1.3.1 La partie syndicale

Les salariés syndiqués adhèrent à des « associations de salariés », au sens de la loi, qui oeuvrent généralement au niveau de l'entreprise. Ces associations sont à leur tour affiliées à diverses formes de regroupements syndicaux sur une base professionnelle, géographique ou nationale. Cette suite d'affiliations comporte également des rattachements aux plans canadien, nord-américain ou international.

Les organisations syndicales les plus importantes du Québec sont la Fédération des travailleurs du Québec (FTQ), qui est elle-même affiliée au Congrès du travail canadien (CTC), la Confédération des syndicats nationaux (CSN), la Centrale de l'enseignement du Québec (CEQ) et la Centrale des syndicats démocratiques (CSD). À elles seules, ces centrales représentaient en 1984, près de 760 000 salariés, soit approximativement 76 % de l'ensemble des syndiqués.

L'importance des centrales syndicales est cependant variable. Près de 33 % des travailleurs syndiqués sont membres de la FTQ, et 12 % sont affiliés au CTC sans l'être à la FTQ. La CSN compte pour sa part plus de 20 % des travailleurs syndiqués québécois, la CEQ en représente 6,5 %, et la CSD en rallie 4,5 %, tandis que la Fédération canadienne du travail (FCT) regroupe 2 % des effectifs syndicaux. Enfin, les syndicats indépendants comptent 22 % des travailleurs syndiqués. Il faut toutefois préciser que la plus grande part des effectifs rattachés à ce dernier groupe est en fait affiliée à une forme quelconque de fédération ou de regroupement de syndicats indépendants.

L'évolution des effectifs syndicaux au Québec a connu quatre grandes phases depuis la deuxième guerre mondiale[19]. Après une première période de progrès rapide, entre 1940 et le début des années 50, on a assisté, ici comme ailleurs en Amérique du Nord, à un ralentissement de la croissance des effectifs qui a duré près de quinze ans. Au cours de la période subséquente, soit de 1963 à 1974, les effectifs se sont de nouveau accrus à un rythme accéléré principalement à la faveur d'une pénétration dans les secteurs de l'éducation, de la santé et de l'administration publique. Enfin, de 1975 à 1985, le mouvement connait la stagnation en termes d'effectifs après avoir fait le plein dans les secteurs public et parapublic. La conjoncture économique très défavorable des dernières années fera même diminuer les effectifs dans le secteur privé.

Au total, on dénombre approximativement 1 million de travailleurs syndiqués au Québec, soit environ 43 % du total des travailleurs en emploi pour 1984 (tableau 1.4). Soixante et un pour cent de ces travailleurs évoluent dans le secteur privé . Le taux de syndicalisation varie beaucoup d'un secteur d'activité économique à l'autre. Le secteur industriel compte 60 % de travailleurs syndiqués alors que le secteur tertiaire n'en dénombre pour sa part que 20 %. Le taux de syndicalisation varie beaucoup également selon les différentes branches de l'activité manufacturière. Signalons que les secteurs public et parapublic sont syndiqués à 80 %.

Tableau 1.4

Nombre et répartition des syndiqués québécois
Estimations pour 1984, en milliers

	Public	Privé	Total
FTQ — CTC	60	270	330
CTC (non affilié à FTQ)	45	75	120
CSN	105	95	200
CEQ	65	—	65
CSD	5	40	45
FCT	—	20	20
Fédérations indépendantes	110	60	170
Syndicats locaux indépendants	—	50	50
Total	**390**	**610**	**1 000**

Sources : estimations établies à partir de

— Gilles Fleury, *Évolution de la syndicalisation, 1964-1984*, CRSMT, Québec 1985, 85 p.

— Office de la construction du Québec, *Analyse de l'activité dans l'industrie de la construction en 1984-1985*, à paraître.

— Gouvernement du Canada, Travail Canada, compilation spéciale, 1985.

Parmi les principaux facteurs généralement évoqués pour interpréter la faible syndicalisation de certains groupes de salariés figurent la petite taille des entreprises, la proportion de main-d'oeuvre féminine et la proportion de travailleurs à temps partiel. La proportion de la main-d'oeuvre féminine syndiquée, par exemple, est nettement inférieure à celle de la main-d'oeuvre masculine (33,2 % contre 38,6 % de la main d'oeuvre active). La répartition régionale des effectifs syndicaux reflète dans ses grandes lignes la répartition de l'emploi. La majorité des salariés syndiqués est concentrée dans les régions de Montréal, Québec, Mauricie—Bois-Francs et Saguenay—Lac-Saint-Jean. Il faut préciser que la faible proportion des effectifs syndicaux de certaines régions ne reflète en rien la vitalité syndicale interne de la région. Seulement 1,5 % des syndiqués du Québec habitent la Côte-Nord mais cela n'empêche pas cette région d'enregistrer en 1984 un des plus forts taux de syndicalisation de la province.

La récession économique et l'amorce d'un redéploiement industriel qui l'a suivie ont donc lourdement affecté le syndicalisme québécois. Une dynamique économique nouvelle a désavantagé toutes les organisations syndicales et entraîné une baisse constante du taux de syndicalisation. Les nouveaux foyers de développement économique qui ont émergé au cours des dernières années — comme les PME du secteur tertiaire — demeurent peu accessibles aux organisations syndicales.

1.3.2 La partie patronale

Pour les entreprises québécoises, les relations du travail se définissent d'abord au plan local dans les rapports avec leurs travailleurs et les négociations avec leurs représentants. Lorsqu'elles sont invitées à intervenir à un niveau autre que le niveau local, ces entreprises s'en remettent à leurs associations. Uniquement dans le domaine des relations du travail, on estime à 500 le nombre d'organismes qui représentent le monde patronal au Québec[20]. Elles peuvent avoir un caractère sectoriel, national ou régional et sont parfois affiliées entre elles. Elles évoluent autant dans les secteurs public et parapublic que dans le secteur privé.

Certaines associations occupent cependant une place plus importante et ce, en fonction de leur vocation ou de leur « membership ». Les trois plus importantes associations actives au Québec sont le Conseil du Patronat du Québec (CPQ), la Chambre de Commerce de la province de Québec (CCPQ) et l'Association des manufacturiers canadiens (AMC). Le CPQ est un regroupement d'associations; son rayonnement est étendu, ses activités multiples mais une certaine emphase est mise sur les relations du travail. Les entrepreneurs membres des chambres de commerce sont pour leur part invités à adhérer à cette association sur une base individuelle. La CCPQ consacre une partie importante de ses activités à la promotion des intérêts économiques de ses membres. L'AMC-Québec est, quant à elle, la section québécoise d'une association canadienne. Ses membres sont corporatifs et sont recrutés dans le secteur manufacturier. L'AMC regroupe à cet égard des entreprises dont les activités représentent près de 75 % du total de la valeur de la production manufacturière québécoise.

Parmi les autres associations patronales québécoises à caractère national, figurent le Centre des dirigeants d'entreprises (CDE) et la Fédération canadienne de l'entreprise indépendante (FCEI). Par ailleurs, l'Union des municipalités du Québec (UMQ) dont les ramifications s'étendent dans toutes les régions, constitue le principal interlocuteur patronal du monde municipal. Notons que, dans le domaine du développement économique, on compte également quelques organismes à caractère régional tels les Conseils régionaux de développement.

Signalons en outre la présence de plus en plus visible et remarquée des coopératives dans le monde du travail. Coopératives de service ou coopératives de production, elles possèdent des caractéristiques qui les rapprochent du monde patronal tout en étant, par vocation, des regroupements socio-économiques.

1.3.3 Les groupes socio-économiques

Outre les organisations syndicales et patronales qui sont considérées comme les principaux intervenants du domaine des relations du travail, les groupes socio-économiques ont également été appelés, au cours des dernières années, à intervenir dans différents débats touchant au travail.

. Il est important de préciser qu'il est difficile de cerner la réalité de ces groupes étant donné les formes diverses qu'ils empruntent : groupes structurés s'appuyant sur un membership important comme la Fédération des femmes du Québec (FFQ) ; groupes représentant des intérêts particuliers, soit ceux des personnes handicapées, ceux des jeunes, des femmes, des personnes du troisième âge, des autochtones, des personnes non-syndiquées, des communautés ethniques et culturelles ; groupes fortement enracinés tels l'Association féminine d'éducation et d'action sociale (AFEAS) ou groupes issus de la dernière crise économique comme « Les forces d'une ère nouvelle ». On pourrait énumérer à l'infini les multiples caractéristiques qui les distinguent les uns des autres [21].

Parmi ces groupes, nombreux sont ceux qui se définissent par leur clientèle plutôt que par leur membership. Leur représentativité doit conséquemment être évaluée selon des modalités différentes. Toutefois, les instances gouvernementales leur accordent une reconnaissance certaine puisque ces groupes sont de plus en plus invités à participer, à titre de partenaires, aux grands débats sur le travail.

1.3.4 Les échanges entre les partenaires

Dans les entreprises syndiquées, des comités conjoints à vocations diverses font en sorte que les parties se rencontrent et échangent sur différents sujets. Ainsi, en 1983, 58,4 % des conventions collectives couvrant 68,5 % des salariés syndiqués prévoyaient la mise en place de comités de santé et sécurité du travail tandis que la plupart des conventions prévoyaient des rencontres pour discuter de griefs. Les autres domaines les plus susceptibles de donner lieu à la mise sur pied d'un comité conjoint sont les changements technologiques, les relations du travail dans l'entreprise, la formation, le recyclage et le perfectionnement, les avantages sociaux, l'évaluation des emplois, la retraite et les mouvements de personnel.

L'étude des relations que les parties entretiennent entre elles ne peut être limitée au seul lieu de travail et encore moins aux seuls lieux de rencontre prévus dans le cadre de la convention collective. Les efforts gouvernementaux en vue d'associer les partenaires sociaux aux processus de discussion, de détermination et d'application de ses politiques sociales et économiques ont amené la mise en place de nombreuses instances dont l'influence sur le travail et les relations du travail ne doit pas être négligée. Parmi les principaux, citons le Conseil consultatif du travail et de la main-d'oeuvre (CCTM), l'Institut national de productivité (INP), la Table nationale sur l'emploi (TNE) et la Commission de la santé et de la sécurité au travail (CSST).

Le CCTM a pour fonction d'étudier toutes les questions relatives au travail et de mener les consultations appropriées. Créé en 1978, l'INP est un organisme de recherche, de formation et d'information sur la productivité qui a pour mandat de favoriser la collaboration et la concertation entre les agents économiques afin d'accroître cette productivité. La CSST a trois principaux mandats : la gestion d'un programme de prévention en matière de santé et de sécurité, la gestion d'un programme d'indemnisation et de réadaptation des victimes d'accidents du travail (y compris l'assistance médicale), et la gestion des services de l'inspection. Dernière née, la TNE a vu le jour en 1985. Son objectif principal est de travailler à l'élaboration et à la supervision d'une politique de plein emploi. La TNE conseille le gouvernement et cherche à établir des accords entre les parties sur cette question.

D'autres organismes, dont l'impact sur le travail et les relations du travail est variable, recherchent également la participation du patronat et des syndicats. Il en va ainsi des comités paritaires formés en vertu de la *Loi sur les décrets de convention collective*, des Commissions de formation professionnelle de la main-d'oeuvre (CFP), de la Commission des normes du travail (CNT), du Conseil du statut de la femme (CSF), de l'Office des personnes handicapées du Québec (OPHQ), de la Régie des rentes du Québec (RRQ), et du Conseil québécois de la vie au travail (CQVT). Enfin, depuis 1977, se sont tenus 36 sommets socio-économiques nationaux, régionaux ou sectoriels consacrés à l'élaboration d'un nouveau contrat social et à la relance de l'économie, où se sont rencontrés les partenaires majeurs du monde du travail.

1.4 Les régimes de relations du travail en vigueur au Québec

Sur le territoire du Québec, il n'y a pas un mais plusieurs régimes de relations du travail en vigueur. Un ensemble de lois très diverses contribuent à leur donner forme. Chacun correspond à un « champ d'application » particulier et vise donc une catégorie de personnes ou d'entreprises de façon spécifique. Il peut arriver cependant que certaines personnes ou certaines entreprises soient assujetties simultanément à plus d'un régime.

Un départage des divers champs d'application est préalablement nécessaire à la description sommaire des principales règles qui caractérisent ces régimes. Un tel découpage permettra de mieux identifier lesquels, parmi eux, sont au centre du mandat de la CCT.

1.4.1 Champs d'application des divers régimes

Il convient d'abord de distinguer les régimes de juridiction provinciale de ceux de juridiction fédérale. En vertu de notre Constitution, la compétence en matière de relations du travail est provinciale mais cette règle comporte cependant des exceptions. Il y a, sur le territoire du Québec, compétence fédérale à l'égard des relations du travail de l'État fédéral avec ses employés et dans les secteurs de juridiction exclusive du gouvernement fédéral tels que les télécommunications, le débardage, les services bancaires, le transport aérien, etc. Les personnes et entreprises oeuvrant dans de tels secteurs sont assujettis aux régimes fédéraux de relations du travail. Selon les données à notre disposition (tableau 1.5), le nombre de travailleurs québécois qui se trouvent dans cette situation s'élève à 178 658 (8,1 %) tandis que 2 009 486 travailleurs (91,9 %) sont assujettis à des régimes de relations du travail élaborés selon les lois du Québec.

Les régimes de relations du travail fédéraux ou provinciaux se distinguent ensuite selon qu'il s'agit des rapports collectifs ou individuels de travail. Tout d'abord, à chaque juridiction correspond une loi ou un ensemble de lois prévoyant des normes d'ordre public et des normes minimales de travail quant à certaines conditions de travail. Par exemple, au niveau provincial, *la Loi sur les normes du travail* est la pièce maîtresse de ce type de régime ; au niveau fédéral, la Partie III du *Code canadien du travail* joue un rôle équivalent. Ces lois, complétées par d'autres traitant de sujets particuliers, constituent pour les non-syndiqués le seul régime encadrant leurs rapports et leurs conditions de travail. Le nombre de travailleurs québécois qui se trouvent assujettis exclusivement à ce type de régime est de 1 044 229 travailleurs dans le cas de la juridiction provinciale et de 77 050 travailleurs dans le cas de la juridiction fédérale soit, respectivement 52 % et 43 % des travailleurs oeuvrant dans ces juridictions.

Chaque juridiction établit également un ou des régimes de rapports collectifs du travail. Au niveau québécois, le régime de base est prévu par le *Code du travail* qui s'applique aux salariés réunis en associations accréditées aux fins de négocier des conventions collectives; 823 712 salariés sont ainsi régis au Québec. De ce nombre cependant, 292 979 (35,6 %) appartiennent au secteur public et parapublic auquel s'applique, en plus et, à certains égards, au lieu du *Code du travail*, la *Loi sur le régime de négociation des conventions collectives dans les secteurs public et parapublic*. À ce contingent, on peut ajouter 28 486 salariés (3,5 %) du secteur péri-public. Le secteur municipal compte 42 293 salariés (5 %) assujettis au *Code du travail* dont 12 435 policiers et pompiers. Le secteur privé, au sens strict, représente donc environ 55,8 % (459 954) des salariés syndiqués en vertu du Code.

Au chapitre des régimes de rapports collectifs, on retrouve aussi 143 111 salariés couverts par la *Loi sur les décrets de convention collective*. Il faut noter toutefois que, selon les estimations les plus couramment avancées, environ 55 % soit approximativement 77 400 de ces salariés feraient aussi partie d'associations accréditées se trouvant, de ce fait, déjà comptabilisés dans les salariés assujettis au *Code du travail*. Ce régime a, en effet, un caractère mixte. Procédant d'une négociation impliquant des associations syndicales et patronales, les conditions de travail négociées sont ensuite, en tout ou en partie, étendues, à l'instar des normes, aux travailleurs non-syndiqués de certaines branches d'activités sur une base provinciale ou régionale.

Enfin, la *Loi sur les relations du travail dans l'industrie de la construction* couvre 75 857 salariés tous syndiqués à une association représentative de leur choix et prévoit un mode de négociation, d'extension en décret de la convention collective négociée et d'administration dudit décret par l'Office de la construction du Québec (OCQ).

Au niveau fédéral, les rapports collectifs sont régis par la Partie V du *Code canadien du travail* qui s'applique à 52 114 travailleurs québécois oeuvrant soit dans des secteurs d'activité de compétence exclusivement fédérale, soit à l'emploi de corporations établies pour accomplir quelque fonction pour le compte du Gouvernement du Canada. D'autre part, la *Loi sur les relations de travail dans la fonction publique* s'applique aux employés du Gouvernement fédéral et de certaines corporations exclues du champ d'application du *Code canadien du travail*. Sur le territoire du Québec on retrouve 49 494 salariés, dont 46 124 sont syndiqués, régis par cette loi.

L'ensemble de ces catégories se retrouve au tableau 1.5 qui représente l'état de nos informations à ce sujet. Il est fourni à titre indicatif étant donné la multiplicité des sources, le caractère estimatif, déductif ou indirect de certains calculs et les variations dans les périodes de référence.

1.4.2 Description sommaire des régimes québécois de relations du travail pertinents au mandat de la CCT

Le mandat de la Commission consultative sur le travail étant axé sur le « secteur privé », ses travaux ont porté principalement sur trois des régimes déjà énumérés, soit celui des rapports collectifs en vertu du *Code du Travail*, celui des décrets de convention collective et celui des normes du travail. La description sommaire de ces régimes comprend l'énumération des principales règles qui les caractérisent, assorties de quelques données significatives relativement à leur application. Elles seront éventuellement approfondies aux chapitres pertinents de ce rapport. La description de ces régimes sera complétée par l'évocation d'un certain nombre de lois connexes qui les complètent.

a) Le Code du travail

Le *Code du travail* adopté en 1964, est issu de la refonte de plusieurs lois québécoises qui régissaient divers aspects des rapports collectifs du travail dont la principale était la *Loi sur les relations ouvrières* de 1944. Le *Code du travail* comporte des règles encadrant le droit d'association, la négociation collective, les conflits de travail et les modes de résolution des mésententes pouvant survenir en cours de convention collective. Le Code prévoit également des modes de sanction en cas d'infractions et de pratiques déloyales et il institue ses instances d'application. La révision du *Code du travail* est l'élément central du mandat de la CCT. Ce mandat exclut par ailleurs spécifiquement les matières visées par la récente *Loi sur les régimes de négociation des conventions collectives dans les secteurs public et parapublic.*

Tableau 1.5

Répartition des travailleurs(euses) québécois(es) selon le champ d'application des régimes de relations du travail en vigueur sur le territoire du Québec (1984)*

Régime	Juridiction provinciale	Nombre de salariés	Juridiction fédérale	Nombre de salariés
Rapports collectifs (syndiqués)	*Code du Travail* (a)	823 712	*Loi sur les relations de travail dans la fonction publique* (f) (46 124 syndiqués) (g)	49 494
	— secteurs public et parapublic		*Code canadien du travail*, Partie V[h]	52 114
	● public (53 282)	292 979		
	● parapublic (239 697)			
	— secteur privé (au sens large)	530 733		
	● péripublic (28 486)			
	● secteur municipal incluant 12 435 policiers et pompiers (42 293)			
	● secteur privé (459 954) (au sens strict)			
	Loi sur les relations du travail dans l'industrie de la construction (b)	75 857		
	Loi sur les décrets de convention collective (c)	143 111		
	● en associations accréditées (77 423)			

Tableau 1.5 (suite)

Répartition des travailleurs(euses) québécois(es) selon le champ d'application des régimes de relations du travail en vigueur sur le territoire du Québec (1984)*

	Juridiction provinciale	Nombre de salariés	Juridiction fédérale	Nombre de salariés
Normes (non-syndiqués)	● assujettis exclusivement par décrets (65 688) (d)	65 688		
	Loi sur les normes du travail (e) (à l'exclusion des régimes qui précèdent)	1 044 229	*Code canadien du travail*, Partie III[h] (à l'exclusion des régimes qui précèdent)	77 050
Total		**2 009 486**		**178 658**

* Le présent tableau est fourni à titre indicatif étant donné la multiplicité des sources, le caractère estimatif, déductif ou indirect de certains calculs et, enfin, les variations dans la périodicité des données.

Sources

(a) Centre de recherche et de statistiques sur le marché du Travail, données obtenues à partir du fichier des conventions collectives, avril 1985.

(b) Office de la construction du Québec, *Analyse de l'activité dans l'industrie de la construction en 1984-1985.* À paraître.

(c) Gouvernement du Québec, ministère du Travail, *Rapport annuel 1983-1984,* p. 38.

(d) Estimation sur la base de la méthode élaborée par Richard St-Laurent : « La syndicalisation dans les secteurs à décrets de convention collective » dans *Le Marché du Travail,* vol. 4, no 6, 1983, pp. 57-60.

(e) Blaise Pouliot, *Salariés couverts par la Loi sur les normes du travail, 1980-1984,* Direction du secrétariat et de la recherche, Commission des normes du travail, avril 1985.

(f) Commission canadienne de la fonction publique, *La composition de la fonction publique du Canada, Rapport annuel, 1984.*

(g) Selon une compilation spéciale de Travail Canada, 93 % des salariés de la fonction publique fédérale au Québec sont syndiqués, soit 46 124.

(h) Données obtenues de Travail Canada.

Abstraction faite de ces matières, *le Code du travail* présente des caractéristiques qu'il convient de souligner. Le Code définit les termes « salarié » et « employeur ». Le Code protège le droit d'association des salariés et érige en infractions les pressions exercées et les sanctions imposées à son encontre. À cet égard, le Code prévoit des modes de réparation. Ces dispositions donnent lieu, à titre d'exemple, à une moyenne annuelle d'environ 1 800 plaintes contestant les mesures appliquées à des salariés alléguant exercer leur droit d'association dont 17 % donnent lieu à une décision favorable au salarié et 55,3 % à des désistements.

Le droit d'association se concrétise par la procédure d'accréditation au terme de laquelle une association de salariés requérante et détenant une majorité d'adhésions pour un groupe déterminé est reconnue comme représentant la totalité du groupe aux fins de la négociation collective des conditions de travail. Le groupe de salariés est appelé « unité de négociation ». Cette unité ne déborde pas le cadre de l'entreprise et couvre l'ensemble ou une partie (correspondant à une activité de l'entreprise) des salariés.

Durant les cinq dernières années, 1 573 requêtes ont été déposées en moyenne chaque année et 76,8 % furent accordées (70,5 % pour le secteur privé). Bien que les données ne soient pas complètes, la taille moyenne des unités accréditées serait légèrement inférieure à 30 salariés. On remarque un taux anormalement élevé de plaintes à l'encontre de congédiements et autres mesures reliées à l'exercice du droit d'association par rapport au nombre de requêtes en accréditation. Au Québec, il y a 1,2 plainte pour une requête alors que, selon les données obtenues des organismes compétents, ce rapport est de 0,48 plainte pour une requête au fédéral, ou encore de 0,2 pour une requête en Colombie-Britannique.

L'accréditation a plusieurs effets. Elle permet principalement la négociation d'une convention collective et assure sa continuité indépendamment d'une aliénation ou concession totale ou partielle (autre que vente en justice) de l'entreprise. L'accréditation a également pour effet d'obliger l'association de salariés à se soumettre à certaines règles relatives aux votes de grève, à l'élection de ses représentants et au devoir de représenter équitablement les salariés couverts par son certificat d'accréditation.

Toutes ces règles et plusieurs autres connexes sont administrées par le Bureau du commissaire général du travail qui a reçu 7 397 requêtes et rendu 6 922 décisions en 1984-1985. Les décisions des commissaires du travail peuvent faire l'objet d'un appel devant le Tribunal du travail[22].

Le *Code du travail* prévoit le début de la période des négociations et stipule qu'elles doivent se dérouler avec diligence et bonne foi. À tout moment pendant ces négociations, une partie peut requérir l'assistance d'un conciliateur. En 1983-1984, environ 25 % des négociations qui ont mené à la conclusion d'une convention collective ont nécessité un recours au Service de conciliation du ministère du Travail[23].

Le Code prévoit également le moment à partir duquel les parties pourront, à défaut d'entente, recourir à la grève ou au lock-out pour provoquer la conclusion d'une convention collective. Pour les cinq dernières années, dans le secteur privé, 12,6 % des conventions collectives signées avaient donné lieu à un conflit affectant en moyenne annuellement 43 221 salariés réunis en 279 unités de négociation, pour une durée moyenne de 33,5 jours par salarié en conflit[24]. Le *Code du travail* prévoit également des mesures restreignant l'embauche et l'affectation de personnes à des occupations normalement assumées par les salariés en conflit, mieux connues sous l'appellation de « mesures anti-scabs ». Ces mesures furent introduites au Code en 1977 afin d'éliminer la violence et de réduire la durée des conflits de travail. Pour les cinq dernières années, l'application de ces mesures a amené l'ouverture de 94 enquêtes en moyenne par année, qui ont donné lieu à des rapports d'infraction dans 35 % des cas[25].

Comme substitut à la grève ou au lock-out, le Code prévoit l'arbitrage de différend. Cette solution de rechange est obligatoire pour les policiers et pompiers pour lesquels le recours à la grève ou au lock-out est interdit. Elle est volontaire pour les parties qui négocient un renouvellement de convention collective. Ils s'en prévalent du reste très rarement. D'autre part, une partie peut demander l'arbitrage au ministre du Travail s'il s'agit de la négociation d'une première convention collective. Ce recours fut aussi introduit en 1977 afin d'assurer la reconnaissance syndicale. Depuis, le ministre du Travail reçoit chaque année environ 54 demandes d'arbitrage concernant la signature d'une première convention collective et il leur donne suite dans 54,5 % des cas[26].

Au cours de la dernière année, 3 776 conventions collectives ont été signées suite à des négociations qui ont duré moins de trois mois dans 17 % des cas et plus de cinq mois dans 60 % des cas[27]. Une convention collective dure au moins un an et au plus trois ans. Pendant sa durée, le recours à la grève ou au lock-out est interdit à moins que la convention collective ne prévoit expressément le contraire.

Les parties doivent donc s'en remettre à l'arbitrage de griefs pour régler leurs mésententes en cours de convention collective. Aucune donnée ne permet d'établir le nombre de griefs logés par année. L'on sait, par ailleurs, que durant l'année 1983-1984, 4 829 dossiers ont été soumis à l'arbitrage et que 3 047 décisions arbitrales sur le fond ont été déposées. Pour le secteur privé, le délai moyen de la nomination de l'arbitre au dépôt de sa décision fut de 182,8 jours. La procédure consensuelle d'arbitrage accélérée, instituée précisément pour réduire les délais d'arbitrage, n'a donné lieu qu'à vingt-deux demandes en 1983-1984[28].

b) Les décrets de convention collective

Le régime des décrets, institué en 1934, représente un régime intermédiaire entre ceux instaurés par le *Code du travail* et les normes du travail. Il prend sa source dans une convention collective négociée entre un employeur ou une association d'employeurs et une ou plusieurs associations de salariés généralement accréditées. Il consiste à extensionner les conditions de travail négociées ou une partie de celles-ci (salaire, heures de travail, congés, etc.) à toutes les entreprises et donc à tous les salariés d'un secteur d'activité économique pour l'ensemble de la Province ou pour une région donnée. Cette extension est faite par décret suite aux représentations de tiers non-signataires de la convention collective.

Il existe au Québec 44 décrets de ce genre majoritairement concentrés dans ce qu'il est convenu d'appeler les « secteurs mous » (textile, vêtement, chaussure, meuble) et dans des secteurs de services (mécanique automobile, entretien d'édifices, gardiennage, etc). Ces 44 décrets couvrent 143 111 salariés, dont plus de 50 % seraient déjà syndiqués, et 18 593 entreprises. Les décrets sont administrés par des comités paritaires qui regroupent les parties contractantes à la convention initiale. Ils doivent veiller à l'application des décrets et prendre en considération toute plainte d'un salarié à cet égard. En 1983, on dénombre 45 324 inspections et 22 251 plaintes[29].

c) Les normes du travail

Les normes du travail sont, au sens large, constituées par un ensemble de lois dont les dispositions sont d'ordre public et représentent généralement des minima desquels on ne peut déroger qu'à la hausse. Au Québec, la plupart de ces normes sont réunies en une *Loi sur les normes du travail* qui s'applique, sauf exception, à tous les travailleurs salariés. On l'a déjà qualifiée de « convention collective des non-syndiqués », exprimant ainsi qu'elle contient un ensemble de dispositions prévoyant des conditions de travail « classiques » (salaire, heures de travail, vacances, congés, etc.) auxquelles s'ajoutent des conditions associées aux avantages typiques d'une convention collective (rénumération du temps supplémentaire, préavis de mise à pied, droit à l'arbitrage en cas de congédiement sans une cause juste et suffisante après une certaine durée de service continu, etc.). En réalité, cette loi n'est que le prolongement enrichi de la *Loi sur le salaire minimum* de 1940. Son application est confiée à la Commission des normes du travail (CNT). Au cours des trois dernières années (1981-1982 à 1983-1984), cette dernière a reçu les plaintes de 17 871 travailleurs lésés dont les réclamations se montaient, en moyenne, à 622 $ et portaient principalement sur les vacances annuelles, le salaire et les préavis de licenciement[30]. Près de 78 % des sommes réclamées doivent faire l'objet de poursuites devant les tribunaux[31]. Par ailleurs, les recours à l'encontre d'un congédiement sans une cause juste et suffisante (art. 124) et les recours à l'encontre de sanctions illégales (art. 122), qui se rendent à l'arbitrage, conduisent, dans le quart des cas, à la réintégration des salariés à leur emploi. Les autres cas résultent surtout en désistements auxquels la question du coût de la procédure est étroitement liée. Une étude de la CNT montre que près de 40 % des salariés réintégrés quittent leur emploi dans les trois premiers mois qui suivent leur réintégration[32].

d) Lois connexes

À l'instar de la *Loi sur les normes du travail*, un certain nombre d'autres lois viennent compléter les régimes déjà décrits.

Au chapitre des lois fondamentales, il convient de mentionner la *Charte des droits et libertés de la personne* où sont reconnus, entre autres, le droit d'association et le principe de non-discrimination, la *Charte de la langue française* qui établit l'usage du français au travail et la *Loi sur la fête nationale* qui dispose du 24 juin comme d'un jour de congé férié et payé, selon certaines modalités.

Les normes du travail sont complétées par la *Loi sur la santé et la sécurité du travail* dont l'objectif est l'élimination à la source des dangers pour la santé, la sécurité et l'intégrité physique des travailleurs et la récente *Loi sur les accidents du travail et les maladies professionnelles* prévoyant des programmes d'indemnisation des travailleurs.

Au chapitre de la main-d'oeuvre, la *Loi sur la formation et la qualification professionnelles de la main-d'oeuvre* prévoit, outre les normes de formation et qualification relatives à quelques industries, des mesures applicables en cas de licenciement collectif.

Enfin, mentionnons la *Loi assurant l'exercice des droits des personnes handicapées* favorisant, entre autres, l'intégration professionnelle de ces personnes.

Ces lois et quelques autres de moindre importance complètent le régime des normes du travail et ont une incidence particulière sur les régimes axés sur la négociation collective.

Cette énumération serait imcomplète, si on n'y ajoutait la *Loi sur le Conseil consultatif du travail et de la main-d'oeuvre.* Ce Conseil est composé à parts égales de représentants des associations patronales et syndicales les plus représentatives et peut être consulté par le ministre du Travail sur tout sujet relatif au travail et à la main-d'oeuvre.

Notes et références

1. Une compilation de même nature faite en 1978 pour le compte de la Commission québécoise sur la capitalisation des entreprises établissait ce nombre à 167 170 entreprises commerciales dont 73 000 étaient incorporées. Pour fins de comparaison, rappelons qu'on estimait à cette époque à 1 236 100 le nombre total des entreprises actives au Canada.

2. Dénombrer les entreprises du Québec s'avère être un exercice plus compliqué qu'il ne semble à première vue. Non seulement faut-il tenir compte du statut juridique propre à chacune mais également des multiples fluctuations qui reflètent la fébrilité de l'activité économique. En effet, chaque jour, des entreprises disparaissent et de nouvelles sont créées. Cela rend toute tentative d'évaluation un peu périlleuse. Le chiffre de 250 000 ici retenu correspond aux données compilées au Fichier central des entreprises de l'Inspecteur général des institutions financières en juin 1985.

3. Selon la Direction générale de la recherche et de la planification du ministère de l'Industrie, du Commerce et du Tourisme, les entreprises qui emploient de 0 à 4 employés sont des entreprises artisanales, de 5 à 199 employés (avec des actifs inférieurs à 6,2 millions $) sont des petites et moyennes entreprises (PME), de 200 à 499 sont des grandes entreprises, de 500 employés et plus, enfin, de très grandes entreprises.

4. Entre 1960 et 1980, la part de la valeur des livraisons manufacturières redevable aux PME est passée de 37,7 % à 42,7 %.
   Statistique Canada, *Industries manufacturières du Canada : niveau national et provincial*, catalogue 31-203, annuel.

5. Gouvernement du Canada, Bureau du surintendant des faillites, *Sommaire des statistiques annuelles*.

6. Statistique Canada, catalogue 70-001.

7. Bureau de la statistique du Québec, *Aperçu de la situation économique du Québec en 1984*, janvier 1985, p. 47.

8. Statistique Canada, catalogue 70-001.

9. *Ibid.*

10. Office de planification et de développement du Québec, *Le choix des régions : document de consultation sur le développement des régions*, Québec, 1983.

11. Statistique Canada, *op. cit.*, catalogue 31-203.

12. C. D. Howe Institute, *Small Business in the Canadian Economy and the Impact of Federal Policy*, Montréal, avril 1983, p. 23.

13. Statistique Canada, *La population active*, catalogue 71-001.

14. Michel Brossard et Marcel Simard, *Situations et statuts de travail*, étude commanditée par la Commission consultative sur le travail, juin 1985, pp. 56 et 94.

15. Ibid., p. 72.

16. Alain Dubuc, « Le travail au noir : notre plus grosse industrie » dans *La Presse*, 26 janvier 1985, p. B-1.

17. Statistique Canada, *Taux de salaire, traitement et heures de travail*, compilation spéciale, 1985.

18. Compilations spéciales faites à partir de l'enquête *Taux de salaire, traitement et heures de travail* de Travail Canada.

19. Gilles Fleury, *Évolution de la syndicalisation, 1964-1984*, Centre de recherche et de statistiques sur le marché du travail, Québec, 1985, 85 p. 20. Régis Fortin et François Delorme, « L'organisation du monde patronal au Québec » dans *L'axe*, avril 1983, pp. 23-33.

20. Régis Fortin et François Delorme, « L'organisation du monde patronal au Québec » dans *L'axe*, avril 1983, pp. 23-33.

21. Les groupes socio-économiques recensés dans le présent texte ne forment qu'une partie de ceux qui ont participé aux audiences de la Commission et dont la liste complète se trouve en Annexe B.

22. Les données relatives à l'accréditation et aux questions connexes ont été compilées à partir de : Conseil consultatif du travail et de la main-d'oeuvre, *Synthèse des activités du Bureau du commissaire général du travail, du 1er avril 1972 au 31 mars 1985*, juin 1985. Calculs opérés sur les cinq dernières années disponibles.

23. Réjean Courchesne et al., « Les relations du travail en 1984 » dans *Le Marché du travail*, janvier 1985, vol.6, no 1, page 72.

24. Réjean Courchesne et André Dompierre, « Grèves et lock-out au Québec en 1983 » dans *Le Marché du travail*, mai 1984, vol. 5 no. 5 pp. 62-65 ; « Grèves et lock-out en 1984 » dans *Le Marché du travail*, mai 1985, vol. 6, no. 5, pp. 70-71.

25. Gouvernement du Québec, ministère du Travail *Rapport annuel 1983-1984*, p.34.

26. Gouvernement du Québec, ministère du Travail, Direction des relations du travail, *Résumé statistique sur l'arbitrage de première convention, (1er février 1978 au 31 décembre 1983)*, 1984, p. 53.

27. Gouvernement du Québec, ministère du Travail, *Rapport annuel 1983-1984*, p. 38.

28. Conseil consultatif du travail et de la main-d'oeuvre, *Liste annotée des arbitres de griefs*, 1985, pp. 97-99.

29. Comités paritaires, *Rapports annuels*, compilation 1983.

30. Commission des normes du travail, *Statistiques sur les travailleurs victimes d'infraction aux normes du travail, 1980-1981 à 1982-1983*, tableaux 1, 2 et 3 et *Rapport annuel, 1983-1984*, p. 23.

31. Ibid., tableaux 22, 23 et 24.

32. Doris Armstrong, « L'efficacité de la réintégration ordonnée par l'arbitre » dans *Le marché du travail*, octobre 1984, vol. 5 no. 10, pp. 81-84.

Chapitre II

Le travail et ses conditions

Préambule

> « *Toute personne a droit au travail, au libre choix de son travail, à des conditions équitables et satisfaisantes de travail et à la protection contre le chômage.* »
>
> *Déclaration universelle des droits de l'homme*, art. 23 (1), ONU 48-12-10

Malgré cette *Déclaration universelle des droits de l'homme*, à laquelle a adhéré le Gouvernement fédéral canadien, les organisations syndicales et les groupes socio-économiques ont revendiqué à maintes reprises, lors des audiences de la CCT, un droit égal au travail et à des situations de travail assurant des conditions équitables, satisfaisantes et non-discriminatoires.

Pour répondre à ces revendications, la CCT s'est interrogée sur trois réalités du marché du travail québécois. Dans les politiques et législations québécoises, que signifie la reconnaissance du droit au travail? Les conditions de travail de la main-d'oeuvre québécoise sont-elles équitables et satisfaisantes pour chacune des catégories de travailleurs? Toute personne quels que soient son sexe, son âge, son ethnie ou son handicap, a-t-elle un accès égal au marché du travail?

2.1 La reconnaissance du droit au travail

Les organisations syndicales et les groupes socio-économiques ont donc revendiqué, à maintes reprises, la reconnaissance du droit au travail pour tous. Cependant, selon les intervenants, les revendications d'un droit au travail pouvaient signifier des interventions gouvernementales différentes: inscription dans la *Charte des droits et libertés de la personne*, reconnaissance et valorisation d'une notion élargie du travail, sécurité d'emploi et politique de plein emploi.

Pour mieux saisir la pertinence des revendications des partenaires il est opportun, à l'aide des conventions et législations internationales, canadiennes et québécoises, de clarifier la notion du droit au travail et d'identifier les politiques préconisées par les gouvernements pour assurer l'exercice de ce droit.

2.1.1 Conventions et législations internationales

Le droit au travail est identifié dans les documents internationaux suivants:

Déclaration universelle des droits de l'homme (ONU 48-12-10)

> *art. 23 (1): »Toute personne a droit au travail, au libre choix de son travail, à des conditions équitables et satisfaisantes de travail et à la protection contre le chômage. »*

Pacte international relatif aux droits économiques, sociaux et culturels (adopté à l'unanimité par l'Assemblée générale de l'ONU le 16 décembre 1961, entré en vigueur le 3 janvier 1976)

> *art. 6.1: « Les États parties au présent Pacte reconnaissent le droit au travail, qui comprend le droit qu'a toute personne d'obtenir la possibilité de gagner sa vie par un travail librement choisi ou accepté, et prendront des mesures appropriées pour sauvegarder ce droit. »*

> *art. 6.2: « Les mesures que chacun des États parties au présent Pacte prendra en vue d'assurer le plein exercice de ce droit doivent inclure l'orientation et la formation techniques propres à assurer un développement économique, social et culturel constant et un plein emploi productif dans des conditions qui sauvegardent aux individus la jouissance des libertés politiques et économiques fondamentales. »*

Conventions concernant la politique de l'emploi (N° 122) de l'Organisation internationale du travail (OIT), 1964

> *art. 1 (1): « **En vue de stimuler la croissance et le développement économiques, d'élever les niveaux de vie, de répondre aux besoins de main-d'oeuvre et de résoudre le problème du chômage et du sous- emploi, tout membre devrait formuler et appliquer, comme un objectif essentiel, une politique active visant à promouvoir le plein emploi, productif et librement choisi.** »*

> *art. 1 (2): « Ladite politique devrait tendre à garantir:*

> *a) qu'il y aura du travail pour toutes les personnes disponibles et en quête de travail;*

> *b) que ce travail sera aussi productif que possible;*

> *c) qu'il y aura libre choix de l'emploi et que chaque travailleur aura toutes possibilités d'acquérir les qualifications nécessaires pour occuper un emploi qui lui convienne et d'utiliser, dans cet emploi, ses qualifications ainsi que ses dons, quels que soient sa race, sa couleur, son sexe, sa religion, son opinion politique, son ascendance nationale ou son origine sociale.* »

> *art. 1 (3): « Ladite politique devrait tenir compte du stade et du niveau du développement économique ainsi que des rapports existants entre les objectifs économiques et sociaux, et devrait être appliquée par des méthodes adaptées aux conditions et aux usages nationaux.* »

D'autres documents utilisent le concept de droit au travail dont l'*American Declaration of the Rights and Duties of Man*, la *European Social Charter* et l'*African Charter on Human and Peoples' Rights*.

Le Canada a adhéré au *Pacte international relatif aux droits économiques, sociaux et culturels* le 19 mai 1976. Avant de signer le Pacte, le gouvernement avait obtenu l'accord de toutes les provinces qui se sont engagées à adopter les mesures qui s'avéraient nécessaires à la mise en oeuvre du Pacte dans les domaines relevant de leur juridiction. Le 21 avril 1976, le Québec ratifiait par arrêté en conseil ce Pacte international.

Le Canada a aussi signé la Déclaration universelle des Droits de l'Homme et ratifié la *Convention sur la politique de l'emploi* de l'Organisation internationale du travail (OIT).

2.1.2 Définition du droit au travail

Dans le préambule de la constitution de l'OIT, le droit au travail est reconnu comme un des droits fondamentaux nécessaires non seulement au bien-être de l'individu mais également à la paix et à l'harmonie universelles.

Le droit au travail est défini en fonction du libre choix et d'une disponibilité suffisante d'emplois. Le libre choix de l'emploi a certains corollaires: l'abolition du travail forcé ou obligatoire, la non-discrimination pour l'accès à l'emploi et la formation des travailleurs. Sans une politique de plein emploi pour lutter contre le chômage et assurer un niveau de vie décent à tous les travailleurs et travailleuses, le nombre d'emplois disponibles risque d'être insuffisant.

2.1.3 Législations canadiennes

Les États signataires des documents internationaux se sont engagés à créer les instruments légaux, administratifs et politiques aux fins de promouvoir le plein emploi, productif et librement choisi, d'assurer la formation des travailleurs en fonction des exigences de l'emploi et d'assurer pour tous l'égalité des chances.

Conformément à cet engagement, le Gouvernement du Canada a déposé un rapport[1] qui identifie les actions législatives, administratives et politiques menées par lui et les gouvernements des dix provinces en vue d'assumer les obligations définies dans le Pacte. Ce rapport fait état des politiques adoptées par les gouvernements pour créer de l'emploi, pour soutenir le développement économique et pour assurer la formation des travailleurs.

Dans l'ensemble des législations du Canada et des dix provinces, le droit au travail n'est jamais mentionné explicitement. Il est interprété plutôt comme signifiant un droit à des conditions saines de travail, à la syndicalisation, à la non-discrimination, à un salaire juste et au libre choix du travail. Ainsi, le droit au travail n'est pas reconnu expressément par une loi; les textes législatifs visent plutôt à éliminer les contraintes qui limiteraient ce droit.

2.1.4 Le Québec et le droit au travail

Dans le Rapport canadien sur les articles 6 à 9 du *Pacte international relatif aux droits économiques sociaux et culturels*, le Québec précise ses principales actions en vue d'assurer à l'ensemble de la population le droit au travail.

Comme ailleurs au Canada, le Québec a défini le droit au travail en fonction de la non-discrimination. Nous retrouvons dans une section du Rapport, préparé par la Commission des droits de la personne (CDP), la position officielle du gouvernement du Québec concernant le droit au travail :

> « *La Charte des droits et libertés de la personne interdit la discrimination dans le domaine de l'emploi et, ce faisant, elle protège le droit de chacun à un emploi librement consenti.* » [2]

> « *Les entrevues que nous avons faites nous ont convaincus que les problèmes les plus graves ne surgissent pas toujours dans l'application de ces lois, mais découlent de l'absence de la reconnaissance concrète du droit à un niveau de vie décent et du droit au travail tel qu'il est reconnu par l'article 6 du Pacte.* » [3]

2.1.5 Droit au travail et politique de plein emploi

Tant au niveau international qu'aux niveaux fédéral et québécois, il est difficile d'isoler les mesures concernant le droit au travail de celles découlant d'une politique de plein emploi puisqu'elles visent les mêmes objectifs : libre choix au travail, conditions équitables et satisfaisantes au travail et protection contre le chômage.

Compte tenu de la conjoncture économique de la dernière décennie, le droit au travail ou le plein emploi semblent des rêves irréalisables. En raison de la multitude des facteurs et politiques responsables du niveau d'emploi dans une économie, dont plusieurs échappent au contrôle des gouvernements fédéral et québécois, le plein emploi requiert un nombre important de politiques gouvernementales, notamment une politique fiscale, une politique monétaire, une politique de développement régional, une politique industrielle et commerciale, une politique du commerce extérieur, une politique du taux de change, une politique d'achat, une politique de réduction et d'aménagement du temps de travail, une politique du revenu, la création directe d'emplois et la lutte à la discrimination.

L'élaboration et l'efficacité d'une politique de plein emploi exigent donc que la création d'emplois soit traitée comme une des priorités de toutes les politiques économiques gouvernementales. La réalisation d'un tel objectif relève entre autres d'un choix politique. C'est pourquoi la CCT incite les autorités gouvernementales à inscrire la recherche du plein emploi comme un des objectifs majeurs de chacune de leurs politiques économiques. La recherche du plein emploi (ou du niveau d'emploi le plus élevé possible) doit être une priorité pour tous les gouvernements.

À cet égard, le Gouvernement du Québec a mis sur pied, en mai 1985, un organisme de concertation, la Table nationale de l'emploi, dont le mandat spécifique est de travailler à l'élaboration, à la supervision et au suivi d'une politique de plein emploi des ressources humaines.

Recommandation

II-1 Droit au travail et politique de plein emploi

La Commission consultative sur le travail encourage la Table nationale de l'emploi à arrêter le plus rapidement possible les politiques et les mesures nécessaires pour favoriser le plein emploi et ainsi permettre l'exercice du droit au travail. De plus, afin d'impliquer l'ensemble des intervenants concernés par cette politique, la Commission consultative sur le travail recommande de revoir la composition de cet organisme pour y inclure des représentants de tous les groupes étroitement concernés par le plein emploi. Elle encourage en outre tous les partenaires à favoriser une véritable concertation afin qu'au Québec l'emploi puisse atteindre le niveau le plus élevé possible.

2.2 Les statuts de travail

Dans les sociétés industrielles, le travail prend différentes formes: certaines personnes travaillent sur une base régulière à plein temps ou à temps partiel, d'autres occupent des emplois sur une base temporaire ou occasionnelle. Si la majorité de la main-d'oeuvre travaille à l'extérieur de sa résidence, le travail à domicile est aussi une réalité. Les salariés doivent être distingués de ceux qui travaillent à leur propre compte ou bénévolement. Il n'est pas indifférent aux travailleurs de se retrouver dans l'une ou l'autre de ces situations de travail puisque celles-ci offrent des conditions de travail fort différentes tant du point de vue de la durée, de la continuité, de la rémunération, de la sécurité d'emploi que de la promotion et de la protection.

De nombreuses études tendent à démontrer qu'au cours des dernières années, les situations de travail et les conditions de travail s'y rapportant ont beaucoup changé. Lors des audiences de la CCT, les revendications des groupes intervenant sur ce sujet furent de deux ordres : une reconnaissance de toutes les situations de travail, et une protection législative et contractuelle identique pour tous les travailleurs et travailleuses salariés, indifféremment de leur situation de travail.

2.2.1 Reconnaissance de diverses situations de travail

Au statut de « travailleur » sont rattachés des bénéfices : rémunération, protection et bénéfices sociaux, identification facile de leur apport au patrimoine familial. Il s'ensuit que toutes les personnes qui ne sont pas éligibles à ce statut de « travailleur » sont automatiquement privées des avantages qui s'y rapportent. C'est pourquoi plusieurs intervenantes et intervenants ont demandé à la Commission une redéfinition de ce statut de travailleur pour que celui-ci soit reconnu aux travailleurs et travailleuses domestiques et aux femmes collaborant à l'entreprise à but lucratif de leur conjoint.

Dans son mémoire à la CCT, la Pastorale sociale du diocèse de Rouyn-Noranda résume bien l'ensemble des préoccupations sur ce sujet :

> *« Pourquoi ne définit-on pas le travail comme une activité profitable à d'autres membres de la société? Un tel élargissement de la notion de travail permettrait d'inclure tout le travail bénévole, le travail au foyer, en leur accordant une reconnaissance et une valeur sociale sinon économique. »*[4]

Les objectifs recherchés pour revendiquer un statut légal, social et économique pour toute personne qui accomplit une activité laborieuse avec ou sans contrepartie de rétribution monétaire (généralement associée au terme de salarié ou de travailleur) sont : la reconnaissance des acquis, l'assurance d'une autonomie personnelle et l'accès à divers régimes sociaux (rentes, pensions, allocations de maternité, congés de maladie, accidents de travail). Les travailleuses au foyer et les femmes collaboratrices de leurs conjoints dans une entreprise à but lucratif sont les groupes de la société les plus sensibilisés à cette question.

a) Travailleuses au foyer

Malgré l'exécution d'un travail, les femmes au foyer ne jouissent d'aucun statut légal ou social.

> « *Les femmes qui travaillent au foyer ne sont pas considérées comme des travailleuses. Elles ne font pas partie de la population active, on ne tient compte nulle part du travail effectué, (...) Et pourtant, chacune des tâches accomplies : éducation, ménage, cuisine, soins aux personnes âgées et aux personnes handicapées, etc. est un travail reconnu quand il est accompli à l'extérieur du foyer.* »[5]

La conséquence de cette situation est d'exclure les travailleuses au foyer des principales mesures de protection sociale, les rendant ainsi dépendantes de leur conjoint ou de la société.

> « *L'exercice du travail au foyer ne donne lieu à aucune protection sociale et n'est pas reconnu en cas de retour au marché du travail. Ainsi, en cas d'accident ou de maladie relié aux tâches domestiques, la travailleuse ne peut pas compter sur une compensation sociale. À sa retraite, elle ne bénéficie de prestations de la Régie des rentes qu'au décès de son conjoint et celle-ci est alors inférieure à la rente qu'il recevait.* »[6]

> « *Cette absence de statut entretient l'état de dépendance des femmes au foyer vis-à-vis le conjoint ou l'État advenant un décès ou une séparation.* »[7]

Pour améliorer leur situation, les groupes de femmes ont proposé des mesures susceptibles de leur procurer une certaine sécurité et un minimum d'autonomie financière : reconnaissance d'un statut légal, comptabilisation dans le produit national brut du travail au foyer, participation aux différents programmes de protection sociale, reconnaissance financière au plan fiscal, reconnaissance des acquis de l'expérience du travail au foyer, accès aux programmes de formation professionnelle et aux programmes de prêts-bourses.

Ces revendications des groupes féminins (visant l'accès à une certaine autonomie personnelle et à une protection économique et sociale juste et équitable pour les femmes) sont légitimes et nécessaires pour que, dans la société, l'apport du travail au foyer soit valorisé. Cependant, bien que nécessaire, la reconnaissance d'un statut de « travailleuse » risque d'être insuffisante pour atteindre les objectifs recherchés par les femmes au foyer si elle n'est pas intégrée dans une politique globale de la famille. Conscientes de cette réalité, les participantes au Sommet sur la condition économique des Québécoises (Québec, 16 et 17 mai 1985) ont adressé leurs propositions d'action concernant la reconnaissance du travail au foyer à divers organismes gouvernementaux et privés, mais non à la CCT. Le Comité de consultation sur la politique familiale dont le mandat est précisément de consulter la population sur la problématique d'ensemble de la famille, sur la nature des interventions de l'État auprès de la famille et sur les actions à privilégier pour la mise en application de la politique familiale, est davantage habilité pour donner suite à l'ensemble des revendications des femmes concernant le travail ménager au foyer. Pour sa part, la CCT admet l'importance de reconnaître un statut de « travailleuse » à la femme au foyer pour lui assurer une autonomie personnelle et incite le Comité de consultation sur la politique familiale à intégrer cette question à la politique globale de la famille.

b) Femmes collaboratrices

Faute d'un statut de travail reconnu les femmes collaboratrices de leurs conjoints dans une entreprise à but lucratif sont rarement rémunérées et leur travail est peu valorisé socialement. De cette situation découlent plusieurs conséquences. D'abord en matière de droit conjugal, la loi reconnaît que l'entreprise peut, malgré l'union, appartenir exclusivement au conjoint. La femme collaboratrice est ainsi dès le départ placée dans un état de dépendance envers son conjoint qui fixe, suivant sa volonté, la nature et les conditions de la collaboration de son épouse. Cet état de dépendance est maintenu en cas de dissolution du mariage, puisque la part qui revient à l'épouse dépend du jugement du tribunal. De plus, l'exclusion des gains provenant du travail commun des époux en régime de communauté de biens est considérée comme une autre lacune législative.

En matière de droit successoral, le *Code civil* reconnaît au conjoint la liberté totale de tester. La femme collaboratrice peut donc être exclue de la succession de son conjoint propriétaire.

La femme collaboratrice qui n'est pas salariée ou associée ne peut profiter de la protection de la législation du travail et des différentes mesures de protection sociale en cas d'accident de travail, de maladie professionnelle, de maternité ou de retraite. De plus, elle ne peut s'inscrire à des cours rémunérés de formation professionnelle.

Elle est aussi pénalisée par les lois fiscales qui n'accordent pas la déduction de frais de garde d'enfants lorsque le travail est exécuté à la résidence familiale.

La femme collaboratrice, pour être considérée comme les autres travailleurs faisant partie de la population active, doit être soit salariée, soit associée à l'entreprise de son conjoint.

Depuis 1980, les lois fiscales du Québec et du Canada ont été amendées pour permettre le versement d'un salaire à la femme collaboratrice. Les collaboratrices salariées ont ainsi le droit de souscrire au Régime des rentes du Québec (RRQ) et elles sont protégées par la *Loi sur les normes du travail* sauf si elles travaillent dans une entreprise agricole embauchant trois salariés ou moins. Il faut cependant noter que la *Loi sur les normes du travail*, en dispensant le conjoint-employeur de l'obligation de payer des congés annuels et de verser un salaire majoré pour le temps supplémentaire effectué en sus de la semaine normale de travail à sa conjointe, prive la femme collaboratrice salariée de ces bénéfices.

Le *Code civil* permet à la femme collaboratrice de constituer une société avec son conjoint. L'épouse non-associée peut aussi tenter de faire reconnaître l'existence d'une société de fait. Le statut d'associée ou d'actionnaire assure à la femme collaboratrice la participation légale au capital financier de l'entreprise, ce qui lui garantit une participation aux profits et une protection légale en cas de dissolution du ménage.

L'Association des femmes collaboratrices a proposé, pour solutionner les problèmes posés par la non-reconnaissance de la valeur du travail effectué par les femmes collaboratrices non-salariées, non-associées ou non-actionnaires, l'adoption au sein du droit corporatif d'une loi-cadre pour réglementer l'entreprise familiale. Cette loi-cadre offrirait, sur une base volontaire, la possibilité à la conjointe collaboratrice de bénéficier d'une déclaration de statut légalement enregistrée de salariée ou de collaboratrice qui lui assurerait autonomie et sécurité. La recommandation de l'Association des femmes collaboratrices semble pertinente mais la CCT n'en a pas étudié les effets puisqu'elle ne concerne pas directement la législation du travail.

Recommandation

II-2 Reconnaissance complète du travail de la conjointe salariée de l'employeur

Afin d'améliorer la protection de la conjointe salariée de l'employeur, que la *Loi sur les normes du travail* soit amendée

a) en incluant dans la définition de salarié la conjointe salariée d'un employeur;

b) en modifiant les articles 54 et 77 pour abolir l'exclusion du conjoint de l'employeur de l'application des articles concernant respectivement le droit au salaire majoré pour le temps supplémentaire effectué en sus de la semaine normale de travail et le droit à des congés annuels payés.

2.2.2 Statuts de travail et protection institutionnelle

Les statuts de travail sont un enjeu important dans les relations du travail dans la mesure où ils définissent en grande partie, d'une part, les termes de l'implication de la main-d'oeuvre dans l'entreprise et, d'autre part, les conditions de travail. Plusieurs études ayant souligné la diminution de l'importance relative de la situation conventionnelle du travail régulier à plein temps, il est essentiel de s'interroger sur l'importance relative des différentes situations de travail et sur les conditions de travail qui y sont associées.

a) Importance des différentes situations de travail

Le statut de salarié touchait en 1981, 94,5 % de la population active du Québec (tableau 2.1) alors que les travailleurs indépendants ne représentaient que 5,5 % des personnes actives. Le salariat a connu une croissance continue depuis 1941 alors que seulement 69 % de la population active était salariée, 20 % de la population active était constituée de travailleurs indépendants et 11 % de travailleurs familiaux non-rémunérés. Ce transfert massif des travailleurs familiaux non-rémunérés et indépendants vers le salariat est attribuable à l'exode rural suite à la mécanisation et aux transformations économiques du secteur agricole et à l'incorporation des entreprises dirigées par les travailleurs indépendants.

En 1980, parmi les travailleurs salariés qui représentaient l'immense majorité de la population active, les salariés réguliers travaillant à temps plein (49 à 52 semaines par année) constituaient la moitié de la population active occupée alors que l'autre moitié ne participait que partiellement au marché du travail : temps partiel, surnuméraires, temporaires, intérimaires, contractuels, etc. (tableau 2.2). L'image traditionnelle d'une main-d'oeuvre occupée régulièrement à temps plein correspond donc de moins en moins à la réalité.

La diminution de l'importance relative des salariés réguliers à plein temps est continue depuis 1950, passant de presque 70 % en 1951 à 50 % en 1981. Cette évolution de la composition de la population active québécoise s'explique par des facteurs socio-culturels et technico-économiques.

Parmi les facteurs socio-culturels, il faut citer l'augmentation du taux de participation des femmes et particulièrement des femmes mariées dont plusieurs préfèrent travailler à temps partiel plutôt qu'à plein temps et l'accroissement du nombre des travailleurs de 55 ans et plus qui choisissent le travail à temps partiel.

Quant aux facteurs technico-économiques, mentionnons d'une part, la tertiarisation de l'économie québécoise dont les particularités fonctionnelles (fluctuations marquées de la demande de services) favorisent l'embauche de travailleurs occasionnels et à temps partiel et, d'autre part, un changement dans les politiques de gestion des ressources humaines qui implique, pour obtenir la flexibilité dont les entreprises ont besoin, un recours à des travailleurs occasionnels et à temps partiel pour faire face aux fluctuations de volume dans la production.

b) Conditions de travail selon les situations de travail et les protections institutionnelles

Les statistiques officielles permettent d'évaluer l'importance en nombre de chacune des catégories de salariés. Ces données doivent cependant être complétées par une évaluation qualitative des conditions de travail qui s'appliquent à ces catégories. Ces conditions sont contenues dans les conventions collectives et dans les décrets de convention collective.

Décrets et conventions s'appliquent principalement à trois situations : le travail régulier à plein temps, le travail régulier à temps partiel et le travail temporaire (surnuméraire, à temps partiel, non-régulier ou occasionnel).

Au niveau des décrets, l'utilisation quasi généralisée du salaire horaire comme mode de rémunération ne permet pas de distinguer les situations de travail. Par ailleurs, les conditions d'admissibilité à la rémunération du travail en temps supplémentaire, au paiement des jours fériés ou encore au congé annuel sont des facteurs de différenciation. L'application de telles dispositions produit des résultats qui favorisent d'emblée et dans les faits les salariés réguliers à plein temps et défavorisent de la même manière les salariés temporaires. La situation des « réguliers à temps partiel » dépend, quant à elle, de la reconnaissance ou non de ce statut, ce qui aura pour effet de les rapprocher, selon le cas, des réguliers plein temps ou des occasionnels.

Au niveau des conventions collectives, l'éventail des possibilités s'élargit pour plusieurs raisons. Tout d'abord, par définition, la convention s'applique à une entreprise. Elle tient donc davantage compte de sa nature et de sa situation. Ensuite, la convention prévoit un ensemble de conditions de travail plus complet qu'un décret.

Enfin, au coeur de chaque convention se trouvent des règles visant à assurer une sécurité d'emploi (autrement dit, des clauses d'ancienneté). Ces clauses ont des effets certains sur les divers statuts.

Les conventions collectives du secteur privé sont largement tributaires de la nature du travail que les salariés sont appelés à effectuer. Elles prévoiront donc les situations de travail les plus diverses dans la mesure où elles sont caractéristiques du travail à exécuter. Ce sera le cas, par exemple, du temps partiel dans le commerce au détail ou du travail occasionnel dans les entreprises qui dépendent d'une multitude de petits contrats exigeant des déplacements. Dans les périodes de manque de travail, certains travailleurs à plein temps de l'industrie manufacturière deviendront dans les faits des travailleurs à temps partiel ou des occasionnels. Il en résultera, pour eux, un certain nombre de désavantages en rapport avec l'application de certaines clauses car ils seront moins en mesure d'accumuler de l'ancienneté.

Il faut également ajouter que la reconnaissance et le traitement, en termes de conditions de travail, de certaines situations de travail sont, par définition, des objets de négociation. L'étude des conventions collectives nous permet de constater que toutes les situations de travail ne sont pas également protégées et traitées.

Tableau 2.1

Répartition en nombre et en pourcentage des travailleurs au sein de la population active selon le statut professionnel au Québec en 1941, 1951, 1961, 1971 et 1981

Statut Professionnel	1941 [1]		1951 [2]		1961 [3]		1971 [4]		1981 [5]	
	Nombre	%	Nombre	%	Nombre	%	Nombre	%	Nombre	%
Total de la population active	**1 188,7**	**100,0**	**1 470,8**	**100,0**	**1 768,1**	**100,0**	**2 169,1**	**100,0**	**2 963,3**	**100,0**
Salariés	815,4	68,6	1 161,6	78,9	1 502,6	85,0	1 955,3	90,1	2 784,5	94,0
Indépendants	235,8	19,8	236,3	16,1	219,0	12,4	151,2	7,0	161,8	5,5
Travailleurs familiaux non rémunérés	137,5	11,6	72,9	4,9	46,5	2,6	62,6	2,9	17,0	0,5

1 Bureau fédéral de la statistique, Recensement de 1941, volume VII, tableau 5.

2 Bureau fédéral de la statistique, Recensement de 1951, volume IV, tableau 2.

3 Bureau fédéral de la statistique, Recensement de 1961, catalogue no. 94-525, volume III, partie 2, tableau 9.

4 Statistique Canada, Recensement de 1971, catalogue no. 94-525, volume III, partie 2, tableau 1.

5 Statistique Canada, Recensement de 1981, catalogue no. 93-965, volume II, tableau 16.

Tableau 2.2

Répartition en nombre et en pourcentage des salariés selon leur statut (réguliers à plein temps, réguliers à temps partiel ou occasionnels) et selon le sexe, au Québec en 1951, 1971 et 1981[1] en milliers

Année	Répartition selon le sexe	Total des salariés		Plein temps 49-52 semaines[4]		Temps partiel 49-52 semaines[4]		Autres situations de travail	
		Nombre	%	Nombre	%	Nombre	%	Nombre	%
1951[2]	Total	1 112,8	100	776,7	69,8	—	—	336,2	30,2
	Hommes	809,0	100	562,0	69,4	—	—	247,1	30,6
	Femmes	303,8	100	214,7	70,7	—	—	89,1	29,3
1971[3]	Total	2 237,4	100	1 208,4	54,0	58,9	2,6	970,1	43,4
	Hommes	1 453,3	100	860,3	59,2	23,8	1,6	569,2	39,2
	Femmes	784,1	100	348,2	44,4	35,0	4,3	400,9	51,3
1981[3]	Total	2 993,3	100	1 483,9	50,6	125,9	4,3	1 323,5	45,1
	Hommes	1 733,8	100	977,9	56,4	39,1	2,3	716,8	41,3
	Femmes	1 199,5	100	506,0	42,2	86,8	7,2	606,6	50,6

1. Les données pour 1961 n'apparaissent pas dans ce tableau, du fait que la classification des semaines travaillées au cours de l'année précédant le recensement, sur laquelle nous nous basons pour déterminer le statut de travailleur régulier, n'est pas assimilable à la classification des recensements de 1951, 1971 et 1981.

2. Bureau fédéral de la statistique, recensement de 1951, volume V, tableau 24.

3. Statistique Canada, compilation spéciale des données des recensements de 1971 à 1981.

4. En 1951, la distinction entre le travail à plein temps et à temps partiel selon le nombre de semaines travaillées dans l'année précédant le recensement, n'a pas été faite. Cependant, nous avons considéré la totalité de ceux qui ont travaillé de 50 à 52 semaines en 1950 comme étant « réguliers à plein temps », en raison de l'hypothèse que nous faisons du nombre minime de « travailleurs réguliers à temps partiel » à cette époque. On peut en effet raisonnablement estimer le nombre de ces derniers à au plus 10 mille à 15 mille personnes, ce qui n'affecterait pas significativement la proportion des « réguliers à plein temps ».

c) Demandes des partenaires et recommandations

Conscients de ces écarts entre les conditions de travail des diverses catégories de main-d'oeuvre, plusieurs intervenantes et intervenants ont réclamé une amélioration de la protection pour les catégories les plus désavantagées. Ainsi, des bonifications dans les conditions de travail pour les travailleurs à temps partiel, à domicile, domestiques, forestiers, etc. furent réclamées.

1) Travail à temps partiel

L'objectif recherché est d'accorder aux travailleurs à temps partiel, au prorata des heures travaillées, des avantages identiques à ceux des travailleurs à temps plein sur les cinq points suivants: le salaire, les avantages sociaux, la garantie d'un nombre minimal et maximal d'heures de travail par semaine, l'ancienneté et l'accès prioritaire aux postes à temps plein.

Si, dans certains décrets et conventions collectives, les demandes des intervenants sont déjà satisfaites, dans la grande majorité des cas les employés réguliers à temps partiel ont des conditions de travail qui se situent à mi-chemin entre celles des travailleurs réguliers à plein temps et celles des autres catégories de travailleurs.

Recommandations

II-3 Travail à temps partiel, décrets et conventions

Que les parties signataires des décrets et conventions collectives assurent aux travailleurs à temps partiel une protection au prorata des heures travaillées équivalente à celle des travailleurs à temps plein.

II-4 Travail à temps partiel et normes

Que la *Loi sur les normes du travail* soit modifiée pour permettre à une personne travaillant à temps partiel d'accumuler des périodes distinctes de travail pour équivaloir à des années de service continu aux fins des dispositions donnant droit aux vacances payées, au préavis et, le cas échéant, à l'indemnité de licenciement individuel

ainsi qu'au recours à l'encontre d'un congédiement sans une cause juste et suffisante.

2) *Travail à domicile*

Plusieurs groupes réclament une réglementation des conditions d'exercice de ce travail et une extension des protections sociales à ceux et celles qui y oeuvrent.

Recommandation

II-5 Travail à domicile

Les décrets étant l'instrument le plus approprié pour protéger les travailleurs à domicile, que soit élargie la couverture de certains décrets, particulièrement dans le secteur du vêtement, afin d'assurer une amélioration des conditions de travail de cette catégorie de main-d'oeuvre.

3) *Travail domestique*

On demande en premier lieu que les travailleurs domestiques puissent obliger leur employeur à rédiger un contrat de travail stipulant les tâches à accomplir afin d'éviter l'exploitation. En second lieu, on souhaite que la durée de la semaine de travail soit la même que pour les autres travailleurs. En dernier lieu, on espère obliger le paiement des heures supplémentaires au tarif temps et demi. Il est de plus souhaité que la *Loi sur les normes du travail* soit modifiée pour y inclure toute personne dont la fonction, même exclusive, est d'assurer la garde d'un enfant ou d'un adulte. Cette dernière question sera traitée au Chapitre V.

Recommandation

II-6 Travail domestique en général

Que soit prévu en vertu de la *Loi sur les normes du travail* un règlement fixant les conditions de travail minimales des travailleurs domestiques en y incluant les personnes qui gardent un enfant ou un adulte. Ce règlement devrait fixer: le salaire minimum, les temps libres et les heures de travail qui s'appliquent à ces personnes (voir aussi recommandation V-4).

---

4) *Travail en forêt*

En raison des conditions de travail imposées actuellement aux travailleurs forestiers, le travail en forêt entraîne une insécurité financière. Pour remédier à cette situation, il a été proposé d'effectuer une vaste enquête sur l'ensemble du secteur forestier, d'abolir le salaire à forfait parce qu'il incite à un rythme de travail élevé, cause de nombreux accidents de travail et soumet les travailleurs à une insécurité financière par suite des aléas de la coupe du bois (pluie, neige, topographie des terrains, qualité des arbres, etc.,), d'obliger les compagnies forestières à fournir les outils de travail et les camps forestiers sur leurs territoires de coupe ou à défrayer le logement, la pension et le transport, de vérifier la pertinence de la législation du *Code du travail* concernant la transmission des droits et obligations à l'occasion d'une rétrocession des concessions et lors des changements de territoire prévus au permis de coupe.

Recommandation

II-7 Conditions de travail en forêt

Compte tenu des nombreuses demandes faites à la Commission consultative sur le travail et du rapport d'étape du Groupe de travail sur l'exploitation forestière, que le ministre du Travail ouvre, dans les plus brefs délais possibles, une enquête sur l'ensemble des activités en forêt. Cette enquête devrait cerner tous les sujets susceptibles d'influencer les droits et les conditions de travail de la main-d'oeuvre forestière et notamment l'influence de la planification de la production sur les besoins et les conditions de travail des ressources humaines, les effets de la mécanisation sur la santé, la sécurité et la rémunération du travailleur forestier, la quantité et la qualité de la formation des ouvriers, la pratique de la sous-traitance et ses répercussions sur les conditions de travail et sur le droit d'association, la qualité de la vie en forêt, les effets des divers modes de rémunération sur les revenus nets des travailleurs en forêt, les coûts de production, la productivité et les effets sur l'accréditation et sur son droit de suite lors de la rétrocession d'une concession ou de changement de territoire de coupe pour des raisons incontrôlables.

2.3 Égalité en emploi

Tous les travailleurs n'ont pas les mêmes conditions de travail. Celles-ci diffèrent d'une part, selon les situations de travail et d'autre part, selon l'appartenance de la personne à certains groupes de la société : les femmes, les personnes handicapées, les jeunes, les minorités culturelles. Ces catégories de la main-d'oeuvre n'ont pas les mêmes opportunités d'accès au travail et elles ont parfois des conditions de travail inférieures à celles des autres groupes de travailleurs.

2.3.1 Conditions de travail des groupes-cibles

a) La population active féminine

L'arrivée massive des femmes sur le marché du travail depuis 1950 n'a pas entraîné de modifications importantes des principales caractéristiques des emplois féminins : la structure professionnelle de la main-d'oeuvre féminine reste peu diversifiée, les emplois à temps partiel continuent d'être occupés majoritairement par les femmes et le taux de chômage féminin demeure généralement supérieur à celui des hommes.

Une des conséquences de la lenteur de l'évolution des caractéristiques des emplois féminins a été la persistance de l'écart de rémunération entre les hommes et les femmes. En 1982, le revenu annuel moyen des travailleuses était égal à 56 % de celui des travailleurs. Plusieurs recherches ont démontré que pour un même emploi la rémunération des femmes est en général inférieure à celle des hommes même après avoir éliminé l'influence des variables liées à l'âge, l'expérience, l'ancienneté et la scolarisation.

La juge Abella dans son *Rapport sur l'égalité en matière d'emploi* souligne que :

> « *Malgré l'existence de ces lois sur l'égalité de rémunéra-tion, les salaires féminins sont souvent de 10 à 20 % inférieurs aux salaires masculins, même lorsqu'il s'agit du même travail dans la même entreprise.* »[8]

Elle ajoute que cette différence est directement attribuable à la discri-mination car cet écart persiste même si l'on prend en compte l'expérience, les études, la formation et les périodes d'inactivité.

Au cours de la prochaine décennie, l'accroissement de la participation des femmes au marché du travail se poursuivra. Parallèlement à cette augmentation, la présence de la main-d'oeuvre féminine dans tous les secteurs d'activité et dans toutes les professions s'accroîtra de plus en plus et la situation financière des femmes s'améliorera. Malheureusement, cette évolution naturelle sera, en elle-même, insuffisante pour assurer aux travailleuses des conditions de travail exemptes de toute discrimination. Des changements de mentalités, de politiques et de législations concernant l'égalité en emploi sont nécessaires pour réaliser l'égalité des sexes sur le marché du travail.

b) Les personnes handicapées

Une description exacte et précise de la situation des personnes handica-pées face au marché du travail québécois est difficile à réaliser en raison principalement de l'absence de statistiques officielles pertinentes. Malgré ce fait, l'ensemble des estimations et des expertises permet d'identifier les principaux obstacles à l'intégration et au maintien des personnes handica-pées sur le marché du travail.

La Table de concertation des personnes handicapées, de même que l'Office des personnes handicapées du Québec (OPHQ), s'entendent pour affirmer qu'au moins 92 mille personnes handicapées sur les 480 mille recensées sont considérées comme aptes au travail et en âge de travailler, alors que moins de 10 % de ce groupe occuperait un emploi. Le taux de chômage des personnes handicapées aptes au travail se situerait donc entre 85 et 90 %.

Les obstacles à l'intégration et au maintien des personnes handicapées sur le marché du travail sont nombreux et diversifiés. Ils ont pour origine autant les attitudes individuelles que le système social dans son ensemble.

Les personnes handicapées sont désavantagées dans la recherche d'un emploi par manque de formation, par inexpérience professionnelle ou à cause de l'inaccessibilité des services de placement. En milieu de travail régulier, les politiques de recrutement placent les candidats présentant une déficience en situation désavantageuse. Les mentalités incitent les gestionnaires à associer abusivement une déficience physique ou mentale et des limitations fonctionnelles apparentes à un manque de capacité ou de productivité au travail. L'environnement architectural, les moyens de transport, l'adaptation des postes de travail aux capacités d'une personne handicapée, les aménagements des horaires de travail et les descriptions de tâches sont souvent inadéquats. Il y aurait manque de souplesse dans l'application des conventions collectives, particulièrement en ce qui concerne les règles d'ancienneté et d'avancement.

Malgré ces nombreuses difficultés, les personnes handicapées qui occupent un emploi ont un rendement au travail comparable et même supérieur aux autres travailleurs. En 1975, une enquête effectuée par la Chambre de commerce du Canada révélait que 95 % des personnes handicapées ont un taux d'absentéisme plus bas ou égal à la moyenne, 90 % ont une productivité égale ou supérieure à la moyenne, 98 % ont un taux de roulement égal ou inférieur à la moyenne, 98 % ont un taux d'accidents de travail égal ou inférieur à la moyenne.

c) Les jeunes travailleurs de 15 à 24 ans

En 1983, les jeunes travailleurs de 15 à 24 ans représentaient 23,4 % de la population active québécoise. Malgré cette faible proportion, les jeunes de 15 à 24 ans ont beaucoup de difficultés à s'intégrer au marché du travail : en effet, ils occupent un pourcentage important des emplois à temps partiel (42 %) ou sont chômeurs (40 %).

Les jeunes travailleurs de 15 à 24 ans occupent un peu moins de la moitié des emplois à temps partiel. Si 50 % d'entre eux ont justifié ce statut en raison de leur fréquentation scolaire, près de 40 % disent par contre qu'ils n'ont tout simplement pas pu trouver du travail à temps plein.

Les jeunes sont, de plus, relativement plus exposés au chômage que ne l'est la population active québécoise plus âgée. En 1983, le taux de chômage des jeunes de 15 à 19 ans se situe à 26,8 %, celui des 20 à 24 ans à 20,7 % et celui des 25 ans et plus à 11,2 %. Cependant, il faut souligner que les jeunes sont d'autant moins exposés au chômage qu'ils ont un niveau de scolarité élevé ; en 1981, le taux de chômage des 15 à 24 ans était de 27,8 % pour ceux qui avaient moins de 9 ans de scolarité par rapport à 17,3 % pour les diplômés universitaires.

Les conséquences du chômage pour les jeunes de 15 à 24 ans sont d'autant plus grandes que les politiques d'aide sociale sont peu généreuses pour les bénéficiaires de cette catégorie d'âge. En mars 1984, on dénombrait 141 208 jeunes aptes au travail parmi les bénéficiaires, soit 12,6 % de la population active de cette tranche d'âge. Parmi ces derniers, 60,5 % reçoivent la prestation de 156 $ par mois et le quart de ceux-ci dépendent de l'aide sociale depuis deux ans ou moins.

d) Les minorités culturelles

Au Québec, selon le recensement canadien de 1981, la population active immigrée s'élevait à 287 155 personnes, soit environ 10 % de la main-d'oeuvre québécoise. Malgré un taux d'activité légèrement supérieur à celui de l'ensemble des travailleurs québécois, le taux de chômage de 7,9 % de la main-d'oeuvre immigrée était inférieur au taux de chômage de 10,3 % de la population active totale. Les travailleurs immigrés semblent connaître une situation avantageuse en termes de revenu moyen, lequel atteignait 14 400 $ alors que celui de la main-d'oeuvre québécoise s'établissait à 12 457 $. Il faut cependant noter que le revenu moyen varie considérablement d'un groupe ethnique à l'autre et que le salaire moyen des femmes immigrantes n'atteint pas 70 % de celui des hommes immigrés. De plus, la structure professionnelle de la main-d'oeuvre immigrée est marquée de clivages importants. Certains groupes ethniques connaissent une sur-représentation de travailleurs très qualifiés alors qu'à l'inverse, d'autres groupes sont caractérisés par une concentration très prononcée de travailleurs peu qualifiés[10]. Que ce soit en raison de l'ignorance de la langue, d'un comportement raciste à l'égard de certaines minorités visibles ou d'une formation professionnelle non-officiellement reconnue, il est évident que certains travailleurs immigrés ou certains groupes connaissent une insertion socio-professionnelle problématique et des conditions de travail inférieures et parfois injustes.

* * *

La population active féminine, celle des personnes handicapées, des jeunes de 15 à 24 ans et des minorités culturelles sont donc plus exposées à la discrimination systémique, c'est-à-dire à une discrimination qui découle des systèmes conçus pour un milieu homogène, soit une population mâle, de race blanche et apte au travail. Ce type de discrimination a des répercussions néfastes sur ceux et celles qui, du fait qu'ils n'appartiennent pas à ce groupe, se voient privés de l'occasion de faire preuve de leurs capacités.

Les groupes socio-économiques et les organisations syndicales ont souligné à la CCT à maintes reprises ces réalités inacceptables. Ils ont proposé, pour y remédier, la mise sur pied de programmes d'égalité en emploi assortis de mesures spécifiques à chacun des groupes-cibles reconnus au Québec comme étant victimes de discrimination.

2.3.2 Politiques et programmes d'égalité en matière d'emploi au Québec

L'égalité en matière d'emploi signifie que nul ne doit se voir refuser un débouché pour des raisons autres que celles de sa compétence professionnelle.

Qu'il soit question d'action positive, d'équité en matière d'emploi ou encore d'égalité en emploi, ce qu'il importe de retenir, c'est qu'il s'agit dans tous les cas

> *« (...) de pratiques d'emploi visant à supprimer les barrières discriminatoires et à offrir à tous et à toutes les mêmes occasions de se réaliser du point de vue professionnel. »* [11]

a) Le point de vue législatif

Jusqu'en 1982, Québec et Terre-Neuve étaient les seules provinces canadiennes où la loi protégeant les droits et libertés de la personne n'incluait pas un article rendant possible la création de programmes spéciaux contre la discrimination. En 1982, le Gouvernement du Québec amendait la *Charte des droits et libertés de la personne* pour y inclure une série d'articles concernant l'application de programmes d'accès à l'égalité de façon à ce que ceux-ci ne soient plus considérés comme discriminatoires. En juin 1985, le ministre de la Justice déposait devant la Commission parlementaire des institutions un projet de règlement précisant les contenus et l'application des programmes d'accès à l'égalité. Le projet de règlement a été discuté en Commission parlementaire en octobre 1985.

Étant donné qu'un projet de réglementation sur le contenu et les modalités de mise en application des programmes d'accès à l'égalité a été discuté devant la Commission parlementaire des institutions, toute recommandation de la CCT concernant ce sujet serait donc prématurée. Par ailleurs, la CCT reconnaît la pertinence du projet de réglementation. Elle

est d'accord avec l'esprit des dispositions proposées qu'elle juge cohéren-
tes avec les objectifs visés par la *Charte des droits et libertés de la
personne.* Cependant, compte tenu du caractère litigieux des programmes
d'égalité en emploi, la CCT souhaite que la réglementation soit complétée
de façon à prévoir la consultation et la participation des instances syndicales, des travailleurs et travailleuses concernés.

b) Les programmes volontaires dans les entreprises

Au Québec, en 1981, une dizaine d'entreprises avaient mis sur pied
des programmes volontaires d'égalité en emploi ou d'égalité des chances[12].
Les entreprises québécoises ne semblent pas pressées d'implanter volontairement ces programmes. Cette situation n'est toutefois pas particulière au
Québec. En effet, depuis 1979, à peine 81 compagnies canadiennes sur
plus de 3 000 compagnies contactées par la Division de l'action positive de
la Commission de l'emploi et de l'immigration du Canada ont signé des
ententes visant à instaurer des programmes volontaires d'accès à l'égalité.

Les mesures et les stratégies adoptées par plusieurs de ces entreprises
se limitent à l'analyse de certaines situations, à la promotion de quelques
femmes ou à la diminution de quelques inégalités. Dans l'ensemble on ne
cherche pas à combattre la discrimination par des mesures rigoureuses.

c) L'obligation contractuelle

L'obligation contractuelle est une méthode visant à encourager l'égalité en emploi dans le secteur privé en utilisant le levier du pouvoir d'achat
de l'État. En pratique l'État ne consent à acheter des biens et services
qu'aux entreprises qui acceptent de mettre en place des programmes
d'accès à l'égalité en emploi ou qui font la preuve qu'il n'existe aucune
discrimination chez elles.

Au Canada, seule la loi fédérale en matière de discrimination comprend une disposition touchant l'obligation contractuelle (l'article 19 de la
Loi canadienne des droits de la personne). L'obligation contractuelle n'est
pas encore en vigueur au Québec. Lors du Sommet sur la condition
économique des Québécoises, la ministre déléguée à la Condition féminine
a annoncé que le gouvernement du Québec se proposait d'appliquer ce
principe.

2.3.3 Demandes des partenaires et recommandations

Les demandes des partenaires concernant l'égalité en emploi peuvent être regroupées autour de deux objectifs complémentaires : l'adoption dans les plus brefs délais du règlement devant préciser les contenus et les modalités d'application des programmes d'accès à l'égalité, et l'implantation de mesures et de politiques pouvant permettre aux victimes de discrimination de participer aux programmes d'accès à l'égalité (politiques de plein emploi, de formation et mesures spécifiques aux groupes concernés).

a) Programmes d'accès à l'égalité

Tous les partenaires intéressés par la question de l'accès à l'égalité en emploi se sont prononcés sur ce sujet. Tous sont d'accord pour reconnaître qu'il est nécessaire de prendre des mesures favorisant l'accès à l'égalité en emploi mais leurs positions divergent quant à la nature et à la mise en application de celles-ci.

Les entreprises et les associations patronales réclament une entière autonomie et le contrôle sur les mécanismes de mise en place des programmes d'égalité en emploi. Elles privilégient les mesures incitatives plutôt que coercitives. Elles veulent agir dans un contexte souple et peu contraignant. Toutefois les expériences américaine et canadienne démontrent que cette approche volontaire et non contraignante mène à des résultats peu satisfaisants, même après 10 ans d'efforts. En effet, une des constatations de la Commission Abella est qu'il est illusoire de compter sur la démarche étapiste préconisée par les entreprises. Plusieurs rapports américains confirment que l'adoption de mesures obligatoires régies par les lois est la façon la plus efficace d'assurer l'équité en matière d'emploi. Ils démontrent en même temps que l'action positive demeure un excellent moyen d'augmenter la participation des groupes-cibles au marché du travail, tout en permettant aux employeurs d'en retirer des avantages de toutes sortes.

D'une manière générale les organisations syndicales appuient les revendications des groupes socio-économiques mais cet appui demeure conditionnel au droit de regard qu'elles veulent préserver sur le contenu des programmes. Selon les centrales syndicales, le contenu des programmes d'accès à l'égalité en emploi devrait être élaboré par l'employeur et les instances syndicales locales, la participation des salariés devrait être assurée et la règle de l'ancienneté à l'intérieur du groupe visé devrait s'appliquer.

Les groupes de femmes qui s'intéressent particulièrement à la question de l'égalité en emploi ont des positions qui se rapprochent beaucoup de la position du Conseil du statut de la femme (CSF) qui, lui-même, a situé son approche très près de celle de la Commission des droits de la personne (CDP) en ce qui concerne l'application des programmes. L'ensemble des groupes de femmes et le CSF ont surtout déploré le fait qu'il n'existe pas d'obligation pour les entreprises privées de se doter de tels programmes. Le CSF allègue à cet effet que:

> « *C'est un non-sens pour nous de penser pouvoir lutter réellement contre une discrimination inscrite au sein même de nos structures et systèmes depuis des généra-tions, en laissant les organismes et entreprises libres de se doter ou non de programmes de ce genre.* » [13]

Par ailleurs, une des demandes importantes de ces groupes est l'obliga-tion contractuelle. Le CSF, les groupes de femmes et la CDP souhaitent que le règlement devant préciser les contenus et l'application des program-mes d'accès à l'égalité soit adopté dans les plus brefs délais.

Recommandations

II-8 Promotion de l'accès à l'égalité

Que le Gouvernement québécois prévoit un soutien technique et un support souples et efficaces en ressources humaines pour faciliter l'implication des petites et moyennes entreprises, des syndicats, des travailleuses et travailleurs dans l'application des programmes d'accès à l'égalité et qu'une stratégie d'information et de sensibilisation de la population et des employeurs sur ce que devraient être les program-mes d'accès à l'égalité soit prévue.

II-9 Accès à l'égalité et obligation contractuelle

L'obligation contractuelle étant un moyen efficace pour inciter les entreprises privées et publiques à se doter de programmes d'accès à l'égalité, la Commission consultative sur le travail accorde donc son appui au Gouvernement du Québec pour l'imposer à certaines entre-prise qui transigent avec le gouvernement. Pour assurer l'efficacité de

cette mesure, nous recommandons que le montant du contrat et la taille de l'entreprise visés par l'obligation contractuelle permettent de rejoindre un nombre significatif de salariés. Dans les cas où la discrimination serait présente, il faudrait signifier à l'entreprise ses points faibles et la sommer de modifier ses politiques de ressources humaines pour se rendre éligible à l'octroi d'un contrat.

b) Prérequis aux programmes d'accès à l'égalité

La suppression des obstacles systémiques dus à des politiques discriminatoires est nécessaire mais insuffisante pour solutionner l'ensemble des problèmes d'emploi auxquels sont confrontés les femmes, les personnes handicapées, les jeunes et les minorités culturelles. L'adoption de mesures spécifiques est nécessaire pour aider les groupes-cibles à surmonter les nombreux obstacles responsables de leurs conditions de travail précaires. Parmi ces obstacles nous identifions: le manque de connaissances, d'expérience et de compétences particulières, le manque d'information sur les emplois en pénurie et en excès sur le marché du travail, les problèmes de langue et la pénurie de garderies ainsi que le manque d'adaptation de l'environnement architectural et des instruments de travail aux personnes handicapées sans compter les préjugés défavorables à l'égard des jeunes de 15 à 24 ans.

L'application de mesures spéciales accélérera l'intégration en emploi des membres de ces groupes-cibles.

1) Formation et information

La formation et l'information sont des facteurs-clés dans la poursuite de l'égalité en emploi. Sans instruction et sans formation suffisantes et adéquates, les chances d'obtenir un emploi et des conditions de travail acceptables sont minimes.

Le manque de connaissances et de compétences a été signalé à la CCT par les groupes socio-économiques comme étant un des facteurs importants qui limitent leurs possibilités d'emploi. Leurs revendications sont nombreuses. Ils réclament le droit à la formation de base pour tous, la gratuité de la formation au niveau secondaire et collégial. Ils veulent qu'on prévoit des places réservées dans les secteurs non-traditionnels et des programmes spéciaux de rattrapage pour les femmes, la mise sur pied de campagnes d'information et de sensibilisation auprès des clientèles-cibles pour orienter les choix de carrière vers des professions qui permettent une meilleure répartition des emplois entre hommes et femmes, jeunes et adultes. Ils demandent que soient mieux coordonnées les actions du système scolaire et des milieux de travail pour assurer aux jeunes une formation professionnelle mieux adaptée aux réalités du marché du travail ainsi que l'alternance formation-travail. Ils revendiquent la reconnaissance des acquis à l'extérieur du marché du travail (travail domestique, travail bénévole, stage non rémunéré). Ils soulignent que les personnes handicapées doivent pouvoir acquérir la formation de base nécessaire à leur intégration au marché du travail et que les services éducatifs doivent être adaptés à leurs besoins. Les autochtones devraient avoir une formation qui mette l'accent sur le développement régional et communautaire. Les Inuit en particulier devraient bénéficier de programmes spéciaux de formation et d'examens de formation professionnelle en inuktitut.

La CCT reconnaît la pertinence de toutes ces mesures et les considère indispensables pour permettre aux femmes, aux personnes handicapées, aux jeunes, aux immigrants et aux autochtones d'accéder plus facilement aux emplois.

Plusieurs de ces demandes concernent les politiques de formation générale ou professionnelle des adultes. Elles ont été étudiées par plusieurs instances gouvernementales. La Commission d'étude sur la formation des adultes (Commission Jean) s'est penchée sur l'ensemble de la problématique de l'éducation des adultes et nous retrouvons dans ses nombreuses recommandations la quasi-totalité des propositions faites à la CCT concernant la formation. Plus récemment, l'énoncé des politiques du Gouvernement du Québec sur l'éducation proposait certaines solutions aux divers problèmes soulevés par les groupes socio-économiques. En décembre 1984, le Gouvernement fédéral, dans son *Document d'étude sur la formation*, suggérait des mesures facilitant l'adaptation de la main-d'oeuvre aux exigences du marché du travail. La CCT incite donc les instances gouvernementales concernées à accélérer la mise en application des mesures suggérées dans les documents ci-haut mentionnés.

Recommandations

II-10 Formation et entreprise

Que l'entreprise favorise la formation de la main-d'oeuvre et s'y implique davantage sans distinction de catégories professionnelles et de sexe,

a) en organisant elle-même des cours de formation et de perfectionnement,

b) en assumant les frais de scolarité de ses employé(e)s,

c) en permettant le congé-éducation,

d) en participant à l'organisation de stages de formation dans l'entreprise prévus dans le cadre du système scolaire,

e) et en collaborant étroitement avec les institutions publiques d'enseignement dans l'élaboration des programmes de formation générale, professionnelle et de perfectionnement.

II-11 Formation et négociation collective

Que les parties à la négociation collective tentent de négocier des ententes garantissant la formation et le perfectionnement continus de tous les salariés.

2) *Responsabilités parentales et services de garde*

La création de garderies fut invoquée par l'ensemble des partenaires comme étant une mesure nécessaire pour favoriser l'accès des femmes à l'égalité en emploi. Plusieurs intervenants et intervenantes ont insisté pour que la responsabilité de l'éducation et de la garde des enfants soit partagée socialement. Le CSF, dans son mémoire à la CCT, justifie très bien les besoins de services de garde de la main-d'oeuvre féminine :

> « *Si l'on veut que les femmes aient un accès véritable au marché du travail, il est essentiel que les parents puissent compter sur des services de garde de qualité, accessibles financièrement et en nombre suffisant, que ce soit*

pour la petite enfance ou pour les enfants de niveau
primaire. Il faut, en effet, se rappeler que près de la
moitié des mères de famille sont sur le marché du travail
et qu'un grand nombre de femmes deviennent uniques
soutiens de famille suite notamment à l'éclatement de la
famille. Force nous est de reconnaître que les coûts de
garde peuvent devenir prohibitifs compte tenu des possi-
bilités de gains des femmes sur le marché du travail et, à
la limite, peuvent obliger une femme à renoncer à un
emploi pour assumer elle-même la garde de ses en-
fants. » [14]

Pour diminuer les barrières à l'accès des femmes au marché du travail, il a été proposé que le gouvernement poursuive la mise sur pied de garderies et accroisse son aide financière aux parents. Par ailleurs, l'entreprise devrait aussi favoriser le partage des responsabilités familiales en prenant les mesures appropriées (horaires flexibles, congés parentaux, etc.), en expérimentant des projets pilotes du genre « Service d'urgence parent-suppléant », en mettant sur pied des garderies en milieu de travail quand les lieux s'y prêtent, et enfin, en dédommageant les employés, femme ou homme, qui doivent encourir des frais de garde additionnels quand ils sont appelés à travailler en temps supplémentaire.

La CCT encourage tous les partenaires à contribuer au partage social de la responsabilité de l'éducation et de la garde des enfants afin de faciliter aux femmes un accès égal au marché du travail. Cependant, elle croit qu'il ne serait pas avantageux de dédoubler le travail effectué par le Comité de consultation sur la politique familiale dont le mandat est d'examiner, entre autres, tous les problèmes d'harmonisation entre la vie familiale et la participation au marché du travail. Elle incite donc ce Comité à intégrer dans sa politique globale de la famille des propositions susceptibles de répondre aux demandes qui ont été faites à la CCT concernant les responsabilités parentales et les services de garde.

3) Harcèlement sexuel

Le harcèlement sexuel est une forme de discrimination qui est interdite en vertu de l'article 10.1 de la *Charte des droits et libertés de la personne du Québec.*

Seul le *Code canadien du travail* comporte des dispositions, en vigueur depuis le 1er mars 1985, définissant le harcèlement sexuel et obligeant les employeurs à prendre toutes les mesures raisonnables pour prévenir que des personnes à leur emploi en soient victimes.

Au Québec, plusieurs entreprises ont déjà une politique à l'égard du harcèlement sexuel au travail: Bell Canada, Hydro-Québec, Banque nationale du Canada, Air Canada, etc. [15]

Compte tenu du fait que la *Charte des droits et libertés de la personne* contient déjà des dispositions à cet égard et compte tenu aussi de l'objectif d'éviter toute multiplication des recours, la CCT croit préférable de ne pas inclure de telles dispositions dans le *Code du travail* québécois. Néanmoins, elle encourage la Commission des droits de la personne à assurer un soutien à la fois aux entreprises pour prévenir le harcèlement sexuel et aux victimes pour faciliter et accélérer leurs recours afin de faire cesser tout harcèlement sexuel à leur endroit et d'obtenir réparation du préjudice s'il y a lieu.

4) *Intégration des personnes handicapées au marché du travail*

L'intégration des personnes handicapées au marché du travail nécessite la mise en place de multiples interventions qui s'adressent aux gouvernements, aux entreprises, aux syndicats et aux scientifiques.

Les propositions des organismes représentant les personnes handicapées furent nombreuses et très variées: procurer des services de main-d'oeuvre efficaces, prendre des mesures pour assurer la réintégration graduelle en emploi, faciliter l'accès aux lieux de travail, adapter les postes, assujettir tout travailleur handicapé à la *Loi sur les normes du travail* et revoir les politiques d'embauche des entreprises afin de s'assurer qu'elles n'excluent pas les personnes handicapées.

L'ensemble des mesures réclamées par les personnes handicapées est indispensable pour assurer leur intégration au marché du travail. La CCT sollicite donc de la part des divers ministères concernés ainsi que des employeurs et des syndicats beaucoup de diligence pour aider les personnes handicapées à occuper une place équitable au sein de la main-d'oeuvre québécoise.

Recommandations

II-12 Personnes handicapées et entreprises

Que les entreprises adaptent leurs politiques de recrutement, de formation et d'information pour faciliter l'embauche et la promotion des personnes handicapées.

II-13 Personnes handicapées et négociation collective

Que les parties à la négociation collective collaborent à l'intégration et à la protection des personnes handicapées en favorisant l'emploi des personnes handicapées à certains postes de travail, en leur assurant des conditions de travail analogues à celles des autres travailleurs et en adoptant des critères de sélection et de promotion qui n'excluent pas les personnes handicapées.

II-14 Personnes handicapées et mesures gouvernementales

Que le Gouvernement du Québec assure aux personnes handicapées une information pertinente concernant le marché du travail et un transport adéquat aux lieux de travail.

5) Accès des jeunes de 15 à 24 ans à l'emploi

Les jeunes constituent actuellement un des segments de la population les plus en difficulté sur le marché du travail. Une telle situation entraîne des conséquences économiques importantes, mais aussi des conséquences humaines et sociales inestimables et des répercussions sur les attitudes et les comportements des jeunes face au travail. Plusieurs études ont souligné les impacts du chômage sur la santé physique et mentale de l'individu et sur le développement des pathologies sociales telles la criminalité et le suicide. Ces coûts économiques et sociaux ne sont pas supportés uniquement par les jeunes chômeurs mais aussi par l'ensemble des contribuables, en frais additionnels de soins de santé et de lutte contre le crime et les tensions sociales.

Le chômage de longue durée donne naissance à des comportements d'inadaptation chez les jeunes parce qu'ils se sentent dévalorisés. Lors de leur retour sur le marché du travail, ils ont plus de difficultés à accepter l'autorité de l'employeur, à se motiver, à respecter les normes d'organisation du travail et à travailler en équipe.

La résorption du chômage des jeunes doit figurer parmi les objectifs principaux de tous les décideurs sur le marché du travail: entreprises, syndicats et gouvernements. En raison de l'extrême sensibilité du chômage des jeunes aux cycles économiques, la prospérité économique est indispensable pour favoriser l'accès des jeunes à l'emploi. Malgré les nombreux programmes d'aide à l'emploi offerts aux jeunes aux niveaux fédéral et québécois, les jeunes chômeurs demeurent trop nombreux et démunis économiquement et socialement. Comme la reprise de l'activité économique apparaît fragile et incertaine, certaines actions sont nécessaires pour faciliter l'intégration des jeunes de 15 à 24 ans au marché du travail.

Recommandations

II-15 Chômage des jeunes et programmes gouvernementaux

a) **Au niveau institutionnel, les programmes étant très nombreux, en évolution constante et changeant régulièrement d'appellation, que des dispositions soient prises pour les regrouper, les classifier et les harmoniser aux niveaux québécois et fédéral pour permettre aux interventions gouvernementales d'être plus efficaces.**

b) **À long terme, les programmes de stimulation de l'emploi étant plus efficaces que les programmes de création temporaire d'emploi pour intégrer les jeunes au marché du travail, que l'accent soit mis sur l'aide au développement local et à l'entrepreneurship des jeunes puisqu'ils répondent simultanément aux besoins d'autonomie et de créativité des jeunes et aux besoins de combler les vides laissés par les institutions gouvernementales et les grandes entreprises.**

II-16 Chômage des jeunes et mesures d'aide gouvernementale

a) **Que l'information relative aux mesures gouvernementales destinées spécifiquement aux jeunes soit davantage personnalisée et que l'on** utilise les canaux de communication habituels des jeunes : maisons d'enseignement, organismes-jeunesse, fonctionnaires de l'aide sociale et de l'assurance-chômage.

b) Que des services d'orientation, d'information, d'encadrement et de support concrets, de nature à faciliter une réinsertion sur le marché du travail, soient mis à la disposition des jeunes bénéficiaires de l'aide sociale.

c) Étant donné qu'il existe des préjugés défavorables à l'égard des jeunes mais aussi de la méfiance de la part des jeunes envers les employeurs, que soient mis sur pied des campagnes de publicité et des programmes d'implication de l'entreprise dans la formation professionnelle des jeunes, susceptibles de faire tomber certains de ces préjugés.

II-17 Chômage des jeunes et formation

La première garantie contre le chômage des jeunes étant la scolarisation

a) que l'on améliore les liens entre la formation théorique et le marché du travail ;

b) que l'enseignement professionnel se fasse en collaboration plus étroite avec les milieux de travail ;

c) que la durée des programmes de réinsertion des jeunes au marché du travail soit revue pour leur permettre d'atteindre les objectifs visés ;

d) que la planification et le suivi des stages dans les entreprises soient améliorés afin d'empêcher une mauvaise utilisation des stagiaires et d'assurer le respect intégral de leur mission de formation.

---

6) *Les autochtones et le règlement sur le placement dans l'industrie de la construction*

Le Grand conseil de la nation Waban-Aki, dans son mémoire à la CCT, recommandait de :

> « *Réviser le Code qui régit l'industrie de la construction du Québec afin que les autochtones qui possèdent les qualifications nécessaires à une classification puissent*

avoir leurs heures effectuées sur une réserve, accréditées par l'Office de la construction du Québec dans un avenir rapproché. »[16]

La CCT ne croit pas justifié de recommander de réviser à cet effet le *Règlement de placement des salariés dans l'industrie de la construction* puisqu'il contient des dispositions (article 36) permettant la reconnaissance des heures de travail effectuées dans une réserve :

> « *art. 36 : Malgré l'article 35, pour les travaux effectués à la Baie-James et au nord de cette région, préférence est d'abord accordée aux autochtones de la Baie-James et des villages situés au nord de cette région. La même préférence est accordée partout ailleurs aux autochtones pour les travaux effectués dans leur réserve ou établissement. À cette fin, un certificat de classification « Spécial » peut être délivré aux autochtones.* »

* * *

Les réflexions qui précèdent, bien qu'elles ne touchent pas tous les aspects de la problématique des droits des travailleurs, indiquent néanmoins l'importance que la Commission consultative sur le travail attache à la valorisation des ressources humaines dans l'entreprise et dans la société. La main-d'oeuvre est la principale ressource productive de toute économie. Un investissement en capital qui ne peut être exploité, faute d'une main-d'oeuvre compétente, n'a aucune valeur, aucune utilité.

La valorisation des ressources humaines exige une collaboration et une harmonisation des actions et politiques de tous les intéressés : gouvernements, entreprises, organisations syndicales, travailleurs et travailleuses. La réalisation d'un niveau élevé d'emploi, l'assurance de conditions de travail satisfaisantes et équitables pour chacune des catégories d'occupation et un accès au travail égal pour tous sont des objectifs qui ne peuvent être atteints sans une concertation des partenaires, sans une reconnaissance par ces derniers des droits des travailleurs et sans une implication de tous les intervenants pour favoriser la mise en valeur de la main-d'oeuvre québécoise. Notre société ne peut se développer en privilégiant les seuls aspects de productivité, de compétitivité et de rentabilité des entreprises au détriment des conditions de travail et du développement des ressources humaines. Une telle attitude risque de freiner la croissance à long terme de notre économie et d'engendrer des coûts sociaux et humains inacceptables.

Notes et références

1. Gouvernement du Canada, *Pacte international relatif aux droits économiques, sociaux et culturels. Rapport du Canada sur les articles 6 à 9*, Ottawa, 1980, 476 p.

2. *Ibid.*, p.337.

3. *Ibid*, p. 352.

4. Pastorale sociale du diocèse de Rouyn-Noranda, *Mémoire à la CCT*, 1984, p. 1.

5. Association féminine d'éducation et d'action sociale de l'Estrie, *Mémoire à la CCT*, Sherbrooke, 1984, pp. 2-3.

6. Conseil du statut de la femme, *Mémoire à la CCT*, Montréal, 1984, p. 12.

7. Association féminine d'éducation et d'action sociale, *Mémoire à la CCT*, Montréal, 1984, p. 36.

8. Rosalie S. Abella (Juge), *Rapport de la Commission sur l'égalité en matière d'emploi*, Ottawa, octobre 1984, p. 262.

9. Comité Santé et Bien-être, Chambre de Commerce du Canada, *Rapport sur l'emploi des handicapés*, Ottawa, 1975, 10 p.

10. Statistique Canada, 1981, compilation spéciale pour le ministère des Communautés culturelles et de l'Immigration.

11. Rosalie S. Abella (Juge), op. cit., p. 8.

12. Commission des droits de la personne, *L'action positive et la Charte des droits et libertés de la personne*, document de travail, mars 1981, p. 14.

13. Conseil du statut de la femme, op. cit., p. 29.

14. *Ibid.* p. 33.

15. Conseil du Patronat du Québec, « Principales conclusions du colloque du CPQ sur le harcèlement au travail » dans *Bulletin sur les relations du travail*, vol. 16, no. 163, avril 1985, pp. 3-6.

16. Grand conseil de la nation Waban-Aki, *Mémoire à la CCT*, Trois-Rivières, 1984, p. 7

Chapitre III

L'entreprise et la gestion

Préambule

L'économie québécoise repose sur les activités de près de 157 000 entreprises et celles-ci sont de taille variable : 87 % d'entre elles ont à leur emploi moins de 50 travailleurs et moins de 1 % en emploient plus de 500. En fait, l'économie québécoise est considérée par plusieurs analystes, avec raison d'ailleurs, comme une économie de PME. Bon an mal an, les PME y sont à l'origine d'environ 50 % de l'activité économique. L'évolution des vingt dernières années semble en outre indiquer qu'elles constituent un des éléments importants de cette économie car sans leur apport majeur, les activités manufacturières auraient fort probablement connu un déclin accéléré.

L'économie québécoise étant une économie de marché, cela signifie notamment que les règles économiques qui prévalent sont celles de la concurrence, une concurrence qui tend d'ailleurs à s'accroître au fur et à mesure qu'elle s'ouvre aux marchés étrangers. Dans ce contexte, non seulement les firmes québécoises sont-elles obligées de se faire concurrence entre elles, mais elles doivent, de plus, faire face à la compétition extérieure. Cela signifie notamment qu'elles doivent, pour assurer leur survie et leur rentabilité, investir dans les domaines où elles possèdent des avantages indéniables. Cela implique en outre qu'elles recourent à de nouvelles technologies et utilisent de façon intensive leurs ressources humaines en vue de protéger et même, éventuellement, d'accroître leur part du marché. Il en va du dynamisme de notre économie et donc de l'intérêt même de notre communauté.

Au cours de la dernière récession, le Québec a été à l'origine de 45 % des faillites commerciales canadiennes. Pour la seule année 1982, le total des faillites, comme nous l'avons vu, a franchi le cap des quatre mille. La majorité des victimes de cette récession ont été des entreprises artisanales ou des PME mais des grandes sociétés ont également été contraintes de « déposer leur bilan » ou de mettre fin à leurs opérations. Cette performance peu enviable, en plus de provoquer de nombreuses remises en question, a mis en évidence les préoccupations des milieux d'affaires en matière de compétitivité et de productivité.

En clair, les entreprises québécoises se doivent d'être compétitives pour survivre. Sans exception, tous les intervenants patronaux qui ont participé aux audiences de la Commission l'ont rappelé. Or, une augmentation de la productivité requiert une amélioration générale des conditions de production notamment par l'apport d'investissements nouveaux et par une meilleure organisation du travail.

La productivité canadienne se situe à un niveau beaucoup plus bas que celui de plusieurs de ses compétiteurs. Elle est de 40 % inférieure à celle des États-Unis, de 25 % inférieure à celle de la République fédérale d'Allemagne et de 15 % inférieure à celle du Japon. Cependant, en ce qui concerne le coût moyen de la main-d'oeuvre, le Canada occupe le 2ᵉ rang des économies industrialisées. En ce qui touche le taux de croissance de la productivité il se classe, par contre, au 28ᵉ rang[1]. Entre 1977 et 1982, le Canada a été le seul pays, avec les États-Unis, à enregistrer un taux de croissance négatif de sa productivité. Depuis, le Canada a réussi quelques gains importants en ce domaine, mais des efforts accrus sont requis pour atteindre un meilleur rang.

La situation québécoise est encore moins enviable. Depuis de nombreuses années, le Québec accuse un retard incontestable par rapport à l'Ontario et à l'ensemble du Canada. Selon l'Institut national de productivité (INP), malgré une amélioration récente et digne de mention de sa performance, notre économie accuse encore un décalage de plusieurs années. En fait, la productivité des firmes québécoises en 1984 n'atteint toujours pas celle que l'économie canadienne enregistrait en 1972[2].

On ne peut demeurer indifférent devant un tel constat. La Commission est tout à fait consciente de l'importance des enjeux à moyen et long termes que cela implique. Elle reconnaît également que l'inaction en ce domaine se traduira inévitablement par une détérioration de notre position sur le continent nord-américain et dans le monde, surtout dans la conjoncture actuelle marquée notamment par l'ouverture en faveur du libre-échange. La Commission est donc persuadée qu'il faut créer des conditions favorables à un redressement de la situation.

La plupart du temps, lorsque sont abordés les problèmes de compétitivité et de productivité, les solutions mises de l'avant privilégient d'abord et avant tout la réorganisation « matérielle » de l'économie. On dégage des sommes colossales en vue de modifier l'équipement des entreprises et de restructurer des secteurs entiers de l'économie. Le programme énergétique fédéral et le programme fédéral/provincial de restructuration des pâtes et papiers nous en ont fourni des exemples très concrets. Des millions de dollars y ont été consacrés à la réorganisation de la production et à la modernisation des équipements. Ce processus a eu de nombreuses répercussions sur les travailleurs à l'emploi des entreprises concernées et sur les populations des localités visées par ces réorganisations.

La Commission constate notamment que les investissements dans les nouvelles technologies et la modernisation des équipements en vue d'améliorer la productivité n'ont pas toujours été accompagnés d'investissements équivalents dans les ressources humaines de l'entreprise. Or, il existe de ce côté des possibilités incontestables d'accroître la productivité des entreprises québécoises tout en améliorant la qualité de vie des personnes impliquées. Dans cette perspective, la Commission pense qu'il serait maintenant opportun et avantageux pour l'ensemble de la société québécoise d'investir plus massivement dans cette direction. Si l'on propose de donner une plus grande importance aux ressources humaines, c'est parce que l'on est convaincu qu'un tel choix contribuera à améliorer les relations du travail au sein des entreprises en créant un climat favorable à l'échange et au partenariat entre employeurs et travailleurs, et ainsi à assurer la rentabilité des investissements.

Comment atteindre un tel but? La Commission pense que toute démarche en ce sens devrait de préférence être initiée par les partenaires dans l'entreprise. Une démarche volontaire permettrait plus aisément d'assurer les changements d'attitudes et de comportements indispensables à la réalisation de la réforme projetée. Mais la Commission est également tout à fait consciente des limites de ce genre de démarche. Elle juge donc souhaitable une intervention de l'État qui permettrait d'orienter les efforts des partenaires en vue de remettre en question leurs pratiques dans les relations du travail et leurs attitudes traditionnelles devant les nouvelles réalités de l'économie. L'intervention étatique ne peut pas tout… cela relève de l'évidence même. Cependant, elle peut permettre l'existence de relations du travail plus ouvertes.

En vertu de la description qui précède, il apparaît important à la Commission de se pencher sur trois questions qui concernent de façon spécifique les ressources humaines dans l'entreprise. Il s'agit de la gestion proprement dite de ses ressources humaines (GRH), de l'information dans l'entreprise et de la participation des travailleurs à l'entreprise. Nous examinerons ensuite les transformations qui se produisent dans l'entreprise.

3.1 La gestion des ressources humaines de l'entreprise

3.1.1 La fonction de gestion des ressources humaines

La Commission est d'opinion que les objectifs déjà décrits ne peuvent être atteints par l'entreprise sans que celle-ci ne se soit dotée d'une saine politique de gestion de ses ressources humaines.

Du côté administratif, cela signifie que l'entreprise doit avoir une politique intégrée d'acquisition, d'affectation, de développement et de conservation des ressources humaines. Du point de vue organisationnel, cela implique la création et le maintien d'un climat de travail sain et d'un milieu valorisant pour l'individu, en harmonie avec les objectifs de l'entreprise. En d'autres termes, cela nécessite la mise en place au sein des entreprises de véritables programmes de gestion des ressources humaines.

Or, selon une étude faite pour le compte de la Commission, la majorité des entreprises ne disposeraient pas de tels programmes, soit parce qu'elles n'en ont pas les moyens, soit tout simplement parce qu'elles en ignorent les avantages[3].

De plus, selon une enquête menée par l'Association des professionnels en ressources humaines du Québec (APRHQ) auprès de quelques mille membres, la gestion des ressources humaines ne serait généralement comprise que par une faible proportion d'administrateurs[4]. Rappelons que la gestion des ressources humaines couvre un champ très vaste de l'activité des entreprises et notamment toutes les activités destinées à acquérir, à développer et à conserver les ressources humaines.

On y rattache donc généralement les fonctions de planification des effectifs, de recrutement, de sélection du personnel, de formation, d'évaluation, d'organisation de la qualité de vie au travail, de contrôle de la gestion des ressources humaines et de détermination de la rémunération ainsi que des avantages sociaux.

L'étude de la mise en application de chacune de ces fonctions au sein des entreprises québécoises livre un portrait très diversifié des activités des entreprises. Les activités de formation par exemple ne sont structurées que dans une entreprise sur quatre et varient considérablement d'un secteur à l'autre[5]. Elles diffèrent également dans leur contenu et dans les modalités d'application.

La qualité de la GRH est généralement évaluée selon un modèle comportant plusieurs indicateurs tels que la satisfaction au travail, l'absentéisme, le roulement de main-d'oeuvre ou la fréquence des griefs. Appliqué à l'entreprise québécoise, ce modèle donne des résultats équivoques. Le taux de satisfaction au travail est plutôt élevé et ce de manière constante durant les dernières années. Par contre, le niveau d'absentéisme est inquiétant, atteignant 23,5 millions de jours/personnes perdus en 1980[6]. De plus, 46,4 % des personnes travaillant à plein temps sont rattachées à leur entreprise depuis moins de cinq ans[7]. Quant à la fréquence des griefs, c'est un indicateur aléatoire et difficilement quantifiable. La situation de la GRH n'est donc pas dramatique mais on peut tout de même y déceler des carences.

Actuellement, il n'y a guère que les grandes et les très grandes entreprises, souvent syndiquées, qui disposent de ressources directement affectées à la gestion du personnel. De plus, bien qu'il participe généralement aux activités de planification et de direction de l'entreprise, le personnel affecté à la gestion des ressources humaines demeure trop souvent, selon les dires de l'Association des Professionnels en ressources humaines du Québec (APRHQ), subordonné à la direction des relations du travail dans l'entreprise. Il ne dispose donc pas toujours de la latitude qui serait nécessaire à l'amélioration de l'organisation du travail dans l'entreprise.

La petite entreprise est placée dans une situation moins avantageuse que la grande à ce niveau. Elle n'est pratiquement pas organisée sur le plan de la gestion des ressources humaines. Les problèmes de personnel y sont réglés de façon ponctuelle, cas par cas, sans politique d'ensemble. La formation s'y pratique sur le tas avec des résultats souvent inférieurs à ceux obtenus par d'autres entreprises. Le maintien d'une telle situation ne peut que desservir les intérêts de l'ensemble des intervenants du monde du travail. Il faut donc rechercher une façon d'y remédier. Mais toute démarche dans ce sens est extrêmement délicate. Il est possible de concevoir des modes d'intervention susceptibles de sensibiliser les dirigeants et administrateurs d'entreprise aux avantages de l'introduction dans leur entreprise d'une politique de gestion des ressources humaines. De même peut-on souhaiter la mise en place de mécanismes de soutien et d'encouragement à l'amélioration des pratiques administratives des entreprises. À cette fin, la Commission recommande notamment la mise sur pied d'un programme de sensibilisation auprès des administrateurs et propriétaires d'entreprises ainsi qu'auprès des travailleurs. Ce programme devra notamment être consacré à la publicisation des formules susceptibles d'améliorer la gestion des ressources humaines de l'entreprise. La Commission souhaite plus précisément que des questions comme la formation, la qualité de vie au travail, la discipline, la planification des ressources et l'organisation administrative de l'entreprise y soient abordées.

À cette fin, l'Institut national de productivité (INP) devrait être en mesure d'assumer un rôle plus actif et plus important que celui qui a été le sien jusqu'à maintenant. L'INP devrait notamment se voir attribuer les ressources nécessaires à la mise en place d'un programme de soutien à la modernisation administrative des entreprises. Ce programme devra être conçu et mis sur pied en collaboration avec les institutions d'enseignement et être orienté vers la formation et la sensibilisation des propriétaires et administrateurs d'entreprises, principalement ceux qui évoluent au sein des PME. Ce programme devra également prévoir des mécanismes d'encadrement des entreprises désireuses de transformer leur structure administrative. L'intervention de l'INP devra, de façon plus spécifique, prendre la forme d'un soutien à la mise en place d'associations d'employeurs qui offriraient des services aux entreprises. Diverses organisations du genre, destinées à assurer des services collectifs aux entrepreneurs et surtout aux petits entrepreneurs, existent déjà, mais leur champ d'action est trop limité.

La Commission désire également inviter les organisations patronales à investir une plus grande part de leurs ressources et de leurs énergies dans la promotion d'une meilleure gestion des ressources humaines dans l'entreprise. Leur action et leurs initiatives en ce domaine sont absolument nécessaires pour élargir leur sphère d'influence. La Commission les encourage à occuper cet espace et à remplir une fonction de soutien à la gestion des entreprises, évitant ainsi une intervention peu souhaitable de l'État. Avec la création de la Maison régionale de l'industrie, les hommes d'affaires de la région de Sherbrooke ont démontré qu'il était possible de mener des démarches collectives en vue de se doter de moyens destinés à améliorer leur propre performance. La Commission est d'avis que les grandes associations patronales occupent une situation qui leur permet de jouer ce rôle partout au Québec. La Commission les invite plus précisément à être plus présentes auprès des PME pour les aider à mieux gérer et planifier les ressources en main-d'oeuvre en leur offrant des services d'expertise en la matière.

Recommandation

III-1 Entreprise et gestion des ressources humaines

Que l'Institut national de productivité se voie attribuer les ressources nécessaires à la sensibilisation et au soutien actif des entreprises en vue d'améliorer la gestion des ressources humaines de l'entreprise et qu'il oriente son intervention vers la création d'associations d'employeurs destinées aux services aux entreprises.

3.1.2 L'information dans l'entreprise

L'information des partenaires sur diverses facettes des activités de l'entreprise est une des questions les plus controversées dans le domaine de la gestion des ressources humaines. D'un côté, les syndicats et les travailleurs réclament un plus grand accès aux informations susceptibles d'influencer le maintien de leur emploi et, de façon plus générale, leurs conditions de travail. D'un autre côté, les entrepreneurs et les administrateurs sont réticents à divulguer des informations qui pourraient par la suite être utilisées contre eux dans le cadre de négociations collectives ou individuelles avec leurs employés.

Cette divergence d'intérêts a pour effet de rendre extrêmement laborieux tous les efforts en vue de rapprocher les partenaires dans l'entreprise. Souvent, loin d'être orienté vers la confiance, le climat dans l'entreprise est dominé par la méfiance. L'orientation de la Commission en faveur d'une amélioration des relations du travail dans l'entreprise l'incline à suggérer des moyens pour modifier cette situation.

Au cours de ses audiences publiques, la Commission a constaté avec un vif plaisir la position unanime des intervenants en faveur de l'établissement de saines relations du travail dans l'entreprise par la mise en place de communications plus ouvertes. Malheureusement l'unanimité s'arrête là. Plusieurs intervenants patronaux préconisent pour réaliser cet objectif diverses mesures incitatives et s'opposent à toute intervention législative. À l'opposé, différentes organisations syndicales et divers groupes socio-économiques exigent la reconnaissance du droit à l'information dans le *Code du travail* et définissent de façon très spécifique les informations auxquelles ils devraient avoir accès. Il s'agit surtout d'informations financières lorsque l'entreprise est en difficulté et aussi d'informations sur le fonds de pension, les réorganisations administratives, les changements technologiques, les sous-contrats, etc. L'écart entre les partenaires est donc grand. La Commission pense qu'il faut poser un premier geste en vue de le combler.

Pour atteindre ce but, de nombreux pays ont adopté des mesures législatives. Plusieurs pays européens tels la France, l'Allemagne de l'Ouest, les Pays-Bas, la Belgique, la Suède et l'Angleterre reconnaissent actuellement aux travailleurs certains droits à l'information. En Angleterre et en Suède, ces droits sont spécifiquement reliés à la négociation collective et sont exercés par les syndicats. En Belgique, en France, en Allemagne de l'Ouest et aux Pays-Bas, la divulgation de l'information est considérée comme un processus continu et fait partie des droits dévolus à des comités d'entreprises, lesquels ne jouent aucun rôle formel lors des négociations. Cependant, compte tenu du fait que certains représentants syndicaux sont en même temps membres de comités d'entreprise, l'information divulguée peut théoriquement influencer la stratégie de négociation, comme c'est le cas en France, même si ce n'est pas généralement l'objectif recherché. D'autre part, la plupart des pays prévoient des dispositions législatives pour assurer le respect de la confidentialité. L'Angleterre, par exemple, a adopté la notion de « dommage à l'entreprise ».

Soulignons au passage que les mécanismes de divulgation des informations sont à l'origine de diverses écoles de pensée. Certains spécialistes préconisent la divulgation directe auprès des travailleurs, d'autres recommandent que la divulgation des informations soit réservée plutôt à leurs associations officiellement reconnues.

La pratique américaine semble se rattacher à cette seconde école. En effet, aux États-Unis, le *National Labor Relations Act* n'exige pas directement la divulgation d'informations de la part des employeurs pendant la négociation collective. Cependant les parties sont soumises à des exigences précises pendant les négociations. L'entreprise qui refuse de transmettre certaines informations peut être accusée de ne pas négocier de « bonne foi ». Une abondante jurisprudence fait état de multiples interprétations quant à cette exigence. Elle a permis de dégager un certain nombre de principes encadrant l'exercice du droit à l'information en précisant la nature des obligations qui y sont reliées. Pour la négociation, il est jugé « obligatoire » de traiter de certains sujets tandis qu'il demeure « facultatif » d'en aborder d'autres. Chaque cas est conséquemment jugé à la pièce.

La législation et la jurisprudence canadiennes, autres que québécoises, reconnaissent, beaucoup plus restrictivement, les mêmes principes mais prévoient, par contre, que les entreprises sont formellement tenues de fournir des informations sur certains sujets tels les changements technologiques.

Mentionnons, toutefois, que plusieurs commissions des relations du travail au Canada (fédérale, ontarienne et celle de Colombie-Britannique) rendent des décisions prévoyant la divulgation d'informations précises aux travailleurs, notamment en ce qui a trait aux salaires, à la durée du travail, aux conditions de travail, aux jours fériés, aux vacances et à diverses autres questions liées aux changements technologiques.

Au Québec, la législation est muette sur cette question. En effet, il n'existe pas de dispositions imposant à l'employeur l'obligation de divulguer des informations aux employés ou à leurs représentants, que ce soit dans le cadre des négociations collectives ou autrement. La divulgation d'informations est donc volontaire. Généralement l'employeur est plus ouvert à la transmission de l'information en période de difficultés financières mais cette ouverture est beaucoup moins évidente lorsque la situation de l'entreprise est bonne. Par ailleurs, les pratiques varient beaucoup selon les entreprises. Une étude publiée par le *C.A. Magazine* souligne que de plus en plus d'employeurs adressent à leurs employés des rapports ou des communications à caractère économique[8]. L'INP en relevait plusieurs exemples lors d'une table ronde organisée en 1982[9].

L'étude de certaines expériences québécoises démontre en outre que la divulgation de l'information est une attitude récente qui participe plus d'un mode de gestion orienté vers la motivation de l'employé que du souci de maintenir de bonnes relations avec le syndicat. C'est pourquoi elle est conçue pour l'employé qu'elle cherche à « conscientiser » sur son rôle dans l'organisation. Peu d'entreprises affirment limiter la divulgation de l'information aux délégués syndicaux. D'autre part, il semble que l'intérêt des employés à l'égard de l'information soit mitigé[10]. Il est possible aussi de concevoir que l'information est l'objet d'une lutte pour le pouvoir qu'elle accorde. Soulignons enfin la prudence de toutes les administrations vis-à-vis la divulgation de la planification des opérations à l'intérieur de l'entreprise. Les projets et les investissements (sauf les investissements à l'intérieur de l'entreprise) doivent être pratiquement réalisés pour qu'on en informe les employés.

L'analyse qui se dégage de la pratique québécoise met surtout en relief l'absence de politique en matière d'information dans la plupart des entreprises et le caractère très irrégulier de la transmission des informations. En fait, la plupart des informations sont transmises en période de négociation et, selon toute évidence, il est très rare que les employeurs acceptent de soumettre la totalité des informations financières à l'examen de la partie syndicale.

La Commission considère comme extrêmement valables les expériences qui sont actuellement en cours dans certaines entreprises et croit qu'il serait souhaitable d'élargir cette pratique à l'ensemble des entreprises du Québec. Dans cette perspective, en vue d'amener une plus grande ouverture en matière d'information de la part des entreprises, la Commission recommande la mise en place d'un encadrement législatif partiel même s'il est préférable, selon elle, que toute démarche menant à l'adoption d'une politique d'information émane des parties et partenaires dans l'entreprise. En conséquence, elle recommande de prévoir au *Code du travail* le pouvoir, pour le Conseil des relations du travail (cf. recommandation VI-3), de déterminer les éléments d'information requis des entreprises pour faciliter la conclusion de la convention collective, notamment sur le bilan financier de l'entreprise, les changements technologiques et la formation dans l'entreprise.

Recommandation

III-2   L'information dans l'entreprise

Que le *Code du travail* soit amendé de façon à prévoir que le Conseil des relations du travail peut déterminer les éléments d'information requis des entreprises, pour faciliter la conclusion de la convention collective, notamment sur le bilan financier de l'entreprise, les changements technologiques et la formation dans l'entreprise.

3.1.3 La participation des travailleurs à l'entreprise

Il y a dix ans à peine les rares entreprises québécoises qui permettaient aux travailleurs de participer, d'une façon ou d'une autre, à la gestion ou aux profits étaient l'objet de curiosité et, surtout, d'incompréhension. Heureusement, les choses ont changé. La dure réalité économique des dernières années a contribué à sensibiliser de nombreux propriétaires d'entreprises à différents modes de participation des travailleurs. On compte actuellement quelques centaines d'entreprises dites « participatives » au Québec. Plusieurs groupes de travailleurs ont notamment été invités à intensifier leur implication dans l'entreprise par l'entremise de différents procédés dont la participation à la gestion, la participation aux bénéfices et la participation à la propriété de leur entreprise.

Dans plusieurs entreprises, la participation a été mise en place grâce à l'initiative de la direction. En procédant de la sorte, la direction cherchait principalement à faire partager aux travailleurs les objectifs de l'organisation afin d'améliorer leur rendement. Dans d'autres cas, c'est à l'initiative du syndicat que l'une ou l'autre des formules de participation a été adoptée dans un contexte de relance des activités de l'entreprise. Les formes concrètes de la participation vont donc varier en fonction du profil particulier de chaque entreprise et des buts poursuivis par elle.

La Commission s'est documentée sur une quarantaine d'expériences québécoises[11]. On peut tirer des données recueillies certaines caractéristiques hautement révélatrices de l'impact de la participation des travailleurs à leur entreprise. Une fois établie, la participation se traduit généralement par une amélioration notable du climat de travail dans l'entreprise : dans plus de la moitié des entreprises étudiées la participation a notamment engendré une diminution du taux d'absentéisme, du taux de roulement de la main-d'oeuvre et des accidents de travail. Par ailleurs, une majorité des entreprises a affirmé avoir enregistré une hausse de productivité et une augmentation de la qualité de la production ou des services rendus par l'entreprise. Il semblerait, en outre, que la situation financière desdites entreprises se soit améliorée. Certaines expériences québécoises comme celle de Papier Cascades ou de Tembec montrent clairement les effets bénéfiques que peuvent avoir une meilleure gestion des ressources humaines et une plus grande circulation de l'information sur la motivation, la productivité et la satisfaction au travail.

D'après une étude de l'Université Laval, il existerait un intérêt indéniable des travailleurs envers la participation. On y indique que 89 % des travailleurs se déclarent favorables au principe de la participation[12]. Cette attitude n'est toutefois pas partagée par toutes les organisations syndicales québécoises. En effet, malgré certaines ouvertures récentes, la majorité des syndicats demeurent prudents et parfois même adoptent une attitude de refus face à la participation. Cette méfiance s'explique en partie par le fait que la participation est souvent utilisée comme un substitut au syndicalisme et qu'elle n'implique que très rarement le syndicat à titre de partenaire dans l'entreprise. Cette méfiance est en outre redevable à l'expérience des travailleurs invités à adhérer à un mode de participation dans leur entreprise. Leur analyse est fort peu concluante quant à la possibilité d'instaurer un véritable partage du pouvoir dans l'entreprise. Par ailleurs, l'introduction de mécanismes de participation semble n'avoir que très peu d'effets sur les conditions de travail et sur l'emploi. En ce qui concerne plus directement le domaine des relations du travail, au-delà de l'impact noté précédemment sur la satisfaction au travail et sur la productivité, les expériences de participation n'ont pas donné des résultats très concluants.

Il est rare en effet que la participation se traduise concrètement par une modification des relations entre les acteurs dans l'entreprise et encore plus rare que ces expériences aient une quelconque incidence sur les rapports de pouvoir entre eux. La participation ne fait généralement que modifier la forme sous laquelle ce pouvoir est exercé. Cela entraîne que des expériences de participation, et notamment de participation à la gestion, prennent fin à la demande de l'un ou l'autre des partenaires.

Le manque d'enthousiasme pour la formule peut aussi s'expliquer par l'attitude générale du patronat. En effet, dans l'état actuel des choses, le patronat québécois demeure réticent dans une très large mesure face au concept d'entreprise « participative ». On a pu constater que des employeurs se servent de la participation pour se prémunir contre le syndicalisme et que d'autres visent, en expérimentant des formes limitées de participation, à maintenir et à renforcer l'autorité patronale.

Par contre, certains dirigeants plus novateurs tendent à appliquer des formules de participation, habituellement avec succès. En effet, on perçoit qu'une nouvelle génération d'employeurs tournée vers la participation émerge quoique le Québec à cet égard semble accuser un retard marqué sur les États-Unis et l'Europe. À côté du Québec où seulement quelques centaines de travailleurs oeuvrent dans des entreprises où ils participent à la fois à la propriété, à la gestion et aux bénéfices, les États-Unis comptent présentement plusieurs millions de travailleurs partiellement ou totalement propriétaires de leur entreprise.

Quelques initiatives récentes ouvrent cependant des voies nouvelles et prometteuses à la participation. La création du Fonds de solidarité de la FTQ, par exemple, a permis d'introduire au sein du syndicalisme québécois une nouvelle conception de la participation à la relance de l'économie. Elle prouve notamment qu'il est possible de concevoir un mécanisme de participation fondé sur la présence syndicale. À cet égard, la Commission considère qu'il est nécessaire d'assurer le maintien de cette présence pour protéger les intérêts des travailleurs dans l'entreprise participative en tant que salariés, pour aider ces derniers à organiser l'expérience de participation et pour mettre en lumière la distinction qui existe entre le statut de co-entrepreneur d'une part et celui de salarié d'autre part. De plus, la rationalisation des relations du travail apportée par le syndicalisme demeure souhaitable même dans les entreprises participatives, ce que confirme par exemple la très vaste majorité des expériences de cogestion.

Ces nouvelles attitudes en matière de participation semblent vivement désirables à nos yeux. Elles véhiculent une conception des relations entre partenaires dans l'entreprise qui suscite de nombreuses promesses. Elles semblent notamment démontrer de façon concrète qu'il est possible d'imaginer la mise en place de relations du travail davantage axées sur le partage et la concertation. On peut souhaiter qu'à moyen et long termes, cela se traduise par une amélioration de la qualité de la vie au travail et par une harmonisation des relations du travail sur lesquelles il sera possible d'ériger une croissance soutenue de la productivité et de la richesse.

De nombreux facteurs, d'ordre technique, légal ou fiscal inhibent encore le développement de la participation au Québec, en dépit d'une mentalité collective maintenant plus favorable à celle-ci. Ainsi, le Québec ne dispose d'aucun véhicule d'investissement adapté à la participation des travailleurs. Cette situation condamne parfois patrons et employés à des détours compliqués et coûteux pour réaliser leur projet de participation. L'aide technique fait également lamentablement défaut, de sorte que les risques sont peu équitables pour les patrons et les travailleurs impliqués.

En conséquence, la Commission préconise certaines modifications de l'approche actuelle face à la participation. Elle recommande la mise sur pied d'un groupe de travail sur la participation des travailleurs à l'entreprise en vue de mettre au point un projet de soutien financier viable qui s'inspirerait des recommandations de la Commission Saucier[13], et de celles du rapport déposé en 1981 par le Conseil de planification et de développement du Québec (CPDQ) sur la participation dans l'entreprise. Ce groupe de travail devra être rattaché à l'Institut national de productivité (INP). La

Commission suggère à ce comité d'étudier la possibilité d'introduire un régime d'intéressement fiscal un peu semblable à celui dont jouit le Fonds de solidarité, mais accessible à tout programme de participation à la propriété des entreprises. Le comité devrait cependant veiller à ce que tout projet ainsi subventionné permette aux travailleurs/actionnaires de jouir d'un pouvoir de décision équivalant à celui de leur participation à la propriété.

La Commission recommande en outre que les programmes gouvernementaux destinés aux entreprises incitent ces dernières à adopter des formules participatives. La CCT considère qu'une telle approche contribuerait efficacement à favoriser les expériences de participation des travailleurs à l'entreprise.

Recommandation

III-3 Entreprise et participation

Que soit mis sur pied un groupe de travail sur la participation des travailleurs à l'entreprise rattaché à l'Institut national de productivité en vue de mettre au point un projet de soutien financier à la participation, de suggérer un régime d'intéressement fiscal et des formules favorisant la participation des travailleurs à l'entreprise auxquelles on pourrait donner suite au moyen des programmes gouvernementaux destinés aux entreprises.

3.2 Transformations dans l'entreprise

Le fonctionnement courant de l'entreprise comporte un processus d'adaptation constante au changement. Certains de ces changements sont toutefois majeurs en ce qu'ils correspondent à des transformations de l'entreprise qui ont des effets déterminants sur le mode de gestion des ressources humaines et sur les conditions de travail qui vont parfois jusqu'à remettre en cause le cadre même des rapports de travail. Nous examinerons trois types de transformations de cette nature: les licenciements collectifs et fermetures d'entreprises, les changements technologiques et la sous-traitance.

3.2.1 *Les licenciements collectifs et les fermetures d'entreprises*

a) L'appréciation des intervenants

Les intervenants sont unanimes à décrier « les lacunes et l'inefficacité » des dispositions actuelles concernant les fermetures d'entreprises et les licenciements collectifs contenues dans la *Loi sur la formation et la qualification professionnelles de la main-d'oeuvre*.

Les groupes syndicaux recommandent l'adoption de dispositions législatives plus serrées pour protéger les intérêts des travailleurs. Ils demandent aussi l'adoption d'une nouvelle législation qui devrait être incluse dans la *Loi sur les normes du travail*, d'un droit à l'information sur la situation financière des entreprises ainsi que d'une procédure sévère de justification des fermetures. Concernant les indemnités payables en cas de fermeture et de licenciement, on préconise particulièrement la création d'un fonds financé par les employeurs et administré par les représentants des travailleurs.

Les groupes patronaux demandent de reformuler la loi afin de tenir compte de la responsabilité des parties, de limiter l'application des mesures prévues lors des mises à pied, d'utiliser les ressources en place pour aider les licenciés à s'adapter aux besoins du marché du travail et de fixer des préavis modestes.

Bref, d'un côté, on recherche l'institution de mesures plus généreuses, de l'autre, on lance un appel à la prudence et à la modération.

b) L'expérience étrangère

En Europe, les expériences varient d'un pays à l'autre mais il existe toutefois certains points communs. En effet, les pays européens insistent beaucoup sur l'approche préventive. On tente d'abord, dans la mesure du possible, d'éviter ou de minimiser les licenciements par l'aide économique ou financière, on prévoit des préavis plus ou moins longs (la République fédérale d'Allemagne exige 12 mois de préavis contre respectivement six mois et deux mois pour la Suède et la Belgique) afin de permettre l'utilisation des différents programmes publics et privés pour aider les personnes affectées à se réinsérer sur le marché du travail. Les Européens voient dans les préavis non seulement une question de droit mais aussi un prérequis à la solution des problèmes d'emploi. Même si les employeurs européens manifestent certaines réticences à donner des préavis plus longs que ceux requis, dans la pratique les périodes de préavis sont souvent plus longues que celles exigées par la loi.

Certaines juridictions européennes imposent une obligation à l'employeur d'informer et de consulter les personnes affectées mais aussi de leur donner les motifs des licenciements. Pour certains cette obligation remet en question la notion même de droit de gérance dont le fondement se trouve dans le droit de propriété. En Angleterre par contre, l'obligation est fondée sur l'idée qu'un travailleur a un droit de propriété sur son emploi. Il en découle la pratique de l'indemnité de cessation d'emploi en compensation du droit perdu à la suite du licenciement.

Certains pays européens distinguent deux types d'avertissement préalable: l'avis aux services gouvernementaux de la main-d'oeuvre et l'obtention de leur autorisation d'une part, et l'obligation de consulter et négocier avec les représentants des employés d'autre part.

Par ailleurs, aux États-Unis on ne retrouve pratiquement pas de restriction législative générale au droit de l'employeur à licencier un ou plusieurs employés. Ce domaine relève surtout des contrats individuels de travail et des conventions collectives, encore que cela soit relativement limité. Toutefois, il serait inexact de dire qu'il n'existe aucune disposition législative quant aux licenciements individuels ou collectifs. En effet, tant au palier fédéral que dans bon nombre d'États, de nombreuses dispositions concernant les préavis de licenciements, la mise en oeuvre de programmes de création d'emploi et l'indemnité de fin d'emploi sont soit en vigueur, soit en voie d'implantation ou encore à l'étude. Dans l'ensemble, on peut dire que l'approche américaine est axée sur la flexibilité tandis que l'approche européenne est axée sur la protection. Même si la législation américaine n'est pas au même diapason que celle des pays européens, le sujet semble gagner en popularité, du moins en ce qui a trait au préavis et à l'indemnité de licenciement. On peut résumer les attitudes américaines sur la question en disant que les employeurs veulent conserver leur prérogative quant à la mobilité du capital, que les travailleurs désirent des règles de contrôle en cas de fermetures et que les communautés industrielles locales cherchent une protection contre le désastre économique.

c) La situation québécoise

Au Québec, comme en Ontario et au niveau fédéral, on prévoit des préavis en cas de licenciements collectifs. La longueur du préavis est sensiblement la même mais il y a des différences quant au nombre minimal d'emplois qu'implique un licenciement collectif et quant au champ d'application de la loi.

Seule la *Loi sur la formation et la qualification professionnelles de la main-d'oeuvre* du Québec protège les travailleurs au moment d'un licenciement d'au moins dix salariés pour une période de deux mois consécutifs. Selon cette loi, lors d'un licenciement collectif, l'employeur doit aviser le ministre de la Main-d'oeuvre et de la Sécurité du revenu dans un délai minimal variant selon le nombre de mises à pied envisagées. Il doit parfois, à la demande du Ministre, constituer un comité de reclassement.

Contrairement aux autres juridictions canadiennes, la législation québécoise ne prévoit aucune obligation de préavis de licenciement collectif aux salariés eux-mêmes et aux associations de salariés. Au Québec, contrairement à la loi fédérale, la formation d'un comité de reclassement n'est pas obligatoire. De plus, lorsque l'employeur contrevient à cette loi, il est passible du paiement d'une amende mais l'employé n'a droit à aucune indemnisation.

À la différence de ce qui existe dans certains pays d'Europe, la législation en vigueur au Canada ne prévoit nulle part l'obligation pour l'employeur d'obtenir l'autorisation préalable pour effectuer des licenciements. La seule pratique, autre que le préavis, qui pourrait avoir une similitude avec celles en vigueur en Europe est l'indemnité de cessation d'emploi que l'on retrouve de plus en plus au Canada et aux États-Unis.

Selon une étude commanditée par la Commission[14], le nombre de travailleurs touchés par des licenciements collectifs entre 1979 et 1983 représente un peu plus de 1,2 %, en moyenne, de l'emploi total. Ces licenciements collectifs, au nombre de 540 en moyenne par année touchent plus de 32 000 personnes. Un travailleur sur trois fait face à une fermeture complète. Les licenciements collectifs comptent pour environ 13 % de l'ensemble des mises à pied et licenciements. Notons toutefois que les années 1981 et 1982, lourdement marquées par la récession, sont les pires qu'on ait connues quant au nombre de licenciements collectifs et de travailleurs touchés.

Les industries manufacturières sont celles où l'on retrouve le plus grand nombre de licenciements collectifs. Un peu plus de 60 % des travailleurs touchés travaillaient dans des entreprises de la région montréalaise. En 1983-1984, parmi les travailleurs touchés, 56 % n'avaient pas d'affiliation à une centrale syndicale clairement identifiée dans les avis. Plus de 85 % des avis touchent un nombre de travailleurs inférieur à cent. Les travailleurs les plus affectés quant à leur avenir et à leur capacité de se trouver un autre emploi sont les travailleurs qui ont une formation reliée de façon spécifique à l'emploi qu'ils occupent dans l'entreprise, et donc non pertinente dans une autre entreprise.

Par ailleurs, au Québec, 31,9 % de l'ensemble des conventions collectives en vigueur couvrant 35,4 % des salariés ne contenaient aucune clause de préavis lors de mises à pied. En outre, 82,8 % de ces conventions couvrant 56,1 % des salariés ne prévoyaient pas de clause d'indemnité. Pour l'ensemble du Canada, dans les entreprises de 200 employés et plus, 57,4 % des conventions couvrant 56,3 % des travailleurs prévoyaient une clause de mise à pied ou de licenciement en 1982. Au niveau des indemnités de fin d'emploi, 41,3 % des conventions couvrant 59,7 % des employés prévoyaient une variété de clauses à cet effet.

Un problème majeur ressort de cette description sommaire: celui de la formation de la plupart des travailleurs affectés par les licenciements collectifs. Il faudra y remédier pour assurer la reconversion et la mobilité de ces personnes et leur reclassement dans de nouveaux emplois.

d) **Orientation**

Si on ne peut pas empêcher les licenciements collectifs, les faillites et les fermetures parce que, dans le contexte économique où nous vivons, ce genre de situation déplorable peut arriver en tout temps et pour des raisons économiques et financières incontrôlables, du moins peut-on essayer de minimiser l'impact des fermetures ou de retarder leur arrivée par des mesures préventives, et enfin de civiliser leurs effets.

Nous croyons que notre société se doit de favoriser les mesures préventives. Par exemple, les entreprises pourraient identifier leurs besoins en main-d'oeuvre à long terme et ainsi, prévenir possiblement les licenciements collectifs. Quand ceux-ci s'avèrent inévitables pour des raisons économiques, les entreprises pourraient minimiser l'impact de ces licenciements collectifs par la formation et le recyclage, les transferts, l'attrition, la pré-retraite, le congé de recherche d'emploi ou la coopération formelle et concrète avec les organismes qui portent une attention particulière aux problèmes de l'emploi ainsi qu'avec les organismes oeuvrant dans le domaine de la promotion industrielle.

Aussi, là où il existe une convention collective, les parties devraient continuer à favoriser le processus de la négociation pour fixer les dispositions concernant les licenciements collectifs. Les associations patronales devraient également formuler des codes d'éthique pour leurs membres suggérant des modes de conduite concernant les fermetures et les licenciements collectifs.

Enfin, l'Institut national de productivité (INP), pourrait recueillir et diffuser de l'information concernant les marchés du travail, la croissance de l'emploi et son orientation possible, l'offre et la demande de main-d'oeuvre, l'émergence de nouvelles tâches, leurs exigences techniques et les besoins de formation à moyen et long termes et ce, afin d'aider les organismes gouvernementaux, les entreprises, les syndicats et les travailleurs à mieux conjuguer leurs efforts dans le contexte d'une politique de la main-d'oeuvre et de l'emploi.

Afin de garantir aux travailleurs et travailleuses du Québec une protection semblable à celle des autres provinces canadiennes, la CCT recommande d'amender le *Code du travail* afin d'obliger l'entreprise à adresser un préavis de licenciement collectif aux salariés affectés et à leur association accréditée et de permettre au salarié d'obtenir une indemnisation (pour la période de défaut de préavis) lorsque le licenciement est effectué en contravention à la loi.

Recommandations

III-4 Licenciement collectif, préavis, information et indemnisation

Que les dispositions actuelles de la *Loi sur la formation et la qualification professionnelles de la main-d'oeuvre* traitant des licenciements collectifs, notamment des préavis et comités de reclassement, soient intégrées au nouveau code du travail et amendées

a) **pour prévoir que des préavis de licenciements collectifs devront être adressés au ministre du Travail, au ministre de la Main-d'oeuvre et de la Sécurité du revenu, aux salariés affectés et, s'il y a lieu, à leur association;**

b) **pour prévoir que, en cas de contravention à l'obligation de fournir ce préavis, le salarié affecté a droit à une indemnisation compensatoire pour la période de défaut de préavis.**

III-5 Licenciement, fermeture et politiques gouvernementales

Que le ministère de la Main-d'oeuvre et de la Sécurité du revenu, de concert avec le ministre délégué à l'Emploi et à la Concertation, adopte une politique d'ensemble relativement aux indemnités de licenciement, au recyclage, au placement et à la relocalisation des travailleurs, dans les cas de fermeture d'entreprise.

3.2.2 Les changements technologiques

De tout temps, les innovations technologiques ont transformé le processus de production. Face aux changements technologiques, les attitudes sont ambivalentes. D'une part, ces changements sont perçus comme un des facteurs principaux de la croissance économique et des bénéfices qui en résultent: hausse du niveau de vie, augmentation de la quantité et de la qualité des biens et services disponibles, diversification de la production et amélioration des conditions de travail. D'autre part, les nouvelles technologies sont considérées comme la cause principale de la désuétude de certains biens et services, des processus de production et des qualifications professionnelles, contribuant ainsi à augmenter le chômage. Les changements technologiques sont désirés pour leurs effets sur la croissance économique mais redoutés en raison des pertes d'emplois et des modifications dans les conditions de travail qui peuvent en découler.

Lors des audiences de la CCT, cette ambivalence a été notoire. Les représentants des groupes socio-économiques, syndicaux et patronaux ont été unanimes à reconnaître la nécessité pour l'économie québécoise d'implanter des changements technologiques afin d'améliorer la productivité et la compétitivité de ses entreprises tant au plan national qu'international. Mais certains de ces intervenants ont déploré les déplacements de main-d'oeuvre, les mises à pied et la détérioration des conditions de travail consécutives au virage technologique.

La CCT reconnaît l'importance et la nécessité des changements technologiques pour assurer le dynamisme économique du Québec. Néanmoins, elle ne favorise pas le progrès technique à n'importe quel prix. Les nouvelles technologies doivent être une source de progrès économique en même temps qu'un facteur de progrès social, les besoins physiologiques et sociaux des travailleurs doivent être une préoccupation aussi importante que les contraintes techniques et économiques.

Dans le cadre de son mandat et pour assurer un partage équitable des gains engendrés par le progrès technique, la CCT a cherché à identifier les principaux impacts des changements technologiques sur les ressources humaines et les modalités d'implantation les plus propices à minimiser les impacts négatifs et à maximiser les bénéfices pour les travailleurs et les travailleuses.

a) Les principaux impacts des changements technologiques sur les ressources humaines

Un changement technologique peut affecter la main-d'oeuvre d'une entreprise en modifiant le niveau de l'emploi, les qualifications professionnelles ou les conditions de travail.

1) Variation du niveau d'emploi

Deux thèses émergent quant à l'impact des changements technologiques sur l'emploi. Pour les pessimistes, les nouvelles technologies sont responsables d'un chômage massif. Selon eux, les gains de productivité entraîneraient une diminution du nombre d'employés par unité de production si considérable qu'il est invraisemblable que la production puisse croître à un taux suffisant pour compenser ces pertes d'emplois. Les optimistes prétendent que les changements technologiques créent plus d'emplois qu'ils n'en font disparaître. Ces derniers affirment que les gains de productivité permettent d'abaisser les coûts, de stimuler la production et d'augmenter l'emploi ou de maintenir inchangé le niveau d'emploi existant.

Jusqu'à aujourd'hui, les recherches n'ont pas permis d'évaluer de façon satisfaisante l'impact global des changements technologiques sur l'emploi québécois. Selon les principales recherches, il semble qu'au Québec les baisses de l'emploi dues à l'implantation des technologies informatiques sont difficilement contrebalancées par la création de nouveaux emplois conséquemment à l'expansion des marchés ou à celle de l'industrie de production informatique. En 1981, environ 50 mille travailleurs occupaient des emplois dans l'électronique et dans l'informatique, soit moins de 2 % des emplois québécois. Le ministère de la Main-d'oeuvre et de la Sécurité du revenu prévoit, pour 1990, des besoins nets de 10 500 spécialistes en informatique et en électronique[15]. Il est vraisemblable de prévoir que les emplois créés dans les industries électroniques et informatiques québécoises seront en nombre insuffisant pour compenser les emplois perdus dans les secteurs utilisateurs, de plus en plus nombreux, des produits électroniques.

L'ensemble des chercheurs s'entendent pour identifier le secteur tertiaire comme la principale cible du virage technologique de la prochaine
décennie. L'informatisation du secteur tertiaire risque d'affecter considérablement les emplois occupés majoritairement par la main-d'oeuvre féminine en diminuant leur nombre et en modifiant substantiellement le contenu
des tâches.

2) Modification des qualifications

Les études existantes affirment unanimement qu'à court terme les
technologies nouvelles perturberont le marché du travail. De nouveaux
emplois très qualifiés et très spécialisés sont créés alors que des emplois
existants sont déqualifiés. Avec l'introduction de la fabrication assistée par
ordinateur (FAO), les calculs, les processus de production et certaines
décisions sont programmés sur ordinateur; le travail d'exécution est alors
principalement lié à la surveillance, au contrôle et au guidage du processus. De même, avec la conception assistée par ordinateur (CAO), plusieurs
tâches des dessinateurs étant effectuées par ordinateur, le rôle de ces
derniers en est d'autant diminué. Nous observons les mêmes conséquences
sur les emplois de bureau : la bureautique, en informatisant certaines tâches
de bureau, entraîne une standardisation et une simplification des tâches
restantes et une diminution des qualifications pour les remplir.

L'informatisation des entreprises implique une transformation du contenu des tâches de l'ensemble des travailleurs. Dans les entreprises
informatisées, l'information est véhiculée et traitée par informatique,
l'accès à l'information nécessite alors des outils comme des terminaux à
écran de visualisation. Tout travailleur devant utiliser, traiter ou « stoc-
ker » cette information devra se familiariser avec les outils informatiques.
Les personnes susceptibles de devoir utiliser ces outils sont, par exemple :
le traducteur qui se sert des dictionnaires informatisés, les professionnels
de la médecine qui effectuent les études épidémiologiques et la surveillance des malades à l'aide de l'ordinateur, les journalistes qui rédigent leurs
textes au moyen de machines à traitement de textes, les cadres des
entreprises, grandes et moyennes, qui utilisent l'informatique pour la
gestion des inventaires, des dossiers et des rendez-vous et pour obtenir
l'information nécessaire à la prise de décision, les travailleurs dans les
industries utilisatrices d'ordinateurs de contrôle de processus, dont le
travail est principalement lié à la surveillance d'équipements programmés
par ordinateurs, les caissières de banques qui enregistrent directement les
dépôts et autres données à l'aide du terminal de la succursale.

L'énumération des emplois dont le contenu a été ou sera modifié suite à l'introduction de l'informatique dans les entreprises est sans fin. La modification du contenu des emplois est la principale cause de l'appréhension des individus face à la révolution informatique. L'adaptation des travailleurs à une nouvelle profession ou à un contenu nouveau de leur tâche constitue l'un des défis du virage technologique.

3) La transformation des conditions de travail

Les effets de l'informatisation des entreprises sur les conditions de travail diffèrent selon les occupations, les technologies, le stade de l'automatisation et les entreprises. Le déterminisme technologique sur les conditions de travail est négligeable relativement aux autres variables que sont l'organisation de la production, les politiques de gestion des ressources humaines, la gestion de l'implantation des nouvelles technologies, les stratégies d'intervention syndicale. Tous ces facteurs interfèrent pour déterminer les conditions de travail.

Les conditions de travail qui sont les plus fréquemment identifiées comme susceptibles d'être modifiées par les changements technologiques concernent les statuts de travail et la santé-sécurité du travail.

Au sujet de la modification des statuts de travail, certains affirment que l'implantation des technologies informatiques dans les entreprises favorise l'augmentation des emplois à temps partiel, des emplois occasionnels, du travail à domicile et de celui effectué par des équipes successives. Cependant, le lien causal entre les technologies informatiques et la croissance des nouvelles situations de travail n'est pas toujours évident.

Le petit nombre d'études sur ces questions ne permet pas de conclure de façon certaine que l'informatisation des entreprises entraîne nécessairement une révision des statuts de travail. Cependant, les faits nous incitent à surveiller étroitement l'émergence de certaines formes d'organisation du travail afin d'être en mesure d'ajuster adéquatement, si nécessaire, les interventions législatives et institutionnelles.

Les chercheurs québécois ont noté diverses modifications aux statuts de travail. L'arrivée d'équipements coûteux, comme les robots, oblige les entreprises, pour rentabiliser leurs investissements, à recourir à un mode de production continue d'où une croissance du travail effectué par équipes successives. La déqualification et la standardisation de certains emplois informatisés facilitent l'embauche de travailleurs à temps partiel et de surnuméraires. Selon une étude des ministères du Travail et de la Main-d'oeuvre et de la Sécurité du revenu , dans les établissements observés, 10 % des opératrices de traitement de textes travaillaient à temps partiel comparativement à 3 % des opératrices de machines à écrire[16]. La télématique rend possible le travail à domicile ; plusieurs études prédisent l'augmentation de cette forme de travail. Cependant, les expériences québécoises en ce domaine sont peu nombreuses et aucun indicateur ne permet de conclure qu'elles se généralisent.

Quant aux impacts sur la santé-sécurité du travail, les nouvelles technologies informatisées peuvent être, dans certains secteurs industriels, un facteur d'amélioration de la santé et de la sécurité du travail. Les robots industriels, en supprimant certaines tâches pénibles et dangereuses, comme les opérations de soudure, de sablage, de meulage et de pressage, accroissent la sécurité du travail.

Toutefois, dans d'autres secteurs d'activité, l'informatisation des processus de production favorise l'élévation des cadences de travail et l'augmentation du contrôle de la main-d'oeuvre. Dans le secteur tertiaire, les écrans de visualisation demandent des efforts visuels importants. La bureautique permet de plus une surveillance accrue par l'enregistrement de la quantité de travail, et rend possible une augmentation et un contrôle du rythme de travail. Ces modifications des processus de production sont des facteurs d'accroissement de la tension et du stress.

Au Québec, les recherches sur les conséquences de l'informatisation sur la santé des travailleurs du secteur secondaire sont quasi inexistantes. Les études traitant des problèmes de santé liés aux technologies informatiques portent presqu'exclusivement sur l'utilisation des terminaux à écran de visualisation. Selon l'Institut de recherche en santé et en sécurité du travail (IRSST), les problèmes de santé que connaissent les utilisateurs d'écrans de visualisation sont davantage liés à l'organisation de leur travail, aux caractéristiques de la tâche, aux conditions de travail et aux types d'appareils utilisés plutôt qu'à la technologie informatique[17]. Selon cette même étude, les troubles visuels et oculaires s'expliqueraient par des facteurs tenant à l'ergonomie et à l'organisation du travail et les problèmes musculo-squelettiques, par un mauvais aménagement des postes de travail et par la nature de la tâche elle-même. Cette recherche signale aussi que le contrôle plus élevé du rendement, le rythme accéléré du travail, l'attention soutenue exigée et l'augmentation de la surveillance peuvent contribuer à augmenter les problèmes de santé liés au stress et même les problèmes visuels, posturaux et les complications de grossesse.

Tenant compte du peu d'informations disponibles concernant les impacts des technologies informatiques sur les statuts de travail et la santé-sécurité, la Commission croit qu'il est urgent de disposer d'informations fiables sur ces sujets afin de pouvoir assurer une adaptation pertinente des entreprises aux nouvelles exigences des technologies de production et une protection minimale adéquate des travailleurs et travailleuses.

Recommandations

III-6 Changements technologiques et santé-sécurité du travail

Que l'Institut de recherche sur la santé et la sécurité du travail effectue les recherches nécessaires pour s'assurer que les normes d'utilisation de toutes les nouvelles technologies soient conformes aux objectifs de la *Loi sur la santé et la sécurité du travail*, c'est-à-dire qu'elles fournissent des conditions de travail qui respectent la santé, la sécurité et l'intégrité physique des travailleurs.

III-7 Changements technologiques et statuts de travail

Que le ministère de la Main-d'oeuvre et de la Sécurité du revenu et le ministère du Travail poursuivent et complètent leur programme d'étude sur l'aménagement des temps de travail afin d'être en mesure de diffuser une information fiable et adéquate sur les effets des nouvelles technologies sur les statuts de travail.

---

b) Les modalités d'implantation des changements technologiques

Lors des audiences de la CCT, les changements technologiques ont été un des thèmes sur lesquels l'ensemble des intervenants ont élaboré des propositions d'action. Si, unanimement, ils ont reconnu la nécessité pour le Québec d'accélérer le virage technologique afin de favoriser la croissance économique, ils ont toutefois émis diverses réserves quant aux conditions nécessaires pour sa réalisation.

Les syndicats et les groupes sociaux réclament des mesures législatives visant le plein emploi et la protection la plus complète possible des travailleurs affectés par les changements technologiques. Les entreprises s'opposent à toute législation; elles favorisent plutôt des politiques gouvernementales incitatives qui permettraient d'accroître la capacité concurrentielle de l'économie, et une approche contractuelle pour résoudre les problèmes d'ajustement liés aux changements technologiques.

Comme il a été souligné précédemment, c'est moins le déterminisme technologique que les politiques de gestion des entreprises qui sont responsables des impacts socio-économiques des nouvelles technologies. Il est donc opportun de s'assurer que les modalités d'implantation des nouvelles technologies et de gestion des ressources humaines sont appropriées, donc susceptibles de permettre, en même temps qu'une croissance de la rentabilité de l'entreprise, une amélioration des aspects qualitatifs du travail.

Les principales pratiques de gestion des ressources humaines et d'implantation des technologies nouvelles les plus aptes à favoriser une répartition équitable des bénéfices entre tous les participants aux changements technologiques sont la planification des ressources humaines, l'information et la consultation des travailleurs, la formation, le recyclage et la négociation collective.

1) *La planification des ressources humaines*

La planification d'un changement technologique est une condition de succès. Bien qu'il existe une littérature sur les processus rationnels d'implantation planifiée des changements technologiques, les résultats de quelques recherches sur cette question montrent que dans les entreprises québécoises, la planification est souvent absente du processus d'implantation des technologies nouvelles. Selon une enquête réalisée par la faculté des Sciences de l'administration de l'Université Laval auprès de 46 entreprises informatisées (principalement du secteur tertiaire), il n'existait à proprement parler aucun plan d'informatisation dans les entreprises touchées par l'enquête et seulement trois entreprises sur 46 avaient établi un tel plan[18]. Selon cette enquête, l'implantation de la bureautique demeure désordonnée. Elle se réalise avec beaucoup de tâtonnements ou encore sous la forme de projet-pilote. Sans plan d'informatisation, la planification des besoins en ressources humaines peut difficilement exister.

La planification des ressources humaines est nécessaire non seulement pour assurer l'implication du personnel dans le processus d'implantation des nouvelles technologies mais aussi pour minimiser les mises à pied et pour réaliser les objectifs de productivité et de rentabilité. Elle est essentielle pour éviter les pénuries de main-d'oeuvre et pour assurer aux travailleurs et travailleuses la formation nécessaire à l'exploitation efficace des nouvelles technologies. Sans ressources humaines adéquates en nombre et en qualité, l'informatisation des entreprises risque de ne pas atteindre les objectifs de productivité et de rentabilité recherchés par l'entreprise.

Recommandation

III-8 Changements technologiques et planification des ressources humaines

Étant donné le besoin évident d'expertise en matière de planification de l'informatisation et plus spécialement de planification des ressources humaines, la Commission consultative sur le travail recommande

a) **que l'Institut national de productivité, le ministère de la Main-d'oeuvre et de la Sécurité du revenu et le ministère du Travail assistent les agents socio-économiques impliqués dans l'informatisation des entreprises afin de leur fournir l'aide-conseil nécessaire à une planification adéquate des changements technologiques en tenant compte des impacts sur les ressources humaines;**

b) **et que le ministère de l'Industrie, du Commerce et du Tourisme, avant d'accorder des subventions aux entreprises pour l'implantation de nouvelles technologies, en étudie les impacts sur le volume d'emploi et les conditions de travail afin de s'assurer que les changements technologiques n'entraîneront pas des conséquences globales négatives pour la main-d'oeuvre.**

2) *L'information et la consultation des travailleurs et des travailleuses*

On a déjà souligné, dans la première partie de ce chapitre, la contribution de l'information et de la participation des travailleurs à l'amélioration notable du climat de travail dans l'entreprise et à la productivité des ressources humaines. Ces pratiques sont particulièrement nécessaires au moment de toute transformation, technologique ou autre, dans l'entreprise afin de créer un climat de confiance et de collaboration indispensable à la réalisation des objectifs recherchés.

C'est en ces termes que s'exprimait monsieur Marcel Alain, directeur général de l'INP, lors du colloque « Technologie et travail », du 1er juin 1983 :

> *« Trop souvent on a tendance à implanter une technologie sur la base des bénéfices escomptés sans tenir compte de l'environnement dans lequel cette technologie sera utilisée... Il faut définir une stratégie de changement permettant d'accroître la motivation et l'implication des employés et personnes concernées... Cela suppose de l'information sur la nature du changement que l'on se propose de faire afin d'éviter de créer un sentiment d'insécurité et de permettre aux gens concernés de constater qu'ils peuvent y trouver leur bénéfice. »* [19]

La Commission québécoise sur l'informatisation, l'emploi et le travail partage aussi ce point de vue sur la nécessité d'impliquer les travailleurs et les travailleuses lors de l'implantation des changements technologiques dans les entreprises, comme condition de survie.

> *« En d'autres termes, la maîtrise et le bien-être des salarié(e)s face à l'informatisation de l'entreprise sont à la source de leur engagement vis-à-vis la productivité et la vitalité des milieux de travail. »* [20]

Il n'existe pas à notre connaissance, à part les données concernant les clauses de conventions collectives, d'information sur le nombre d'entreprises ayant impliqué leurs ressources humaines dans les processus de transformation technologique. Mais compte tenu de l'absence de planification de l'implantation de l'informatisation, il est fort probable que la main-d'oeuvre utilisatrice de nouvelles technologies est peu ou pas consultée puisque l'information et l'implication des ressources humaines fait partie intégrante du processus de planification de l'implantation. Il est difficile d'informer et d'impliquer les travailleurs lorsque l'entreprise privilégie les ajustements à tâtons, au fur et à mesure que les changements surviennent.

Il a été question précédemment de la possibilité pour un syndicat d'obtenir, au moment de la négociation collective, des informations sur, entre autres, les changements technologiques prévus durant la convention collective. S'il peut s'avérer parfois impossible ou inopportun de chercher à répertorier « à priori » tous les problèmes que l'introduction d'une nouvelle technologie peut soulever, ce n'est cependant pas un motif pour retenir systématiquement toute information aux travailleurs qu'ils soient syndiqués ou non. Ces derniers doivent être informés suffisamment à l'avance des projets de changements technologiques et de leurs répercussions prévisibles, afin d'être en mesure de s'y préparer adéquatement.

Recommandation

III-9 Incitation à l'information sur les changements technologiques

La Commission consultative sur le travail recommande que les associations patronales sensibilisent leurs membres à la nécessité et aux avantages pour les entreprises d'informer et d'impliquer leur main-d'oeuvre à un stade précoce des projets de changements technologiques. Cette sensibilisation pourrait, entre autres, prendre la forme d'une entente-cadre entre les membres des associations patronales qui préciserait le processus à privilégier lors de l'implantation de nouvelles technologies, les informations pertinentes à transmettre et les mécanismes d'implication des ressources humaines.

---

3) La formation et le recyclage

Nous avons souligné précédemment les nombreuses perturbations dans le marché du travail qu'entraînent les changements technologiques, telles la disparition d'emplois peu qualifiés, la création d'emplois qualifiés et la modification du contenu des tâches. Pour minimiser les impacts négatifs de ces bouleversements sur la main-d'oeuvre, des mesures préventives pour assurer leur adaptation sont nécessaires. La formation et le recyclage sont indispensables pour requalifier la main-d'oeuvre en place et éviter ainsi des mises à pied. La Commission sur l'informatisation, l'emploi et le travail, dans son rapport de février 1985, décrivait ainsi la nature souhaitable de ces mesures de requalification :

> *« Elles doivent à la fois tenir compte des réalités du marché du travail et de la nécessité de maximiser les potentialités et l'adaptabilité de la main-d'oeuvre à un environnement changeant. Il est aussi important de for-*

> *mer les cadres à l'informatisation de l'entreprise pour*
> *qu'ils deviennent des agents de changement plutôt*
> *que des freins à l'implantation des nouvelles technolo-*
> *gies.* »[21]

Il existe plusieurs programmes de formation de la main-d'oeuvre qui peuvent être utilisés pour requalifier les travailleurs affectés par les changements technologiques : les programmes nationaux de formation en établissement ou en industrie, le programme de formation de la main-d'oeuvre québécoise, les programmes réguliers ou sur mesure des commissions scolaires, des cégeps, des universités, les programmes de formation à distance, la formation dans les centres spécialisés rattachés aux cégeps, etc.

Nous retrouvons aussi, dans certaines entreprises, des programmes de formation. Cependant, la majorité des entreprises de 20 employés ou plus ne disposent pas de politique de formation de leurs ressources humaines ; elles dispensent surtout des activités de formation organisées de façon ponctuelle et liées à la tâche. Selon un sondage, on estime à 190 millions de dollars les dépenses des entreprises québécoises de 20 employés et plus au Québec pour la formation, soit 24 millions pour la petite entreprise, 26 millions pour la moyenne entreprise et 140 millions pour la grande entreprise[22]. Ces budgets risquent d'être insuffisants pour assurer la formation et l'adaptation de toute la main-d'oeuvre affectée par la révolution technologique. De plus, il faut noter que, dans les entreprises, l'accès à la formation diffère selon les catégories professionnelles : les cadres et les professionnels sont privilégiés relativement aux employés de bureau, aux travailleurs spécialisés et surtout par rapport aux ouvriers non qualifiés. Les femmes, entre autres, risquent d'être doublement défavorisées ; non seulement sont-elles plus nombreuses dans les catégories professionnelles ayant un accès limité à la formation mais encore elles reçoivent souvent moins de formation que les hommes lorsqu'elles appartiennent à des catégories professionnelles comparables. Les travailleurs âgés sont aussi très vulnérables lors des changements technologiques car les entreprises sont très souvent incitées à les licencier pour les remplacer par une main-d'oeuvre plus jeune, formée et adaptée aux nouvelles technologies. Ces constatations permettent de craindre que les ressources humaines les plus affectées par les changements technologiques ne soient les plus démunies pour se recycler.

En examinant cette question, la Commission consultative sur le travail a considéré nécessaire d'assurer à la main-d'oeuvre affectée par les changements technologiques une formation lui conférant une adaptabilité continue aux nouvelles qualifications requises pour maîtriser les nouvelles technologies. Elle a également tenu compte du fait que de nombreuses instances se sont penchées sur le problème de l'adaptation de la main-d'oeuvre aux exigences du marché du travail. Il nous a semblé néanmoins utile de faire les recommandations suivantes.

Recommandations

III-10 Changements technologiques et plans de formation

Que, sous la responsabilité du ministère de la Main-d'oeuvre et de la Sécurité du revenu, les associations patronales, les organisations syndicales, le ministère de l'Éducation, les Commissions de formation professionnelle et les institutions d'enseignement incitent les entreprises, tout particulièrement les petites et les moyennes, à élaborer des plans de formation et demandent qu'une attention particulière et des mesures spécifiques soient prévues pour que les travailleurs âgés et la main-d'oeuvre féminine reçoivent une formation adaptée à leurs besoins et suffisante pour leur assurer une maîtrise adéquate des technologies nouvelles.

III-11 Changements technologiques et assistance à la petite et moyenne entreprise

Que le ministère de la Main-d'oeuvre et de la Sécurité du revenu, les associations patronales et syndicales, le ministère de l'Éducation, les Commissions professionnelles, les institutions d'enseignement, assistent les petites et moyennes entreprises pour élaborer et dispenser la formation requise. Cette assistance peut prendre diverses formes; information, conseil, assistance technique et pédagogique, organisation de cours sur mesure, etc.

III-12 Changements technologiques et formation des gestionnaires

Que, pour les gestionnaires d'entreprises, des programmes de formation soient élaborés par les associations patronales, le ministère de l'Industrie, du Commerce et du Tourisme et l'Institut national de productivité, afin de les aider à implanter correctement les change-

ments technologiques. Cette formation devrait être centrée sur les connaissances technologiques et les impacts sur les ressources humaines.

4) *La négociation collective*

Pour les entreprises syndiquées, la négociation collective est le mécanisme le plus approprié pour assurer une participation effective des travailleurs. Au Québec, la convention collective assure au syndicat peu de contrôle sur les changements technologiques et aux salariés, une protection inappropriée.

En regard de la réglementation contractuelle sur les changements technologiques, le droit québécois reconnaît à l'employeur le droit d'initier et d'implanter un changement technologique sous réserve des limites contenues à la convention collective. En principe, il n'existe aucune limitation implicite ni obligation quelconque de négocier les changements technologiques si l'implantation se fait dans le respect des stipulations de la convention collective. En 1984, la proportion des conventions collectives incluant des clauses sur les changements technologiques était dans les secteurs primaire, secondaire et tertiaire, respectivement de 55,5 %, 46,3 % et 47,3 %. Dans tous les secteurs, les dispositions concernant les changements technologiques se retrouvent majoritairement dans les entreprises de grande taille.

Toutefois, la présence d'une clause de changement technologique ne signifie pas nécessairement une implication significative des syndicats car certaines dispositions ne font que réaffirmer le contrôle exclusif et unilatéral de l'employeur sur le changement. Selon une étude du ministère du Travail, une infime minorité de conventions collectives comportait, en 1984, des clauses de réouverture en cas de changements technologiques, ou d'arbitrage obligatoire des différends[24]. De plus, les comités conjoints sur les changements technologiques ne sont prévus que dans 40 % des conventions collectives et ils sont généralement non décisionnels, leur rôle se limitant à identifier les problèmes et à formuler des recommandations. Des clauses de préavis en cas de changements technologiques, sont contenues dans un peu moins de 50 % des conventions collectives. Toutefois, 14 % de celles-ci ne précisent pas la durée du préavis et 83 % n'apportent aucune précision quant au contenu de ce préavis.

Relativement à la protection des salariés, la convention collective tente de minimiser les impacts des changements technologiques sur les ressources humaines. Cependant, la protection du salarié n'apparaît pas avoir évolué avec l'importance du phénomène. Selon l'étude du ministère du Travail, la majorité (61,8 %) des conventions collectives n'apportent aucune précision quant à l'existence de programmes de formation et de recyclage. Ce sont probablement les clauses d'ancienneté et d'appréciation de la compétence qui sont les garanties de protection du salarié.

L'ensemble des travailleuses et travailleurs québécois semblent démunis face aux impacts des nouvelles technologies. Les législations du travail actuelles n'assurent pas une participation acceptable de la main-d'oeuvre aux bénéfices du progrès technologique. Une recherche sur l'encadrement juridique des changements technologiques soulignait ainsi le manque d'adaptabilité et de souplesse du système québécois des rapports collectifs face aux mutations causées par le changement technologique :

> « *Notre système de convention collective « fermée »,
> cimentée par l'obligation de paix industrielle et délimi-
> tant, à travers la théorie des droits résiduaires de la
> direction, l'étendue des pouvoirs d'action unilatéraux de
> l'employeur en contexte de changement, s'avère indû-
> ment rigide. Si la convention collective ainsi conçue
> encadre certes certains des effets ou certaines modalités
> du changement, elle ne permet pas la participation des
> salariés et de leurs représentants au processus même
> initié par l'employeur et l'adaptation, le cas échéant, de
> l'entente intervenue entre eux dans et sous la foi d'un
> autre contexte, aux nouvelles circonstances générées par
> ce changement.* »[25]

Afin d'assurer aux salariés couverts par une convention collective une protection adéquate contre les effets négatifs de l'implantation de changements technologiques dans l'entreprise, le *Code du travail* devrait définir le changement technologique pour en permettre une interprétation adaptée à la diversité des milieux, privilégier la prévention par le préavis et l'information, reconnaître la responsabilité première des parties dans la recherche d'une entente par la voie d'une négociation au moment où les changements s'annoncent et offrir les moyens d'éviter l'impasse qui serait coûteuse et irréparable pour l'une ou l'autre des parties.

La CCT a retenu comme modèle les dispositions prévues au *Code canadien du travail* en y apportant toutefois quelques changements. Ces changements ont pour but de favoriser une application réelle du principe de négociation des changements technologiques en ne permettant pas de suspendre, par convention collective, les dispositions du Code instaurant l'obligation de les négocier.

Recommandation

III-13 Changement technologique et négociation collective

Que soient introduites au *Code du travail* les dispositions suivantes:

1) « Lorsqu'un employeur entend modifier les procédés actuels de production de biens ou de services par l'usage de nouveaux équipements, outillages, matériaux, techniques ou de nouvelles méthodes de travail ou de contrôle et qui sont susceptibles de changer les conditions de travail ou la sécurité d'emploi, il doit en donner un préavis écrit de 120 jours à l'association accréditée visée. »

2) « L'employeur n'est pas tenu de donner ce préavis lorsque la convention collective prévoit déjà un mécanisme spécifique auquel on peut recourir pour négocier et régler définitivement pendant sa durée les questions relatives aux conditions de travail ou à la sécurité d'emploi qui seront vraisemblablement modifiées par un changement technologique.

Ce préavis n'est pas davantage requis si l'employeur a expressément donné un préavis sensiblement conforme à l'article 3 dans le délai prévu pour servir l'avis de négociation prévu à l'article 52 du *Code du travail*. »

3) « Le préavis de 120 jours que doit donner l'employeur selon l'article 1 doit comprendre les données suivantes:

— une description de la modification envisagée;

— la date à partir de laquelle ces changements sont susceptibles d'être apportés et la période nécessaire à la réalisation du projet;

— le nombre approximatif de salariés susceptibles d'en être affectés et les catégories d'emplois;

— les effets possibles de ces changements relatifs aux conditions de travail et à la sécurité d'emploi des salariés visés;

— toutes autres données exigées par voie de règlement d'application. »

4) « Sur réception de ce préavis, l'association accréditée peut exiger de l'employeur les informations complémentaires suivantes:

— une description détaillée de la nature des changements proposés;

— le nom des salariés qui peuvent être affectés en premier lieu par ces changements;

— les raisons qui justifient ces changements. »

5) « Dans les trente jours de la réception du préavis exigible selon l'article 1, l'association accréditée peut demander au Conseil des relations du travail d'ordonner à l'employeur d'engager la négociation d'une révision de la convention collective comme si une clause le permettait au sens de l'article 107 du *Code du travail*. Sous réserve des conditions et limites particulières que peut imposer le Conseil, l'ordonnance a l'effet de l'avis de négociation donnée selon l'article 52 du *Code du travail*.

Sous cette même réserve, cette négociation porte soit sur la révision de la convention collective quant à ses dispositions relatives aux conditions de travail ou à la sécurité d'emploi, soit sur l'insertion dans la convention collective de nouvelles dispositions concernant ces questions, afin d'aider les employés touchés par le changement technologique à s'adapter aux effets de ce changement. Les dispositions ainsi convenues sont consignées sous forme d'annexe à la convention collective. »

6) « Le Conseil émet, aux conditions et limites qu'il estime nécessaires, l'ordonnance demandée selon l'article 5 s'il est d'avis que les changements proposés sont vraisemblablement susceptibles de modifier notablement et défavorablement les conditions de travail et la sécurité d'emploi d'un nombre appréciable de salariés.

Cette ordonnance ne limite pas les autres pouvoirs du Conseil et notamment ceux qui lui sont conférés à l'article 8. »

7) « À la demande de l'une ou l'autre partie à la convention collective, le Conseil peut décider, en tout temps, si, en l'occurrence, il s'agit des situations visées aux articles 1 et 2. »

8) « Dans le cas de changement technologique, une ordonnance peut notamment porter sur la suspension de la réalisation de ces changements, la réintégration des salariés ainsi déplacés ou mis à pied et le

**paiement d'une indemnité équivalente aux salaires et autres avantages
dont ils furent privés. »**

3.2.3 La sous-traitance

La sous-traitance est un phénomène en plein essor et qui joue un rôle
déterminant dans la stratégie de développement des entreprises. Plusieurs y
recourent et beaucoup en vivent.

L'entreprise qui sous-traite obéit à plusieurs facteurs dont les principaux sont la rentabilité, l'innovation et la souplesse. Par le biais de cette
forme d'organisation de la production, on cherche en effet à diminuer les
coûts, à éviter une multiplication d'opérations de petite envergure, à
profiter des spécialisations appuyées par un volume de production qui
permet l'innovation technologique, à alléger les inventaires, à raccourcir
les délais, etc.

Il n'est pas exagéré non plus de dire que la sous-traitance remet en
cause la conception même de l'entreprise et de sa gestion que l'on avait
pris l'habitude d'évaluer exclusivement en termes de croissance du
volume.

Cette évolution et cette remise en cause ne se font cependant pas sans
heurts. Elles amènent de substantielles transformations dans l'organisation
du travail, dans le niveau et la stabilité des emplois et dans les conditions
de travail.

Comme nos rapports collectifs de travail sont modelés sur le cadre de
l'entreprise, on comprend que ces changements trouvent un écho vibrant
dans les relations du travail. C'est ainsi que les parties sont devenues
extrêmement sensibles à l'application des articles 45 et 46 du *Code du
travail* relatifs au transfert des droits et obligations découlant de l'accréditation et de la convention collective en cas de transformation de l'entreprise et, en particulier, en cas de sous-traitance. Dans l'examen de cette
question, il importe d'abord de tenter de cerner le phénomène pour ensuite
expliquer le débat engagé par les parties et envisager des solutions.

a) Description du phénomène

Si l'on étudie la sous-traitance telle que pratiquée dans les 20 groupes
majeurs du secteur manufacturier au Québec entre 1971 et 1982, on peut

dégager, à grands traits, les principales caractéristiques du phénomène : le travail à forfait a augmenté de 50 % pendant la période considérée, soit de près de 4 % par année. Cependant, on constate que, dans ses échanges avec les autres secteurs d'activités économiques, le secteur manufacturier est davantage preneur d'ouvrage que donneur d'ouvrage[26]. Les industries manufacturières les plus intensives en main-d'oeuvre ont une propension plus forte à recourir à la sous-traitance pour réduire leurs coûts en main-d'oeuvre ou pour simplifier les problèmes de coordination et de gestion de la main-d'oeuvre.

La moitié des conventions collectives ne contiennent aucune disposition relative à la sous-traitance. Si l'on y ajoute celles qui spécifient que la sous-traitance est possible sans restriction, la proportion augmente à 55,1 %, ce qui concerne 41,1 % des salariés couverts par une convention collective. À l'inverse, 44,9 % des conventions applicables à 59,9 % des salariés limitent à divers degrés la possibilité de recourir à la sous-traitance. Ajoutons que de 1980 à 1984, la proportion de conventions contenant des restrictions à la sous-traitance est demeurée pratiquement stable.

Les dispositions et restrictions relatives à la sous-traitance, selon les secteurs d'activités économiques, ne permettent pas de dégager de tendances très significatives. Par contre, la taille des entreprises est une variable plus fortement corrélée. La taille des entreprises influence en effet la nature et la présence des diverses clauses relatives à la sous-traitance : les unités de petite taille, le plus souvent, n'ont pas de dispositions relatives à la sous-traitance ; la catégorie « autres dispositions », comprenant plusieurs types de restrictions, concerne davantage les grandes unités.

Aussi, il appert que dans les conventions collectives se trouvent généralement des clauses stipulant qu'il ne doit pas y avoir de mise à pied résultant de l'octroi de sous-contrats. À en juger par l'importance donnée à diverses dispositions restrictives par bon nombre de conventions collectives, la sécurité d'emploi et la continuité des fonctions existantes sont les principaux objectifs visés par ces dispositions restrictives.

Notons qu'il existe souvent un lien entre la sous-traitance et la PME ; certaines catégories de PME existent uniquement en fonction de la sous-traitance. Or, les PME sont responsables d'une part importante de la croissance de la production et de l'emploi. En conséquence, presque tous les gouvernements ont des politiques officielles d'appui aux PME. Le Québec ne fait pas exception en cette matière puisqu'il favorise officiellement par ses politiques industrielles le développement des liens inter-industriels dans une perspective de développement économique.

b) Le débat entre les parties

Les articles 45 et 46 du *Code du travail* prévoient la protection de l'accréditation et de la convention collective par le transfert des droits et obligations qui s'y rattachent dans tous les cas d'aliénation ou de concession totale ou partielle, de division, de fusion ou de changement de structure juridique de l'entreprise, sauf dans le cas de vente en justice.

Lors des audiences publiques de la CCT, plus de 25 intervenants ont abordé le thème de la sous-traitance. Sur le fond de la question, les propositions patronales et syndicales sont diamétralement opposées.

Les représentants de l'entreprise considèrent que l'application des articles 45 et 46 du *Code du travail* est beaucoup trop large et qu'elle restreint la flexibilité des opérations des entreprises au plan économique. En certains cas, surtout lorsque la sous-traitance est effectuée dans le but de réduire les coûts d'opération ou de services, le respect des dispositions législatives précitées peut induire des désavantages économiques certains. Ils suggèrent donc l'exclusion totale ou partielle de la sous-traitance de l'application de l'article 45 du *Code du Travail*. L'exclusion partielle vise à ne pas reconnaître le transfert dans le cas de changements technologiques, l'exigence d'un lien de droit direct entre les contractants et le transfert de l'accréditation dans les cas de reprise par un fiduciaire ou une banque.

La position syndicale oppose à cette conception économiste une conception sociale du maintien des droits et obligations résultant de l'accréditation et de la convention collective. À l'application des stratégies d'ordre économique, elle oppose le maintien de l'emploi et des conditions de travail. Pour les syndicats, la continuité des avantages négociés, même si elle impose à l'entreprise certaines charges financières, a pour effet, selon les circonstances, d'assurer la stabilité de la main-d'oeuvre organisée, de conserver aux travailleurs et travailleuses la qualité de vie au travail et de prévenir le travail à rabais. On préconise donc une meilleure protection de l'accréditation et de la convention collective dans les cas de sous-traitance. Certaines interventions réclament l'élaboration d'une politique de sous-traitance hors du cadre de l'aliénation ou de la concession d'entreprise et demandent de préciser l'esprit de la disposition législative.

Compte tenu des réalités que représentent les deux points de vue, il est extrêmement difficile de concilier les attentes respectives. On peut se demander si les politiques gouvernementales de subventions aux entreprises, plus particulièrement aux entreprises de sous-traitance, ne devraient pas être conçues en tenant compte de l'incidence socio-économique des stratégies d'entreprises et de la sécurité d'emploi.

c) Analyse et voies de solution

On aura remarqué que, dans les articles 45 et 46 du *Code du travail*, le législateur n'utilise pas les termes « cession » et « sous-traitance », lesquels sont des concepts mais aussi des réalités juridiques de forme traditionnelle. Les termes « aliénation » et « concession » sont plus larges et plus extensifs. C'est pourquoi la jurisprudence du travail a toujours considéré la sous-traitance comme une concession partielle.

C'est à la suite d'un arrêt majoritaire de la Cour d'appel du Québec annulant une accréditation par suite d'une vente d'entreprise, que le législateur québécois, en juin 1961, modifiait le droit du travail par l'adoption de l'article 10 a) de la *Loi sur les relations ouvrières* attachant l'accréditation, la convention collective et toutes procédures en vue de l'obtention et de l'application de celle-ci non plus à la personne de l'employeur mais à l'entreprise. Cette disposition a été incorporée au *Code du travail* en 1964 pour devenir l'actuel article 45.

Cette règle de droit et ses conséquences ne sont pas caractéristiques du droit du travail du Québec. Les législations fédérale et provinciales ont promulgué des dispositions qui, substantiellement, sont analogues à la nôtre. Entre autres, une décision de la Commission des relations du travail de l'Ontario, souvent citée, exprime une semblable opinion sur ce sujet:

> *"To fulfill the two purposes of section 55* the bargaining rights of the employees must be vested in the business rather than the particular employer, *a position supported by the Board's earlier statements in Marvel Jewellery Limited and Danbury Sales (1971) Ltd., (1975) OLRB Rep. Sept. 733 at p. 735:*
>
> *Section 55 recognized that collective bargaining rights, once attained, should have some permanence.* Rights created either by the Act, or under collective agreements, are not allowed to evaporate with a change of employer. *To provide permanence, the obligations flowing from these rights are not confined to a particular*

employer, but become attached to a business. So long as
the business continues to function, the obligations run
with that business, regardless of any change of owner-
ship."[27]

(l'emphase — en caractères romains — est de nous)

Au Québec, la règle existe donc depuis près de 25 ans. Or même si la stratégie d'entreprise en faveur de la sous-traitance s'est davantage manifestée au cours des dernières années et même si l'on peut prévoir son maintien et son évolution, ce qui n'est pas assuré nécessairement, la Commission estime qu'il ne serait pas souhaitable, eu égard à l'objectif de relations du travail plus harmonieuses qui a inspiré le Gouvernement en instituant cette Commission consultative, de recréer la situation juridique d'avant 1961.

Cependant, la signification économique du problème global suscité par la mesure législative, dans le cadre d'une accréditation et d'une convention collective, n'a pas fait l'objet d'évaluation systématique. Nous avons envisagé de mener une telle étude pour finalement y renoncer. La diversité des réalités englobées sous le vocable de « sous-traitance » se prête peu à une solution globale.

Au plan juridique, le projet revêt de plus un caractère aléatoire puisque la question relative à l'existence ou non d'un lien de droit dans la concession par sous-traitance est actuellement pendante devant la Cour Suprême du Canada. La Commission estime qu'il serait imprudent et prématuré de se prononcer sur le bien-fondé du jugement du Tribunal du travail, objet de cet appel, qui, selon nos informations, devrait être entendu dans quelques mois.

Enfin, au delà de ce débat spécifique, il est capital de rappeler ce que l'ardeur du débat a pu faire perdre de vue. En effet, le droit comme tel de concéder par sous-traitance n'est pas régi par les articles 45 et 46 du *Code du travail*. Ce sont plutôt les effets juridiques de la concession sur les droits et obligations, collectifs et individuels, qui découlent de l'accréditation et de la convention collective que ces articles de loi encadrent. Ces dispositions sont fondamentalement considérées comme préventives et curatives à l'égard de certaines tentatives de démembrement ou d'élimination d'une association de salariés.

Par ailleurs, tel que mentionné précédemment, la négociation de la convention collective est d'emblée ouverte à des ententes relatives à la sous-traitance. La Commission estime que, par cette voie, des solutions pratiques et concrètes plus nombreuses pourront être mises de l'avant pour atténuer les problèmes d'ordre économique et social découlant des effets juridiques de la concession par sous-traitance ou de la perception qu'en ont les parties.

Recommandations

III-14 Sous-traitance, *Code du travail* et négociation collective

Que les dispositions des articles 45 et 46 du *Code du travail* demeurent inchangées et qu'une plus grande ouverture dans la négociation des conventions collectives permette d'élaborer des solutions pratiques aux problèmes d'ordre économique et social découlant des effets juridiques de la concession par sous-traitance.

Notes et références

1. Données tirées du European Management Forum Foundation, *Report on canadian competitiveness*, Canadian Manufacturer Association, Toronto, 1985, p. 26.

2. Institut national de productivité, *Productivité et performance de l'économie québécoise, bilan 1984*, Montréal, 1985.

3. Laurent Bélanger et Michel Audet, *L'entreprise et la gestion*, étude commanditée par la CCT, mai 1985, p. 125

4. Association des professionnels en ressources humaines du Québec, *Mémoire à la CCT*, Montréal, 1985, 16 p.

5. Viateur Larouche, « Le développement des ressources: fonction négligée par l'entreprise » dans *Relations industrielles*, 1977, vol. 32, no. 4.

6. Louise H. Côté-Desbiolles et Réal Morisette, *L'absence du travail: analyse comparative de l'absentéisme au Québec, en Ontario et au Canada*, CRSMT, octobre 1984.

7. Statistique Canada, *La population active*, catalogue 71-001.

8. Institut canadien des comptables agréés, « Corporate Reporting: Its Future Evolution » dans *C.A. Magazine*, 1980, p. 45.

9. Institut national de productivité: *Productividées*, novembre-décembre 1982, vol. 3, no. 3, p. 4.

10. Rita Pothier, *L'information des travailleurs dans l'entreprise*, CRSMT, ministère du Travail, Québec, 1985, 60 p.

11. Linda Rouleau, *La participation des travailleurs dans l'entreprise*, étude commanditée par la CCT, mai 1985, 132 p. et annexes.

12. Claude Bariteau, Jean-Pierre Garneau et Michel Lavallée, *La participation au travail: incidence du milieu sur les intérêts et les attentes des futurs participants*, Université Laval, 1985.

13. Commission québécoise sur la capitalisation des entreprises, *Rapport au ministre de l'Industrie, du Commerce et du Tourisme*, Québec, 1984.

14. Paul Martel-Roy et Jean Sexton, *Faillites, fermetures et licenciements collectifs au Québec*, étude commanditée par la CCT, mai 1985, 127 p.

15. Minh Truong, « Regard sur les professions de l'électronique et de l'informatique », dans *Le Marché du travail*, vol. 6, no. 8, août 1985, p. 79.

16. Carmelle Benoît et al., *L'incidence de la machine à traitement de textes sur l'emploi et le travail*, ministère du Travail et ministère de la Main-d'oeuvre et de la Sécurité du revenu, juin 1984.

17. Institut de recherche en santé et en sécurité du travail, *Rapport du groupe de travail sur les terminaux à écran de visualisation et la santé des travailleurs*, Montréal, mars 1984.

18. Jean-Paul De Blasis et al., *Le processus d'implantation de la bureautique dans les organisations québécoises*, Université Laval, Faculté des Sciences de l'administration, Québec, à paraître.

19. Institut national de productivité, *Rapport du colloque technologie et travail, un virage humain*, Montréal, 1er juin 1985, p. 126.

20. Conférence sur l'électronique et l'informatique, *Rapport de la Commission sur l'informatique, l'emploi et le travail*, février 1985, p. 23.

21. Ibid., pp. 52-53.

22. Pierre Paquet, Pierre Doray et Pierre Bouchard, *Sondage sur les pratiques de formation en entreprise*, Québec, ministère des Communications, 1982, 245 p.

23. Voir le rapport de la Commission d'étude sur la formation des adultes, l'énoncé de politique du Gouvernement du Québec sur l'éducation permanente et le document fédéral d'étude sur la formation.

24. André Desjardins, *Les changements technologiques, recueil de clauses-types*, CRSMT, 1985, 121 p.

25. André C. Côté, « L'encadrement juridique des changements technologiques au Québec », cité dans Guylaine Vallée, *Les changements technologiques au Québec*, étude commanditée par la CCT, 1985, 307 p. et annexes.

26. SECOR Inc., *La sous-traitance*, étude commanditée par la CCT, août 1985, 80 p. et annexes.

27. 0636-76-R *Amalgamated Meat Cutter vs Culverhouse Foods limited et al.* OLRB, novembre 1976.

Chapitre IV

L'intégration des lois
et l'uniformisation
de la législation

Il est assez complexe de rendre compte de tous les questionnements que suscite le régime législatif québécois des relations du travail. Au seul chapitre des rapports collectifs du travail, la Commission a reçu plus de 764 propositions de la part de l'ensemble des intervenants. Ceux-ci déplorent, en général, l'état actuel de la législation du travail. La critique porte principalement sur la multiplicité et l'inaccessibilité des lois, des mécanismes d'adjudication et des recours, et sur la non-standardisation des lois. De tous côtés, on insiste pour que les diverses lois du travail soient uniformisées et harmonisées de manière à former un tout plus cohérent et plus accessible.

Évidemment, chaque groupe fait des propositions quant à l'encadrement législatif et réglementaire des relations du travail en fonction de sa perception particulière des intérêts individuels et collectifs. Cependant, il nous suffit de constater que, de l'avis général, la multiplicité et l'enchevêtrement des lois du travail, abondamment modifiées au cours des ans et trop souvent sans concordance, créent des difficultés sérieuses de compréhension et d'application de ces mêmes lois.

Au cours des années 1964 et 1965, le législateur québécois faisait déjà le même constat et décidait d'adopter un *Code du travail* et une *Loi sur les services publics* unifiant ainsi sept lois alors en vigueur: la *Loi des différends ouvriers du Québec*, la *Loi des syndicats professionnels* aux articles 21 à 26, la *Loi des enquêtes en matière de différends ouvriers du Québec*, la *Loi des relations ouvrières*, la *Loi des différends des services publics et de leurs salariés*, la *Loi concernant les corporations municipales et scolaires et leurs employés* et la *Loi concernant l'ordre public*.

L'effort de synthèse a été sans doute bénéfique en ce sens qu'il a permis une accessibilité plus grande aux règles régissant les rapports collectifs du travail. Un semblable effort a été fait lors de l'adoption de la *Loi sur les normes du travail* et de la *Loi sur la santé et la sécurité du travail*. On constate cependant que l'uniformisation réalisée fut parcellaire. En effet, on peut penser qu'au titre I de l'actuel *Code du travail* dont l'énoncé est : « Des relations du travail », devrait s'adjoindre d'autres titres, tels que l'extension juridique de la convention collective, les normes du travail, etc., ce qui n'a pas été réalisé.

Un examen rapide nous apprend qu'une vingtaine de lois du travail et d'amendements furent adoptés de 1940 à 1960, alors qu'on en compte plus de 60 de 1960 à 1980. De plus, le *Code du travail* fut amendé à plus de 25 reprises dans les vingt dernières années. Actuellement, y compris les lois relatives à l'industrie de la construction et à la santé-sécurité, le Québec compte environ 20 lois concernant le travail, auxquelles il faut ajouter les dispositions concernant les relations du travail contenues, entre autres, dans la *Charte des droits et libertés de la personne* et dans la *Charte de la langue française*.

Est-il possible alors de donner suite aux propositions visant la codification de l'ensemble des dispositions législatives actuellement en vigueur ? Le résultat d'une recherche effectuée pour le compte de la Commission[1], de même que l'avis de plusieurs juristes, professeurs et praticiens en cette matière, nous indiquent que l'unification, l'intégration et la simplification des lois du travail, tant au plan des rapports individuels que collectifs, peuvent être réalisées de multiples façons, allant d'une codification intégrale des règles de droit régissant le travail au simple processus de rassemblement des principaux instruments législatifs en vigueur.

Examinons deux hypothèses : celle d'une codification intégrale et celle d'une réunion systématique des principales lois du travail actuellement en vigueur.

4.1 Hypothèse de codification intégrale

Une codification intégrale des lois du travail aurait pour effet de conférer une relative autonomie au droit du travail tout en lui conservant suffisamment de souplesse pour qu'il puisse s'adapter aux besoins nouveaux suscités par le développement des rapports collectifs du travail, de la technologie et de l'évolution de la conjoncture. Il s'agirait d'une tâche d'envergure requérant plusieurs mois d'un travail exigeant un maître d'oeuvre et une connaissance précise de l'ensemble des lois du travail et impliquant des choix quant aux voies et aux moyens de nature à éviter les affrontements systématiques. Cette demande exigerait aussi la consultation des intéressés. Ultimement, le projet devrait être endossé par le Gouvernement et approuvé par l'Assemblée nationale. Une telle codification intégrale supposerait que toutes les règles soient simplifiées, synthétisées et reformulées d'une manière précise et accessible. L'incorporation de ces règles devrait se faire selon un plan général qui permettrait d'assurer une harmonisation des dispositions législatives actuellement éparses et d'anticiper l'intégration de nouvelles dispositions.

Ainsi conçu et unifié, le *Code du travail* devrait faciliter l'interprétation et l'application du droit du travail et limiter les effets souvent ambigus du recours à des sources juridiques qui lui sont étrangères. Les travailleurs, les syndicats, les employeurs et les associations d'employeurs y trouveraient des avantages car il leur serait plus facile de s'y retrouver dans un ensemble cohérent de règles de droit et de procédures.

Les codificateurs d'un tel ouvrage auraient par ailleurs à surmonter la difficulté résultant du fait bien connu que les relations du travail, dans une société industrielle, sont évolutives. Il ne s'agirait donc pas de figer la réalité mais d'élaborer des règles souples répondant aux impératifs actuels et maintenant une relation nécessaire avec le substrat du droit commun, civil et pénal. En somme, il faudrait tenir compte des fondements de notre droit.

L'étude effectuée pour la Commission a exploré cette hypothèse et produit un plan de codification intégrale du droit des relations individuelles et collectives du travail. Son architecture et sa cohérence méritent qu'on en reproduise les principaux éléments[2] :

Plan de codification intégrale

Extrait de l'étude *Une codification* *réalisable*		Annotations de la CCT (à titre indicatif)
Titre	**Chapitre**	
1. Généralités	1.1 Règles fondamentales	Il s'agit des principes directeurs et d'un rappel des droits fondamentaux garantis aux chartes.
	1.2 Dispositions générales	Définitions manifestement indispensables
2. Relation de travail	2.1 Contrat de travail	Formation, résiliation, rupture; parties au contrat et ses effets; *Loi sur l'abolition de la retraite*
	2.2 Conditions générales de travail	Reprise de l'essentiel des règles substantives de la *Loi sur les normes du travail*
	2.3 Garanties d'exercice des droits du salarié	Applicables pour sauvegarder les droits individuels conférés aux salariés (art. 15 et suiv. *Code du travail, Loi sur les normes du travail*, etc.)
3. Les associations	3.1 Libertés syndicales	Droit d'association individuel, droit d'affiliation, formation du syndicat (*Loi des syndicats professionnels*), l'action collective et son support
	3.2 L'accréditation	Articles du *Code du travail* actuel et autres
	3.3 Statut, droits et obligations du syndicat accrédité	Articles du *Code du travail* actuel, et extraits du *Code de procédure civile*
	3.4 Association d'employeurs	Articles du *Code du travail* actuel et autres

Plan de codification intégrale (suite)

Extrait de l'étude *Une codification réalisable*		Annotations de la CCT (à titre indicatif)
Titre	Chapitre	
4. Rapports collectifs du travail	4.1 Négociation collective	Réponses aux questions suivantes: qui? quand? quoi? comment? Pour quel groupe?
	4.2 L'aide aux parties	Conciliation, médiation, arbitrage de différends
	4.3 Usage de moyens de pression	Conditions d'exercice de la grève et du lock-out et effets
	4.4 Convention collective de travail	Conditions de formation, objet, durée, type de conventions collectives, effets
	4.5 L'arbitrage	Définitions, l'arbitrage obligatoire de différends, d'une première négociation et de griefs
5. Formation professionnelle, emploi et main-d'oeuvre		Reprise et adaptation de la *Loi sur la formation et la qualification professionnelles de la main-d'oeuvre*
6. Régimes particuliers	6.1 L'extension de conventions collectives	Reprise de l'essentiel de la *Loi sur les décrets de convention collective*
	6.2 La Sûreté du Québec	Intégration complète ou adaptation partielle de la *Loi sur le régime syndical applicable à la Sûreté du Québec*
	6.3 L'industrie de la construction	Intégration complète ou adaptation partielle de la *Loi sur les relations du travail dans l'industrie de la construction*
	6.4 Fonction, services et secteurs publics	Adaptation de la législation relative aux secteurs public et parapublic et aux services publics

Plan de codification intégrale (suite)

Extrait de l'étude *Une codification* *réalisable*		Annotations de la CCT (à titre indicatif)
Titre	**Chapitre**	
7. Administration	7.1 Le Ministère	L'ensemble des organismes chargés de l'application et de l'administration des lois du travail
	7.2 Services d'aide et d'application des droits garantis	
	7.3 Services de support aux rapports collectifs	
	7.4 Le Tribunal du travail	
	7.5 Consultation	*Loi sur le Conseil consultatif du travail et de la main-d'oeuvre*
8. Pénalités	8.1 Régime général	
	8.2 Dispositions pariticulières	

La Commission reconnaît l'importance d'un tel projet et en recommande la réalisation dans le plus court délai possible. Toutefois, nos consultants et plusieurs intervenants ont raison d'affirmer que l'envergure de la tâche rend impossible sa faisabilité dans le délai qui nous est imparti. C'est pourquoi nous voulons aussi proposer une autre voie de codification.

4.2 Hypothèse de codification provisoire des principales lois du travail

Entre la codification intégrale d'une part et le simple rassemblement des lois actuelles d'autre part, il y a certainement place pour d'autres formules. L'impossibilité présente d'effectuer une véritable et intégrale codification des lois ne devrait pas justifier l'inertie. Aussi proposons-nous une intégration des principales lois du travail. Cette opération devrait être utile aux usagers de ces lois et permettrait de préparer le terrain pour une véritable codification intégrale telle que déjà recommandée.

L'hypothèse retenue nous semble répondre à un besoin réel d'intérêt général et à la mesure de nos ressources. En somme, nous proposons le plan général d'une codification provisoire sur lequel nous nous basons d'ailleurs pour une mise en application d'un cadre législatif nouveau.

Parmi les nombreuses lois du travail, certaines, par leur caractère général et leur importance pratique, constituent le noyau d'une codification et doivent, en conséquence, être intégrées prioritairement. Ces lois sont l'actuel *Code du travail*, la *Loi sur les normes du travail*, la *Loi sur les décrets de convention collective* et la *Loi des syndicats professionnels*.

Chacune de ces principales lois du travail se présente comme une solution limitée à des situations particulières et n'a pas, jusqu'à aujourd'hui, servi d'amorce à un système juridique cohérent. Cela explique, croyons-nous, que certaines d'entre elles n'ont subi que des adaptations ponctuelles répondant aux besoins de l'heure. Cela explique aussi que les tribunaux se trouvent très souvent amenés à rechercher dans le droit civil les réponses nécessaires et ce, de manière généralement restrictive puisque les lois du travail sont, par interprétation séculaire, dérogatoires aux règles générales. L'évolution irrégulière et éclectique des lois du travail explique sans doute ce réflexe jurisprudentiel. Aussi, bon nombre d'amendements aux lois du travail ont-ils été adoptés tantôt pour ratifier des décisions judiciaires tantôt pour en écarter les effets. Une codification des principales lois du travail aurait pour avantage d'en préciser l'interprétation et de procurer une certaine stabilité à l'application des règles, le tout correspondant au désir exprimé par les intervenants devant notre Commission.

Le projet retenu, en plus d'intégrer ces lois principales, puise également à d'autres lois. Il n'intègre que certaines de leurs dispositions les plus pertinentes, compte tenu de l'objectif qui est de proposer un système juridique plus immédiatement fonctionnel. La *Loi sur la formation et la qualification professionnelles de la main-d'oeuvre* constitue un bon exemple de ce type de lois qui pourront ultérieurement être complètement absorbées lors d'une codification intégrale. Le projet réfère aussi à des dispositions relatives au travail insérées dans des lois fondamentales de notre société qui seront toujours distinctes d'un code du travail même le plus complet. Il s'agit des dispositions spécifiques que l'on retrouve, par exemple, à la *Charte de la langue française* ou à la *Loi sur la Fête nationale*.

Le projet que nous soumettons[3] tente de réunir ces lois et extraits de lois ne serait-ce qu'à titre illustratif ou indicatif pour le législateur, pour les parties et pour le justiciable. Ce projet devrait permettre de jauger la faisabilité de l'opération et, croyons-nous, de donner un avant-goût d'une codification intégrale. Cette démarche nous fournit également l'occasion d'y insérer nos propositions de modification à certaines règles actuelles. En réalité, cela nous permet aussi d'expliciter, par inférence, des propositions particulières ou concordantes.

Plus précisément, l'entreprise de codification des principales lois du travail permettrait d'en déterminer la finalité, d'harmoniser certaines définitions, de délimiter la compétence des institutions administratives et quasi-judiciaires et d'unifier les recours. Il ne s'agit donc pas de révolutionner le régime juridique actuel mais de le rendre plus compréhensible et plus accessible. Le tout est complété par des modifications proposées par la Commission à certaines instances d'application et d'administration pour les motifs précisément exposés plus loin dans ce rapport (voir chapitre VI).

Le plan général du regroupement des règles incorporées dans les principales lois du travail nous justifie d'y voir une codification et nous permet d'y incorporer, sous forme d'observations, les principales propositions qui s'y rattachent.

Plan de codification des principales lois du travail

Titre	Chapitre	Observations
1. Dispositions générales	Préambule	Préambule sous forme de phrases déclaratoires sur la finalité du Code, facilitant son interprétation.
	110 Règles fondamentales	Certains principes directeurs, comme complément, prolongement ou adaptation, en milieu de travail, des libertés fondamentales garanties à la *Charte des droits et libertés de la personne*.
	120 Définitions	Ne comprend que les définitions indispensables, c'est-à-dire celles exigées parce qu'il fallait conférer un sens particulier à certains mots-clés, permettant ainsi une plus grande uniformité et une meilleure sécurité.

Plan de codification des principales lois du travail (suite)

Titre	Chapitre	Observations
2. La relation de travail		Le terme « relation de travail » semble plus générique et fait appel à un contenu moins prédéterminé que celui de « rapports individuels de travail ».
	210 Contrat individuel de travail	Ensemble des dispositions relatives au champ d'application général du Code; règles relatives à la formation, à l'exécution, à la rupture et à la terminaison du contrat de travail.
	220 Conditions générales de travail	Ensemble des normes et des conditions de travail d'ordre public applicables à tout salarié ainsi qualifié selon le chapitre précédent, notamment les actuelles normes du travail (y compris une référence à la *Loi sur la Fête nationale*).
	230 Garantie d'exercice des droits du salarié	Ensemble unifié des mesures de protection des droits individuels du salarié relativement à des normes permettant d'éviter des doubles recours et d'uniformiser les règles.
	240 Licenciement collectif	Dispositions pertinentes de la *Loi sur la formation et la qualification professionnelles de la main-d'oeuvre.*
3. Les associations	310 Libertés syndicales	Liberté syndicale du salarié, formation du syndicat, droit d'affiliation, activité syndicale et protection du salarié.
	320 Accréditation	Droit à l'accréditation, procédure en accréditation et suites, effets de l'accréditation.

Plan de codification des principales lois du travail (suite)

Titre	Chapitre	Observations
	330 Statut, droits et obligations du syndicat accrédité	Participation des salariés syndiqués aux activités du syndicat, obligations des syndicats à l'endroit des salariés.
	340 Association d'employeurs	Formation, effet et obligations résultant de l'adhésion et du retrait.
4. Rapports collectifs du travail		Règles substantives relatives aux rapports collectifs du travail.
	410 Négociation collective du travail	Négociations directes et conciliation, négociation des changements technologiques.
	420 Usage de moyens de pression	Le droit de grève et de lock-out, leur exercice et leurs effets; pratiques déloyales et piquetage.
	430 Convention collective	Formation et effets, types de convention collective, certains contenus.
	440 Arbitrage	Dispositions générales. Dispositions particulières relatives aux différends, à la première convention collective, aux policiers et pompiers et aux griefs.
5. Formation professionnelle et main-d'oeuvre		Contenus à déterminer sur la formation professionnelle, la qualification, l'emploi et la main-d'oeuvre.
6. Régimes particuliers	610 Décret d'extension de convention collective	*Loi des décrets de convention collective* révisée.
	620 Industrie de la construction	Contenu à déterminer à partir des lois pertinentes actuelles.

Plan de codification des principales lois du travail (suite)

Titre	Chapitre	Observations
	630 Sûreté du Québec	Contenu à déterminer à partir des lois pertinentes actuelles.
	640 Agent de la paix	Contenu à déterminer à partir des lois pertinentes actuelles.
	650 Fonction publique et secteurs public et parapublic	Contenu à déterminer à partir des lois pertinentes actuelles.
7. Administration	710 Ministère du Travail	Fonctions et pouvoirs en relation étroite avec ce code.
	720 Commission des normes du travail	Formation, objet et pouvoirs, fonctionnement.
	730 Conseil des relations du travail	Formation et organisation, fonctions et moyens.
	740 Tribunal du travail	Formation et organisation, attributions et pouvoirs, instruction.
	750 Conseil consultatif du travail et de la main-d'oeuvre	Formation, objet, fonctionnement.
	760 Conseil des services essentiels	Contenu à déterminer à partir des lois pertinentes actuelles.
	770 Règlements d'application	Pouvoirs réglementaires du gouvernement et des organismes; approbation et publication.
8. Procédure et pénalités	810 Procédure	Actes et règles de procédure administrative, civiles et pénales; clauses privatives.
	820 Pénalités	Infractions et pénalités.

Ce plan général d'une codification provisoire permet de dégager la méthode ou si l'on préfère les voies et moyens qui rendent possible une unification des principales règles selon un ordre plus logique, plus simple et, croyons-nous, plus pratique. Cette unification devrait respecter un ordre hiérarchique : les principes avant les normes ; les personnes avant les moyens et les institutions ; les règles substantives avant la procédure et les recours. Elle devrait comporter un système de numérotation permettant un repérage plus facile et une adaptabilité aux modifications à venir.

Quel que soit le processus choisi par l'État québécois pour élaborer et adopter ce projet d'intégration des lois du travail, une telle démarche suppose la volonté politique de souscrire aux espoirs exprimés généralement et d'apporter un correctif nécessaire à la situation juridique résultant de la dispersion des lois, de la diversité des institutions et de la multiplicité des recours.

Cette formulation se distingue par exemple de l'approche fédérale qui a coiffé du titre « *Code canadien du travail* » la réunion de trois parties correspondant aux lois québécoises sur les normes du travail (partie III), sur la santé et la sécurité (partie IV) et sur les rapports collectifs du travail (partie V). Une telle réunion n'est pas une intégration des lois dans le sens où nous le proposons ici. Cette hypothèse se distingue aussi de l'approche empruntée par d'autres provinces où l'on rencontre sous l'appellation de « labour code » une loi qui n'encadre que les rapports collectifs du travail. À cet égard, il faut noter que l'on ne retrouve pas dans ces provinces l'équivalent de notre *Loi sur les décrets de convention collective* qui participe, en partie, des rapports collectifs du travail. Cette réalisation québécoise milite également en faveur d'une meilleure intégration de nos lois telle que proposée ici.

Pour ces raisons et dans le but de préciser l'orientation recommandée, la Commission se permet, à titre de référence et d'illustration, de soumettre en annexe un projet de code intégrant les principales lois du travail[4].

À travers cet essai de codification, on peut percevoir l'orientation générale de ses diverses composantes : un préambule favorisant l'interprétation par l'insertion de l'objectif de la législation, quelques principes directeurs adaptant aux relations du travail les libertés fondamentales garanties à la *Charte des droits et libertés de la personne*, l'unification de certaines définitions importantes, l'insertion de la relation de travail (individuelle) et des rapports collectifs du travail, les mécanismes d'application de la législation et l'uniformisation des recours.

L'ensemble de ce rapport et en particulier les deux chapitres qui suivent se réfèrent à ce nouveau cadre et nos recommandations spécifiques et substantives sont intégrés à ce projet.

Recommandations

IV-1 Codification intégrale des lois du travail

Que le Gouvernement du Québec entreprenne la réalisation d'une codification intégrale de l'ensemble normatif du travail ayant pour effet de conférer une relative autonomie au droit du travail.

IV-2 Codification provisoire des principales lois du travail

Qu'entre-temps, le Gouvernement du Québec soumette à l'Assemblée nationale un projet de codification des principales lois du travail selon l'esprit et la forme du projet en annexe « D » au présent rapport.

Notes et références

1. Fernand Morin, *Une codification réalisable*, étude commanditée par la CCT, 1985.

2. Ibid. pp. 55-56-57.

3. Voir Annexe « D » : *Projet de codification des principales lois du travail.*

4. Ibid.

Chapitre V

Conditions minimales de travail

Préambule

Dans le cadre de notre système économique caractérisé par le libéralisme, la détermination des conditions de travail revient surtout aux parties. Ceci est particulièrement vrai des rapports collectifs du travail. En effet, lorsque les travailleurs se sont organisés en syndicats, ils ont pu négocier librement avec leur employeur au niveau de l'entreprise ou de l'établissement. Il en est résulté historiquement un régime décentralisé de négociations collectives.

La même liberté contractuelle en ce qui concerne les rapports individuels a toujours existé théoriquement à l'intérieur du *Code civil* [1]. En pratique, cependant, il s'est avéré que l'employeur s'est trouvé en position privilégiée quant à la détermination des conditions de travail et quant au droit de résiliation du contrat de travail. [2]

Ce déséquilibre et les abus auxquels il a pu donner lieu ont entraîné l'adoption de la *Loi du salaire minimum* [3]. Ce faisant, le Québec rejoignait les autres provinces et le niveau fédéral qui l'avaient précédé sur cette voie.

Par ailleurs, devant les progrès importants réalisés par les travailleurs syndiqués dans l'amélioration de leurs conditions de travail, le législateur québécois a, de temps à autre, ajusté les minima. L'aboutissement de ce processus est l'actuelle *Loi sur les normes du travail*.

Sur le plan de la législation applicable surtout aux non-syndiqués, le Québec suit donc la plupart des pays industrialisés pour lesquels légiférer en matière de conditions minimales de travail est une nécessité. L'Organisation internationale du travail (OIT) met d'ailleurs bien en évidence cette nécessité puisqu'un de ses objectifs est « *d'établir un système de normes internationales du travail et que c'est encore de nos jours une de ses tâches maîtresses.* »[4]

Dans le cadre de son mandat, la Commission se devait de procéder à l'analyse des dispositions qui régissent le contrat individuel et les conditions minimales de travail. Elle a progressé dans ce travail en tenant compte des demandes formulées par les partenaires sociaux et des recherches qu'elle a commandées sur ces sujets[5]. En procédant à cette révision, la Commission a tenu compte du futur contexte juridique créé par l'intégration des normes minimales de travail dans un nouveau code du travail. À cet égard, bien que l'objectif de la Commission n'ait pas été de rapatrier dans un code du travail toutes les conditions « minimales » de travail que l'on retrouve dans les différentes lois du Québec, un effort a été fait dans ce sens. Cette tâche est gigantesque et il reste encore beaucoup à faire pour que cet objectif soit atteint.

Avant d'entreprendre l'analyse des propositions des intervenants relativement aux rapports individuels et aux conditions minimales de travail, il importe de préciser les orientations retenues par la CCT.

Tout d'abord, par « conditions générales de travail », il faut entendre l'ensemble des conditions de travail minimales, fixées par voie législative ou réglementaire, d'application obligatoire et générale, prévoyant des droits et obligations spécifiques aux parties à un contrat de travail. Elles portent sur la détermination des conditions contenues au contrat, de la formation du lien contractuel en passant par l'exécution de la prestation de travail jusqu'à l'extinction du contrat.

Si l'expression « conditions générales de travail » fait référence à des conditions de travail minimales, elle ne doit cependant pas signifier pour autant que le nombre et la nature des conditions de travail doivent être les plus limités possibles. En effet, une analyse des contenus des législations de même nature dans les autres provinces canadiennes, laisse voir une très grande variété de conditions.[6] Par cette expression, il faut plutôt comprendre les conditions « générales » et « essentielles » (bien que minimales qui caractérisent les différents milieux de travail et qui doivent être de bonne qualité. Cette orientation est fondamentale puisque la partie du projet de code du travail intégré[7] qui comprend ces conditions générales de travail vise à protéger les conditions de travail des personnes détenant une variété de statuts de travail en pleine évolution. Il n'y a qu'à penser au travail à temps partiel qui est de plus en plus répandu. Il ne s'agit pas, par le truchement de cette législation, d'encourager cette forme de travail ni de l'empêcher. Il s'agit plutôt d'assurer aux travailleurs à temps partiel des conditions de travail de bonne qualité et de proposer les modifications législatives qui s'imposent pour atteindre cet objectif.

Pour la Commission, les dispositions traitant des conditions générales de travail dans un nouveau code du travail constituent un premier « niveau législatif » en matière de droit du travail. En ce sens, elles visent à préciser ce qui caractérise le contrat individuel de travail (sa formation, ses effets et sa fin), les conditions de travail qui en découlent et les garanties d'exercice des droits du salarié. Elles doivent cependant être articulées en tenant compte d'autres modes de fixation des conditions de travail tels celui de la négociation collective et celui des décrets.

Enfin, l'analyse des conditions générales de travail doit être entreprise dans un contexte de comparaison législative. Dans cette perspective, il apparaît souhaitable que cette opération tienne compte des situations qui prévalent dans les autres provinces canadiennes, au niveau fédéral et aux États-Unis.

Ces orientations serviront de base à l'examen successif des domaines suivants : le contexte du droit des rapports individuels, sa liaison avec le droit des rapports collectifs de travail, le champ d'application des conditions générales de travail, leur substance ou les normes proprement dites, les garanties d'exercice des droits du salarié et, enfin, l'administration générale de la loi.

5.1 Le contexte d'un droit des rapports individuels de travail

Le droit des rapports individuels de travail[8], réfère à la *Loi sur les normes du travail*, d'une part, et aux dispositions pertinentes au contrat individuel de travail contenues au *Code civil*, d'autre part. À ces lois, on pourrait ajouter, pour compléter le corpus principal du droit des rapports individuels, la *Charte des droits et liberté de la personne* et la *Loi sur la santé et la sécurité du travail*. La Commission écarte cependant l'hypothèse de leur intégration à un nouveau code du travail. Dans le premier cas, le chapitre précédent a disposé qu'il s'agit d'une loi fondamentale au-dessus des autres lois et qui déborde donc toute entreprise de codification. Quant à la santé et la sécurité du travail, il s'agit d'un domaine en soi, faisant l'objet de réévaluations, encore en phase d'expérimentation et récemment complété par l'adoption de la *Loi sur les accidents du travail et les maladies professionnelles*. Il apparait donc inopportun de tenter, à ce stade de son évolution, de l'intégrer aux conditions générales de travail.

Par ailleurs, on trouve plusieurs autres lois qui comprennent des dispositions qui peuvent être associées à des conditions générales « minimales » de travail et qui sont d'application générale et obligatoire. Qu'il s'agisse de mentionner, entre autres, la *Charte de la langue française*, la *Loi sur la fête nationale*, la *Loi sur l'observance du dimanche*, la *Loi sur la formation et la qualification professionnelles de la main-d'oeuvre*, la *Loi électorale*, la *Loi sur l'instruction publique*, la *Loi sur les accidents du travail et les maladies professionnelles*, la *Loi assurant l'exercice des droits des personnes handicapées*, la *Loi sur la fonction publique*, etc.

L'objectif étant, ici, de traiter des relations du travail au sens des rapports individuels, nous tiendrons principalement compte des dispositions du *Code civil* se rapportant au contrat individuel de travail et de la *Loi sur les normes du travail*.

En ce qui a trait au *Code civil*, la question à débattre est celle de savoir s'il faut modifier et compléter les règles actuelles applicables au contrat de travail ou les extraire du *Code civil* et élaborer un nouvel ensemble de règles à intégrer à un nouveau code du travail. Si le problème est ancien, il n'est pas théorique. Rappelons que l'Office de révision du Code civil a déjà examiné cette question et opté pour une solution dite « civiliste » par opposition à la solution dite « travailliste ». Constatant la désuétude des dispositions actuelles, l'Office a proposé une réforme qui avait le mérite de les mettre à jour par rapport à la jurisprudence et à la pratique contemporaines, allant jusqu'à ajouter des éléments nouveaux tels que le congé de maternité ou le certificat de travail. La réforme proposait aussi de consacrer l'institution du contrat individuel de travail en en faisant une opération juridique et donc un chapitre distinct du « louage de choses ».

Prenant en considération le développement des rapports collectifs, l'Office est allé jusqu'à juger:

> « (...) *opportun d'énoncer des principes qui justifient ce phénomène parallèle à un point tel que la législation ouvrière et ses incidences seraient désormais le prolongement naturel du droit commun.* » [9]

En somme, le droit civil du contrat individuel deviendrait la matrice, le « substrat » sur lequel reposeraient les rapports juridiques entre employeurs et employés, qu'ils soient ou non couverts par une convention collective. Selon l'Office, « *le projet revalorise les rapports de travail en droit commun* » [10].

Ce projet a suscité plusieurs réserves[11]. On n'y a pas vu une réponse adéquate et durable aux réalités et aux besoins socio-économiques actuels et prévisibles. L'évolution des dernières années avec l'adoption, entre autres, de la *Loi sur les normes du travail* et de la *Loi sur la santé et la sécurité du travail*, démontre qu'un domaine du droit du travail s'adressant à l'individu, plus ample et plus diversifié, s'élabore et se structure. Pour plusieurs ce domaine correspond à la réalité du travail et de l'emploi et il serait souhaitable qu'il soit plus complet et plus autonome afin que l'on harmonise, dans la mesure du possible, ses multiples droits, recours, mécanismes et institutions. Cette tendance rejoint le consensus des intervenants en faveur d'une simplification et d'une cohérence en ces matières.

Toute recommandation de la CCT doit cependant tenir compte des arguments à l'appui de l'une ou l'autre des solutions à la « localisation législative » du contrat individuel de travail.

Les arguments qui militent en faveur de la solution du maintien au *Code civil* sont nombreux. Une redéfinition juridique du contrat de travail pourrait tout aussi bien procéder de modifications conséquentes au *Code civil* que de l'adoption d'une législation indépendante. Il serait impensable d'imaginer pouvoir rendre le droit positif du travail autonome. Il serait très lourd de reconstituer complètement l'infrastructure juridique indispensable au contrat de travail dans un code du travail. Pour des motifs d'ordre constitutionnel reliés à la teneur de l'article 96 de la Constitution de 1867, établissant la juridiction de la Cour supérieure, il serait illusoire d'entrevoir cette intégration. L'existence d'un contrat de travail comporterait des conséquences juridiques à l'endroit de tiers, par exemple, et le droit de saisie du salaire. Le droit commun se préoccuperait, en outre, de l'existence des contrats de travail pour diverses autres fins que celles de la détermination des obligations de l'employeur et de l'employé l'un envers l'autre. Enfin, l'encadrement juridique du contrat de travail dans un code du travail intégré pourrait soulever des difficultés d'ordre constitutionnel quant à son applicabilité aux employés des entreprises fédérales.

Par contre, il existe également plusieurs arguments en faveur d'une intégration à un code du travail: l'intérêt de l'unification, dans un même corpus de droit, des différentes sources de droit du travail, le développement d'une approche plus souple du contrat de travail tenant compte de l'évolution de la réalité socio-économique; la nécessité, au niveau de l'intervention à caractère judiciaire ou quasi-judiciaire, de dégager le contrat de travail de certaines entraves considérées comme inhérentes au droit civil au plan des règles de procédure de preuve et d'interprétation, la nécessité de développer une approche plus sensibilisée et plus réceptive à la réalité des rapports du travail par la création d'une véritable juridiction spécialisée du travail.

La Commission, quant à elle, croit opportun de favoriser une plus grande intégration des dispositions traitant du contrat individuel de travail à un nouveau code du travail. Un telle intégration serait de nature à rendre plus accessible et compréhensible aux « sujets de droit », l'ensemble de leurs droits et obligations.

Ce « rapatriement » ne rendrait pas nécessairement caduques les actuels articles du *Code civil* qui conserveraient leur application pour certaines catégories de personnes non assujetties aux dispositions d'un nouveau code du travail intégré.

Recommandation

V-1 Intégration des règles relatives au contrat individuel de travail et aux normes du travail

Que le nouveau code du travail intégré comporte un titre traitant de la relation individuelle de travail qui rassemble

a) **des dispositions relatives au contrat individuel de travail pour les fins de ce code,**

b) **l'actuelle** *Loi sur les normes du travail***,**

c) **et les dispositions pertinentes d'autres lois qui sont de la nature des normes du travail.**

5.2 Rapports individuels de travail et rapports collectifs

La question de savoir comment l'on peut concilier l'esprit et l'objectif d'une négociation collective avec la liberté de signer un contrat ou une entente individuelle en marge de la convention collective sans que surviennent des conflits de droit a été soulevée à plusieurs reprises devant la Commission. Si une flexibilité peut être envisagée, encore faut-il tracer les frontières et clarifier les relations entre ces deux types de contrat. Le problème n'est pas particulier au Québec et au régime hérité du droit civil.

« The individual contract of employment law is inherited from England and modified to be made applicable to Canadian conditions. The collective bargaining regime is indigenous and, although often the same semantic seem to be used when it is legally analysed, many of the assumptions of the Common Law have been abandoned or, at least perceptibly changed. From a doctrinal point of view, the accommodation between the two regimes has not been worked out with precision. » [12]

Confrontée au problème de la priorité à accorder à une norme légiférée ou à une clause de convention collective ou de décret, la Commission se doit de formuler des recommandations qui permettront d'éliminer le plus possible les conflits et la confusion qui se manifestent actuellement tant au niveau des conditions générales de travail que des recours. La question est plus précisément de savoir si, par convention collective ou par convention extensionnée par décret, on peut déroger aux conditions de travail arrêtées par une législation.

Dans cette perspective, il s'agit d'établir un rapport certain et connu entre ces divers « paliers » et de se rappeler que les « conditions générales de travail » sont un plancher pour toute forme de négociation.

On ne peut jamais convenir moins que ces conditions ou normes. Dans un tel contexte, les conditions de travail arrêtées par voie de négociation collective seront égales ou supérieures à celles édictées dans la *Loi sur les normes du travail* et les conditions supérieures auront priorité d'application. [13]

L'autre question importante qui mérite d'être considérée est le choix du forum d'adjudication des plaintes naissant de l'application de ces règles. Tel que souhaité, il faut éviter le double emploi (ou double recours) par lequel l'employé peut se prévaloir des dispositions de la loi devant le tribunal judiciaire et de la procédure de règlement des griefs devant un arbitre, simultanément ou concurremment. Il faut également réduire la charge de l'administration des conditions générales de travail afin qu'elle se concentre sur les travailleurs non syndiqués.

Recommandations

V-2   **Conditions générales de travail, loi et
       convention collective ou décret**

Que la loi prévoie que toute condition générale de travail arrêtée
par une législation est minimale et d'ordre public, c'est-à-dire d'application générale et obligatoire à l'égard du salarié et que toute convention collective ou tout décret peut y déroger en stipulant une condition
de travail supérieure et plus favorable au salarié.

V-3   **Application des conditions générales de travail légiférées
       au salarié assujetti à une convention collective ou
       à un décret**

Que dans le cas de litige naissant de l'interprétation ou de l'application à un salarié assujetti à une convention collective ou à un décret,
d'une condition générale de travail légiférée ou d'une garantie d'exercice de ses droits prévue à la loi, la procédure de recours prévue à
cette convention collective ou à ce décret s'applique avec juridiction à
l'instance instituée par cette convention ou ce décret pour en disposer.

5.3 Champ d'application

Cette rubrique comprend les demandes portant sur le champ d'application de la *Loi sur les normes du travail*, en vue d'inclure ou d'exclure
certaines personnes ou situations.

Actuellement la *Loi sur les normes du travail* s'applique à toute
personne qui exécute un travail pour un employeur. Cela concerne les
travailleurs et travailleuses à temps plein et à temps partiel, les travailleurs
et travailleuses payés au rendement (en usine ou à domicile), les domestiques qui font principalement des travaux ménagers, les travailleurs et
travailleuses couverts par un décret.

Elle ne s'applique cependant pas aux domestiques dont la fonction
principale est de garder dans un logement un enfant, un malade, une
personne handicapée ou une personne âgée, quand l'employeur ne poursuit
pas de fins lucratives, aux travailleurs et travailleuses agricoles employés à
l'exploitation d'une ferme quand il y a moins de quatre personnes em-
ployées, aux étudiants et étudiantes en stage d'initiation au travail au cours

de l'année scolaire, aux travailleurs de la construction, aux bénéficiaires de services de santé ou de services sociaux qui travaillent dans un CLSC, un hôpital, un centre de services sociaux ou un centre d'accueil en vue de leur rééducation physique, mentale ou sociale, aux employés du gouvernement provincial, aux employés de certains organismes d'État et enfin, aux personnes qui travaillent dans des entreprises de juridiction fédérale.

Les demandes d'inclusion qui ont retenu l'attention de la Commission sont celles portant sur les travailleurs et travailleuses qui gardent des enfants ou d'autres personnes et sur certaines catégories de salariés à l'emploi d'entrepreneurs en construction. En effet, la Commission a été sensibilisée aux problèmes de celles qui sont engagées pour agir comme gardienne d'enfants ou encore de personnes malades, handicapées ou âgées et qui se voient demander d'exécuter des tâches domestiques. Une telle situation les soustrait à la protection de la loi contrairement aux autres catégories de personnel domestique.

Dans l'examen de cette demande, il nous semble qu'il faut aussi tenir compte de la situation particulière des « employeurs » de ce type de personnel domestique. Leur capacité de payer le salaire et les autres avantages sociaux et d'assumer les effets de certains recours prévus à la loi suscitent des doutes.

Il importe de soulever ces questions puisqu'un nombre important de ces domestiques ont comme employeur des personnes à revenu modeste qui travaillent très souvent dans des emplois où ils reçoivent un salaire légèrement supérieur au salaire minimum. Bien qu'il n'existe pas de données précises à ce sujet, on note que près de 34,7 % des enfants gardés à la maison ou dans une autre maison privée appartiennent à des familles dont le revenu familial brut est inférieur à 15 000 $ [14].

Sur cette question, la loi ontarienne prévoit un règlement spécifique découlant de l'*Employment Standards Act* qui vise les domestiques et les gardiennes d'enfants et fixe le salaire, les allocations, les temps libres et les heures de travail qui leur sont applicables. La Commission voit dans ce modèle une solution valable qui a d'ailleurs déjà été évoqué au chapitre II de ce rapport.

Quant à certains employés d'entrepreneurs en construction, leur exclusion est une conséquence de l'application du paragraphe 3 de l'article 3 de la *Loi sur les normes du travail* qui veut que le salarié non régi par la *Loi sur les relations du travail dans l'industrie de la construction*, mais travaillant pour un employeur régi par cette *Loi*, n'est pas couvert par la *Loi sur les normes du travail* comme, par exemple, un employé de bureau d'un entrepreneur en construction. Cette lacune doit être corrigée.

Au chapitre des exclusions demandées, celle des cadres mérite une certaine attention. La demande est à l'effet de définir les concepts de « cadre » et de « cadre supérieur », étant donné que la première expression est utilisée sans être définie dans la Loi et que la seconde fait référence à une catégorie de personnes qui, selon certains, ne devraient être couvertes que par un contrat individuel de travail librement négocié.

La jurisprudence a donné au terme « cadre » un sens très large englobant les différents niveaux de cadres (inférieurs, intermédiaires ou supérieurs). Il faut cependant constater qu'il existe aussi un courant jurisprudentiel [15], cette fois minoritaire, qui a conclu que le terme « cadre » ne devait comprendre que les cadres supérieurs, c'est-à-dire des employés qui disposent d'un pouvoir décisionnel significatif dans l'entreprise, en se basant sur la version anglaise qui réfère à l'expression « executive officer » [16].

Bien qu'il n'apparaisse pas évident que les cadres supérieurs doivent être protégés par la *Loi sur les normes du travail*, puisqu'ils jouissent de conditions de travail et de rémunération nettement supérieures à celles imposées par la loi et qu'ils sont habituellement en mesure d'exercer eux-mêmes les recours découlant de leur contrat, il est difficile de les soustraire aux conditions « minimales » de travail de façon générale. Il serait plus approprié que certaines dispositions ne les couvrent pas. Par exemple, en matière de congédiement sans une cause juste et suffisante, les cadres supérieurs préfèrent plutôt exercer eux-mêmes des recours en indemnisation devant les tribunaux civils compte tenu que bon nombre d'entre eux disposent d'un contrat écrit ou d'une entente les liant à leur employeur. Le congédiement d'une personne oeuvrant à un niveau hiérarchique aussi élevé, indique généralement que le lien de confiance (indispensable à un tel niveau) est rompu entre l'employeur et le cadre concerné. La réparation demandée par ce dernier prendrait plus la forme d'une indemnisation que d'une réintégration.

Recommandations

V-4 Inclusion du personnel domestique principalement affecté à la garde en regard de certaines conditions de travail

Que les domestiques dont la fonction principale est de garder dans un logement un enfant, un malade, une personne handicapée ou une personne âgée soient assujettis à un règlement spécifique qui fixe, indépendamment des normes actuelles, leurs conditions de travail, soit le salaire, les allocations, les heures de travail et les temps libres.

V-5 Inclusion de certains employés d'entrepreneurs en construction

Que les salariés d'employeurs au sens de la *Loi sur les relations du travail dans l'industrie de la construction* qui ne sont pas compris dans le champ d'application de cette dernière *Loi*, ni couverts par le décret de cette industrie, soient assujettis à la *Loi sur les normes du travail*.

5.4 Le contrat individuel de travail

5.4.1 Formation du contrat

Les trois éléments constitutifs qui déterminent la formation du contrat individuel de travail sont la subordination, la prestation de travail et sa rémunération. De ces éléments, c'est la subordination que l'on retrouve au coeur de la plupart des débats visant à vérifier s'il y a ou non existence d'un contrat individuel de travail. C'est également la réponse à cette question qui permet de distinguer ce contrat du contrat d'entreprise ou encore du « mandat ». Un code du travail intégrant les règles régissant le contrat individuel de travail devrait donc faire ressortir ces trois éléments constitutifs de façon à ce que l'on puisse constater l'existence du contrat individuel dans toutes les situations où il existe *réellement*. Un tel encadrement élargi ne devrait cependant par couvrir dans un nouveau code du travail des situations où les personnes n'auraient aucun bénéfice à retirer de ce dernier (ex. entrepreneurs réellement indépendants, professionnels non salariés, etc.).

Recommandation

V-6 Formation du contrat individuel de travail

Que le nouveau code du travail contienne la disposition suivante afin de déterminer la formation du contrat individuel de travail :

La personne qui exécute, elle-même et contre rémunération, une prestation de travail dans le cadre ou en la manière que peut prescrire celui qui requiert ce service est salariée de ce dernier.

Tout tel travail pour autrui et rémunéré de quelque manière est le fait d'un salarié et, pour les fins du code, fait présumer de la conclusion d'un contrat individuel de travail.

5.4.2 Obligations des parties au contrat de travail

Les obligations fondamentales qui résultent du contrat de travail sont, pour l'employeur, de fournir à l'employé le travail convenu, de lui verser la rémunération à laquelle il a droit et de lui permettre de travailler dans des conditions sécuritaires et salubres.

L'employé a, pour sa part, l'obligation d'exécuter le travail pour lequel il a été engagé et de le faire dans le cadre déterminé par l'employeur.

Telles que définies, ces obligations sont trop vagues pour offrir une protection efficace au travailleur. Il y aurait avantage à préciser que si les parties ne s'entendaient pas sur la rémunération, le Tribunal du travail pourrait y suppléer.

De plus elles ne tiennent pas compte de toutes les situations qui peuvent se présenter en cours d'exécution du travail. L'encadrement législatif devrait donc contenir des dispositions quant à la suspension temporaire de l'exécution du contrat pour des motifs suffisants et souvent imprévisibles.

Enfin, le contrat de travail pose des problèmes quant à son interprétation même. Il faudrait revoir les dispositions qui veulent qu'en cas de doute, le contrat s'interprète en faveur de celui qui a contracté l'obligation[17]. Dans les faits, cette règle favorise le plus souvent l'employeur.

Recommandations

V-7 Litige sur la détermination de la rémunération en vertu d'un contrat individuel de travail

Que le Tribunal du travail supplée aux parties, à défaut d'entente entre elles, pour régler le litige portant sur la rémunération découlant d'un contrat de travail.

V-8 Suspension de l'exécution du contrat individuel de travail

Que l'exécution du contrat de travail puisse être temporairement suspendue par l'employeur ou le salarié, pour une cause juste et suffisante.

V-9 Interprétation du contrat individuel de travail

Qu'en cas de doute, toute stipulation conférant un droit ou un avantage au salarié soit interprétée de façon large et libérale.

5.4.3 *Fin ou rupture du contrat de travail*

Selon le droit actuel, le contrat de travail peut être à durée déterminée ou indéterminée.

Le contrat à durée déterminée prend normalement fin à l'échéance prévue. Le contrat à durée indéterminée peut être rompu par l'une ou l'autre des parties en tout temps, sur préavis à cet effet. Certains proposent que l'on fasse disparaître le contrat à durée déterminée compte tenu que des contrats successifs à durée déterminée viennent masquer la réalité d'un engagement à durée indéterminée, ce qui permet à l'employeur de mettre fin au contrat à volonté, périodiquement, sans nécessité de justification ni de préavis.

Cela dit, il faut reconnaître que la possibilité de conclure un contrat de travail à durée déterminée permet de répondre à de véritables besoins.

Recommandations

V-10 Présomption de durée du contrat individuel de travail

Que le contrat de travail à durée déterminée qui se poursuit après son terme soit réputé devenir un contrat à durée indéterminée. Il ne pourrait alors y être mis fin que selon les règles applicables à la terminaison du contrat à durée indéterminée, soit après préavis ou, le cas échéant sans préavis pour une cause juste et suffisante, imputable à l'employé.

V-11 Rupture unilatérale du contrat individuel de travail à durée indéterminée

Que le contrat à durée indéterminée puisse prendre fin unilatéralement, sans avis au contrat, pour une cause juste et suffisante. Que la partie qui l'invoque ait le fardeau de la preuve.

5.4.4 Forme du contrat de travail

Certains intervenants ont souligné qu'il serait avantageux que les modalités d'un contrat-type soient précisées dans la *Loi sur les normes du travail*. Ce contrat-type devrait être signé au moment de l'embauche, ce qui permettrait au nouvel employé d'être correctement informé en ce qui a trait à l'essentiel de ses conditions de travail telles que salaire, heures de travail, congés et autres avantages prévus dans la loi. Pour certains, cette disposition pourrait s'avérer être un frein au travail clandestin tandis que, pour d'autres, elle ne ferait qu'alourdir encore le système d'embauche, ce qui pourrait avoir comme effet de décourager certains employeurs d'offrir du travail à bon nombre de personnes.

Bien qu'à notre connaissance il n'existe pas de telles dispositions dans les législations provinciales canadiennes en matière de normes, on note que, dans la *Loi sur les normes du travail* québécoise, des dispositions obligent l'employeur à fournir à l'employé certaines informations lorsque ce dernier reçoit sa rémunération[18]. On peut alors se demander en quoi le fait de fournir les mêmes informations lors de l'embauche d'un employé serait à ce point contraignant pour l'employeur. Sans doute que bon nombre d'employeurs fournissent même ces informations à leurs nouveaux employés. La présence d'un contrat-type aurait l'avantage de faire en sorte que l'employé se verrait offrir (sans qu'il ait à le demander, ce qui peut être mal interprété par un employeur rencontrant pour la première fois un nouvel employé) un minimum d'informations concernant ses conditions de travail.

Un tel contrat-type pourrait, par ailleurs, avoir comme désavantage d'établir des rapports rigides entre employeur et employé sans compter l'impact qu'un tel mécanisme pourrait avoir sur l'offre d'emplois.

De toute façon, il serait inimaginable que l'obligation soit généralisée. Il est difficile de concevoir en effet que le citoyen soucieux de respecter la loi doive, par exemple, signer un contrat de travail écrit pour faire tondre sa pelouse, déneiger l'entrée du garage, faire peindre une pièce ou remplacer pour deux ou trois jours une téléphoniste.

Au demeurant, la Commission des normes du travail fait déjà un travail d'information important sur les conditions d'embauche. En effet, en avril 1985, elle faisait parvenir un dépliant publicitaire à des milliers de travailleurs les incitant ainsi que leur employeur à aborder certaines questions lors de l'embauche. La Commission des normes rappelait que, lors de l'embauche :

> *« (...) un salarié et son employeur doivent s'entendre sur les conditions de travail suivantes :*
>
> *— le taux du salaire et le mode de rémunération — à l'heure, à la semaine, au rendement, à la commission ou sur une autre base ;*
>
> *— le mode de paiement du salaire — en espèces, par chèque ou par virement bancaire ;*
>
> *— les retenues effectuées sur le salaire ;*
>
> *— la durée de la période de paie ;*
>
> *— l'horaire de travail et le temps supplémentaire ;*
>
> *— etc. »* [19]

Une telle publicité en plus de permettre à un salarié et à un employeur de « faire le point » dès l'étape de l'embauche pourrait également avoir pour conséquence de décourager le travail clandestin ou le travail à domicile sous certaines formes, auxquels sont très souvent rattachées des conditions de travail qui contreviennent à la loi. Incidemment, au sujet du travail à domicile, on note que la loi sur les conditions minimales du travail de l'Ontario comprend une disposition qui permet de contrôler les conditions de travail qui s'appliquent aux personnes qui travaillent à domicile, au moyen de l'émission d'un permis[20].

Il est donc souhaitable que la Commission des normes du travail poursuive, étende et active son travail d'information et de sensibilisation auprès des salariés et des employeurs de sorte que le contenu du dépliant *Faire le point* soit connu de toutes les entreprises et des salariés et soit mis en pratique systématiquement à l'embauche.

5.5 Conditions générales du contrat de travail

5.5.1 Salaire

Les revendications relatives au salaire « minimum » telles que formulées par les intervenants sont de deux types. Pour les syndicats et les groupes socio-économiques le salaire minimum devrait être augmenté et ajusté automatiquement par la suite, c'est-à-dire indexé au coût de la vie. Pour la partie patronale le salaire minimum devrait être fixé en tenant compte des impératifs économiques plutôt que sociaux.

Il importe tout d'abord de noter que le salaire minimum versé au Québec aux personnes de 18 ans et plus se compare à celui des autres provinces. Seules les provinces de la Saskatchewan (ainsi que les Territoires du Nord-Ouest et le Yukon) et du Manitoba ont un salaire minimum supérieur à celui du Québec, soit 4,25 $ et 4,30 $. Quant au Québec, il est de 4 $ et se situe au troisième rang avec les provinces de la Nouvelle-Écosse, de l'Ontario et de Terre-Neuve. Les taux fédéraux canadien et américain sont respectivement de 4,25 $ et de 3,50 $ US (soit environ 4,80 $ canadien en août 1985). Quant au salaire minimum des travailleurs de moins de 18 ans, il est actuellement de 3,54 $. Dans ce cas, sept provinces accordent un taux horaire supérieur à celui du Québec[21]. Le taux des employés à pourboire est de 3,28 $ s'ils ont plus de 18 ans et de 2,95 $ s'ils ont moins de 18 ans.

Cependant, il semble bien qu'il existe une volonté d'éliminer le clivage qui existe entre les plus et les moins de 18 ans. Sur cette question, une commission américaine, la « Minimum Wage Study Commission », rejetait en 1981 l'idée d'un sous-salaire minimum pour les jeunes comme solution au chômage de ces derniers[22]. Signalons ici que lorsque nous parlons de salaires minima spécifiques, il s'agit de ceux qui sont fixés par la *Loi sur les normes du travail* pour des catégories particulières de travailleurs[23].

> « *Examiné maintenant sous l'angle du rapport établi (en %) entre le taux du salaire minimum et la rémunération hebdomadaire moyenne (RHM), on constate qu'au Québec, le salaire minimum relatif se situait à 45,5 % de la RHM en 1971, à 56,2 % en 1975 (le maximum atteint durant la période) pour décroître par la suite jusqu'à 37,3 % en 1984. Les travailleurs québécois au salaire minimum se trouvent, en 1984, dans une situation presque semblable aux travailleurs ontariens où ce rapport est de 36,9 %.* »[24]

La détermination du salaire minimum est une question délicate qui a toujours été associée à une décision politique. Il est normal qu'il en soit ainsi, puisque ce genre de décision détermine en quelque sorte le salaire de base des personnes faisant partie de la main-d'oeuvre d'une société.

Même si la situation québécoise en matière de salaire minimum est comparable à celle des autres provinces canadiennes et des États-Unis, il faut reconnaître qu'il n'a pas été révisé depuis quatre ans déjà. Le gouvernement devait pourtant le faire périodiquement.

En ce qui concerne le taux du salaire minimum proprement dit, la Commission n'est pas en mesure de l'établir. Il est bien évident que si le taux du salaire minimum québécois avait suivi l'évolution de l'indice des prix à la consommation et de l'augmentation des gains hebdomadaires moyens dans l'ensemble des industries, il serait plus élevé que maintenant.

Recommandations

V-12 Mode de détermination du taux de salaire minimum

Que le Gouvernement révise, au cours de l'année 1986, le taux du salaire minimum québécois et qu'il arrête une politique à l'effet de réviser annuellement ce taux.

V-13 Salaire minimum des moins de 18 ans

Que le salaire minimum pour les travailleurs de moins de 18 ans soit augmenté pour le rendre semblable à celui des autres salariés de la catégorie générale et des catégories particulières où cette distinction existe.

5.5.2 Temps de travail et temps supplémentaire

En ce qui a trait au temps de travail, plusieurs intervenants ont demandé que la semaine normale de travail soit réduite et que la journée normale de travail soit précisée en termes de nombre d'heures par jour et par semaine.

Les syndicats revendiquent une diminution de la durée de la semaine normale de travail afin de libérer du temps de travail et de permettre ainsi à un plus grand nombre de personnes d'avoir accès au marché du travail. Cette mesure viserait à réduire le chômage. Dans le même but, les syndicats demandent que les occasions d'effectuer du travail en temps supplémentaire soient réduites de façon importante.

À l'opposé, la thèse patronale affirme qu'une réduction du temps de travail rendrait les entreprises québécoises moins compétitives par rapport à celles des autres provinces, ce qui aurait un effet néfaste sur le marché de l'emploi québécois. Dans la même perspective, ne pas permettre aux employeurs de faire effectuer du travail en temps supplémentaire aurait pour effet de réduire la souplesse des activités de production de bon nombre d'entreprises.

Au Québec, la semaine normale de travail est actuellement de 44 heures comme dans quatre autres provinces (Terre-Neuve, Ontario, Nouveau-Brunswick et Alberta). Elle est d'une durée de 48 heures en Nouvelle-Écosse et à l'Île-du-Prince-Édouard. Par contre dans les provinces de la Colombie-Britannique, du Manitoba et de la Saskatchewan, elle est fixée à 40 heures, ce qui est le cas aussi au niveau fédéral.

Il importe cependant de rappeler que la semaine maximale de travail est de 48 heures au niveau fédéral et en Ontario, de 44 heures en Saskatchewan et de 40 heures au Manitoba. Le temps supplémentaire est généralement calculé pour les heures en sus de la semaine normale de travail. Il est rémunéré au taux d'une fois et demi le salaire horaire habituel[25].

Relativement à la durée de la semaine normale de travail, il importe de rappeler que :

> « (...) dans aucune industrie, la durée normale ne s'approche vraiment de la durée normale maximale prescrite par la Loi sur les normes du travail du Québec, soit 44 heures par semaine. »[26]

La durée normale du travail des employés à temps plein rémunérés à l'heure au Québec, se situait à 39,18 heures par semaine en 1983 pour ce qui est des hommes, et à 36,63 heures en ce qui concerne les femmes. Comme la main-d'oeuvre féminine représentait environ 40 % de l'ensemble des travailleurs, on peut dire que la durée normale moyenne pour les deux sexes se situait à environ 38 heures par semaine en 1983[27]. Quant aux employés syndiqués, la semaine normale tend à compter 40 heures ou moins chez les cols bleus et 35 heures ou moins, chez les cols blancs[28].

Que penser alors d'une réduction du nombre d'heures de la semaine normale de travail ? Pour répondre à cette question, il importe de savoir que :

> « (...) toutes les études réalisées sur le sujet ont montré qu'une réduction limitée (une ou deux heures) de la durée hebdomadaire de travail, même accompagnée de mesures restreignant la pratique du temps supplémentaire, n'aurait que peu d'impact sur l'emploi, la récupération du temps libéré étant de l'ordre de 10 % environ. »[29]

Les auteurs de l'étude précitée ajoutent que les entreprises peuvent facilement absorber les petites diminutions par l'amélioration de la productivité grâce à une gestion plus serrée du temps, à l'élimination des temps morts ou à l'accélération des cadences.

> « Il n'en va pas de même pour les réductions plus importantes (trois à quatre heures/semaine ou plus). Les firmes doivent alors s'ajuster soit en augmentant l'emploi, soit en réduisant le niveau de production. On peut donc penser qu'une réduction importante et progressive (par exemple, le passage en quatre à cinq ans de 40 à 35 heures/semaine ou de 35 à 30 heures/semaine) aurait un effet sensible et positif sur l'emploi. Il est toutefois

difficile d'en estimer l'ampleur véritable sans procéder à
une étude plus approfondie. » [30]

En ce qui a trait à l'impact d'une telle mesure sur le chômage :

« *(...) la réduction des temps de travail aurait pour effet*
d'entraîner un regain d'intérêt chez beaucoup de person-
nes présentement inactives et relèverait le taux d'activi-
té. Le taux de chômage, pourrait aussi n'être réduit que
très légèrement malgré une hausse substantielle de l'em-
ploi. Il faudrait donc se garder d'évaluer l'impact de
telles mesures uniquement en fonction de la réduction
du pourcentage de chômeurs qui pourrait en résulter. » [31]

En conclusion, les effets de la réduction de la durée de la semaine
normale de travail présentent à la fois des avantages et des inconvénients
tant pour le travailleur que pour l'employeur. Du côté des avantages, on
note une amélioration de la qualité de vie au travail ; un partage plus facile
au niveau des tâches domestiques, une utilisation du temps libéré pour des
fins de promotion, de repas, une augmentation de la satisfaction au travail,
une main-d'oeuvre plus reposée et plus productive et une diminution de
l'absentéisme. Du côté des inconvénients, on observe une diminution du
revenu du travailleur si la réduction du temps de travail se fait sans
compensation salariale, une augmentation des coûts unitaires de main-
d'oeuvre ainsi que des frais d'embauche, de formation et de recrutement,
une réorganisation du travail, une nouvelle gestion du temps et une
augmentation des frais administratifs dans la phase d'implantation du
système [32].

Quant à la limitation du travail effectué en temps supplémentaire, il est
vrai que dans un bon nombre de pays on trouve des dispositions légales ou
conventionnelles qui visent à limiter les heures supplémentaires, soit sur
une base annuelle (Suisse, Suède), hebdomadaire (Pays-Bas, France),
journalière (Luxembourg) ou en fonction d'un contingentement annuel
(Finlande).

Au Canada et aux États-Unis, il n'existe aucune disposition dans les
lois sur les normes minimales du travail qui visent directement à limiter le
nombre d'heures de travail effectuées en temps supplémentaire. Cependant, il existe un mécanisme indirect, soit la détermination d'une semaine
maximale de travail au-delà de laquelle l'employé peut refuser d'exécuter
du travail en temps supplémentaire pour le motif qu'il a complété sa
semaine maximale de travail. Si celui-ci accepte de poursuivre son travail,

il est alors rémunéré au taux prévu pour le travail effectué en temps supplémentaire.

Si l'on compare la situation qui prévaut dans l'ensemble du Canada à celle de l'Ontario et du Québec, on note que pour l'ensemble des secteurs d'activités économiques, la moyenne des heures supplémentaires effectuées par les salariés rémunérés à l'heure s'établissait au même niveau, soit à 0,8 et 0,9 heure par semaine respectivement en 1983 et 1984[33].

Les différentes recherches traitant de la limitation du travail en temps supplémentaire laissent voir que travailleurs et employeurs peuvent en tirer certains avantages de même qu'être exposés à certains inconvénients. Au chapitre des avantages, on note qu'une telle limitation empêche que les journées ou les semaines de travail soient longues de façon excessive, qu'elle contribue à l'efficacité des mesures destinées à réduire la durée normale de travail et à créer des emplois, qu'elle augmente la productivité et diminue l'absentéisme. Au chapitre des inconvénients, la limitation du travail en temps supplémentaire occasionne une perte de revenu. Elle a pour conséquence que les apprentis doivent travailler sur une période beaucoup plus longue pour accumuler les heures de travail dont ils ont besoin pour obtenir un certificat de compétence. Elle accroît les coûts administratifs et augmente le nombre de personnes en emploi d'où un accroissement des charges sociales.

En ce qui a trait à la durée de la journée normale de travail, quatre provinces de même que le gouvernement fédéral ont une disposition qui la fixe à huit heures. Cinq autres provinces, en plus du Québec, n'ont pas de disposition à cet effet.

Il faut cependant noter que l'Ontario et le Manitoba définissent une journée maximale de travail de 8 heures et Terre-Neuve de 16 heures, c'est-à-dire qu'après avoir travaillé ce nombre d'heures par jour, le salarié peut refuser de travailler plus longtemps. Cela n'implique pas que le temps supplémentaire soit calculé à partir de la journée maximale de travail. Le temps supplémentaire est en général calculé sur la base de la semaine de travail normale ce qui est le cas en Ontario et à Terre-Neuve même si ces deux provinces possèdent une norme sur la journée maximale de travail. Au Québec, la *Loi sur les normes du travail* ne contient pas de journée maximale de travail de sorte qu'un employeur peut exiger d'un employé qu'il travaille un nombre d'heures assez considérable au cours d'une journée.

Recommandations

V-14 Réduction progressive de la durée de la semaine normale de travail

Que la durée de la semaine normale de travail soit réduite d'une heure annuellement pour atteindre 40 heures en 1990.

V-15 Durée de la semaine maximale de travail

Que la durée de la semaine maximale de travail soit établie à 48 heures.

V-16 Durée de la journée maximale de travail

Que la durée de la journée maximale de travail soit de huit heures sous réserve de l'étalement permis par l'article 53 de la *Loi sur les normes du travail*.

5.5.3 *Congés annuels et vacances*

Selon certains, les congés annuels devraient être portés à quatre semaines payées après une année de service. Il semble par ailleurs que le calcul des indemnités afférentes aux congés annuels pose problème. Bref, on demande de réviser la section IV de la loi (congés annuels payés) afin de la rendre plus fonctionnelle.

Le Québec et le Nouveau-Brunswick sont les seules provinces qui accordent, à ceux qui ont moins d'un an de service, un jour par mois (maximum deux semaines) de vacances. Ceux qui ont de un à neuf ans de service peuvent bénéficier de deux semaines de vacances comme dans la grande majorité des provinces (soit sept). Par ailleurs, la Saskatchewan accorde trois semaines de vacances après six ans de service, la Colombie-Britannique après cinq ans et le Manitoba après quatre ans. En général donc, la situation québécoise en ce qui touche la durée des vacances arrêtée par la *Loi sur les normes du travail*, se compare à celle qui prévaut dans les autres provinces.

Un des problèmes que pose la détermination des congés annuels est lié à la notion de service continu. De par la loi actuelle, on ne tient compte que du travail effectué auprès d'un même employeur. Cette disposition semble causer un certain préjudice à ceux qui, tout en demeurant au service de la même entreprise, voient son propriétaire (employeur) changer. Le problème se pose à chaque fois que la loi rattache une norme à la notion de « service continu auprès de l'employeur ». Étant donné le caractère général de cette question, nous l'aborderons plus loin à la section traitant de « l'administration de la loi. »

Certains intervenants ont souligné en outre que l'application de l'article 74 de la *Loi sur les normes du travail* pouvait en certaines circonstances, être génératrice d'iniquités. La *Loi* actuelle prévoit que celui qui est absent du travail pour motif de maladie, blessure ou lors d'un congé de maternité, ne sera pas pénalisé quant à sa rémunération de vacances. Ce principe n'est pas remis en cause mais on se questionne quant à son application dans une situation précise. En effet, si au cours de la période d'absence d'un salarié, le département auquel cette personne appartient est contraint de fermer pour un certain temps, lorsque viendra le moment de calculer les indemnités de vacances, la personne qui aura été malade au cours de la période de fermeture ne sera pas pénalisée, alors que celle qui n'aura pas été malade se trouvera pénalisée puisqu'on tiendra compte de sa période de mise à pied pour calculer son indemnité de vacances.

Soulignons que la plupart des normes d'emploi portant sur le droit au congé annuel ne sont pas préjudiciables aux travailleurs à temps partiel. Les salariés qui n'ont pas complété l'année de service requise par la législation sur les normes d'emploi pour obtenir un droit au congé annuel reçoivent néanmoins une indemnité afférente au congé annuel, calculée en fonction de leurs gains au cours de leur période de service.

Finalement, un autre problème se pose quant à l'application de l'article 71 de la loi selon lequel un salarié disposant de trois semaines de congé annuel ne pourrait prendre sa troisième semaine de congé en plusieurs jours séparés et ce, même si son employeur était d'accord.

Recommandations

V-17 Salarié absent et indemnité de vacances

Qu'un salarié qui s'est absenté du travail pour cause de maladie, d'accident ou de congé de maternité ne puisse recevoir une indemnité de vacances supérieure à celle qu'il aurait reçue s'il était demeuré au travail.

V-18 Fractionnement du congé annuel

Que l'article 71 de la *Loi sur les normes du travail* soit modifié pour permettre que le congé annuel puisse être fractionné en plus de deux périodes à la demande du salarié, à condition que l'employeur soit d'accord.

5.5.4 Journées fériées

La *Loi sur les normes du travail* accorde sept congés fériés par an[34]: le 1er janvier, le Vendredi saint (ou, dans les établissements commerciaux, le lundi de Pâques), la fête de Dollard (fête de la Reine), la fête nationale (Saint-Jean-Baptiste), la fête du Travail (premier lundi de septembre), L'Action de grâces et Noël.

Il importe de rappeler qu'au Québec, le 1er juillet n'est pas un jour férié (sauf dans les entreprises de juridiction fédérale)[35].

L'Ontario, comme le Québec, accordent sept journées fériées par année. Quatre provinces ainsi que le gouvernement fédéral accordent plus de sept jours tandis que les autres en accordent moins de sept.

Devant la Commission, il a été demandé que le nombre de jours fériés soit augmenté et que le congé compensatoire d'une journée en remplacement de la fête nationale soit déplacé non plus au jour ouvrable précédant ou suivant le 24 juin, mais, par exemple, à une date convenant à l'ensemble des salariés d'une entreprise.

Il semble également que la période de référence pour le calcul de l'indemnité afférente aux jours fériés, qui est celle des deux semaines précédant le jour férié, pose problème. D'une part, certaines personnes, particulièrement celles qui sont rémunérées à commission se trouvent à bénéficier d'une indemnité aléatoire par rapport à celle normalement reçue par les autres catégories de salariés si elles réussissent à faire des ventes importantes dans les deux semaines précédant un jour férié. D'autre part, comme la période de référence porte sur les deux semaines (de calendrier) précédant le jour férié, il arrive fréquemment que ces deux semaines ne correspondent pas à une ou des périodes de paie complètes. Il est alors plus compliqué de morceler la ou les périodes de paie pour obtenir l'indemnité afférente au jour férié.

D'autres problèmes émanent de l'application des dispositions de la loi concernant les jours fériés, chômés et payés.

Le libellé de l'article 60 est ambigu. Il faudrait préciser que l'expression « jour ouvrable » signifie qu'il s'agit d'un jour ouvrable pour le salarié et non pour l'entreprise, sinon un salarié qui ne travaille jamais un lundi n'aurait pas droit à un congé férié lorsque le lundi est un jour férié.

Actuellement l'article 60 de la loi mentionne deux jours fériés. Quatre autres jours sont contenus dans le Règlement sur les normes du travail. Il faudrait tous les rassembler à l'article 60, en y ajoutant la fête nationale. Selon le deuxième paragraphe de l'article 14 du Règlement sur les normes du travail, seuls les employeurs dans un établissement commercial ont le choix de considérer soit le Vendredi saint, soit le lundi de Pâques comme un jour férié, chômé et payé. Cette disposition avait été adoptée pour assurer la concordance entre le Règlement sur les normes du travail et la *Loi sur les heures d'affaires des établissements commerciaux*. Il serait bon qu'un tel choix soit offert à tous les employeurs.

Le deuxième alinéa de l'article 60 stipule que la section III de la loi, portant sur les jours fériés, chômés et payés, ne s'applique pas aux salariés visés par une convention collective ou un décret qui contiendraient au moins six jours fériés, chômés et payés, en sus de la fête nationale. Il peut arriver que certaines conventions collectives ou certains décrets prévoient, par exemple, cinq jours fériés au lieu de six, plus un certain nombre de jours de congé mobiles payés. Dans de tels cas, l'exclusion prévue au deuxième alinéa de l'article 60 ne serait pas valable. Ce n'était certainement pas ce que le législateur visait. Toute référence au jour férié devrait donc être enlevée du deuxième alinéa de l'article 60.

Il peut aussi advenir que, dans un même établissement, certains salariés ne soient pas couverts par la convention collective ou le décret en vigueur dans cet établissement, tout en pouvant bénéficier des congés qui y sont prévus. C'est le cas, par exemple, des cadres d'une entreprise. Or, il arrive que les congés prévus à la convention collective ou au décret ne soient pas les mêmes que ceux prévus à la Loi et au Règlement sur les normes du travail. Il y aurait donc lieu de prévoir un recours à la Commission des normes pour assouplir cette contrainte.

L'article 61 stipule aussi que nul ne peut réduire le salaire en raison d'un jour chômé. D'autre part, l'article 62 détermine la façon dont doit être calculée l'indemnité afférente à un jour férié. L'existence de l'article 61 entraîne de nombreuses confusions car, selon certains, il contient une méthode de calcul de l'indemnité afférente à un jour férié. Dans ce sens, l'article 62 ne servirait qu'au calcul de l'indemnité des salariés rémunérés au temps, au rendement ou sur une autre base. Cet article deviendrait alors l'unique façon de calculer l'indemnité afférente à un jour férié et ce, quel que soit le mode de rémunération des salariés. Il faudrait éliminer cette confusion.

Finalement, l'article 65 définit un certain nombre de conditions pour pouvoir bénéficier d'un jour férié. La logique voudrait qu'un salarié en congé sans solde, par exemple pour cause de maladie, d'études ou de maternité, n'ait pas droit à un jour férié durant cette période. Cependant, l'article 65 est muet sur cette question, d'où une certaine ambiguïté. Il conviendrait donc de préciser, à l'article 62, qu'un salarié en congé sans solde ne peut pas bénéficier d'un jour férié au cours d'un tel congé.

Recommandations

V-19 Détermination des fêtes

Que l'article 60 de la *Loi sur les normes du travail* soit amendé

a) **en spécifiant que le « jour ouvrable » en est un pour le salarié ;**

b) **en donnant la liste complète des fêtes énumérées à la section V du Règlement sur les normes du travail et en y ajoutant la fête nationale ;**

c) en précisant que la fête du Vendredi saint peut être remplacée par le lundi de Pâques au choix de l'employeur ;

d) en précisant que l'exception prévue pour les salariés visés par une convention collective ou un décret contenant « au moins six autres jours chômés et payés » (en biffant « fériés ») peut être étendue aux autres salariés oeuvrant dans le même établissement aux conditions déterminées par la Commission des normes du travail.

V-20 Indemnité et congé sans solde

Que l'article 61 de la *Loi sur les normes du travail* soit amendé pour préciser que le salarié en congé sans solde, pour quelque raison que ce soit, n'a pas droit à l'indemnité.

V-21 Calcul de l'indemnité

Que l'article 62 de la *Loi sur les normes du travail* soit amendé

a) en précisant que l'indemnité de tout salarié (sauf celui à commission) correspond à la moyenne du salaire journalier de ce salarié des deux semaines complètes précédant le jour férié ;

b) en excluant de ce calcul le salaire gagné en surtemps ;

c) en prévoyant que la moyenne du salaire journalier pour le salarié rémunéré à commission s'établit en fonction du salaire versé au cours des trois mois précédant le jour férié.

V-22 Modalités applicables à la fête nationale

Que la *Loi sur les normes du travail* contienne une référence explicite à la *Loi sur la fête nationale* et à sa réglementation précisant les modalités applicables à cette fête.

5.5.5 Congés de maladie

Certains des partenaires sociaux qui se sont présentés devant la Commission ont formulé une demande à l'effet que la *Loi sur les normes du travail* contienne des dispositions relatives aux congés de maladie.

On ne décèle aucune disposition de cette nature dans les législations des autres provinces en matière de normes minimales. Cependant, au niveau fédéral, une telle disposition existe. L'article 61.4 du *Code canadien du travail* édicte qu'un employeur ne peut congédier ou mettre à pied un employé pour cause de maladie ou de blessure, lorsque ledit employé :

> « — *a été en service continu auprès de cet employeur pour une période minimale de trois mois avant son absence;*
>
> — *n'est pas absent pendant plus de douze semaines ou pendant une période plus longue que celle de son traitement et sa réadaptation aux frais d'une administration des accidents du travail;*
>
> — *fournit à son employeur, sur la demande de celui-ci, une attestation médicale justifiant son absence dans les 15 jours de son retour.* »

La Loi prévoit également que si ces conditions sont remplies, la durée du service n'est pas interrompue pour les fins du calcul des avantages sociaux (pension et autres avantages). Ces dispositions s'appliquent même si l'entreprise est transférée ou vendue à un autre employeur.

On note qu'il ne s'agit pas dans cet article d'accorder à proprement parlé des congés de maladie. Il s'agit plutôt de préciser que lorsqu'une personne s'absente du travail pour cause de maladie ou de blessure, elle ne risque pas d'être pénalisée, de perdre son emploi, ou certains avantages qu'elle aurait pu réclamer si elle n'avait pas été obligée de s'absenter.

Recommandation

V-23 Congé de maladie

Que l'on introduise à la *Loi sur les normes du travail* les dispositions suivantes :

Le salarié qui justifie d'au moins quatre-vingt-dix (90) jours de service continu auprès de l'employeur peut s'absenter sans solde pour cause de maladie pour une période d'au plus douze (12) semaines.

L'employeur ne peut, pour ce motif, congédier, déplacer ou mettre à pied ce salarié si, au cours de cette absence ou dans les quinze jours de son retour, il fournit, sur demande, une attestation médicale justifiant cette absence.

Les modalités d'application ou d'exercice de ce congé peuvent faire l'objet de dispositions d'un règlement du Gouvernement, d'un décret ou d'une convention collective.

5.5.6 Congés parentaux

Les demandes concernant les congés parentaux ont été nombreuses : que la durée du congé de maternité soit portée à 20 semaines avec pleine compensation ; qu'à la suite d'un congé de maternité, la travailleuse concernée soit réintégrée dans son poste de travail ou dans un poste équivalent, sans perte des droits et avantages qu'elle avait au moment de son départ ; que la *Loi sur les normes du travail* contienne des dispositions relatives à la possibilité de bénéficier d'un congé sans solde pour responsabilités parentales d'une durée d'un an à trois ans ; que le père puisse bénéficier d'un congé payé d'une durée d'une à deux semaines lors de l'accouchement de sa conjointe, que les dispositions propres au congé de maternité et de paternité puissent s'appliquer lors de l'adoption d'un enfant ; que la *Loi sur les normes du travail* contienne des dispositions accordant des congés à la femme enceinte, pour fins de visites médicales, de cours prénataux et de charge parentale.

En ce qui a trait à la durée du congé de maternité, la loi actuelle (article 17) prévoit qu'une femme enceinte peut quitter son emploi pendant 18 semaines ; qu'à son retour, l'employeur doit lui accorder tous les droits et privilèges rattachés à son emploi ; que la femme doit être réintégrée dans son propre emploi et que ce congé est sans rémunération[36].

Dans trois autres provinces, on accorde un congé de maternité de même durée que celui du Québec, soit 18 semaines. Les six autres provinces, ainsi que le Gouvernement fédéral allouent un congé d'une durée plus courte, soit 17 semaines.

Relativement au congé de paternité lors de la naissance ou de l'adoption d'un enfant, la loi actuelle prévoit que les salariés ont droit à deux journées non rémunérées. La Saskatchewan est la seule autre province qui accorde un congé de paternité d'une durée plus longue, soit six semaines non payées.

Quant aux conditions d'admissibilité, le Québec est la seule province à accorder un tel congé après seulement 20 semaines d'emploi chez un même employeur dans les 12 mois qui précèdent la date du début du congé. Toutes les autres provinces et le Gouvernement fédéral reconnaissent le congé de maternité à celles qui ont un an de service continu. La loi québécoise exige que le préavis soit donné à l'employeur trois semaines avant la date du départ. Seules deux provinces, l'Alberta et le Manitoba, ont un préavis plus court, soit de deux semaines.

Bien que la Commission considère important que les salariés puissent disposer de congés parentaux, il lui apparaît que ce que la *Loi sur les normes du travail* édicte en cette matière constitue un minimum qui se compare très bien avec les dispositions qui existent dans les autres provinces canadiennes.

5.5.7 Congés de formation et de recyclage

Les intervenants qui se sont présentés devant la Commission demandent que la loi prévoie des dispositions pour que les travailleurs aient droit au congé éducation. De telles dispositions n'existent dans aucune des législations des autres provinces en matière de normes minimales.

Bien qu'une telle demande ait sa raison d'être, il faut rappeler que la formation et le recyclage ne sont pas des conditions minimales de travail au même titre que le salaire par exemple. Il importe aussi de souligner que la formation et le recyclage sont des concepts différents qui ne peuvent être abordés de la même manière dans le contexte des conditions minimales de travail.

L'employeur qui désire maintenir à son service tel salarié verra à ce qu'il puisse recevoir la formation qui lui permettra d'accomplir le travail demandé. Ce genre de situation ne semble pas être problématique puisqu'elle est assez répandue, à tout le moins pour les salariés couverts par une convention collective. Une étude effectuée en 1981 par le Centre de recherche et de statistiques sur le marché du travail (CRSMT) sur les clauses de formation dans les conventions collectives au Québec laisse voir que les clauses concernant l'absence pour formation sont plus répandues que celles qui traitent du recyclage. L'auteur souligne que

> *« (...) dans une forte proportion des conventions que nous avons consultées, nous avons rencontré des dispositions en vertu desquelles un employé peut s'absenter pour des raisons reliées à sa formation. En vertu de ces dispositions, un employé peut être autorisé à s'absenter, avec ou sans solde. »*

Quant aux activités de recyclage, l'étude fait un constat différent :

> *« Nous avons été étonnés de la pauvreté des clauses de formation en cas de changements technologiques que nous avons rencontrées. Dans plusieurs cas nous n'avons trouvé à cet effet, dans la convention, qu'une déclaration de principe au terme de laquelle les deux parties s'engagent à collaborer pour permettre aux salariés visés de s'adapter au changement. D'autres conventions comportent un engagement un peu plus ferme de la part de l'employeur à fournir aux employés touchés (dans la mesure du possible) un entraînement qui lui permette de conserver un emploi dans l'entreprise. Quelquefois, la convention stipule que le salarié n'est pas rémunéré pendant cette période d'entraînement. »* [37]

La Commission reconnaît l'importance des activités de formation et de recyclage des salariés. Elle note cependant que la Commission d'étude sur la formation des adultes (Commission Jean) recommande dans son rapport [38] qu'une loi-cadre sur la formation soit adoptée. Il apparaît donc à la Commission qu'il serait plus approprié d'aborder les problèmes de formation et de recyclage de la main-d'oeuvre dans le cadre qui fut proposé par la Comission d'étude sur la formation des adultes que par le truchement des dispositions minimales contenues dans la Loi.

5.5.8 Licenciement individuel

En vertu de l'article 82 de la *Loi sur les normes du travail*, un salarié qui compte au moins trois mois de service continu chez le même employeur a droit à un préavis écrit avant son licenciement ou sa mise à pied pour au moins six mois. Si l'employeur ne donne pas de préavis écrit, il doit payer au salarié un montant équivalant au salaire correspondant à la période de préavis [39]. La durée du préavis se calcule comme suit :

Moins d'un an de service :	1 semaine de préavis
De 1 à 5 ans de service :	2 semaines de préavis
De 5 à 10 ans de service :	4 semaines de préavis
10 ans et plus de service :	8 semaines de préavis

Relativement au licenciement, deux demandes ont été formulées : que l'employeur fournisse au salarié les motifs de son licenciement et que l'avis de licenciement pour les travailleurs saisonniers (et d'autres travailleurs dans des situations analogues) ne soit pas obligatoire.

Notons tout d'abord que le Québec se compare avantageusement aux autres provinces quant à la durée d'emploi nécessaire pour avoir droit à un préavis (trois mois au moins) puisque seulement le Manitoba et Terre-Neuve en prévoient un après respectivement deux semaines et un mois. Rappelons également que l'employeur n'est pas tenu de donner de préavis de licenciement lorsqu'il y a faute grave de la part du salarié, dans les cas fortuits et dans les cas d'un contrat à durée déterminée.

Le préavis est nécessaire si la mise à pied est prévue pour une durée de plus de six mois. On a prétendu que l'application de cette disposition revêt un caractère problématique dans le cas du travail saisonnier, en forêt par exemple, ou il est difficile de prévoir exactement la durée de la mise à pied et ce, indépendamment de la bonne volonté de l'employeur. À ce sujet, il nous semble que le libellé de l'article 82 de la *Loi* qui exonère de l'obligation du préavis dans le cas d'un « contrat pour une entreprise déterminée » est de nature à couvrir ce genre de situation.

Quant aux motifs du licenciement, l'employeur n'est pas tenu comme tel de fournir les raisons à l'appui de sa décision. Nous imaginons mal que la majorité des employeurs mettent des salariés à pied sans leur en fournir le motif. Même si l'employeur était obligé de préciser le motif du licenciement, comment alors en vérifier la véracité ? Si l'employé touché croit qu'il s'agit d'un congédiement déguisé fait en vertu d'un des motifs précisés aux articles 122 et 124 de la Loi, il peut alors utiliser le recours qui découle de ces articles.

Finalement, dans la situation actuelle, afin de ne pas verser l'indemnité compensatrice prévue à l'article 83, l'employeur qui n'a pas pu ou n'a pas voulu donner au salarié le préavis prévu à l'article 82 avant son licenciement, peut être tenté d'agir de manière à mettre le salarié à pied pour une durée inférieure à six mois (ce faisant, l'employeur n'a aucun préavis à donner), à le mettre à pied au cours d'une période où le salarié est déjà en situation de mise à pied, donc sans rémunération, à l'informer de son licenciement à une date ultérieure tout en respectant les délais exigés pour le préavis. Il faudrait que, dans de tels cas, les salariés puissent recevoir l'indemnité compensatrice prévue à l'article 83. Il faudrait aussi déterminer à quel moment l'employeur devra verser cette indemnité.

De plus, comme dans le cas de l'indemnité afférente à un jour férié, on devrait fixer une période de référence pour le calcul de l'indemnité afférente au préavis pour les salariés à commission. Cette période de référence devrait être de trois mois.

Recommandation

V-24 Indemnité de licenciement individuel

Que l'article 83 de la *Loi sur les normes du travail* soit amendé afin

a) **que l'indemnité soit également due à un salarié lorsque le préavis écrit ne fut pas donné parce que l'employeur estimait, au moment du licenciement, que le retour au travail s'effectuerait dans les six mois et qu'il n'en fut pas ainsi;**

b) **que dans un tel cas, l'indemnité soit due au salarié au moment où il est connu que la période totale de licenciement excédera six mois;**

c) **que la période de référence pour le calcul de l'indemnité afférente au préavis d'un salarié à commission soit de trois mois.**

5.6 Garanties d'exercice des droits du salarié

Parmi les recours prévus à la *Loi sur les normes du travail*, deux ont particulièrement retenu notre attention. Il s'agit du recours contre le congédiement, la suspension ou le déplacement illégaux (article 122) et du recours contre les congédiements faits sans une cause juste et suffisante après cinq ans de service continu (article 124). Les principales demandes des intervenants devant la Commission ont été à l'effet: que le délai édicté à l'article 124 de la *Loi sur les normes du travail* soit réduit de cinq ans à trois, deux, un an ou six mois; que les coûts associés au recours en vertu des articles 122 et 124 ou ceux de l'arbitre (article 124) soient à la charge de la Commission des normes, que le terme « congédiement » comprenne tous les congédiements quels qu'en soient les motifs (disciplinaires, administratifs, économiques ou autres); que la juridiction de l'arbitre soit précisée dans les cas de congédiement par un nouvel employeur d'un salarié qui a plus de cinq ans de service dans l'entreprise; que l'arbitre n'ait pas le pouvoir de réintégrer un travailleur injustement congédié mais qu'il lui soit permis d'allouer une indemnité compensatoire raisonnable sous forme d'un montant forfaitaire et ce particulièrement en ce qui concerne les cadres; que les dispositions de l'article 122 comprennent également la mise à pied, le changement des conditions de travail et toute autre mesure disciplinaire ou discriminatoire; que les dispositions de l'article 124 comprennent la suspension, la rétrogradation ou le déplacement, que le délai pour porter plainte suite à un congédiement illégal soit porté à six mois.

5.6.1 Congédiement, suspension ou déplacement illégaux

Dans le cadre des articles 122 et 123, un congédiement (ou une suspension ou un déplacement) est illégal s'il est fait pour les motifs: que l'employé a exercé un droit qui lui est reconnu par la *Loi sur les normes du travail*; que l'employé participe à une enquête de la Commission des normes; que le salaire de l'employé a été soumis à une saisie-arrêt; que l'employée est enceinte; que l'employeur cherche à éviter l'application de la *Loi sur les normes du travail* ou d'un règlement; que l'employé a atteint l'âge habituel de la retraite. La plainte doit être portée dans les 30 jours de l'infraction.

Il est peut-être logique de réclamer que l'on ajoute aux mesures prohibées par l'article 122, les changements de conditions de travail ainsi que d'autres mesures disciplinaires (autres que le congédiement, la suspension et le déplacement) qui pourraient être imposées à un employé suite à l'exercice d'un droit résultant de la présente loi ou d'un règlement qui en découle. Cependant, compte tenu du sens et de la portée donnés à la *Loi sur les normes du travail* par la CCT, il apparaît que la protection accordée par l'article 122 de la Loi est un minimum acceptable et qu'en élargir la portée risquerait de compromettre l'équilibre qui doit exister entre le niveau minimum de protection individuelle et la protection offerte en cette matière par une convention collective.

Quant aux mesures discriminatoires, il n'est pas nécessaire d'élargir la portée de l'article 122 de la *Loi sur les normes du travail* puisque l'article 69 de la *Charte des droits et libertés de la personne* y pourvoit.

Selon une autre demande, le délai pour déposer une plainte devrait être porté à six mois. Si l'on compare ce délai à ceux prévus dans d'autres lois québécoises qui contiennent des recours assimilables telles que la *Charte des droits et libertés de la personne*, la *Loi sur la santé et la sécurité du travail* et la *Charte de la langue française*, on note que le délai pour soumettre une plainte est, sauf exception, de 15 ou 30 jours. En aucun cas il ne se rapproche d'un délai aussi important que six mois.

De plus, les opinions émises par certains groupes et experts laissent voir que d'autres articles peuvent aussi être source de problèmes. Par exemple, l'article 123 stipule que le salarié qui se croit lésé doit porter plainte auprès d'un commissaire du travail, de la Commission des normes du travail ou du Ministre. Comme il s'agit d'un recours individuel, on peut comprendre pourquoi le législateur a multiplié les endroits où le salarié peut déposer une plainte. Dans une perspective de simplification, et compte tenu du rôle maintenant bien connu de la Commission des normes du travail, il semble qu'il y aurait avantage à ce que toute plainte soit acheminée au même endroit, soit à la Commission des normes du travail.

Dans la même perspective, et à la lumière des bienfaits qu'a apportés l'étape dite « de l'enquête » qui existe en matière de congédiement injuste (article 125), on peut croire qu'une telle « étape » serait utile en matière de mesures illégales pour tenter d'obtenir un règlement avant d'en venir à l'adjudication. Sur réception d'une plainte, la Commission des normes du travail pourrait très bien nommer une personne qui tenterait de régler la plainte à la satisfaction des intéressés. La procédure et les pouvoirs d'enquête qui s'appliquent lors de recours généraux contre la violation des normes minimales fixées par la *Loi* pourraient s'appliquer aux plaintes en matière de congédiements et autres mesures illégales. Dans l'éventualité où aucun règlement n'interviendrait entre les parties, la Commission pourrait déférer la plainte au Tribunal du travail pour audition à moins que le salarié ne s'y objecte.

Ces modifications devraient également s'appliquer aux plaintes des salariés qui croient avoir été congédiés, suspendus ou mis à la retraite pour les motifs énoncés à l'article 122.1 de la *Loi sur les normes du travail*.

Finalement, l'article 122 ne protège pas les personnes qui pourraient agir comme témoin contraignable. Ces personnes pourraient être congédiées simplement pour avoir rempli les obligations qu'impose cette charge. Il n'existe aucune disposition de portée universelle visant à protéger les témoins contre une telle mesure arbitraire.

Recommandation

V-25 Congédiement, suspension ou déplacement illégal

Que les articles 122 et suivants de la *Loi sur les normes du travail* soient amendés afin

a) que les plaintes soient toutes acheminées auprès de la Commission des normes du travail;

b) que la Commission des normes du travail mène une enquête-médiation dès le dépôt de la plainte;

c) qu'en l'absence de règlement de la plainte, la Commission puisse la déférer au Tribunal du travail à moins que le salarié ne s'y objecte;

d) que l'on ajoute aux motifs donnant ouverture à ce recours le fait qu'un salarié ait agi comme témoin dans une cause entendue par un tribunal judiciaire ou administratif ou par toute autre instance devant laquelle il était contraignable.

5.6.2 Congédiement sans une cause juste et suffisante

L'article 124 de la *Loi sur les normes du travail* vise à protéger les personnes contre les congédiements faits sans une cause juste et suffisante après cinq ans de service.

Ce recours ne se rencontre que très peu dans les autres juridictions canadiennes ou américaines. Au Canada, les salariés non syndiqués oeuvrant dans des entreprises de juridiction fédérale bénéficient depuis 1978 de la protection offerte par l'article 61.5 de la partie III du *Code canadien du travail* [40] qui permet à tout employé non syndiqué et qui a complété 12 mois de service continu auprès d'un employeur de déposer une plainte à un bureau régional de Travail Canada s'il croit avoir été l'objet d'un congédiement injuste. La plainte reçoit alors sensiblement le même traitement que celles déposées à la Commission des normes du travail du Québec et sera, le cas échéant, entendue par un arbitre qui utilise les mêmes critères de décision et qui dispose des mêmes pouvoirs que ses collègues québécois. Il est à noter que les frais et la rémunération de l'arbitre sont supportés par Travail Canada. De plus, mentionnons que le recours n'est pas ouvert aux « directeurs », c'est-à-dire à certains cadres supérieurs de l'entreprise[41].

La Nouvelle-Écosse dispose d'un recours quelque peu similaire depuis 1975. Il ne s'adresse cependant qu'aux salariés qui ont plus de 10 ans de service continu et qui croient avoir été l'objet d'un congédiement ou d'une suspension sans une cause juste[42]. La plainte n'est pas entendue par un arbitre mais plutôt par le « Directeur des normes du travail » qui aura au préalable tenté d'obtenir un règlement à l'amiable. La décision du Directeur peut être portée en appel devant le Tribunal des normes du travail formé de trois membres et dont la décision est finale. Le Tribunal peut ordonner la réintégration du salarié congédié. Aucune autre province canadienne n'a adopté une disposition statutaire de cette nature.

Aux États-Unis, ni le gouvernement fédéral, ni les États n'ont adopté de dispositions offrant une telle protection généralisée contre le congédiement injuste. Ce sont généralement les tribunaux de droit commun qui tranchent les litiges originant du congédiement d'un salarié non syndiqué en appliquant bien souvent la doctrine de l'embauche au gré de l'employeur (l'« employment at will »)[43]. Quelques États ont étudié des projets de loi à ce sujet mais aucun n'a été adopté à ce jour[44].

Une des demandes des intervenants devant la CCT est de réduire la durée de la période de service qui donne accès au recours prévu à l'article 124. Il est important de savoir qu'une large majorité des travailleurs et travailleuses qui ont porté plainte en vertu des dispositions procurant des avantages monétaires, soit 78 % en 1982-1983, ne comptait pas cinq ans d'ancienneté dans la même entreprise et plus de 44 %, pas même un an. La proportion des femmes qui n'avaient pas un an et plus d'ancienneté était encore plus élevé, soit 50 %, et celle des plaignantes avec moins de cinq ans d'ancienneté atteignait 80,0 %[45].

Compte tenu de cette situation, on peut penser que le recours prévu à l'article 124 risque d'être inaccessible à une grande partie des salariés. Cela peut donner quelques indications, quoiqu'incomplètes, sur l'impact du délai de cinq années de service continu et sur l'effet relatif d'un raccourcissement possible de ce délai.

Quant aux motifs du congédiement, l'article 124 ne fait référence qu'à un congédiement « sans une cause juste et suffisante ». Une telle formulation apparaît assez large pour permettre de recevoir les congédiements pour

d'autres motifs que ceux de nature disciplinaire. Elle nous semble acceptable puisque cet article se limite aux cas de congédiement et que la *Charte
des droits et libertés de la personne* pourvoit aux autres mesures discriminatoires.

En ce qui a trait aux pouvoirs de l'arbitre, les intervenants du monde
patronal souhaitent qu'ils soient limités à dédommager les cadres, particulièrement les cadres supérieurs, qui auraient été victimes d'un congédiement sans une cause juste et suffisante et ne comprennent pas celui de les
réintégrer. Cette demande est sérieuse compte tenu du lien qui existe entre
un cadre supérieur et son employeur. En effet, les tenants de cette thèse
soumettent qu'un cadre supérieur qui se voit retirer la confiance de celui
qui l'emploie (même suite à un congédiement sans une cause juste et
suffisante) ne peut plus reprendre le poste qu'il occupait.

Selon ce qui est édicté à l'article 128, il apparaît clair que l'arbitre peut
décider de ne pas réintégrer une personne congédiée sans un motif juste et
suffisant et ordonner plutôt que l'employeur fautif lui verse un dédomma-
gement. En effet, cet article stipule clairement que l'arbitre « *peut rendre
toute autre décision qui lui paraît juste et raisonnable, compte tenu de
toutes les circonstances de l'affaire* ». Mais la jurisprudence sur ce point
n'est pas unanime[46].

On peut se demander si l'employeur manifeste plus d'opposition à la
réintégration du salarié occupant un poste élevé dans la hiérarchie de
l'entreprise comparativement à d'autres catégories de salariés ? On observe
que la probabilité qu'un non-cadre réintègre son emploi est plus grande
qu'elle ne l'est pour un cadre. On note que seulement 42,9 % des cadres
ont réintégré leur emploi comparativement à 62,8 % des non-cadres[47].
Malgré tout, cette relation n'est pas significative, surtout en ce qui
concerne les cadres supérieurs proprement dits. En effet, il s'avère difficu-
le, à partir des données existantes, de définir quels sont ceux qui ont utilisé
le recours prévu à l'article 124 de la loi, comparativement aux autres
cadres. Des données compilées par la Commission des normes font état
que, du 1er janvier 1981 au 31 décembre 1984, 263 salariés exerçant des
fonctions de gestion, ont utilisé le recours prévu à l'article 124 de la loi.
De ce nombre, on note que 64 personnes se sont déclarées contremaîtres,
tandis que 76 se considéraient gérants. On retrouve également la liste des
titres suivants : actionnaire, adjoint, cadre, chef, contrôleur, coordonnateur, responsable, superviseur et surintendant[48].

L'article 124 a donné lieu à une autre demande à l'effet que la notion de service continu déborde l'employeur initial et lie également le nouvel employeur. Cette demande sera reprise plus loin lorsque nous examinerons l'administration de la loi.

Enfin, on demande que l'exercice de ce recours soit gratuit et que les plaignants puissent être représentés, seuls ou collectivement, soit par un syndicat, soit par un organisme sans but lucratif. Il faut rappeler qu'il s'agit là d'un recours individuel qui se distingue de celui que peut exercer un salarié syndiqué par le truchement de son syndicat.

Recommandation

V-26 Congédiement sans une cause juste et suffisante

Que les articles 124 et suivants de la *Loi sur les normes du travail* soient amendés afin

a) que ce recours soit accessible au salarié qui a trois ans de service continu ou plus;

b) que, si aucun règlement n'intervient suite au dépôt de la plainte, celle-ci soit déférée à un arbitre dans un délai de 60 jours après son dépôt à moins que le salarié ne s'y objecte;

c) que la plainte soit acheminée à un arbitre nommé par la Commission des normes du travail et que cette dernière assume les frais de l'arbitre;

d) que l'arbitre ainsi nommé soit habilité à appliquer, le cas échéant, les dispositions de la loi relative au congédiement illégal (article 122);

e) que l'arbitre, s'il en vient à la conclusion qu'une réintégration est inappropriée, ait le pouvoir d'ordonner en lieu et place de ladite intégration une indemnité en sus du salaire perdu.

5.7 Administration de la loi

5.7.1 La Commission des normes du travail

La Commission des normes du travail est actuellement administrée par un conseil d'administration composé de sept personnes, dont un président qui est également directeur général de l'organisme. Les membres du conseil d'administration sont nommés par le Gouvernement après consultation des milieux les plus représentatifs des salariés et des employeurs.

Cependant, il n'est pas certain que ces personnes soient représentatives des milieux consultés. Il appert que cette Commission n'est pas un lieu de rencontre pour les représentants des principaux partenaires des milieux syndicaux et patronaux. Les groupes socio-économiques qui entendent représenter les salariés non syndiqués constituant la clientèle principale de la Commission des normes du travail, n'y sont pas davantage présents. Les partenaires sociaux expriment des inquiétudes sérieuses à ce sujet. Compte tenu du caractère socio-économique du mandat de cette institution, celle-ci devrait permettre aux organisations syndicales, patronales et socio-économiques d'assumer davantage leurs responsabilités sociales en les invitant à participer effectivement et fréquemment aux orientations de l'organisme.

De plus, l'article 5 de la *Loi sur les normes du travail* décrit comme suit le mandat de la Commission: sa mission est d'informer, de surveiller et de recevoir les plaintes. Ce dernier aspect comprend le pouvoir d'indemniser les salariés. À cet égard, on remarque que les dispositions la mandatant pour dédommager les salariés suite à une faillite de leur employeur (art. 5 para. 4; art. 29 para. 4; art. 39 para. 7 et art. 136 à 138) ne sont pas encore en vigueur. Il nous apparaît important que cet aspect de la mission de protecteur des droits des salariés devienne réalité. Il en est de même des éventuels pouvoirs de la Commission de verser au salarié les sommes qu'elle juge dues par un employeur (art. 29 para. 6; art. 39 para. 7 et art. 112).

Il serait aussi utile que la Commission puisse non seulement indemniser un salarié dans les cas de faillite mais également dans les cas de perte de salaire sans qu'il y ait techniquement faillite. En effet, il apparaît injuste que les salariés qui perdent une partie ou tout leur salaire, sans qu'il y ait techniquement faillite, ne puissent être indemnisés puisqu'il s'agit probablement de cas où personne n'a intérêt à présenter de pétition de faillite, l'entreprise n'ayant même pas suffisamment d'actifs pour qu'un créancier puisse espérer récupérer les frais que cela lui imposerait. Selon les auteurs du rapport Landry (1981), les pertes de salaire ont pour origine autant les « faillites » non déclarées que les faillites réelles[49].

Le pouvoir d'indemniser le salarié implique, pour la Commission des normes du travail la nécessité de récupérer ces sommes. À cet égard, l'article 98 stipule que celle-ci peut réclamer à un employeur le salaire dû à un salarié jusqu'à concurrence du double du salaire minimum, soit 8 $ de l'heure actuellement. La loi n'accorde donc pas une protection complète à une forte proportion des salariés puisque le salaire horaire moyen dépasse ce niveau. Cette disposition est encore plus contraignante dans le cas de réclamations pour le temps supplémentaire. Le fait pour le salarié de pouvoir, personnellement et par un recours civil distinct, réclamer le supplément du montant que la Commission peut récupérer, constitue un exemple de la multiplication factice des recours et des coûts.

De plus, le paragraphe 5 de l'article 39 permet à la Commission des normes d'accepter pour un salarié, lorsqu'il y consent, un paiement partiel des sommes que lui doit son employeur. Cette situation se présente principalement lorsqu'elle estime qu'il sera difficile, devant les tribunaux, d'obtenir la totalité des sommes réclamées et que, par ailleurs, l'employeur est disposé à régler la réclamation pour une somme inférieure à celle préalablement établie par elle. Dans le cas où une réclamation implique un groupe de salariés, il faudrait, selon l'article concerné, que la totalité des salariés consentent à un règlement partiel. Donc, si un seul salarié refuse un règlement partiel et si, par la suite, la Commission n'a pas gain de cause devant les tribunaux, tous les salariés concernés perdent alors le tout.

Il y aurait donc lieu de modifier le paragraphe 5 de l'article 39 de la loi afin que le consentement majoritaire, plutôt qu'unanime, des salariés concernés suffise pour que la Commission puisse accepter un règlement partiel d'une réclamation impliquant un groupe de salariés.

Enfin, le paragraphe 5 de l'article 29 de la *Loi sur les normes du travail* octroie le pouvoir à la Commission des normes du travail de prélever sur la masse salariale de l'employeur un certain montant pour son administration. Cependant le législateur a omis de doter la Commission du pouvoir de fixer une pénalité et un taux d'intérêt applicables en cas de retard ou de non-paiement. Pourtant, l'article 9 du Règlement sur le prélèvement autorisé par la *Loi sur les normes du travail* porte justement sur cette pénalité et ce taux d'intérêt. Il y aurait donc lieu d'amender la loi.

Recommandations

V-27 Composition de la Commission des normes du travail

Que les dispositions de la *Loi sur les normes du travail* qui prévoient la composition du conseil d'administration de la Commission des normes du travail soient modifiées afin de rendre ses membres représentatifs des organisations patronales, syndicales et des groupes socio-économiques regroupant des salariés non syndiqués et de rendre leurs rencontres plus fréquentes.

V-28 Pouvoirs d'indemnisation par la Commission des normes du travail en cas de faillite ou situations assimilables

Que les articles de la *Loi sur les normes du travail* relatifs au pouvoir d'indemnisation par la Commission des normes du travail en cas de faillite (art. 5 para. 4, art. 29 para. 4, art. 39 para. 7 et art. 136 à 138) soient amendés pour couvrir également le cas des entreprises non solvables et qu'ils soient mis en vigueur.

V-29 Pouvoir général d'indemnisation par la Commission des normes du travail d'une somme due à un salarié en application de la Loi

Que les articles de la *Loi sur les normes du travail* relatifs au pouvoir d'indemnisation par la Commission des normes du travail d'une somme due à un salarié en application de la Loi (art. 29 para. 6, art. 39 para. 7 et art. 112) soient mis en vigueur.

V-30 Recours civil exercé par la Commission des normes du travail

Que le recours civil exercé par la Commission des normes du travail au bénéfice du salarié soit facilité

a) en l'autorisant à réclamer de l'employeur la totalité du salaire impayé au salarié (par l'abrogation de l'article 98 alinéa 2 et de l'article 100);

b) en l'autorisant à poursuivre, le cas échéant, pour le compte du salarié, sans justifier de cession de créance, les administrateurs d'une entreprise dans les cas où le salarié serait personnellement habilité à le faire ;

c) en l'autorisant à accepter un paiement partiel d'une réclamation impliquant un groupe de salariés lorsqu'une majorité de ces salariés y consent, le tout en guise de règlement partiel selon l'article 39, paragraphe 5.

V-31 Pouvoir réglementaire de la Commission des normes du travail

Que la *Loi sur les normes du travail* reconnaisse à la Commission des normes du travail le pouvoir de fixer par règlement la pénalité et le taux d'intérêt applicables au défaut ou au retard de l'employeur à remettre son rapport de prélèvement accompagné du paiement.

5.7.2 Solutions à quelques irritants ou ambiguïtés

L'examen de la *Loi sur les normes du travail* ainsi que les représentations des parties et de la Commission des normes ont permis de déceler des irritants ou ambiguïtés qui rendent incertaine l'application de la *Loi*. Des corrections ou clarifications s'imposent donc. Il faut cependant distinguer entre les corrections qui ont trait à des éléments substantiels et celles qui seraient de nature plus cléricale. Ces dernières sont suggérées ou identifiées en note que l'on retrouvera plus loin[50].

Les corrections plus substantielles portent sur le service continu et le bulletin de paie. L'application de plusieurs normes du travail repose sur la notion de service continu auprès d'un employeur. C'est le cas, entre autres, des congés annuels payés et du préavis en cas de licenciement individuel. Il en va de même du recours à l'encontre d'un congédiement sans une cause juste et suffisante. Bien que le législateur ait voulu protéger cette continuité de service en dépit de l'aliénation ou de la concession totale ou partielle de l'entreprise ou de la modification de sa structure juridique (art. 97), il semble que certaines interprétations de la *Loi* se soient écartées de cette intention.

On note, par exemple, que l'on a, dans certains cas, décidé que l'article 124 qui institue la plainte de congédiement ne constituait pas une « norme » mais un « recours ». Ceci a eu pour effet de rendre l'article 97

inapplicable pour fins de calcul des cinq ans de service continu donnant
ouverture au recours. Ainsi, le changement d'employeur aurait pour
conséquence d'annuler le cumul de la période de service continu du salarié
qui demeure pourtant au service de la même entreprise ou organisation.
Cette interprétation n'est cependant pas constante. Il devient donc important de clarifier à tous égards ces situations génératrices d'incertitudes et
ce, dans le sens d'une affirmation sans équivoque de l'intention législative
manifestée à l'article 97.

Relativement au bulletin de paie que l'employeur doit remettre au
salarié, l'article 46 énumère les mentions qui doivent y apparaître. Tel que
libellé cet article oblige donc l'employeur à inscrire toutes ces mentions
sur le bulletin de paie, même lorsqu'elles ne s'appliquent pas à ses
salariés. Le paragraphe 12 de cet article par exemple, concerne surtout les
employeurs du secteur de l'hôtellerie et de la restauration puisqu'il porte
sur le montant des pourboires déclarés par un salarié. Il serait normal que
l'employeur n'ait à inscrire sur le bulletin de paie que les mentions qui
s'appliquent à ses salariés.

Recommandations

V-32 Application générale de la notion de service continu

Que l'aliénation ou la concession totale ou partielle de l'entreprise,
la modification de sa structure juridique, notamment par fusion,
division ou autrement, n'affecte pas le calcul de la durée de service
continu d'un salarié auprès de l'entreprise à l'égard de toute norme ou
recours en vertu de la *Loi sur les normes du travail*, et qu'ainsi le
terme employeur comprenne cumulativement l'employeur initial et
tout employeur subséquent.

V-33 Bulletin de paie

Que l'article 46 de la *Loi sur les normes du travail* soit amendé afin
que l'employeur n'ait à inscrire sur le bulletin de paie que les
mentions qui s'appliquent à ses salariés.

Notes et références

1. *Code civil de la Province du Québec*, Articles 1665 à 1671, 1994, 1994a, 1994c, 1994d, 2006, 2009 à 2013d.

2. Jean Bernier, « La *Loi sur les normes du travail* — continuité, modernisation ou rupture ? », dans *Les déterminations des conditions minimales de travail par l'État*, Québec, P.U.L., 1980, p. 70.

3. Adoptée en troisième lecture par l'Assemblée nationale du Québec, le 15 juin 1979.

4. À titre d'exemple, la constitution de l'OIT prévoit « la garantie d'un salaire assurant des conditions d'existence convenables », cela étant considéré comme essentiel pour apaiser les conflits sociaux et promouvoir la paix. L'article 41 de la Constitution de l'OIT met de l'avant le principe du salaire égal sans distinction de sexe, pour un travail de valeur égale, etc.

5. Robert Couillard et Gilles Dostaler, *Les normes du travail*, étude commanditée par la CCT, juin 1985, 285 p.
   et
   Robert P. Gagnon, *Le contrat individuel de travail*, étude commanditée par la CCT, juin 1985, 61 p. et annexes.

6. À titre d'exemple, la loi de l'Ontario, *Employment Standards Act*, comprend des dispositions à l'égard de l'utilisation du détecteur de mensonges.

7. Voir Annexe « D » : *Projet de codification des principales lois du travail.*

8. Il faut entendre ici par « rapports individuels de travail » les relations qui existent entre un salarié et son employeur pour en arriver à fixer ses conditions de travail. L'expression est utilisée ici en comparaison avec l'expression « les rapports collectifs » du travail qui prennent place entre un syndicat et un employeur pour arrêter les conditions de travail d'un groupe de salariés.

9. Office de révision du Code civil, *Rapport sur le Code civil du Québec, commentaires*, Québec, Éditeur officiel du Québec, 1977, vol. 2, tome 1, p. 586.

10. *Ibid.*, p. 587.

11. Robert P. Gagnon, *Droit du travail*, Montréal, Yvon Blais, 1985, 270 p. Voir sur ce sujet le titre XV.

12. H.W. Arthurs et al., *Labour Law and Industrial Relations in Canada*, 2e édition, Toronto, Butterworks, 1984, p. 59.

13. Ce principe est clairement énoncé dans *Employment Standards Act* de l'Ontario : « Where terms on conditions of employments in a collective agreement as defined in the *Labour Relations Act* confer a higher remunerating holidays than the provisions of Part VII, the terms or conditions of employment shall prevail. » « Provisions of collective agreements ». *Employment Standards Act*, Ontario, section 5 (1).

14. Statistique Canada, compilation spéciale des données de l'enquête sur la garde des enfants, Québec, 1981, Tableau 10.2.

15. G. Audet, « Congédiement des employés non syndiqués » dans *Formation permanente — année judiciaire 1984-85*, Barreau du Québec, mars 1985, p. 66.

16. Voir *Commission des normes du travail vs Cogan Wire & Metal Products 1970 Ltd*, C.P. (M) 500-02-0093590817, 28 juin 1982, D.T.C. T820830.
et
Commission des normes du travail vs Foucray Canada Inc., C.P. (M) 500-02-051123-81, 12 avril 1983, D.T.C. 83T-428.

17. *Code civil de la Province du Québec*, article 1019.

18. *Loi sur les normes du travail*, article 46.

19. Commission des normes du travail, *Faire le point*, feuillet, avril 1985.

20. *Employment Standards Act*, Ontario, section 16 (partie III).

21. Il est à noter qu'au Québec de même que dans sept autres provinces, certaines catégories de travailleurs ont un salaire minimum différencié. Ces travailleurs sont généralement des domestiques, des personnes travaillant dans l'hôtellerie, la restauration, des travailleurs agricoles et forestiers, des concierges et certains vendeurs.

22. Blaise Pouliot, *Rapport du groupe de travail sur la révision du salaire minimum Mise à jour du sommaire*, Commission des normes du travail, mai 1985, pp. 2-3.

23. *Loi sur les normes du travail*, Règlement sur les normes du travail, articles 3 et 4.

24. Blaise Pouliot, op. cit., p. 27.

25. Ce taux de rémunération pour le travail effectué en temps supplémentaire se retrouve dans 89 % des conventions collectives en vigueur au Québec.
Source : Commission des normes du travail, *Le contenu des conventions collectives en regard de la Loi sur les normes du travail*, février 1984, p. 10.

26. Normande Lewis, « La durée du travail au Québec » dans *Le marché du travail*, vol. 6, n° 4, avril 1985, p. 65.

27. Ibid., p. 63.

28. Commission des normes du travail, *Le contenu des conventions collectives en regard de la Loi sur les normes du travail*, février 1984, p. 10.

29. Jean-François Manègre, et Christian Côté, « Le partage du travail » dans *Le marché du travail*, vol. 6, n° 5, mai 1985, p 77.

30. Ibid., pp. 77-78.

31. Ibid., p. 83.

32. Ibid., p. 85

33. Normande Lewis, op. cit. p. 65.

34. *Loi sur les normes du travail*, article 60.

35. *Loi sur la fête nationale*, Règlement n° 873-81, article 14.

36. La femme concernée peut bénéficier de prestations de maternité pendant un nombre de semaines déterminées selon la *Loi de l'assurance-chômage*. Elle peut également bénéficier de l'allocation maternité du Québec de 240 $.

37. Réal Morissette, « Les clauses de formation dans les conventions collectives au Québec » dans *Le marché du travail*, vol. 2 n° 4, 1981, pp. 53 et ss.

38. Commission d'étude sur la formation des adultes, *Apprendre, une action volontaire et responsable*, Québec, février 1982, 869 p.

39. Les cadres ne sont pas couverts par ces dispositions.

40. SR c. L-1. Ces dispositions ont fait l'objet de plusieurs études dont les suivantes :
D. Bouffard, « Le congédiement injuste en vertu du *Code canadien du travail* » dans *Revue générale de Droit*, 1981, vol. 12, pp. 173-211 ;
S. Muthuchidambaram, « Adjudication of Unjust Dismissal Complaints from the Unorganized Sector under The *Canada Labour Code* : A legislative Background and an Analysis of Selected Cases », Communication présentée au 18ᵉ Congrès annuel de l'Association canadienne des relations industrielles, Université de Dalhousie, Halifax, Nouvelle-Écosse, mai 1981 ;
G. England, « Unjust Dismissal in the Federal Jurisdiction : The First Three Years » dans *Manitoba Law Journal*, vol. 12, 1982, pp. 9 à 30 ;
G. Trudeau, *Statutory Protection Against Unjust Dismissal for Unorganized Workers*, thèse de doctorat, Harvard Law School, avril 1985.

41. *Code canadien du travail*, Partie III, article 27 (4)

42. *Labour Standards Code*, Gouvernement de Nouvelle-Écosse, c. L-1, article 67A.

43. Le lecteur intéressé pourra consulter, entre autres, la note intitulée « Protecting At Will Employees agaignts Wrongful Discharge : The Duty to Terminate Only in Good Faith » dans *Harvard Law Review*, vol. 93, 1980, p. 1816.

44. C.W. Summers, « Individual Protection against Unjust Dismissal : Time for a Statute » dans *Virginia Law Review*, vol. 62, 1976, p. 481
J.R. Bellace, « A Right of fair Dismissal : Enforcing a Statutory Guarantee » dans *University of Michigan Journal of Law Reform*, vol. 16, 1983, p. 207
J. Stieber, et M. Murray, « Protection against Unjust Discharge : The Need for a Federal Statute » dans *University of Michigan Journal of Law Reform*, vol. 16, 1983, p. 319.
Pour un résumé et une analyse du débat américain sur la question, voir G. Trudeau, op. cit., supra note 40.

45. Robert Couillard et Gilles Dostaler, op. cit., pp. 171-172.

46. En mai 1983, un juge de la Cour supérieure a déclaré que les pouvoirs conférés à l'arbitre en vertu de l'article 128 de la loi étaient inconstitutionnels parce que relevant de la compétence de la Cour supérieure. Ce jugement a cependant été porté en appel.

47. Commission des normes du travail *L'efficacité de la réintégration ordonnée par l'arbitre*, Québec, mars 1984, pp. 34-35.

48. ibid.

49. Raymond Landry et al., *L'indemnisation du salarié en matière de faillite et d'insolvabilité*, ministère de la Consommation et des Corporations, oct. 1981.

50. 1) L'article 26 de la *Loi sur les normes du travail* stipule que la Commission doit, au plus tard dans les trois mois qui suivent la fin de son exercice financier, remettre au Ministre un rapport de ses activités pour cet exercice financier. Ce délai est cependant trop court. En effet, la Commission doit attendre que le vérificateur général ait déposé son rapport de façon à ce qu'il soit inclus dans le sien. De plus, elle doit tenir compte du travail de composition et d'impression inhérents à la publication d'un tel rapport. Bien que plusieurs autres organismes soient soumis à des délais identiques, il semble que rares soient ceux qui parviennent à les respecter. Il y aurait donc lieu d'extensionner ce délai à six mois, afin qu'il soit plus réaliste.

2) Les articles 82 et 83 contiennent tous deux des exclusions relatives à l'admissibilité du salarié à un préavis (le fait de ne pas justifier d'au moins trois mois de service continu, d'avoir commis une faute grave, etc.). Par ailleurs, l'article 83 porte principalement sur l'omission de l'employeur de donner un préavis. Pour une plus grande clarté du texte, il serait indiqué de regrouper ces exclusions dans un même article, soit l'article 82.

3) Compte tenu que les conditions minimales de travail sont réputées être d'ordre public (de portée générale et obligatoire), il conviendrait d'enlever, à l'article 94 de la Loi, l'expression « malgré l'article 93 ». Cet amendement permettrait d'éviter toute confusion sur la portée de ces deux articles.

4) Actuellement, le délai de prescription d'une action civile en recouvrement d'un prélèvement est fixé à cinq ans, en vertu de l'article 117 de la Loi. Cependant, en vertu de l'article 2 du Règlement sur la tenue d'un système d'enregistrement ou d'un registre, l'employeur n'est tenu de conserver le système d'enregistrement ou le registre se rapportant à une année que durant une période de trois ans. Concrètement, la Commission ne pourrait intenter une action civile en recouvrement d'un prélèvement pour une période excédant trois ans. Il faudra donc que le délai de prescription d'une action civile en cette matière soit le même que le délai de conservation du système d'enregistrement ou du registre.

5) La version anglaise de l'article 1-10° de la loi contient la conjonction « and » entre les sous-paragraphes « ii » et « iii », alors que sa version française ne contient pas l'équivalent. Pour assurer la concordance entre les versions anglaise et française de la loi, il faudrait donc ajouter la conjonction « et » à la fin du sous-paragraphe « ii » du paragraphe 10 de l'article 1.

6) La version française du paragraphe 8 de l'article 46 parle de « taux du salaire », alors que dans sa version anglaise il est question de « the hourly wage rate ». Il serait plus approprié d'utiliser « the wage rate ».

7) La version anglaise de l'article 69 indique que deux des trois semaines de congé annuel auxquelles le salarié a droit *peuvent* être (may be) consécutives. Cependant, la version française de cet article spécifie que ces deux semaines *doivent* être consécutives. Pour assurer la concordance entre les versions française et anglaise du texte de loi, il faudrait donc, dans la version anglaise, remplacer le mot « may » par le mot « must ».

Chapitre VI

Rapports collectifs

Préambule

Ce chapitre porte sur les rapports collectifs du travail soit un ensemble de sujets qui constitue, sans aucun doute, un noyau fort important au sein de notre vaste mandat. En effet, cet ensemble de sujets s'est attiré tout près de la moitié (764) des propositions d'action. Ce domaine constitue une priorité pour les principales organisations patronales et syndicales. Enfin, son caractère contentieux est bien connu et constitue probablement une des raisons d'être de notre Commission.

En préambule, nous présenterons quelques principes et valeurs qui joueront un rôle important dans nos recommandations. Puis nous traiterons du droit d'association dont l'encadrement est un des aspects essentiels du *Code du travail* actuel. Ensuite, il sera question de la négociation. Les décrets d'extension juridique de certaines conventions collectives, que prévoit la *Loi sur les décrets de convention collective*, feront l'objet d'une autre section. Enfin, nous parlerons du mode d'application de la législation.

Il convient de signaler, tout d'abord, qu'il existe un profond consensus social autour de l'importance de la négociation collective et libre. L'existence de ce consensus peut ne pas sauter aux yeux de l'observateur assailli, et parfois peut-être lassé, par les crises occasionnelles et les péripéties conflictuelles entourant la pratique de la négociation collective. Elle peut même être oubliée par les acteurs eux-mêmes de la négociation, préoccupés par leurs rivalités quotidiennes.

Mais l'existence d'un consensus autour d'une « valeur », reflète et procure une cohésion qui est indispensable à une société démocratique et à ce titre, l'existence d'un tel consensus est plus importante que les discordances qui l'entourent.

La négociation collective et libre est une notion profondément ambivalente, ce qui fait son dynamisme. En effet, toute négociation procède à partir d'une divergence initiale ce qui la distingue d'une simple transaction de la nature d'un contrat d'adhésion. La négociation collective et libre suppose en effet des intérêts à la fois communs et divergents. Les travailleurs et les travailleuses qui négocient avec leur employeur ont nécessairement avec lui des intérêts communs, en ce que leur emploi est relié à l'entreprise, et ils ont aussi des divergences, en ce qu'ils cherchent à tirer le meilleur parti de leur contribution à cette entreprise. Il s'ensuit que la négociation collective et libre porte en elle-même les germes et de l'harmonie et du conflit. Ce caractère ambivalent a des répercussions importantes, en particulier sur son mode d'encadrement par l'État.

L'encadrement actuel de la négociation par la loi, si important soit-il, est postérieur à l'apparition des pratiques de négociation et demeure toujours auxiliaire par rapport à l'initiative des parties impliquées dans les rapports collectifs. C'est ainsi qu'on peut parler d'une négociation libre. Pour décrire et caractériser cet encadrement, tout en tenant compte de la nature ambivalente de la négociation, il nous apparaît utile de distinguer quatre aspects différents des rapports collectifs.

Tout d'abord, l'encadrement législatif joue un rôle essentiel dans l'accès à ces rapports collectifs. D'une part, il assure la liberté d'entreprise en procurant à celle-ci la sécurité juridique indispensable à son dynamisme industriel ou commercial et, d'autre part, il permet l'accès des travailleurs à une entité collective qui soit en mesure d'être partie prenante à une négociation collective. À cet égard, qui dit accès à la syndicalisation dit accès à la négociation. C'est parce qu'un syndicat est accrédité en vertu de la loi que son droit de négocier et son statut de porte-parole des employés sont reconnus par l'employeur.

Deuxièmement, le même encadrement joue un rôle important dans la résolution des conflits. À ce sujet, il y a aussi consensus des parties sur l'objectif de civiliser le conflit plutôt que de le supprimer. En effet, les parties s'opposeraient résolument à toute tentative de la part de l'État visant à supprimer la liberté de recourir au conflit, tant cette liberté est une composante de la négociation libre, même si elles s'emploient à l'éviter. De plus, il y a consensus autour de l'idée que les conflits doivent se dérouler dans la légalité. Évidemment, cela n'exclut pas qu'il existe certains désaccords quant au tracé de la frontière séparant la légalité de l'illégalité.

Troisièmement, le législateur intervient plus directement dans le milieu du travail lorsqu'il édicte certains contenus, en termes de conditions de travail, au nom de valeurs reflétant des choix de société plus vastes. Les principaux exemples de telles interventions directes ont trait à la langue française, aux droits de la personne, à l'intégrité physique au travail, au salaire et autres normes minimales. Ces interventions législatives doivent cependant être nettement distinguées de l'encadrement par la loi des rapports collectifs qui, lui, porte davantage sur la forme que doivent prendre ces rapports collectifs. En se prévalant de ce cadre procuré par la loi, les salariés peuvent, par l'accréditation, ajouter aux droits et recours individuels que leur reconnaît la loi édictant des contenus de conditions de travail. Sur ce double aspect du rôle de la loi, il nous semble qu'il y a consensus sur l'importance de maintenir la distinction entre l'intervention législative fixant un cadre aux rapports collectifs et, donc, à la négociation d'une part, et d'autre part, l'intervention législative fixant des conditions minimales de travail non-négociables au nom de standards que se fixe une société. Selon ce consensus, la primauté devrait aller à l'affirmation des rapports collectifs tandis que l'intervention de la loi sur les contenus devrait être d'usage limité.

Enfin, dernier aspect, quant au contenu des rapports collectifs et au déroulement de la négociation collective, la loi laisse place à la liberté des parties. C'est ainsi que le contenu typique d'une convention collective dans le secteur privé est massivement issu de la volonté mutuelle des parties plutôt que de l'intervention législative. Il nous apparaît évident que, même si les rapports collectifs créent beaucoup de droits individuels, ils appuient plutôt qu'ils ne remplacent les rapports individuels, interperson-nels et organisationnels qui, dans les entreprises du secteur privé ont une grande importance et sont d'une grande diversité.

Nous terminons ce préambule sur une note moins réjouissante. Même s'il est vrai et important qu'il existe dans notre société de vastes consensus sur certaines valeurs, conceptions ou principes dont nous avons fait état, il est également vrai que l'unanimité est moins grande quant à leur mise en pratique. En témoigne un nombre important de discordances que nous devrons explorer dans ce rapport. Déjà, dans le *Code du travail* actuel, il existe une longue liste d'interdictions et de contraintes que le législateur a cru bon d'imposer à la lumière d'abus ou de conflits. L'observance du *Code du travail* donne lieu à un volume imposant de litiges administratifs

et judiciaires qui parfois mettent longtemps à se régler. Il faut noter la
véhémence et l'ampleur des doléances formulées par les syndicats et par
les non-syndiqués quant à l'exercice du droit d'association. Il existe
également de profonds désaccords sur les raisons qui expliqueraient la
faiblesse et la répartition très inégale de la syndicalisation dans les diverses
branches de l'activité économique. Enfin, les protestations patronales sont
aussi véhémentes quant aux règles d'encadrement des conflits de travail.

6.1 Le droit d'association

Nous nous proposons de traiter de l'exercice du droit d'association en
indiquant en premier lieu l'ampleur et la complexité des désaccords à ce
sujet. Puis nous exposerons deux grandes orientations adoptées par notre
Commission quant à l'accréditation multi-patronale et quant à une approche intégrée dans la protection du droit d'association. Par la suite, nous
étudierons de façon plus détaillée certaines grandes règles de la législation.

6.1.1 Aspects des désaccords

Les désaccords au sujet de l'exercice du droit d'association sont
nombreux, profonds et complexes. Signalons trois des principaux aspects
du problème. Le premier est la complexité du jeu des valeurs en cause. Du
côté syndical, on invoque les droits de la personne et les libertés syndicales
pour réclamer, à l'appui du droit d'association, une intervention contraignante auprès de l'employeur. Ce paradoxe apparent s'explique par le fait
que ce droit entraîne l'obligation de la reconnaissance par l'employeur
d'un syndicat qui soit le porte-parole de ses employés. La fonction de
l'accréditation d'un syndicat, depuis un demi-siècle qu'elle existe en
Amérique du Nord, est d'obliger l'employeur visé à reconnaître le syndicat
et à négocier de bonne foi avec lui. La raison d'être de cet encadrement
par la loi est d'éviter les conflits de reconnaissance découlant de la
résistance des employeurs à reconnaître volontairement les syndicats du
type industriel qui sont maintenant la règle commune. Vue sous cet angle,
l'accréditation syndicale apparaît comme étant le pendant de l'incorporation de l'entreprise, même si ce n'est pas vraiment équivalent. Du côté
patronal, par contre, on dénonce souvent l'intervention de la Loi dans ce
domaine et dans d'autres au nom de la liberté d'entreprise et au nom des
libertés individuelles. On souligne volontiers que l'entreprise ou les forces
du marché sont de meilleurs garants des droits et des intérêts individuels
qu'une règle de droit imposée. Dans cette optique, la liberté d'entreprise
de l'employeur et les libertés individuelles de ses employés sont volontiers
présentées comme allant de pair. Du côté des groupes sociaux représentant
surtout des travailleurs et des travailleuses non-syndiqués, on revendique

par contre une intervention législative décisive pour mieux protéger l'exercice du droit d'association. On associe étroitement les inégalités dans la capacité d'exercice du droit d'association aux inégalités dans les droits et dans les conditions de travail.

Nous allons voir maintenant un autre aspect des désaccords portant, cette fois-ci, sur le taux de syndicalisation. On peut aisément constater, et l'état de la situation contenu dans notre rapport en témoigne, des contrastes énormes dans le taux de syndicalisation selon la taille des entreprises ou selon le secteur d'activité économique. Les secteurs public et parapublic sont presque totalement syndiqués, les secteurs manufacturiers sont, en gros, à moitié syndiqués même s'il y a de grandes variations d'un secteur à l'autre et, enfin, les commerces et les services sont presque totalement non-syndiqués. Répétons cette constatation en la chiffrant. Un demi-million de personnes oeuvrant dans les secteurs public et parapublic sont syndiquées à 80 %; 600 000 personnes travaillent dans le secteur manufacturier et sont de façon inégale syndiquées à 60 %; enfin, le secteur tertiaire compte 1 200 000 personnes mais qui ne sont syndiquées qu'à 20 %. C'est dire que parmi les 2 300 000 salariés du Québec, la syndicalisation moyenne de 43 % est très inégalement répartie. Il apparait que l'ampleur de ces clivages est plus grande ici que n'importe où ailleurs et que, à cet égard, le Québec occuperait une position unique au sein des pays dont le Bureau international du travail (BIT) a estimé le taux de syndicalisation dans sa récente publication *Le travail dans le monde* [1]. Position unique et sans doute peu enviable, si on songe à l'effet corrosif de contrastes si voyants sur la cohésion interne d'une société. D'ailleurs personne ne s'entend sur l'interprétation de cette situation. Certains y voient une mesure de l'injustice et de l'inefficacité de l'intervention des pouvoirs publics dans l'encadrement du droit d'obtenir d'un employeur la reconnaissance d'un syndicat, et ils en dénoncent les effets sociaux et économiques. D'autres, au contraire, y voient un reflet de l'absence d'intérêt envers le syndicalisme de la part de travailleurs libres d'y adhérer en vertu des lois actuelles ou un indice de l'inadaptation des syndicats vis-à-vis les particularités de la petite entreprise. Ces désaccords ont fait et font encore l'objet de débats publics et acrimonieux qui se sont poursuivis devant notre Commission. La Commission n'a pas à trancher ce débat. Pourtant, il nous semble que les centrales syndicales assument une responsabilité de premier plan quant à l'image que l'on se fait du syndicalisme et de ses répercussions sur le taux de syndicalisation. Cela implique une certaine conscience à l'égard de réalités économiques telles que la compétitivité aux plans national et international. Cela implique aussi une pratique de négociation responsable face à la PME. Ces questions méritent certes réflexion.

Dernier aspect de ces désaccords : les grands décalages entre l'adhésion généralisée à des valeurs telles que la liberté individuelle et la négociation collective et libre, et les craintes individuelles de tel employeur dont les travailleurs envisageraient de se syndiquer. Il n'y a pas lieu de mettre en doute la sincérité de l'adhésion du grand patronat et de nombreux employeurs aux valeurs à la base du *Code du travail* actuel qui a permis à un million de travailleurs québécois de se syndiquer. Il n'y a pas lieu non plus d'ignorer les opinions et les intérêts de nombreux manufacturiers ayant reconnu le porte-parole syndical de leurs propres employés et souhaitant vivement que les employés de leurs concurrents puissent eux aussi se syndiquer, mais quel gouffre entre eux et certains autres employeurs qui ont défrayé les chroniques du service d'accréditation ! Il est impossible de ne pas se soucier des craintes et des intérêts du commerçant individuel ou de l'employeur isolé, oeuvrant dans un secteur où ses concurrents ne reconnaissent pas de syndicat et appréhendant que ses propres employés veuillent se syndiquer. Les réactions parfois brutales qui s'ensuivent sont largement documentées dans les décisions émanant du service d'accréditation et leur impact sur les travailleurs impliqués ont fait l'objet de plusieurs témoignages vibrants devant notre Commission.

Des gouffres séparent certains commerçants et petits employeurs de la grande industrie manufacturière et du grand patronat, et séparent également les syndicats des employeurs, les syndiqués des non-syndiqués. Peut-on jeter des ponts au-dessus de ces gouffres ? C'est le défi auquel sont confrontées notre Commission et notre société.

6.1.2 Les orientations

a) Sur l'accréditation multi-patronale

L'ampleur de ce défi s'illustre bien par le sort qui a été fait au concept d'accréditation multi-patronale. Disons d'abord que depuis bientôt 20 ans qu'il circule au sein de notre société, ce concept a été exprimé sous les titres divers, et successifs que sont la « négociation sectorielle », la « syndicalisation sectorielle, » l'« accréditation sectorielle », la « syndicalisation multi-patronale », l'« accréditation multi-patronale », le « syndicalisme sectoriel » et, enfin, les « négociations regroupées ». À chacun de ces titres correspond souvent un ensemble de modalités particulières du concept, mais parfois le même titre a chapeauté des modalités fort diversifiées. Nous croyons superflu de faire l'exégèse de ces diverses formules ou l'analyse des nuances qui les distinguent. Nous utiliserons de façon globale le titre le plus courant et le plus utilisé, soit celui de « l'accréditation multi-patronale » qui a l'avantage d'être non seulement le plus utilisé mais aussi le mieux compris tant par ses partisans que par ses adversaires.

Ce concept, depuis qu'il est mis de l'avant, a reçu l'appui général de la plupart des grandes formations syndicales québécoises. Il est aussi repris par bon nombre de groupes sociaux qui se sont exprimés devant notre Commission en faveur des travailleuses et des travailleurs non syndiqués. L'accréditation multi-patronale indique bien le but et l'impact visés par ses partisans. Le but est de mitiger les craintes du commerçant ou du petit employeur individuel devant l'isolement où le placerait l'accréditation syndicale de son seul établissement par rapport à ses concurrents non-syndiqués. L'accréditation, la négociation et la convention collective viseraient un groupe d'employeurs mutuellement concurrents. L'accréditation d'un syndicat majoritaire obligerait plusieurs employeurs, au lieu d'un seul, à reconnaître le syndicat et à négocier. La majorité des travailleurs voulant adhérer au syndicat pourrait ainsi se répartir chez plusieurs employeurs au lieu d'un seul. Il en serait de même pour la minorité n'adhérant pas au syndicat. L'impact visé est explicite : il s'agit de faciliter l'accès à la syndicalisation des travailleurs et travailleuses des commerces, services et petits employeurs pour lesquels l'accès à la négociation collective serait devenu, en pratique, illusoire compte tenu de leur isolement et de l'opposition de l'employeur.

Il s'agit, disent les partisans de ce concept, de permettre à la vaste majorité des travailleurs du secteur privé un accès réaliste à la syndicalisation dont ils sont maintenant privés. Le patronat, quant à lui, s'est graduellement retranché dans une opposition totale à l'introduction de ce concept dans le *Code du travail*, le qualifiant d'imposition d'un syndicalisme devenu obligatoire. L'accrédication multi-patronale est considérée comme une menace à l'autonomie de l'entreprise individuelle et à la compétitivité économique. Sa singularité sur le continent nord-américain est vue comme constituant un danger. Enfin l'intervention législative pour réglementer et imposer l'obligation de négocier en dehors du cadre de l'entreprise individuelle est dénoncée comme étant une atteinte à la liberté d'entreprise et aux libertés individuelles.

En somme, l'impasse est devenue totale : ce qui est une solution ici, est un problème là. L'impasse est d'autant plus totale qu'elle se situe non seulement au niveau des modalités d'application mais également, au niveau du concept lui-même. On voit mal comment on pourrait reconcilier ces positions.

Devant une telle situation, la Commission croit plus approprié de s'abstenir de toute recommandation relativement à une formule d'accréditation multi-patronale qui procéderait d'un pouvoir d'imposition en vertu de critères législatifs. Pour expliquer cette décision, nous nous référons à notre mandat constitutif qui nous assigne d'identifier et, dans la mesure du possible, de faire éclore des consensus dans le domaine du travail. Ceci n'a évidemment pas pour effet de nous empêcher de formuler des recommandations appropriées et on observera que nous le faisons.

Nous estimons par ailleurs, à tort ou à raison, que la mise sur pied de notre Commission et que le présent rapport s'inscrivent dans un contexte de prudence et de réalisme. Il nous semble donc qu'il incombe à notre Commission de ne pas proposer de changements qui soulèveraient une opposition radicale et généralisée d'une part ou de l'autre. C'est donc notre devoir, nous semble-t-il, de constater publiquement que tel est le cas ici. Nous constatons, sans nous prononcer sur son mérite, qu'un tel changement dans l'encadrement des rapports collectifs ne se ferait pas dans un climat d'harmonie ou de paix industrielle et ne serait guère conforme aux objectifs que le Gouvernement nous a assignés.

Cela dit, il nous a semblé indiqué de recommander, eu égard au même principe du consensus, que la Loi reconnaisse et sanctionne la volonté de plusieurs employeurs, si elle se manifeste, d'être liés par une même accréditation menant à la signature d'une convention collective commune. Cette ouverture à une forme d'accréditation multi-patronale volontaire en plus d'être le corollaire de notre abstention sur une formule obligatoire est de nature à faire évoluer, au gré des parties et par l'expérience concrète, l'épineux dossier de la « multi-patronale ».

Ainsi, plusieurs employeurs, entreprises ou établissements pourraient constituer ensemble un seul employeur pour les fins des rapports collectifs avec une ou plusieurs associations accréditées et assumer conjointement et solidairement les droits et obligations qui en découlent. Certaines conditions devraient cependant être satisfaites pour permettre à l'organisme accréditant d'enclencher ce processus. Il faudrait qu'une demande à cette fin soit déposée par la ou les associations accréditées et que tous les employeurs visés y consentent. Cette accréditation aurait les mêmes effets que l'accréditation actuelle.

D'autre part, on admettrait également que, dans le même cadre volontaire, plusieurs employeurs et une ou plusieurs associations accréditées n'acceptent de se lier que pour une négociation collective. Cet accord devrait être entériné par le même organisme. Ses effets seraient de permettre la conclusion d'une seule convention collective pour l'ensemble des salariés visés et des employeurs, et de lier les parties pour toute sa durée. À l'expiration de cette convention, cet accord devrait, pour continuer d'exister, être renouvelé et de nouveau soumis à l'organisme compétent pour une ratification qui lui redonnerait ses effets.

Recommandations

VI-1 Accréditation multi-patronale volontaire

Que le *Code du travail* soit amendé afin de permettre l'accréditation d'une ou plusieurs associations accréditées auprès de plusieurs employeurs par l'organisme compétent en matière d'accréditation si tous y consentent et de donner à cette accréditation multi-patronale volontaire les mêmes effets que l'accréditation régulière en vertu des dispositions actuelles.

VI-2 Négociation multi-patronale volontaire

Que le *Code du travail* soit amendé afin de permettre à une ou plusieurs associations accréditées auprès de plusieurs employeurs ainsi qu'à ces derniers de tenir une négociation multi-patronale volontaire. Cette demande devrait être présentée avec le consentement de toutes les parties visées à l'organisme compétent en la matière pour ratification. La ratification aurait pour effet de ne permettre la conclusion que d'une convention collective pour les salariés et employeurs visés et lierait toutes les parties qui ont consenti à la demande pour toute la durée de ladite convention collective. Les effets de la ratification cesseraient à l'expiration de la convention collective; la demande pourrait être renouvelée et la ratification obtenue aux mêmes conditions.

b) Une approche intégrée du droit d'association

La seconde orientation de notre Commission consiste à améliorer substantiellement la protection législative du droit d'association par l'adoption d'une démarche que nous appellerons « approche intégrée ». Il serait abusif de prétendre qu'en cette matière il y a eu un consensus formel. Nous sommes conscients que nos recommandations n'échapperont pas à toute opposition mais nous nous hasardons à prédire qu'elles rallieront de plus larges appuis, ou du moins qu'elles mobiliseront de plus minces oppositions, à cause de l'existence de vastes consensus sur des valeurs sociales dont l'importance dépasse celle des désaccords sur des modalités d'application.

Une approche intégrée signifie une approche administrative qui remplacerait la procédure et la structure de certains organismes actuels dans la protection du droit d'association. L'adoption de cette nouvelle approche vaudrait non seulement pour la protection du droit d'association, mais aussi pour le respect de la légalité en matière de conflits de travail.

À cette nouvelle approche correspond nécessairement un nouvel organisme, un Conseil des relations du travail (CRT) dont la constitution sera décrite plus loin dans ce chapitre.

L'approche administrative représente un changement d'orientation dans le traitement des comportements actuels en ce qu'elle a pour but de favoriser le dépistage précoce, la correction rapide, la sanction réparatrice et, par-dessus tout, la prévention à l'égard des pratiques déloyales. Cette approche se veut distincte de l'approche judiciaire basée sur le débat contradictoire. En effet, une organisation administrative pratiquant une approche intégrée offre plus de garanties de respect de l'esprit de la loi et de l'intention du législateur par rapport aux réalités de la pratique des relations du travail.

Ce nouvel organisme, ce Conseil des relations du travail, utiliserait d'abord l'enquête, de préférence à l'audition automatique avec son cortège de délais, afin de connaître rapidement toutes les données d'un problème complexe de façon à dépister rapidement les obstacles ou les violations, mais aussi à les prévenir et à les corriger, quelle qu'en soit leur source, patronale ou syndicale. Le CRT utiliserait aussi un pouvoir de médiation et de décision dont l'efficacité exige à la fois une approche intégrée de l'ensemble des problèmes et l'existence d'une politique mûrie par la connaissance du milieu et l'expérience. La médiation est totalement absente du régime actuel d'accréditation et du redressement des congédiements. Le CRT devrait détenir de larges pouvoirs d'ordonnance remédiatrice ou compensatoire rendus nécessaires, non pas parce qu'ils seraient utilisés fréquemment, mais parce que leur présence est essentielle pour appuyer la médiation et la prévention des pratiques déloyales. Nous reviendrons plus loin, en traitant de certaines règles de droit, sur les pouvoirs qu'une telle approche implique. Pour que l'approche intégrée soit respectée, il faut en l'occurence que le CRT possède le plein et exclusif pouvoir de réviser ses propres décisions en lieu et place de l'actuel recours en appel. En effet, l'expérience du régime actuel témoigne du danger que constitue la dispersion du pouvoir de décision en paliers successifs qui a pour effet de le vider de sa substance, de multiplier les incertitudes, ce qui laisse place au contournement de la loi et de ses objectifs.

Pour ces raisons, nous croyons important que l'objectif de la loi, c'est-à-dire l'encouragement de l'exercice du droit d'association soit énoncé dans un préambule à la nouvelle législation dans le même style que celui de la législation fédérale du même type, se fixant comme objectif « *l'encouragement de la négociation collective et libre* ». La raison d'être d'un tel préambule n'est pas uniquement politique ou « exhortatoire »; elle est également juridique. En effet, les décisions judiciaires rendues indiquent qu'un préambule de cette nature contribue à l'immunité d'un tel organisme administratif vis-à-vis des tribunaux supérieurs qui, dès lors, sont mieux en mesure de comprendre et de reconnaître que la décision de l'organisme administratif respecte l'intention de la loi en tenant compte du contexte propre à chaque cas.

Somme toute, ce nouvel organisme avec son approche intégrée, ses pouvoirs et ses procédures serait semblable aux commissions de relations du travail que l'on trouve ailleurs au Canada. On vise, par là, à prévenir les abus, à raccourcir les délais et à déjudiciariser.

Recommandations

VI-3 Approche intégrée et administrative par la création d'un Conseil des relations du travail

Que le *Code du travail* soit amendé pour instituer, en lieu et place de la structure actuelle de traitement du droit d'association (agents d'accréditation, commissaires du travail, Commissaire général du travail et Tribunal du travail), un nouvel organisme appelé Conseil des relations du travail dont l'approche intégrée et administrative permettrait d'administrer l'ensemble des rapports collectifs du travail par le moyen de l'enquête, de la médiation, de la sanction remédiatrice et compensatoire, de l'élaboration de politiques et de la révision de

ses propres décisions, le tout dans une optique de prévention des
pratiques déloyales, de réduction des délais et de déjudiciarisation des
relations du travail.

VI-4 Affirmation de l'objectif de la Loi

Que le *Code du travail* inclue un préambule affirmant comme
objectif « l'encouragement de la négociation collective et libre » afin
de clarifier l'intention de la Loi, d'encadrer le mandat du Conseil des
relations du travail et de garantir l'interprétation de ses décisions aux
yeux des tribunaux supérieurs appelés à en contrôler la légalité.

6.1.3 Les règles de droit

Ayant établi deux orientations majeures, nous voulons maintenant
exposer quelles sont nos principales remarques quant aux règles elles-
mêmes de la Loi et nos recommandations quant à certaines modifications à
y apporter.

a) L'éligibilité à se syndiquer

Un certain nombre de propositions nous ont été faites visant à supprimer ou à restreindre l'éligibilité à se syndiquer de certaines catégories de
salariés. Nous en donnons ici la liste sans suggérer pour autant qu'il existe
nécessairement un lien entre ces catégories, autre que le fait d'être visées
par une demande d'exclusion des dispositions actuelles du *Code du travail*.
Ces catégories sont: les cadres-conseils ou subalternes, les salariés dont la
nature du travail comporte un caractère confidentiel, notamment en relations du travail, les employés d'entretien dans les raffineries d'huile, les
coopérateurs, les travailleurs en stage subventionné, les employés en
probation relativement aux dispositions qui protègent un salarié contre un
congédiement pour activités syndicales.

De la même manière, plusieurs autres propositions nous ont été faites
visant à élargir l'éligibilité à se syndiquer à certaines autres catégories de
salariés. Nous en donnons ici la liste sans pour autant suggérer que ces
catégories soient effectivement exclues présentement du champ d'application du *Code du travail*. Ces catégories sont: les travailleurs autonomes,
contractuels, à temps partiel, temporaires, surnuméraires, pigistes, occasionnels, les entrepreneurs dépendants et les personnes dont le travail est

loué par l'entremise d'une agence, les gérants de département, les cadres hiérarchiques, les cadres intermédiaires, ou sans autorité disciplinaire, les ingénieurs, les employés de ferme et les coopérateurs forestiers.

Le critère actuel de base servant à établir l'éligibilité à la syndicalisation, c'est-à-dire « le fait de ne pas représenter l'employeur dans ses relations avec ses salariés », est fort vaste et nous estimons qu'il y a plus d'avantages que d'inconvénients à le maintenir ainsi. De plus l'application de ce critère a fait l'objet au Québec d'une volumineuse jurisprudence qui aide à réduire la part d'incertitude des entreprises, des syndicats et des travailleurs impliqués.

Cependant, deux catégories spécifiques ont retenu notre attention : les entrepreneurs dépendants et les membres d'une coopérative exécutant des travaux d'exploitation forestière.

L'entrepreneur dépendant est éligible à la syndicalisation dans plusieurs législations du travail canadiennes telles que le *Code canadien du travail*, la *Loi sur les relations de travail* de l'Ontario ou, encore, le *Code du travail* de Colombie-Britannique. Aucune raison particulière ne fait obstacle à l'emprunt de ce qui semble être devenu une norme canadienne. D'ailleurs, la définition ontarienne que nous reproduisons fait ressortir par elle-même le sens de notre recommandation qui vise à ne pas priver du droit d'association des personnes qui, peu importe le qualificatif attaché à leur statut, sont concrètement dans la situation des salariés normalement éligibles à la syndicalisation :

> *« Entrepreneur dépendant » : Quiconque, employé ou non aux termes d'un contrat de travail et fournissant ou non ses propres outils, ses véhicules, son outillage, sa machinerie, ses matériaux ou quoi que ce soit, accomplit un travail pour le compte d'une autre personne ou lui fournit ses services en échange d'une rémunération, à des conditions qui le placent dans une situation de dépendance économique à son égard et l'obligent à exercer pour elle des fonctions qui s'apparentent davantage aux fonctions d'un employé qu'à celles d'un entrepreneur indépendant. »* [2]

Quant à la demande de rendre éligibles à la syndicalisation les salariés membres d'une coopérative faisant des travaux d'exploitation forestière, elle signifie la suppression de l'actuelle exclusion prévue à l'article 2 du *Code du travail*. Nous acceptons cette demande dans un souci de cohérence avec l'orientation que nous avons adoptée vis-à-vis des coopérateurs salariés dans leur ensemble. Cette orientation est à l'effet de ne pas exclure le coopérateur salarié de la définition générale de salarié, ou du moins de son éligibilité à se prévaloir du droit d'association. Notons tout d'abord que de façon générale les groupes de coopérateurs, sauf les coopérateurs forestiers, n'ont pas demandé que la syndicalisation leur soit interdite. L'absence d'une telle demande se comprend aisément puisque plusieurs coopératives ont été formées grâce à l'initiative de travailleurs syndiqués dans un établissement menacé de fermeture. Plusieurs groupes syndiqués participent de plus, sous des formes diverses, à la propriété ou à la gestion d'une entreprise ; or la propriété coopérative n'est que la forme la plus poussée de la participation. De tels exemples de participation mettent directement en cause le caractère parfois dogmatique de certains raisonnements concluant à l'incompatibilité mutuelle du syndicalisme et de la participation. Enfin l'éligibilité d'un groupe de coopérateurs à se syndiquer ne les oblige pas à le faire nécessairement et effectivement puisque plusieurs groupes de coopérateurs ont choisi de ne pas se syndiquer. Devant ce problème, il nous semble préférable de trancher dans le sens de la liberté et de laisser aux intéressés le soin de choisir leur propre méthode pour résoudre leurs conflits internes, s'ils en sentent le besoin, plutôt que de leur interdire le recours à la syndicalisation qui reste volontaire.

Recommandations

VI-5 Entrepreneur dépendant

Que le *Code du travail* définisse et rende éligible à la syndicalisation l'entrepreneur dépendant.

VI-6 Salarié, membre d'une coopérative faisant des travaux d'exploitation forestière

Que les salariés membres d'une coopérative faisant des travaux d'exploitation forestière soient rendus éligibles à la syndicalisation par l'abrogation de l'alinéa 3 de l'article 2 du *Code du travail*.

b) L'accès aux employés

Diverses propositions ont été faites afin de faciliter l'accès auprès des employés, d'un syndicat voulant solliciter leur adhésion. Elles visent à permettre la liberté de réunion, la liberté de sollicitation et la liberté d'adhésion syndicale sur les lieux et pendant les heures de travail. Certaines propositions veulent aussi donner à un syndicat accès à la liste des employés de façon à ce que la sollicitation en dehors des lieux du travail en soit facilitée.

Il faut se souvenir que les interdictions actuelles relativement à la sollicitation sur les lieux et pendant les heures de travail visaient, entre autres, à lutter contre la création de syndicats dominés par l'employeur. Aussi paradoxal que cela apparaisse à première vue, ces interdictions visaient donc, en partie, à protéger les libertés syndicales par l'anonymat, voire la clandestinité de l'adhésion individuelle à un syndicat en voie de formation. Ainsi la signature d'une carte d'adhésion syndicale faite ouvertement au travail, sous les yeux ou avec l'approbation des représentants de l'employeur, a souvent été un indice de l'ingérence d'un employeur dans les affaires syndicales ou de la domination du syndicat. L'application pratique, sur les lieux du travail, des principes généraux de liberté est donc plus complexe qu'il ne semble à prime abord. Dans l'état actuel des choses, il nous apparaît téméraire de déroger à cette tradition par l'abrogation de ces interdictions.

Par contre, on peut se demander si la liste des employés ne devrait pas cesser d'être la propriété exclusive de l'employeur. Il semble disproportionné en effet qu'il soit possible à un employeur de rejoindre ses employés à leur domicile, que cela soit généralement possible à un syndicat accrédité parce que telle est la pratique courante, mais que cela soit impossible à un syndicat en voie de formation.

À cet égard, nous restons perplexes quant aux effets éventuels des nouvelles chartes des droits de la personne. Peut-on prédire avec assurance qu'elles n'auront pas d'effets sur cette question? Étant donné l'ampleur et la nouveauté des problèmes ainsi soulevés, nous recommandons que l'accès à la liste des employés fasse partie des pouvoirs remédiateurs du nouveau CRT qui pourrait donc l'ordonner dans un contexte d'intimidation ou de refus de reconnaissance, au nom de la protection du droit d'association. Ainsi encadré, l'accès aux listes d'employés nous semblerait à première vue être conforme aux nouvelles chartes des droits de la personne.

Recommandation

VI-7 Accès à la liste des salariés

Que le Conseil des relations du travail, s'il en vient à la conclusion que des salariés tentent d'exercer leur droit d'association dans un contexte d'intimidation ou de refus de reconnaissance syndicale, ait le pouvoir d'ordonner à l'employeur de fournir à l'association de salariés requérante, l'accès à la liste des salariés pour lui permettre de contacter ces derniers ailleurs et à un autre moment qu'aux lieux et heures de travail.

---

c) L'unité d'accréditation

Quelques propositions ont été faites en vue de modifier le contenu des unités d'accréditation actuelles. Leur nombre et leur portée sont restreints. Il nous apparaît évident que l'unité d'accréditation typique du secteur privé est globalement satisfaisante. Elle est du type industriel plutôt que du type catégoriel ou professionnel. De plus, elle est conforme dans ses principes et dans ses effets aux accréditations qu'on retrouve ailleurs en Amérique du Nord. Elle diffère cependant des unités d'accréditation que l'on retrouve, par exemple, dans le secteur de la santé, d'où proviennent d'ailleurs certaines des propositions. En effet, le regroupement de catégories de travailleurs différents, typique du secteur privé, ne ressemble guère au morcellement des accréditations dans le secteur de la santé. Nous ne faisons aucun commentaire sur cette dissemblance évoquée devant nous et ce, conformément aux limites de notre mandat. Cependant nous recommandons le maintien des critères actuels servant à la définition de l'unité d'accréditation du secteur privé.

L'acceptation généralisée de l'unité d'accréditation typique comme constituant ce que l'on appelle une « unité appropriée », fait contraste avec l'abondance des litiges concernant sa détermination ou celle des personnes qu'elle vise. Cette pratique est d'ailleurs génératrice de longs délais. Ce contraste provient sans nul doute d'une procédure fautive où le délai constitue une prime au litige. La procédure, en vertu de la législation actuelle, est telle qu'un litige réel ou fictif sur l'unité d'accréditation constitue un outil admirable pour remonter d'un palier à l'autre du système d'accréditation. Elle offre donc une tentation souvent irrésistible à celui qui veut retarder et s'objecter à la reconnaissance d'un syndicat. C'est ainsi qu'on cherche, pour gagner du temps, à contourner l'agent d'accréditation, à obtenir une audition formelle puis des remises de cette audition, à plaider devant un adjudicateur, voire à en appeler au Tribunal du travail. C'est donc aussi pour remplacer la procédure actuelle, trop sujette aux abus, que nous avons recommandé l'adoption d'une approche administrative et intégrée et la création d'un CRT. On a volontiers parlé de déjudiciariser la procédure. Nous dirions que notre souci est de rendre la procédure moins « chicanière ».

Parmi les pouvoirs caractéristiques d'une approche administrative intégrée que nous recommandons de confier au CRT, l'un se rapporte à l'unité d'accréditation. Il s'agit du pouvoir de déclarer que plusieurs employeurs constituent dans les faits un employeur unique, selon des critères semblables à ceux qu'on trouve au niveau fédéral et en Colombie-Britannique et permettant de soulever ce qu'on appelle le « voile corporatif ». Un telle règle permettrait de régulariser plusieurs situations de fait et de rapprocher le cadre légal des relations du travail des réalités économiques qui le déterminent.

Recommandation

VI-8   Déclaration d'employeur unique

Que le *Code du travail* reconnaisse au Conseil des relations du travail le pouvoir de déclarer par ordonnance, qu'aux fins des rapports collectifs du travail, deux employeurs ou plus sont un employeur unique s'il est d'avis qu'ils assument en commun le contrôle ou la direction d'établissements ou d'entreprises associés ou connexes et ce, après avoir donné à ces employeurs la possibilité raisonnable de présenter leurs observations sur le sujet.

---

d) Les pratiques déloyales

Même si 34 propositions nous ont été faites au sujet des pratiques déloyales, nous ne recommandons pas d'en créer de nouvelles. Ce n'est pas que le problème nous apparaisse mineur mais plutôt que notre principale solution à cet égard est la création d'un CRT et l'adoption d'une approche administrative et intégrée permettant de dépister le recours trop fréquent aux pratiques déloyales déjà prohibées et d'y appporter des correctifs. Le premier but à viser, selon nous, est le respect des dispositions actuelles de la loi en cette matière.

Dans cette optique, il convient cependant d'instituer des règles habilitant ce nouvel organisme à remplir son rôle. Dans le contexte des pratiques déloyales reliées au droit d'association, ces nouvelles règles porteraient sur la dissolution du syndicat dominé, la réouverture du « guichet » fermé par une première demande d'accréditation, l'accréditation remédiatrice et l'application du « statu quo ante » (ou remise en état d'une situation antérieure à un indicent) dans le cas de mesures disciplinaires pour activités syndicales.

Il va sans dire que ces règles ne comportent aucun caractère d'automaticité. Essentiellement, elles renvoient à l'appréciation du CRT l'éventualité de leur application. Ces règles, qui deviennent en fait et en droit des pouvoirs de cet organisme, méritent certaines explications.

Le pouvoir de dissolution d'un syndicat dominé existe déjà dans la Loi actuelle, mais il est très peu utilisé à cause de la difficulté d'en constituer et d'en présenter la preuve. Les principaux témoins de la domination d'un soi-disant syndicat par un employeur sont aussi ses employés et leur témoignage pourrait ainsi mettre en danger leur emploi. Le pouvoir d'enquête du nouvel organisme devrait rendre cette preuve plus accessible.

La réouverture du guichet vise à parer une des pratiques déloyales récentes selon laquelle le syndicat dominé par l'employeur demande l'accréditation de façon futile juste avant le syndicat légitime, et bloque le dépôt d'une seconde requête, utilisant ainsi par subterfuge un récent amendement au Code. L'adoption de cet amendement avait été motivée par les pratiques déloyales alors en cours. Cette nouveauté dans les pratiques déloyales illustre bien les limites de l'approche législative actuelle. En effet, on a beau multiplier les interdictions dans la loi, un employeur déterminé et un avocat imaginatif trouvent le moyen de les contourner en l'absence d'une approche intégrée.

Le pouvoir d'accréditation remédiatrice existe déjà en Ontario, en Colombie-Britannique et en Nouvelle-Écosse prévoyant que si un employeur a vraiment rendu impossible la liberté d'opinion de ses employés, un syndicat, même minoritaire, peut être accrédité s'il compte au moins un certain appui, qui serait de 35 % au Québec.

Le pouvoir de décréter le « statu quo ante », en matière de congédiement notamment, est le pouvoir de décréter le maintien d'un travailleur congédié présumément pour activités syndicales dans son emploi si l'on est à même de soupçonner que cette mesure a été imposée dans un contexte d'intimidation et ce en attendant qu'une décision finale soit rendue.

Recommandations

VI-9 Dissolution d'une association de salariés dominée

Que le Conseil des relations du travail ait le pouvoir d'enquêter de sa propre initiative ou sur demande afin de vérifier si une association requérante est ou non dominée, que les résultats de cette enquête soient rendus accessibles aux parties intéressées et qu'ils puissent servir de preuve à l'appui d'une ordonnance de dissolution d'association de salariés dominée.

VI-10 Levée de l'irrecevabilité opposable à une demande d'accréditation en cas de première demande à caractère futile

Que l'article 27.1 du *Code du travail* soit amendé pour permettre au Conseil des relations du travail de rendre recevable une requête postérieure à une première requête en accréditation s'il est d'avis que cette première requête paraît futile ou avoir été présentée dans le dessein de rendre irrecevable toute requête subséquente.

VI-11 Accréditation remédiatrice

Que le *Code du travail* soit amendé afin de conférer au Conseil des relations du travail le pouvoir d'accréditer une association de salariés qui a l'appui de 35 % ou plus des salariés au sein d'une unité d'accréditation qu'il juge appropriée, lorsque l'employeur contrevient au *Code du travail* de manière à ce qu'il soit peu probable que la volonté des salariés se manifeste librement.

VI-12
Mesure disciplinaire pour activité syndicale et ordonnance interlocutoire

Que le Conseil des relations du travail, saisi d'une plainte de mesure disciplinaire pour activités syndicales, ait le pouvoir d'ordonner de façon interlocutoire le maintien à l'emploi du plaignant en attendant une décision finale (« statu quo ante ») s'il est d'avis que la mesure a été imposée dans un contexte d'intimidation visant à influencer le libre exercice du droit d'association.

e) L'usage du vote

L'usage du vote pour déterminer si un syndicat a reçu l'appui majoritaire des travailleurs et s'il sera accrédité constitue aussi une question délicate à souhait, qui a été et continue d'être l'objet de nombreuses évaluations un peu partout sur notre continent. Ces évaluations ne sont pas unanimes, loin de là. Peut-on remplacer l'adhésion individuelle écrite par le vote au scrutin secret? Ce sont-là deux mécanismes distincts et bien connus, dont on se sert généralement pour des fonctions différentes. Le scrutin secret est l'outil privilégié en régime démocratique pour choisir nos dirigeants politiques. L'adhésion privée et écrite est largement utilisée comme moyen pour entrer dans un mouvement, que ce soit un parti politique, une association ou un syndicat. Peut-on remplacer l'adhésion individuelle écrite par une procédure impliquant un scrutin.

L'évaluation est difficile parce qu'elle implique à la fois l'opinion et l'attitude de l'employeur et l'effet de cette attitude sur la liberté d'opinion et d'association de ses employés. On prétend, d'un côté, que l'usage accru du vote diminuerait l'incrédulité de certains employeurs apprenant que la majorité de leurs employés se seraient ralliés à la formation d'un syndicat et diminuerait les recours à des manoeuvres d'obstruction découlant d'une telle incrédulité. On craint, d'un autre côté, que les délais souvent associés à un vote n'amplifient l'obstruction ou l'intimidation, au lieu de la diminuer.

La complexité des mécanismes en cause et des situations vécues soulève sans aucun doute des questions importantes auxquelles il n'est pas facile de trouver des réponses certaines et judicieuses. L'usage du vote pour dénombrer les adhésions à un syndicat est-il plus approprié si on raccourcit les délais dans lesquels un tel vote pourrait se tenir? Comme il existe sûrement un délai minimal incompressible dû à l'annonce et à l'organisation du vote, la campagne le précédant peut-elle être égale entre un employeur existant et un syndicat en formation à l'intérieur de l'entreprise? L'obstruction ou l'intimidation de la part d'un employeur individuel en serait-elle amoindrie comme tous le souhaitent, ou en serait-elle amplifiée comme certains le craignent?

La Commission a étudié cette question à la lumière des opinions exprimées, de l'expérience vécue ailleurs et des particularités de la situation québécoise et se soucie de procéder avec prudence.

Recommandation

VI-13 Usage du vote et caractère représentatif d'une association de salariés

Que le *Code du travail* soit amendé afin

a) **que dans le cas où il n'y a pas déjà une association accréditée et où une requête est soumise par une association qui regroupe entre 35 % et 50 % des salariés, un vote soit tenu dans les cinq (5) jours du dépôt de la requête;**

b) **que dans le cas où une association est déjà accréditée et où une requête est appuyée par au moins 50 % de salariés visés, un vote automatique soit institué;**

c) **que le pouvoir discrétionnaire d'ordonner la tenue d'un vote s'il l'estime nécessaire soit rétabli et exercé par le Conseil des relations du travail.**

f) La première convention collective

Le mécanisme actuel d'intervention étatique dans le cas d'un conflit portant sur une première convention collective comporte trois phases. La première phase est la conciliation; celle-ci reste volontaire comme dans toute autre négociation, mais elle devient indispensable si une des deux parties veut demander l'arbitrage. La seconde phase est la médiation; un arbitre a été nommé par le Ministre pour tenter de régler le conflit, mais il n'a pas encore décidé d'imposer une convention collective. La troisième phase est, le cas échéant, l'arbitrage; cette troisième phase suspend, dès que l'arbitre a décidé d'y recourir, l'exercice du droit de grève ou de lock-out. Ce mécanisme exceptionnel par rapport à l'ensemble de la négociation, constitue en fait la dernière étape de l'encadrement par la loi des conflits de reconnaissance syndicale. Le législateur québécois a introduit ce mécanisme en 1977. Il l'a modifié en 1983 pour en raccourcir les délais et pour donner moins de prise aux contestations judiciaires, en le confiant à un arbitre unique plutôt qu'à trois arbitres et en élargissant la discrétion de l'arbitre dans sa décision de déterminer le contenu de la convention collective.

Nous croyons que ce mécanisme est utile même s'il est d'une efficacité limitée ou difficile à quantifier. Nos recherches à ce sujet indiquent que sur 376 demandes d'arbitrage depuis 1978, l'arbitre a imposé une convention dans le quart des cas. De plus, presque la moitié des conventions imposées ont été renouvelées, laissant ainsi croire que le syndicat a été effectivement reconnu par l'employeur. Par ailleurs, il est impossible d'évaluer les effets préventifs ou dissuasifs d'un tel mécanisme qui restent, quand même, les plus importants.

Nous recommandons de conserver ce mécanisme dans sa forme actuelle en y apportant quelques ajustements. Le premier est de permettre que la première convention collective ainsi décrétée puisse durer jusqu'à trois ans, comme toute autre convention collective. Le second est de confier au nouveau Conseil des relations du travail l'administration des demandes et du mécanisme d'arbitrage de première convention collective puisque son but est la prévention des conflits de reconnaissance syndicale. Le troisième est de confier au CRT la décision d'envoyer ou non le différend à l'arbitrage. C'est donc la décision du CRT de référer le différend à l'arbitrage qui aura désormais l'effet automatique de suspendre l'exercice du droit de grève ou de lock-out.

Recommandation

VI-14 Arbitrage d'une première convention collective

Que les articles 93.1 et suivants du *Code du travail* soient amendés

a) de façon à confier au Conseil des relations du travail la demande de soumettre le différend à un arbitre et le pouvoir d'en disposer comprenant la tentative de médiation, la nomination et le paiement de l'arbitre. La décision de nommer un arbitre met fin, le cas échéant, à la grève ou au lock-out;

b) de façon à confier à l'arbitre le mandat de déterminer le contenu de la convention collective avec pouvoir de médiation et en précisant que la durée maximale de la sentence tenant lieu de convention collective peut être de 3 ans.

6.2 La négociation collective

Après le droit d'association, nous abordons sa finalité la plus importante, la négociation collective. Nous examinerons d'abord le contenu de la convention collective puis le rôle de la conciliation et de la médiation dans le déroulement de la négociation; ces deux sujets ont en commun un encadrement lâche de la loi. Nous étudierons ensuite les droits de grève et de lock-out et les pratiques en cours de grève; ces deux sujets ont en commun un encadrement plus serré. Enfin nous étudierons deux autres sujets où l'encadrement législatif s'exerce de façon très spécifique: il s'agit des services essentiels et de l'arbitrage des différends impliquant des policiers ou des pompiers.

6.2.1 *Le contenu de la convention collective*

Répétons qu'il existe un consensus déterminant autour du principe de non-intervention de la Loi dans le contenu de la convention collective. Mais ce principe connaît des exceptions ou accrocs. Plusieurs propositions d'intervenants visent d'ailleurs à les supprimer. Notons toutefois que chacune de ces propositions ne manifeste pas nécessairement une adhésion fondamentale au principe général de la liberté contractuelle. Ces propositions visent à éliminer trois limites ou impositions législatives de contenu à la convention collective soit: l'interdiction de grève (et de lock-out) pendant la durée de la convention, la durée maximale de 3 ans de la convention et les dispositions minimales et d'ordre public issues de lois ou de décrets.

Au sujet de l'interdiction législative de toute grève en cours de convention, certains sont surpris de s'entendre dire qu'il s'agit là d'un accroc à la négociation libre. On a tendance à oublier qu'aux États-Unis la loi ne comporte pas cette interdiction. En effet, l'arbitrage des griefs y est librement convenu par les parties et son encadrement purement contractuel et privé. C'est donc en vertu d'une pratique volontaire et négociée qui s'est généralisée que les conventions collectives américaines interdisent la grève pendant leur durée et instaurent le recours à l'arbitrage. Au Canada, ces règles ont force de loi. Au niveau des principes cette différence mérite d'être signalée car sur un sujet de cette importance, le fait que la décision soit laissée aux citoyens (ou aux parties) ou qu'elle soit prise par la loi devient significatif et a des répercussions au plan pratique. Par exemple, le fait d'encadrer législativement, voire d'étatiser la procédure d'arbitrage de griefs et d'en faire ainsi une question d'ordre public plutôt que privé, est à la source de plusieurs plaintes à son sujet.

Le second accroc dont on demande la suppression est la limite de trois ans que la loi fixe à la durée d'une convention collective. La pratique habituelle quant à la durée de la convention collective en Amérique du Nord est certainement de ne pas dépasser trois ans. Il semble que pour l'une et l'autre partie, la ligne d'horizon se situe environ à cette limite. On peut voir dans cette disposition une balise à l'appui de la négociation collective qui devrait permettre un ajustement périodique à la conjoncture.

Le troisième accroc est la contrainte minimale et d'ordre public des lois et décrets par rapport aux conventions collectives. Le régime actuel est un peu, à cet égard, comme une construction dont la convention collective serait l'étage supérieur. On voudrait pouvoir négocier dans le cadre d'une convention, sans la contrainte de ces « planchers ». La Commission a déjà, dans le chapitre précédent, établi sa recommandation en ce qui concerne le rapport de la convention et du décret avec les normes minimales légiférées. Quant aux décrets comme tels, il en sera question à la section suivante.

On a aussi fait des propositions visant à élargir le champ du négocia-ble, dont on peut par ailleurs dire qu'il est pratiquement illimité à l'heure actuelle, allant des changements technologiques aux programmes d'accès à l'égalité, aux plans de reclassement en cas de licenciement collectif, aux conventions de retraite, aux plans d'assurance collective, au droit à l'information sur les perspectives de développement et de transformation de l'entreprise, etc. Il nous faut donc conclure qu'il n'y a rien dans la législation actuelle qui empêche un syndicat de négocier sur ces sujets. Bien sûr, il n'y a rien non plus dans la législation qui empêche l'employeur de refuser de négocier en telle ou telle matière.

Par ailleurs, l'application du principe général de non-intervention sur le contenu de la convention collective crée des frustrations compréhensibles. Quelques propositions voudraient que la Loi oblige la convention collective à contenir des dispositions relatives, par exemple, à l'ancienneté, au maintien de l'emploi et aux congés et avantages sociaux. D'autres encore voudraient qu'on précise et qu'on rende plus contraignante l'obligation de négocier avec diligence et bonne foi. D'autres enfin voudraient que l'État interdise de conclure certaines ententes dans les protocoles de retour au travail, notamment sur le retrait de plaintes pénales.

Nous croyons qu'il n'y a pas vraiment lieu de modifier ni ce principe général de non-intervention, ni son application actuelle. Le principe lui-même est fondamental et fait l'objet d'un consensus. On ne peut donc indéfiniment y faire des accrocs. Quant aux accrocs existants, il semble s'être développé, sinon une tradition, du moins un accommodement autour de cet état de fait et de droit. En somme, nous croyons plus sage de ne recommander aucun changement majeur à ce sujet sauf en ce qui concerne la négociation des changements technologiques et l'accès à certaines informations dans le cadre de la négociation.

Cependant nous recommandons un changement mineur sur une modalité de concordance mise en lumière par certaines contestations judiciaires. Cela concerne le maintien des conditions de travail durant la période allant de l'expiration de la convention collective à l'acquisition du droit au lock-out, prévu à l'article 59 de la Loi actuelle. Nous recommandons de dissiper l'équivoque permettant à certains de prétendre qu'une sentence tenant lieu de convention collective imposée par un arbitre en vertu de l'article 93 échapperait à cette règle et que l'employeur se trouverait ainsi dispensé de maintenir les conditions de travail prévues pendant la période visée.

Recommandation

VI-15 Obligation de maintenir les conditions de travail
prévues par une sentence tenant lieu de convention
collective

**Que l'alinéa 2 de l'article 59 du *Code du travail* soit amendé en
ajoutant qu'il s'applique également à la sentence tenant lieu de
convention collective rendue en vertu de l'article 93.**

6.2.2 La conciliation et la médiation

La Commission constate que la législation relative à la conciliation et
son administration, ainsi que celle de la médiation, satisfont généralement
les parties. Selon la Loi et les pratiques actuelles, un conciliateur intervient
à la demande d'une partie. Cette demande est volontaire et n'est plus
conditionnée par l'acquisition du droit de grève ou de lock-out comme
c'était le cas avant les amendements de 1977. Le rapport du conciliateur
est confidentiel puisqu'il n'est remis qu'au Ministre.

La médiation « conciliatrice » (par opposition à la médiation préventive dont nous ne traitons pas ici) diffère de la conciliation surtout en ce que
le médiateur peut présenter un rapport contenant des recommandations aux
parties et le rendre public. La médiation fait de la négociation un échange
à trois plutôt qu'à deux. On n'y recourra que pour certains conflits à cause
de leur gravité ou de leur longue durée.

Certaines propositions voudraient que l'on atténue la distinction entre
ces deux fonctions. Elles nous semblent toutes deux importantes et
délicates, et comportent chacune leurs propres règles du jeu. Nous sommes
d'avis qu'il ne serait pas prudent de perdre de vue ce qui les distingue. On
demande aussi que l'on désigne un conciliateur d'office et
automatiquement quand un conflit se déclare.

Nous signalons que le Ministre jouit déjà d'un pouvoir discrétionnaire
et que ce pouvoir diffère grandement d'une nomination automatique. De
plus, la fonction du conciliateur a été considérablement revalorisée quand
on a amendé la législation de façon à ce qu'un conciliateur soit assigné à
un conflit parce que quelqu'un souhaite sa présence. Tout automatisme
risquerait de dévaloriser sa fonction et son efficacité.

Par ailleurs, l'Association des conciliateurs a exprimé le voeu que la performance de ce service fasse l'objet d'une évaluation et d'une discussion périodiques par le CCTM. Une telle pratique aiderait, croyons-nous, à évaluer la satisfaction des usagers.

Recommandation

VI-16 Évaluation périodique du Service de conciliation par le Conseil consultatif du travail et de la main-d'oeuvre

Que la performance du Service de conciliation fasse l'objet d'une évaluation et d'une discussion périodiques par le Conseil consultatif du travail et de la main-d'oeuvre.

6.2.3 Le droit de grève et de lock-out

Nous abordons maintenant l'étude du droit de grève et de lock-out dont l'encadrement législatif est serré plutôt que lâche. Il va donc s'agir de la gestion du conflit, composante importante du système de la négociation libre. Nous verrons d'abord aux conditions d'acquisition du droit de grève et de lock-out puis aux modalités de l'exercice du droit de grève.

Relativement à l'acquisition du droit de grève ou de lock-out, une vingtaine de propositions nous ont été faites, visant à suspendre, à retarder ou à mitiger l'exercice du droit au conflit. Par exemple, on demande de suspendre l'exercice de ce droit si l'une des parties demande la conciliation, d'en retarder l'exercice jusqu'à l'expiration d'un préavis auprès du Ministre ou, s'il y a eu changement d'allégeance et accréditation d'un nouveau syndicat, de prohiber certains agissements pouvant provoquer un employeur à décréter un lock-out. Nous estimons que ces propositions vont à l'encontre de la tendance historique voulant que la date d'un conflit possible soit connue à l'avance et échappe ainsi aux stratégies de l'une ou l'autre des parties impliquées. Il importe de rappeler qu'avant 1964, le droit au conflit n'était acquis qu'après la publication du rapport d'un conseil d'enquête tripartite portant le titre paradoxal de Conseil d'arbitrage. De 1964 à décembre 1977, le droit au conflit n'était acquis qu'après l'intervention obligatoire d'un conciliateur. Aujourd'hui, avec les amendements de 1977, le droit au conflit est acquis soit le jour de l'expiration de la convention collective, soit au plus 90 jours plus tard. Cette date est connue de tous 90 jours à l'avance. Ces changements reçoivent encore l'appui généralisé des parties. Sous ce rapport, la législation québécoise a innové par rapport au reste du Canada où son exemple a été partiellement suivi depuis. À ce titre, la législation québécoise est la législation canadienne qui se rapproche le plus de la législation américaine. Compte tenu de la situation actuelle et de son évolution, il n'y a pas lieu de modifier la législation actuelle.

Quant à l'obligation légale de tenir un vote de grève au scrutin secret, 32 propositions nous ont été faites sur ce sujet visant soit à hausser la majorité requise à celle de tous les travailleurs éligibles à voter, soit à modifier l'identité des voteurs éligibles, soit à modifier l'endroit, la façon ou le moment de tenir le scrutin, notamment en fonction des dernières offres patronales, soit à faire surveiller la tenue du vote par un représentant de l'État, soit à exiger un avis préalable de grève, soit enfin, à modifier l'impact d'une infraction sur la légalité de la grève elle-même.

Il ne fait guère de doute que de telles propositions sont perçues du côté syndical comme partisanes, en ce sens qu'elles pourraient favoriser l'employeur et constituer une invitation à l'usage de recours judiciaires. Elles sont perçues non pas comme un renforcement du caractère démocratique du vote de grève mais au contraire comme une remise en cause du mode de calcul habituel d'une majorité et de la responsabilité des élus syndicaux, et comme une entrave à l'exercice d'un droit collectif dans la phase critique d'un conflit d'intérêts. On voit aisément que les différences de perception à ce sujet sont importantes.

La Commission constate que les exemples à l'appui de ces propositions réfèrent soit à des cas isolés, soit à des scénarios tout à fait hypothétiques. On peut difficilement envisager un encadrement législatif supplémentaire sur de telles bases.

Dans l'intérêt public, il nous apparaît important de situer le contexte de la réglementation des conflits au Québec. Selon le ministère du Travail, 92 % des conventions collectives ont été renouvelées en 1984 sans qu'il y ait conflit, 5 % l'ont été après une grève et 3 %, après un lock-out. L'incidence des conflits de travail dans le secteur privé au Québec est faible pour l'année 1984. Elle est comparable à celle de l'Ontario depuis quatre ans et baisse de façon graduelle depuis une décennie. Il est également vrai que l'incidence des conflits au Québec était plus forte pendant la décennie 1970-1980 comme nous l'avons vu précédemment (chapitre I). À l'époque, l'inflation faisait rage et les secteurs public et parapublic québécois étaient le théâtre de grands conflits. Depuis cette époque, l'incidence des conflits baisse de façon sinon constante du moins graduelle, pour des raisons qui, selon toute apparence, ont peu à voir avec leur encadrement législatif dans le secteur privé. On note que les études faites sur l'incidence des conflits ont jeté peu de lumière sur les causes de ces conflits[3]. Il apparaît qu'elles sont complexes et qu'elles constituent un enchevêtrement de facteurs économiques et sociaux, aussi diversifiés que les négociations sont décentralisées.

Il importe aussi de noter, à l'acquis du régime de négociation applicable au secteur privé, sa souplesse. Il a survécu à la crise inflationniste de la décennie précédente. Il fonctionne autrement mais toujours de manière satisfaisante, dans la situation de chômage de la décennie actuelle. Ce constat devrait inciter à la réserve dans les changements que l'on peut envisager.

À l'heure actuelle, la négociation fonctionne dans un contexte économique difficile et qui, semble-t-il, le restera. L'incidence des conflits sur le temps de travail ouvrable est faible et arrive même loin derrière celle des accidents de travail, de l'absentéisme, ou du chômage. Car sans nier pour autant qu'il existe des conflits regrettables, il importe de situer l'incidence globale des conflits de travail dans la perspective plus vaste du travail effectivement accompli. Depuis 1970 les conflits de travail dans le secteur privé québécois constituent en moyenne 0,4 % des jours ouvrables dans ce secteur. En 1984 cette incidence est de 0,2 %[4]. Cet ordre de grandeur est de beaucoup inférieur à l'incidence des accidents de travail qui est plus de deux fois supérieur à celui des conflits[5], à l'incidence de l'absentéisme qui atteint presque 4 % (en 1979-1980)[6], et à l'incidence du chômage qui dépasse 10 %.

Il importe enfin de situer l'incidence globale des conflits de travail dans la perspective plus vaste de la compétitivité. À cet égard il est significatif de constater que l'incidence des conflits de travail ne constitue que deux des cent points de la grille d'évaluation de la compétitivité qu'utilise la European Management Forum Foundation (EMFF) de Genève. Les chiffres présentés par la EMF Foundation indiquent une incidence relativement élevée des conflits de travail au Canada entre 1981 et 1983, puisque le Canada se situe au 22e rang des 28 pays évalués, au 14e rang sous le titre plus vaste « consensus et stabilité socio-politique » mais au 7e rang dans le classement général de la compétitivité en 1985[7]. Pour toutes ces raisons, il ne nous semble ni opportun ni approprié de modifier la législation quant à l'acquisition du droit de grève ou de lock-out.

6.2.4 *Les pratiques en cours de grève*

Voyons maintenant les pratiques interdites dans le cours d'une grève ou d'un lock-out dont l'encadrement législatif est encore ici plutôt serré. Il s'agira d'abord des dispositions dites « anti-scabs » du *Code du travail* sur lesquelles 41 propositions ont été formulées, puis des autres pratiques illégales ou déloyales associées au conflit, lesquelles ont donné lieu à 32 propositions.

L'élément le plus litigieux de l'encadrement législatif de la grève, est sans contredit celui des mesures « anti-scabs ». Du côté patronal, on accuse carrément la loi de fausser le rapport de force économique qui oppose l'employeur à ses employés et que caractérise la grève ou le lock-out. On reproche au législateur d'intervenir au détriment de la liberté d'entreprise et des libertés individuelles en rendant totalement ou pratiquement impossible le maintien des activités de production ou des autres activités de l'entreprise visée par le conflit.

On demande cinq types de changements. On réclame l'abolition totale des articles « anti-scabs » du *Code du travail* en soulignant que cette législation est unique et exceptionnelle en Amérique du Nord et qu'elle va à l'encontre de la compétitivité législative.

On demande de remplacer les articles actuels par une interdiction ne visant que l'usage de « briseurs de grève » et s'inspirant de l'approche utilisée en Colombie-Britannique où on n'interdit que les « strike-breakers » professionnels dont les services sont fournis par des agences spécialisées dans l'intervention en cours de grève légale ou à l'encontre d'un piquetage légal. Ceci constitue la demande prépondérante du patronat. On voudrait voir assouplir les articles actuels pour permettre l'utilisation de certains employés non-grévistes ou de sous-traitants pour remplir les fonctions d'un travailleur en grève ou visé par un lock-out. On suggère d'atténuer la portée des articles actuels pour les appliquer de façon moins contraignante selon la taille ou la nature de l'entreprise, c'est-à-dire de façon moins contraignante dans la petite entreprise que dans la grande entreprise. Enfin, on revendique qu'il soit aussi interdit aux grévistes de travailler pour un autre employeur pendant une grève.

Du côté syndical, on demande d'élargir l'interdiction actuelle selon laquelle on ne peut remplacer un gréviste par toute personne ou par tout entrepreneur autre que les cadres déjà à l'emploi de l'entreprise, pour que tout travail normalement effectué par le travailleur en grève soit interdit.

On souhaite aussi le remplacement du recours pénal actuel par un recours devant un organisme ayant des pouvoirs d'injonction. On demande enfin de reconnaître aux délégués syndicaux des pouvoirs d'enquête plus étendus à l'intérieur de l'entreprise.

Les positions sont donc fortement polarisées. D'un côté on se plaint des lacunes de la Loi ou des violations qui la rendent inefficace par rapport à l'objectif visé. D'un autre côté, on dénonce la singularité de la Loi sur notre continent et on réclame le droit de continuer les opérations au nom de la liberté d'entreprise et de la liberté des individus. Des deux côtés, on n'hésite pas à présenter le problème comme mettant en cause des valeurs et des principes fondamentaux.

La divergence des points de vue porte même sur l'évaluation des faits par rapport à l'intention première de ces dispositions. On se souviendra en effet que la multiplication des actes de violence physique à l'occasion de conflits de travail a été au coeur des soucis de l'opinion publique et du législateur quand ces articles ont été adoptés initialement en 1977 et modifiés en 1983. Maintenant, d'un côté, on invoque la violence antérieure à 1977, mais on ne se soucie guère de raviver les exemples précis qui s'estompent peu à peu dans la mémoire individuelle et collective. D'un autre côté, on invoque des exemples de la violence qui subsiste encore aujourd'hui mais on ne se soucie guère de faire la comparaison entre la violence antérieure et la violence contemporaine.

Nous considérons qu'il n'y a pas lieu pour nous d'intervenir sous forme de recommandation dans un domaine où le moindre consensus est évidemment hors de toute portée, de la nôtre comme, croyons-nous, de celle du législateur. Nous ajoutons qu'en raison de la courte histoire de ces articles, adoptés en 1977, et de l'histoire encore plus courte des amendements apportés en 1983, les passions sont encores vives et donc que le moment ne semble pas encore venu de faire une évaluation calme de ce litige.

Quant aux autres pratiques illégales ou déloyales, elles donnent aussi lieu à des litiges réels. On propose de mieux définir le piquetage, de mieux le réglementer, d'éliminer le piquetage secondaire, d'enquêter de manière plus efficace sur les pratiques de piquetage, ou d'en faire une mention explicite dans le *Code du travail*. On propose de préciser ce qui constitue l'absence de bonne foi, de prévoir des recours contre les pratiques syndicales déloyales, d'accentuer la sévérité des sanctions dans les cas de grève illégale, de vandalisme ou d'actes d'intimidation, allant jusqu'à la révocation de l'accréditation syndicale ou jusqu'à la suspension du pré-compte syndical.

Si ces matières font l'objet de litiges réels et profonds, il y a tout de même consensus sur l'objectif visé, à savoir que les conflits se déroulent dans la légalité et que l'encadrement légal des conflits soit respecté.

Nous considérons que le principal moyen d'accentuer le respect de la Loi est encore l'approche administrative et intégrée des problèmes dans leur ensemble. Elle permettrait, par le pouvoir remédiateur, de rétablir le cadre légal plutôt que de simplement réprimer tel ou tel geste par l'amende. L'éventail des problèmes soulevés met en lumière l'existence d'un conflit d'intérêts doublé d'un combat entre des forces économiques. Il s'agit, entre autres, de la bonne foi à la table de négociation, de l'obligation de négocier après l'acquisition ou l'exercice du droit de grève ou de lock-out, de la poursuite de la production, des expéditions ou des services par les personnes en droit de le faire, de la nature du piquetage et de son exercice, des actes de violence, etc. Cet éventail de problèmes doit être considéré dans son ensemble et les solutions à y apporter, élaborées dans l'optique de civiliser le conflit. Ces problèmes pourraient faire l'objet d'une ordonnance remédiatrice, qu'on appelle en anglais un « cease and desist order », dont la conséquence est contraignante et juridiquement exécutoire. Il ne s'agit pas ici de céder à la tentation utopique d'utiliser le pouvoir de l'État pour supprimer le conflit économique mais plutôt de le civiliser dans toute la mesure du possible.

On aura déjà noté que nous recommandons l'usage d'une approche administrative et intégrée aussi bien pour protéger le droit d'association que pour assurer la légalité lors du déroulement d'un conflit de travail. Il ne s'agit évidemment pas d'une coïncidence. Il s'agit, dans les deux cas, de la même approche et du même organisme, le CRT, qui exercerait les mêmes pouvoirs d'ordonnance remédiatrice. Cette approche, dans le cas de la gestion des conflits de travail, exige cependant l'addition de certaines règles habilitant le CRT à intervenir notamment en ce qui concerne le piquetage. Pour le reste, il nous apparaît qu'il n'y a pas de consensus à notre portée pour modifier les autres grandes règles de droit mais qu'il en existe un pour mieux faire respecter et appliquer les règles existantes.

Recommandations

VI-17 Piquetage

Que le *Code du travail* soit amendé afin d'y inclure le pouvoir pour le Conseil des relations du travail de rendre des ordonnances relatives au piquetage selon la disposition suivante :

Dans le but d'assurer le respect des différents droits des personnes en présence, le Conseil peut établir, à la demande d'une partie et par voie d'ordonnance, après l'enquête qu'il estime nécessaire dans les circonstances, des modalités d'exercice du piquetage par les membres d'une association de salariés à l'occasion d'une grève ou d'un lock-out et, au besoin, préciser notamment :

i) le nombre de « piquets » qui peuvent ainsi manifester à la fois et en un même lieu ;

ii) la localisation du lieu où ces « piquets » peuvent manifester et qui peut se situer soit près de l'établissement ou de l'entreprise en grève ou en lock-out ou soit près d'un autre établissement ou du siège social de l'employeur visé ou encore, soit près d'un lieu de travail d'un autre employeur qui, de l'avis du Conseil, exerce certaines activités de fabrication, de fourniture de biens ou de services, de distribution, d'achat ou de vente qu'il ne ferait pas n'eut été cette grève ou ce lock-out.

S'il s'oppose à la requête pour l'émission de cette ordonnance ou s'il demande sa révision, il incombe à cet autre employeur d'établir, à la satisfaction du Conseil, qu'il ne se trouve pas en pareille situation de soutien ou de relève de l'employeur où a lieu la grève ou le lock-out.

Le piquetage réalisé conformément à l'ordonnance du Conseil ne peut donner prise, sous ce seul chef, à aucun recours ou poursuite, de quelque nature, contre ce syndicat accrédité et ses membres qui ont ainsi exercé leur droit.

VI-18   Approche intégrée relativement aux pratiques déloyales entourant la négociation collective et le conflit de travail

Que l'administration de l'ensemble des dispositions de l'actuel *Code du travail* relativement à toute pratique déloyale ou infraction (sauf le recours pénal) entourant la négociation collective et le conflit de travail (y compris les dispositions « anti-scabs ») soit confiée au Conseil des relations du travail et que ce dernier puisse appliquer à ces matières une approche intégrée et administrative comprenant des pouvoirs d'enquête, de médiation, d'ordonnance et de sanction remédiatrice et compensatoire (y compris le « cease and desist order »), d'élaboration de politiques et de révision de ses propres décisions.

6.2.5 Le conflit de travail dans un service public

Notre Commission a reçu plusieurs propositions sur les problèmes que pose un conflit de travail dans un service public.

Parmi ces propositions, 19 portent sur le régime de négociation dans les secteurs public et parapublic, et 42 sur le maintien des services essentiels lors d'un conflit de travail dans un service public.

Rappelons d'abord que les secteurs public et parapublic ne font pas partie de notre mandat et que, de plus, leur régime de négociation constitue la matière d'une législation toute récente, adoptée au terme de discussions publiques et de divers échanges auxquels notre Commission n'a été associée d'aucune façon.

Par ailleurs, quant au maintien des services essentiels lors d'un conflit de travail dans un service public (p. ex.: gaz, électricité, téléphone, administrations municipales, transport en commun, enlèvement des ordures ménagères, etc.), nous considérons que le Conseil des services essentiels a connu un succès tout à fait remarquable là où il a oeuvré depuis les débuts de sa brève existence et de ce fait a grandement contribué à l'assainissement du climat dans un domaine contentieux. Son domaine d'intervention est névralgique quoique restreint, en ce sens qu'il est étroitement délimité par des textes de loi et par les interventions du gouvernement au nom de l'intérêt public. Son succès à cet égard mérite d'être signalé.

Nous considérons de plus que la récente législation relative à l'exercice du droit de grève dans les secteurs public et parapublic a substantiellement élargi le champ et les moyens d'action de cet organisme. Il est difficile de prévoir quel sera l'impact de l'élargissement de son mandat sur son propre fonctionnement, sur le comportement des parties dans les conflits de travail et sur les réactions des usagers et de la population.

Pour ces considérations, nous estimons qu'il ne serait pas prudent de notre part de faire la moindre recommandation.

6.2.6 *L'arbitrage de différend dans le cas des policiers et des pompiers*

Vingt-trois propositions nous ont été faites sur l'arbitrage des différends chez les policiers et les pompiers. La plupart proviennent des autorités municipales. Elles visent surtout à modifier la sélection ou le mode de fonctionnement des arbitres, à modifier leur façon d'apprécier les critères qui servent de base à leurs décisions ou encore à modifier ces critères eux-mêmes. Ainsi, on propose de rendre plus précis et plus impératifs des critères tels que : les politiques gouvernementales, la situation économique, la capacité de payer de la municipalité, les conditions du marché du travail local ou régional et les conditions de travail des autres salariés de la même municipalité. Il n'y a nul doute que ces propositions reflètent les frustrations qu'on éprouve envers un mécanisme d'arbitrage aboutissant à une décision finale et exécutoire qui se veut un substitut à l'arrêt du travail, à l'épreuve de force, comme moyen de trancher les conflits d'intérêt.

Il nous apparaît manifestement difficile d'apprécier ces diverses propositions sans entrer de plein pied dans l'appréciation des différends eux-mêmes. Ces propositions soulèvent en effet des questions qui touchent à la substance des différends.

À quoi doit-on comparer le travail d'un policier ou d'un pompier dans une municipalité précise : à celui des autres salariés municipaux, à celui des autres salariés du secteur privé, à celui du policier ou du pompier de la ville voisine où à celui du policier ou du pompier d'une ville comparable ? De quelle façon procède-t-on pour apprécier la capacité de payer d'une municipalité, pour apprécier les décisions politiques de fixation des taxes, et quel poids faut-il accorder à une telle appréciation ? À elles seules, ces questions soulèvent à leur tour la question du financement municipal du niveau approprié de taxation et de l'autonomie municipale, dans les décisions à incidence fiscale. On comprendra qu'apprécier les critères et le fonctionnement de l'arbitrage des différends signifie apprécier les différends eux-mêmes et leurs enjeux. L'interrelation de ces questions et la nature des problèmes qui en découlent nous conduisent à ne pas recommander de changements au régime actuel.

Par ailleurs, parmi les autres propositions qui nous ont été soumises, deux mesures de nature à désamorcer les tensions autour du mécanisme d'arbitrage lui-même ont retenu notre attention.

Il nous semble en effet que la constitution d'une liste spéciale d'arbitres de différends pour policiers et pompiers, tirée de la liste générale des arbitres, pourrait permettre de rendre ces arbitres plus familiers avec ce type de litige et de produire une plus grande uniformité dans l'application des critères actuels.

D'autre part, l'introduction dans la procédure d'une conférence préparatoire à ce type d'arbitrage permettrait de mieux cerner le litige et d'empêcher que le mode contradictoire amène les parties à généraliser et à polariser leurs divergences, ce qui ne prépare certainement pas le terrain à la décision la plus adaptée aux intérêts en cause.

Recommandations

VI-19 Constitution d'une liste spéciale d'arbitres de différend dans le cas des policiers et pompiers

Que le Conseil consultatif du travail et de la main-d'oeuvre constitue à partir de la liste générale des arbitres une liste spéciale d'arbitres pour agir dans les cas de différends impliquant des policiers et des pompiers.

VI-20 Conférence préparatoire à l'arbitrage de différends dans le cas des policiers et pompiers

Que les dispositions du *Code du travail* relatives à l'arbitrage de différends dans le cas des policiers et pompiers soient amendées pour y introduire la tenue d'une conférence préparatoire visant à constater les accords et à identifier les désaccords sur lesquels portera l'arbitrage.

6.3 Les décrets

Nous abordons maintenant l'étude de la *Loi sur les décrets de convention collective*. Cela peut surprendre au premier abord qu'après avoir étudié deux aspects constitutifs des rapports collectifs, soit le droit d'association et la négociation collective, nous abordons maintenant une loi spécifique. Cela surprendra moins si l'on tient compte du fait que, depuis plusieurs années, l'administration du *Code du travail* et celle de la *Loi sur les décrets de convention collective* ont pris de la distance l'une par rapport à l'autre. Il est de ce fait plus commode de les étudier séparément. Il nous faudra donc traiter à nouveau du droit d'association et de la négociation mais cette fois dans le contexte spécifique de la *Loi sur les décrets de convention collective*. Nous reviendrons aussi sur des thèmes que nous avons déjà abordés, notamment ceux de l'accréditation multi-patronale, des normes du travail et de l'accès à la syndicalisation. Nous exposerons les orientations principales qui président au choix et au contenu de nos recommandations. Enfin nous tenterons de tracer une esquisse du fonctionnement du régime des décrets tel que modifié à la suite de nos recommandations. Signalons que cette section emprunte beaucoup aux recherches faites pour notre Commission [8].

La *Loi sur les décrets de convention collective* date de 1934 et ses aspects les plus importants sont restés inchangés depuis un demi-siècle. Elle établit les règles et elle accorde les pouvoirs permettant au ministre du Travail de décréter l'extension de certaines dispositions d'une convention collective à un groupe d'employeurs et de salariés dans une région et dans un secteur donné. Il existe aujourd'hui une quarantaine de décrets régissant les conditions de travail d'environ 140 mille salariés. Nous estimons qu'environ 77 mille d'entre eux sont syndiqués, soit environ le huitième des travailleurs syndiqués du secteur privé au Québec. Le contenu et le fonctionnement de cette Loi présupposent l'existence de syndicats négociant des conventions collectives avec des employeurs et des groupes ou associations d'employeurs. Cependant, contrairement au *Code du travail* cette Loi ne contient aucune protection du droit d'association, aucune obligation de négocier, ni aucun encadrement en cas de conflit. La portée limitée de cette Loi a beaucoup restreint l'usage du régime d'extension. Signalons enfin que, de façon répétée et constante, les principaux usagers de ce régime d'extension ont exprimé leur attachement au régime tout en souhaitant qu'il soit modifié pour lui donner plus d'ampleur.

6.3.1 Quelques considérations

a) L'accréditation multi-patronale

Nous avons déjà exposé qu'il nous apparaît impossible d'obtenir un consensus sur les projets syndicaux d'accréditation multi-patronale proposés pour élargir l'accès à la syndicalisation et à la négociation collective. L'absence d'un tel consensus et notre souci d'en tenir compte ont un impact important sur l'étude d'une réforme possible de la *Loi sur les décrets de convention collective*. Examinons de façon plus précise quel serait son impact. D'une part, il ne peut pas s'agir d'écarter tout aspect multi-patronal puisque le coeur même de cette *Loi* est l'extension juridique d'une convention collective à un groupe d'employeurs, donc à un groupe multi-patronal. Il ne peut pas non plus s'agir d'écarter tout aspect régional ou sectoriel de cette *Loi*, puisque l'essence même de cette *Loi* est l'extension juridique d'une convention collective à un groupe d'employeurs oeuvrant dans un territoire donné et dans un secteur donné. Par définition, la *Loi* des décrets comporte des caractéristiques régionale, sectorielle et multi-patronale. Par exemple, certains des décrets les plus importants visent l'entretien ménager des édifices publics de la région montréalaise, le gardiennage par des agents de sécurité sur le territoire québécois ou la réparation automobile dans une dizaine de régions différentes. Ce serait donc une entorse à la logique de prétendre que la *Loi* actuelle des décrets n'est pas régionale, sectorielle ou multi-patronale. D'autre part, il s'agit certes de ne pas introduire l'accréditation multi-patronale ou les fondements de ce type d'accréditation dans le cadre de la *Loi* des décrets. En effet, si on transposait la notion de l'accréditation d'un groupe représentatif et majoritaire de travailleurs de son cadre connu et accepté c'est-à-dire uni-patronal, au groupe d'employés visés par un décret c'est-à-dire à un groupe multi-patronal, alors effectivement il s'agirait d'une sorte d'accréditation multi-patronale. Disons donc clairement qu'il ne s'agit pas d'introduire l'accréditation d'un groupe représentatif et majoritaire dans le cadre de la *Loi* des décrets.

b) Les normes du travail

Les normes du travail ont une portée limitée en vertu de leur caractère minimal et du fait qu'on assigne à l'intervention législative directe un rôle plutôt limité par rapport à celui dévolu à la négociation collective et libre. Nous écartons à toutes fins utiles la possibilité de transformer la *Loi* des décrets en une loi qui se rapprocherait de la *Loi sur les normes du travail* et de permettre ainsi l'adoption d'une série d'ordonnances sectorielles et régionales composant un système de réglementation étatique directe des conditions de travail. Cela rend donc impossible la répétition ou la généralisation, par exemple, du remplacement, en 1969, du décret de l'alimentation dans la région montréalaise par une ordonnance étatique réglementant les heures d'ouverture des commerces.

c) Le « statu quo »

Par ailleurs, il nous apparaît impossible d'obtenir un consensus sur un « statu quo » qui maintiendrait pour un nombre important de travailleurs et de travailleuses des situations caractérisées par l'isolement individuel, la privation de l'exercice du droit d'association et des inégalités dans les droits et dans les conditions de travail. L'insistance des groupes socio-économiques en témoigne. Ces groupes ont abondamment illustré et déploré l'impuissance qui résulte trop souvent de l'isolement individuel face à une entreprise, même petite, et la fréquente injustice découlant de ces rapports inégaux . Selon ces groupes et dans ces conditions, l'application de la *Loi sur les normes du travail*, la seule qui les protège actuellement, devient pratiquement illusoire. Ils interpellent notre société car ils n'acceptent pas de voir la syndicalisation comme une réalité si mal partagée entre les travailleurs ; ils se refusent à voir dans ce phénomène la résultante d'un choix auquel les travailleurs auraient librement consenti.

Ces groupes réclament un accès plus égalitaire à la syndicalisation et à la négociation collective et libre. Ce faisant, ils ne s'attaquent pas aux valeurs qui font consensus. Au contraire, ils réclament en être partie prenante. Ces groupes ne contestent pas l'importance des libertés individuelles, car au contraire ils réclament l'accès aux rapports collectifs permettant leur exercice. Ces groupes ne remettent pas en question la liberté d'entreprise du commerçant ou du petit employeur, ils demandent seulement qu'elle ne s'exerce pas contre leurs propres libertés. Ces considérations entraînent qu'on doive éliminer la possibilité de perpétuer le « statu quo » lorsqu'on envisage une réforme de la *Loi sur les décrets de convention collective*.

d) L'accès à la négociation collective et libre

Nous avons noté plus haut que la négociation collective et libre comme valeur importante de notre société faisait consensus. On devrait donc pouvoir envisager que fasse aussi consensus l'élargissement du droit démocratique des travailleurs à jouir, s'il le désirent, de conditions de travail négociées de façon collective au lieu d'être astreints à des conditions de travail décrétées de façon unilatérale par une entreprise ou réglementées de façon minimale exclusivement par l'État. Bien sûr un consensus sur un tel objectif n'implique pas nécessairement que tous s'accordent sur les moyens de le réaliser. Mais la Loi des décrets offre-t-elle les moyens pour réaliser un tel objectif aux yeux de ceux qui en ont une expérience concrète?

e) Consensus des usagers de la loi des décrets

De façon générale, les groupes patronaux et les syndicats qui négocient actuellement dans le cadre de la *Loi sur les décrets de convention collective* s'entendent pour reconnaître que cette *Loi* est à l'origine de plusieurs bienfaits. Leurs reproches visent surtout le caractère étriqué et limitatif de la loi, l'archaïsme de ses définitions ou la marginalité croissante de son application. Il convient d'identifier l'existence de ce consensus des principaux usagers des décrets parce qu'il est à la fois significatif et peu connu. Il est significatif parce que les effets de cette *Loi* s'appliquent non seulement à 140 mille travailleurs mais aussi à 18 mille entreprises, petites ou moyennes pour la plupart, comptant huit employés chacune en moyenne. Il faut savoir que la taille moyenne des secteurs couverts par un décret d'extension est petite, 3 500 travailleurs répartis dans 450 entreprises en moyenne, que les secteurs couverts sont composés de petites manufactures ou des entreprises de service comme le vêtement pour hommes, le vêtement pour dames, les agents de sécurité, l'entretien ménager des édifices publics, le meuble, la réparation automobile, la menuiserie métallique, les musiciens, le camionnage et les produits du ciment. Ces secteurs sont à la fois très diversifiés et représentatifs des secteurs où travaille la vaste majorité des travailleuses et des travailleurs non syndiqués dont le seul recours est la Loi des normes minimales. Disons enfin que le consensus est significatif parce qu'il s'est exprimé notamment et clairement dans une vaste enquête conduite il y a deux ans par le ministère du Travail auprès des usagers de cette *Loi.*

L'existence de ce consensus est peu connue, pour plusieurs raisons sans doute, mais en particulier pour trois raisons qui nous apparaissent ne pas être dénuées d'intérêt: la complexité des composantes de ce régime, la diversité de son fonctionnement concret et la relative harmonie des rapports collectifs qui le caractérisent.

La complexité des composantes de ce régime est considérable. Du côté des travailleurs, il y a fréquemment un syndicat majoritaire mais cela est loin d'être toujours le cas. On estime à 55 % la proportion globale d'adhérents syndicaux, mais cette répartition est très inégale. En effet, et c'est capital, cette *Loi* ne mentionne pas une seule fois les mots « représentativité », « représentatif », ou « représentant ». On est donc loin de l'accréditation majoritaire et du concept de représentativité qui sont au coeur du *Code du travail*. Du côté patronal, on retrouve une multitude d'artisans, de raisons sociales sans employés, de petits entrepreneurs qui donnent du travail à domicile, d'entreprises familiales, de sous-traitants, de petites et moyennes entreprises, et aussi des associations patronales parfois rivales dont l'existence tient au décret lui-même. Les secteurs régis par des décrets sont des royaumes pour la concurrence et après un demi-siècle, il n'y a plus lieu de se demander si la compétition survit aux décrets puisqu'elle y règne. Dans un secteur couvert par un décret vieux d'un demi-siècle, comme la menuiserie métallique montréalaise, 150 employeurs se concurrencent toujours et emploient un total de 750 employés. Signalons enfin un trait commun aux entreprises des secteurs régis par un décret, le salaire constitue toujours une portion très élevée de la dépense totale de l'entreprise. Du côté du gouvernement, la diversité et la complexité des problèmes transforment chacune de ses interventions en cas d'espèce exigeant un jugement circonstancié. La décision du gouvernement d'accorder ou non l'extension juridique est centrale et définit la nature du rapport collectif. Les raisons du gouvernement de prendre telle ou telle décision conditionnent les stratégies, le comportement et jusqu'à l'existence même des parties aux rapports collectifs. Pourtant, le rôle de l'État reste auxiliaire puisqu'il donne aux rapports collectifs et à la négociation collective un encadrement qui leur permet d'exister mais qui ne les remplace pas.

Le mode de fonctionnement de ce régime varie également considérablement d'un secteur à l'autre. Dans le gardiennage, on a formé un syndicat et une association patronale dans le but explicite de négocier une demande d'extension juridique plutôt que de négocier sur la base de l'établissement et ce, en dépit des accréditations octroyées en vertu du *Code du travail*. N'eût été cette volonté commune, la naissance du syndicat aurait été étouffée dans l'œuf. On décrit cette situation en disant qu'on « négocie le décret » et cette expression paradoxale exprime une réalité précise. Dans le secteur des produits du ciment par contre, c'est exactement le contraire puisque les véritables négociations se déroulent au niveau de l'établissement accrédité. Les rapports collectifs menant à l'extension juridique jouent un rôle important mais auxiliaire par rapport à ces négociations. Alors que certains décrets régissent des secteurs très affectés par l'importation, tels les huit décrets du vêtement, d'autres régissent des secteurs de service nécessairement locaux tels l'entretien ménager des édifices publics. Les associations patronales peuvent être soit quasi-inexistantes comme dans la menuiserie métallique, soit homogènes comme dans certains décrets régionaux de réparation automobile, soit encore fratricides comme dans le secteur du meuble. En réalité, le fonctionnement des décrets serait mieux saisi par une série de monographies que par des catégories, tant la diversité est grande et marquée. Sans doute cette diversité témoigne-t-elle de la souplesse du régime mais elle rend sa description difficile et relativement inaccessible aux non-initiés.

Les rapports collectifs qui se développent dans le cadre de la Loi des décrets se caractérisent par une relative harmonie. Cela ne peut tenir au fait que la représentation syndicale dans l'entreprise individuelle serait numériquement plus faible puisque la quasi-totalité des syndiqués sous l'égide des décrets détiennent aussi une accréditation en vertu du *Code du travail* et bénéficient du précompte syndical (la formule Rand) découlant de l'accréditation. Il semble que la seule réponse valable ne puisse provenir que de la différence dans l'aire de la négociation d'une loi à l'autre : la négociation est d'abord uni-patronale sous l'égide du *Code du travail*, elle est d'abord multi-patronale sous l'égide de la Loi des décrets. Cette différence, signalons-le, en est une de degré plutôt que de nature puisque le *Code du travail* laisse une large place au « pattern-bargaining », et que la Loi des décrets n'exclut pas en soi des négociations par entreprise au-delà du contenu du décret. Il n'en demeure pas moins que la différence est importante puisque le type de négociation multi-patronale qui prévaut dans les secteurs couverts par un décret est source d'harmonie plutôt que de conflit dans les rapports collectifs et qu'il répond au souci majeur de l'employeur d'assurer sa compétitivité. Les employeurs de secteurs régis par les décrets le répètent d'ailleurs à qui veut l'entendre et ceux qui, par exemple dans le vêtement et dans le meuble, se plaignent de l'existence d'un décret déclarent souvent du même souffle que le décret ne les protège pas assez de la concurrence venant de l'extérieur du Québec.

6.3.2 Deux orientations

Après avoir exposé ces quelques considérations, nous voulons maintenant proposer deux grandes orientations qui président aux recommandations que fait notre Commission, qui les unifient et leur donnent un sens. La CCT propose ainsi de revaloriser considérablement le régime des décrets dans le cadre général des rapports collectifs du travail pour renforcer les parties à la négociation et élargir l'accès à la syndicalisation.

a) Le renforcement des parties à la négociation

Le renforcement des parties à la négociation constitue un premier objectif à la revalorisation du régime des décrets parce qu'il contribue de façon importante à la vitalité de la négociation collective et libre. Dans le cadre de la Loi des décrets, ce renforcement signifie qu'il faut accentuer le rôle et l'autonomie des parties à la négociation, la cohésion interne des regroupements patronaux et syndicaux, la qualité de la représentativité au sein des employeurs et des travailleurs assujettis à l'effet d'un décret et la vitalité de l'administration d'une convention collective étendue. En effet, ces éléments sont déjà présents à des degrés divers dans le régime des décrets mais sont susceptibles d'être améliorés. De plus, ces éléments constituent en pratique le contrepoids le plus efficace et le plus souhaitable à la présence de l'État dans le fonctionnement concret des décrets, présence nécessaire et inévitable en raison de la nature même de l'extension juridique, mais qu'il convient de limiter pour qu'elle soit un auxiliaire plutôt qu'un substitut à la négociation. Notre objectif est de contribuer à l'efficacité du régime de négociation et d'extension, et d'améliorer l'administration de la convention collective étendue.

b) L'élargissement de l'accès à la syndicalisation

L'élargissement de l'accès à la syndicalisation constitue notre second objectif parce que la syndicalisation est une condition indispensable de la négociation collective et libre et qu'on ne peut être en faveur de l'une sans l'être de l'autre. Peu de personnes désirent ou acceptent la syndicalisation pour elle-même, mais plutôt pour le pouvoir de négocier qui en découle. Il s'agit d'élargir l'accès à la syndicalisation dans certains secteurs tels que les secteurs présentement régis par décr.. où les entreprises sont de taille réduite et la concurrence facilement identifiable. Dans de tels secteurs, la concurrence rend l'employeur et le travailleur isolés, craintifs devant les effets d'une négociation. Dans de tels secteurs où la négociation collective et l'extension juridique ont prouvé leur utilité et leur souplesse d'adaptation, le renforcement des parties à la négociation exige que l'on permette avant tout leur apparition.

Nous soulignons que nos recommandations n'ajoutent pas de composante totalement nouvelle au régime actuel des décrets. La nouveauté de nos propositions réside dans le dosage des éléments du régime actuel. Plus particulièrement nous proposons la levée de certaines restrictions présentes dans la *Loi* actuelle, qui restreignent considérablement la liberté d'action des parties et contribuent ainsi à réduire la place de la négociation collective et libre dans notre société. Nous proposons de rendre la négociation plus importante en la rendant plus libre.

Recommandation

VI-21 Revalorisation du régime des décrets d'extension de convention collective

Que le régime des décrets d'extension de convention collective soit révisé globalement dans le sens d'une revalorisation et d'une modernisation fondées sur le renforcement des parties à la négociation et l'élargissement de l'accès à la syndicalisation.

6.3.3 Esquisse du fonctionnement du régime revalorisé

Nous traçons maintenant une esquisse sommaire et aussi concrète que possible de l'application de nos orientations.

a) La reconnaissance volontaire plutôt que l'accréditation

En vertu du régime actuel, une association de salariés voulant obtenir une convention étendue par décret peut avoir été formée de façons différentes et peut négocier cette convention selon des modalités variées. Telle est la situation actuelle et la loi existante ne donne pas de directives à ce sujet. Nous croyons qu'il ne faut pas modifier cet état de fait. Il en découle qu'un syndicat pourrait détenir plusieurs accréditations et que ce syndicat pourrait négocier avec un ou plusieurs employeurs ou avec une association d'employeurs, conclure des conventions collectives dans le cadre de ses accréditations ou négocier un projet de décret dont on demandera l'adoption de concert avec un groupe d'employeurs visés ou non par une accréditation, tel que cela se pratique présentement. Les ententes conclues pourraient encore avoir des effets immédiats ou n'avoir d'effets que sur la promulgation d'un décret.

Nous voulons donc souligner que l'accès à la syndicalisation et à la négociation avec des employeurs, qui mènerait finalement à l'extension d'une convention négociée, ne constituerait pas un processus d'accréditation multipatronale. L'accréditation resterait unipatronale et nous ne proposons pas de la transplanter dans le contexte multi-patronal des décrets. Par voie de conséquence, l'exigence d'une représentativité majoritaire sur laquelle repose l'accréditation resterait elle aussi absente de la *Loi*, comme c'est le cas actuellement. La reconnaissance d'un syndicat impliquerait deux modalités : en premier lieu, un ou plusieurs employeurs pourraient volontairement reconnaître le syndicat et en second lieu, le ministre du Travail pourrait reconnaître une entente négociée. Conséquemment, les décisions du Ministre continueraient de s'appuyer sur la prépondérance du contenu de la convention plutôt que sur la représentativité d'une association de salariés. Quant aux associations d'employeurs, nous réitérons ici une recommandation antérieure à l'effet qu'elles soient nécessairement valides pour la durée d'une entente négociée ou étendue. Ajoutons enfin que même si la loi actuelle prévoit qu'une des parties à une convention peut en demander l'extension, l'importance des parties fait qu'en pratique les demandes conjointes ont beaucoup plus de poids. Nous ne proposons pas de changement à cet égard.

b) L'extension horizontale

La demande d'extension ou du moins le décret promulgué viserait des entreprises mutuellement concurrentes oeuvrant dans un même secteur d'activité économique ou dans un territoire particulier (ville, communauté urbaine, région ou province) comme cela est le cas en vertu de la loi actuelle. Par contre, la demande ou du moins le décret viserait des entreprises ou des sections d'entreprises plutôt que des occupations spécifiques ; le décret ne pourrait donc plus avoir pour effet de faire des découpages à l'intérieur d'une accréditation. Cette dernière proposition fait suite à plusieurs demandes qui nous ont été faites en ce sens, visant à supprimer un effet irritant des décrets actuels, soit l'assujettissement à un décret d'occupations isolées ou marginales par rapport à l'entreprise.

Recommandation

VI-22   Limite à l'extension « horizontale » d'un décret

Que l'article 11 de la *Loi sur les décrets de convention collective* soit amendé de façon à empêcher que le champ d'application d'un décret ne comprenne les employeurs et salariés

a) **qui n'accomplissent que de façon accessoire l'activité visée par le décret ;**

b) **ou qui accomplissent cette activité dans un établissement où il existe une accréditation couvrant également des activités non visées par le décret.**

---

c) La protection du droit d'association

L'exercice du droit d'association serait protégé par les dispositions du *Code du travail* actuel transposées dans la nouvelle législation pour sanctionner l'intimidation ou le congédiement d'un salarié, ou la domination d'un syndicat et ainsi protéger l'exercice du droit d'association .

Recommandation

VI-23 Protection du droit d'association dans le cadre du régime des décrets

Que les articles pertinents du *Code du travail* actuel protégeant l'exercice du droit d'association soient rendus applicables à l'exercice de ce droit dans le cadre de la formation ou du fonctionnement d'une association de salariés en vertu de la *Loi sur les décrets de convention collective*.

---

d) La négociation

Au besoin, le ministre offrirait les services du Ministère pour aider les employeurs à former une association mais ne disposerait d'aucun pouvoir coercitif à cet effet. Le service de conciliation serait disponible sur demande de l'une ou l'autre des parties, comme cela se pratique actuellement mais en cas d'impasse dans la négociation, les recours de l'employeur ou du syndicat resteraient les mêmes que ceux que la loi actuelle prévoit. Par exemple, un syndicat pourrait avoir recours à la grève s'il détient une accréditation et s'il le fait de la façon prévue au *Code du travail* actuel et dans l'entreprise individuelle visée par l'accréditation. Il ne pourrait pas avoir recours à la grève dans l'entreprise où il ne détient pas d'accréditation. Nous voulons souligner ici de façon explicite que le recours à la grève ou au lock-out resterait le même que le recours actuel existant en vertu des deux lois (le *Code du travail* et la *Loi sur les décrets de convention collective*) conçues indépendamment l'une de l'autre, mais auxquelles les usagers confèrent parfois une articulation implicite. Il nous apparaît donc que le mode de résolution des conflits d'intérêts, caractéristique du régime des décrets, ne devrait pas être modifié étant donné le haut degré d'harmonie qu'il engendre. L'assise de cette harmonie, il faut le rappeler, est l'envergure multi-patronale de la négociation qui accentue la communauté d'intérêts des parties.

e) Pouvoir ministériel d'appréciation

Sur réception d'une convention collective ou d'un projet de décret négocié, le Ministre convoque une audience ouverte à tous les intéressés, il sanctionne la conformité de la demande à la *Loi* et il apprécie la signification et la prépondérance du contenu de la convention. Pour l'essentiel, les procédures, les critères et les pouvoirs du Ministre devraient rester inchangés. Nous recommandons que la diminution des délais d'adoption d'un décret dans la mesure où ils réflètent l'indécision des pouvoirs publics face à l'administration de cette *Loi*, et des modifications dans la description des critères actuels de décision pour leur enlever leur caractère archaïque. Il existe en effet un demi-siècle d'expérience concrète dans l'exercice des pouvoirs ministériels à cet égard et il nous apparaît imprudent de le bouleverser à la légère mais il nous apparaît également important que ces pouvoirs soient exercés avec une volonté ferme de renforcer les parties à la négociation, d'encourager l'exercice du droit d'association et de raccourcir les délais.

Recommandations

VI-24 Actualisation du pouvoir ministériel d'appréciation

Que l'article 6 de la *Loi sur les décrets de convention collective* soit amendé afin de le rendre plus conforme à la réalité actuelle

a) en remplaçant l'expression « la concurrence des pays étrangers ou des autres provinces » par l'expression « concurrence externe »;

b) et en remplaçant l'expression « doit être tenu compte (des conditions économiques...) » par l'expression « peut être tenu compte ».

VI-25 Exercice du pouvoir ministériel d'appréciation

Que le Ministre exerce ses pouvoirs actuels avec une volonté ferme de renforcer les parties à la négociation, d'encourager l'exercice du droit d'association et de raccourcir les délais.

Le travail :
une responsabilité collective

f) Le contenu d'un décret

Les restrictions actuelles au contenu d'un décret seraient grandement diminuées. Le contenu d'un décret ne serait pas plus restreint que celui d'une convention collective en vertu du *Code du travail* actuel. Cependant, une clause de sécurité syndicale serait limitée au précompte d'une somme équivalente à celle de la cotisation syndicale (communément dénommée la formule Rand) et son extension en décret ne s'appliquerait pas aux salariés visés par une accréditation. D'autre part, l'extension par décret du précompte entraînerait pour l'association bénéficiaire l'obligation d'une représentation équitable (art. 47.1 et suiv. du *Code du Travail*) des salariés assujettis. Voilà certes un changement majeur qu'il convient de commenter. Disons tout d'abord que ce changement concrétise une orientation de notre Commission et une application du principe de la négociation collective et libre en ce sens que les parties deviennent libres de négocier toute condition de travail et d'en demander l'extension par décret. On fait ainsi confiance à la capacité des parties de déterminer et de donner de l'ampleur au contenu de leurs rapports collectifs d'une façon qui soit conforme à l'interaction de leurs intérêts communs et respectifs. Nous recommandons au Ministre et aux organismes patronaux et syndicaux de faire preuve de souplesse et de vigilance devant cette évolution des rapports collectifs et dans l'exercice des pouvoirs ministériels de décision qui sont déjà une pièce importante de ce mécanisme. Ajoutons enfin au sujet de la possibilité de négocier librement la formule Rand, que le renforcement des parties, des rapports collectifs et de leur contenu, implique la participation à leur financement. La négociation volontaire de la formule Rand est déjà la formule prépondérante ailleurs en Amérique du Nord. Nous ne croyons pas qu'on devrait l'exclure d'une telle conception plus permissive du contenu possible des conventions collectives étendues, ni restreindre sa mise en application.

Recommandation

VI-26 Élargissement des matières négociables et susceptibles d'extension par décret et implications quant aux dispositions relatives à la sécurité syndicale et à certaines obligations des associations de salariés

Que la *Loi sur les décrets de convention collective* soit amendée en ajoutant à son article 10, la disposition suivante :

Un décret de convention peut aussi rendre obligatoire, avec ou sans modification, toute autre condition de travail de la convention collective qui n'est pas contraire à l'ordre public ni prohibée par la loi y compris les modalités relatives au précompte de la cotisation syndicale ou de son équivalent. Toutefois, les mesures assurant l'adhésion syndicale ne peuvent être l'objet de cette extension. De plus, l'extension du précompte de la cotisation syndicale ou de son équivalent ne s'applique pas aux groupes de salariés représentés par des associations accréditées, lesquels sont régis par les dispositions pertinentes du *Code du travail*.

Il est de plus souhaitable qu'il soit prévu que l'extension du précompte de la cotisation syndicale, le cas échéant, entraîne l'assujettissement de l'association de salariés aux obligations prévues par les articles 47.1 à 47.6 du *Code du travail*.

---

g) L'application du décret

La loi actuelle prévoit, comme règle générale, l'application du décret par un comité paritaire constitué par les parties. Ce comité est chargé de surveiller et d'assurer l'observance du décret par l'inspection et, le cas échéant, par l'action en justice, civile ou pénale.

Nous recommandons que la *Loi* permette aussi aux parties d'opter pour d'autres formules d'application en instaurant une alternative. Ainsi on pourrait s'entendre pour qu'un recours naissant des dispositions d'un décret puisse donner lieu à un grief et à un arbitrage. La *Loi* accorderait à un délégué syndical les pouvoirs requis pour exercer ses fonctions syndicales dans une usine où il n'est pas un employé. Ces pouvoirs de visite et de vérification seraient égaux aux pouvoirs que détient présentement un inspecteur de comité paritaire dans les entreprises où il n'y a pas de syndicat accrédité, sauf en ce qui a trait au pouvoir d'assermentation.

Une telle alternative permettrait un élargissement du rôle et une diversification des fonctions d'un syndicat dans le cadre des décrets. Une grande variété de formules particulières dans l'observance d'un décret pourrait être expérimentée, empruntant de diverses façons aux traditions issues de la présence syndicale dans un établissement et de la présence d'un comité paritaire dans un secteur régi par un décret d'extension de la convention collective.

Quant à la formule actuelle d'application basée sur l'action en justice initiée par un comité paritaire, elle se trouverait grandement simplifiée si l'ensemble des recours civils et pénaux découlant de la *Loi sur les décrets de convention collective* s'exerçaient devant le Tribunal du travail. Ce changement permettrait de développer une plus grande uniformité et soulagerait d'autres tribunaux dont la juridiction très large ne permet pas le développement d'une expertise sur les matières reliées au travail.

Recommandation

VI-27 Application des décrets

Que la *Loi sur les décrets de convention collective* **prévoie deux modes de surveillance de l'observance d'un décret auxquels les parties pourraient décider, par voie de négociation, de recourir. Ces modes seraient, soit**

a) **le mode actuel du comité paritaire assurant l'inspection et, le cas échéant, l'action civile et pénale en prévoyant toutefois que ces recours, sous réserve de la juridiction de la Cour supérieure, s'exercent devant le Tribunal du travail ; soit**

b) **un nouveau mode permettant l'inspection par un délégué syndical, en lui assurant des pouvoirs de visite et de vérification identiques, sauf le pouvoir d'assermentation, à ceux de l'inspecteur de comité paritaire auprès d'entreprises dont il n'est pas un salarié et permettant que les recours naissant du décret puissent s'exercer selon une procédure de grief et d'arbitrage.**

---

h) La surveillance par le ministre du Travail

L'observance d'un décret continuerait de se faire sous la surveillance du ministre du Travail car il nous apparaît que les effets de cette surveillance ont été généralement bénéfiques compte tenu de certains vices de fonctionnement. Bien sûr, le renforcement des parties et l'enrichissement des rapports collectifs auxquels nous ouvrons de nouvelles perspectives devraient servir d'antidote à la réapparition de tels vices de fonctionnement et devraient aussi s'accompagner d'une plus grande autonomie des parties dans l'observance d'un décret élargi. Cependant, nous estimons que le relâchement d'une telle surveillance devrait se faire graduellement et à la lumière de l'expérience acquise à la suite des changements proposés, plutôt qu'à la suite d'un changement immédiat des pouvoirs et des procédures de surveillance.

i) Consultation périodique auprès du CCTM

L'exercice des pouvoirs ministériels de surveillance, d'appréciation et de jugement discrétionnaires dont nous recommandons le maintien, ainsi que le fonctionnement global du régime des décrets, devraient faire l'objet d'une consultation périodique auprès du Conseil consultatif du travail et de la main-d'oeuvre. Celui-ci formerait à cet effet un comité représentatif des groupes patronaux et syndicaux oeuvrant dans le cadre de ce régime.

Recommandation

VI-28 Consultation périodique auprès du Conseil consultatif du travail et de la main-d'oeuvre sur le régime des décrets

Que l'exercice des pouvoirs ministériels et le fonctionnement global du régime des décrets fasse l'objet d'une consultation périodique auprès du Conseil consultatif du travail et de la main-d'oeuvre qui formerait à cet effet un comité représentatif des groupes patronaux et syndicaux oeuvrant dans le cadre de ce régime.

Nos propositions visent à accentuer le renforcement des parties impliquées dans la négociation collective, dans la procédure d'extension et dans l'administration des conventions collectives étendues, en fournissant aux parties un cadre de consultation plus vaste que celui de la demande d'extension d'une convention collective particulière. Ces propositions visent aussi à favoriser l'harmonisation de ces rapports collectifs et des autres rapports collectifs du travail et ainsi à diminuer leur isolement relatif.

Nous sommes conscients que l'élargissement du contenu des décrets et des mécanismes assurant leur observance devrait aussi susciter l'apparition de nouvelles règles dans l'exercice des pouvoirs ministériels qu'implique cet élargissement. Les règles actuelles qu'utilise le Ministre se sont développées graduellement à la lumière des expériences tant heureuses que malheureuses vécues depuis un demi-siècle. Nous croyons que, de la même façon, l'apparition de nouvelles règles suite à l'élargissement du contenu des décrets devrait se faire graduellement, à la lumière de l'expérience qui s'acquerra et en consultation avec les principaux groupes syndicaux et patronaux.

6.4 L'application des lois du travail

Si le législateur québécois a voulu régir les relations du travail au moyen de plusieurs lois spécifiques, le justiciable, dans l'exercice de ses droits, éprouve souvent des difficultés découlant de la diversité de ces lois. En effet, l'adjonction des recours accentue la complexité des lois du travail et par voie de conséquence, complique leur application. On ne peut donc s'étonner du nombre imposant d'interventions réclamant avec persistance la simplification et la cohérence des recours et des règles de procédure.

C'est pourquoi, aux chapitres traitant des rapports individuels et collectifs du travail, la Commission insiste sur la nécessité d'une révision globale de la législation du travail dont l'objectif précis serait la mise en ordre et l'unification des recours en matière de relations du travail.

Me Pigeon, l'un des plus grands juristes québécois, disait avec à propos:

> *« Même quand l'esprit d'une loi est clair, il se peut que le sujet qu'elle réglemente requière des connaissances techniques approfondies. Il arrive alors que le juge chargé d'appliquer les dispositions de la loi ne puisse parvenir à en comprendre les effets. »* [9]

Ces remarques revêtent assurément un caractère d'actualité, mais font aussi preuve d'une vision clairvoyante des lois relatives aux relations du travail. Pour interpréter le droit des relations du travail, il faut en effet tenir compte de l'histoire, de la coutume, du fait qu'il est question de relations humaines et, généralement, posséder une connaissance de l'organisation du travail dans l'entreprise. C'est la raison pour laquelle la Commission propose de faire suite aux revendications des partenaires sociaux en cette matière.

Cette orientation nous amène à examiner la situation actuelle de l'administration des recours en matière de rapports collectifs et à décrire plus spécifiquement le réaménagement des juridictions des instances d'application déjà annoncé dans de précédentes recommandations.

6.4.1 L'évaluation de la situation actuelle en matière de rapports collectifs

a) Le commissaire du travail

Les instances d'application des lois du travail régissant les rapports collectifs font l'objet de nombre d'interventions en faveur d'une révision globale du système. La structure à trois paliers établie en 1969 et instituant l'agent d'accréditation, le commissaire du travail et le Tribunal du travail s'avère inefficace tant dans son organisation que dans son administration et ce malgré des débuts très prometteurs. Une étude commandée par le ministre du Travail en 1983, le *Rapport Cogeri*, analysait les raisons des insuccès du Bureau du commissaire général du travail[10]. Le document étant public, il n'y a pas lieu de surcharger les lignes du présent rapport des constats qui s'y trouvent. D'ailleurs certains de ces éléments sont contestés par l'Association des commissaires du travail. Intervenir dans la controverse réclamerait de vérifier tous les faits et de porter un jugement de valeur sur le bien-fondé des conclusions de ce rapport. La Commission préfère s'en abstenir. Les informations que nous possédons sur l'organisation et l'administration de la structure d'adjudication, dont celles qui nous viennent des intervenants devant nous, suffisent pour donner un éclairage raisonnable de la situation.

Les perceptions des parties peuvent se résumer comme suit. La partie patronale prétend que le caractère judiciaire du droit des rapports collectifs du travail est un faux problème et qu'il s'agirait de bonifier les actuels mécanismes d'adjudication pour qu'ils aient l'efficacité souhaitée. Les centrales syndicales, quant à elles, invoquent plusieurs arguments pour justifier la révision complète du système et une modification substantielle des structures actuelles par l'institution d'un organisme intégré, à l'image des commissions de relations du travail existant au niveau fédéral et dans les provinces d'Ontario et de la Colombie-Britannique et dont les activités sont centrées autour de la médiation et de l'enquête.

Par contre, un quasi-consensus se dégage de l'ensemble des interventions et des propositions d'action relativement à la simplification et à l'uniformisation des nombreux recours à la disposition des justiciables, individuellement ou collectivement, et plus particulièrement à l'égard des délais et des coûts qui résultent de leur application.

Des avocats spécialisés en relations du travail estiment que l'efficacité du Bureau du commissaire général du travail serait grandement améliorée si sa compétence était limitée aux matières relevant spécifiquement des rapports collectifs.

Cette proposition n'est pas sans fondement. En effet, les requêtes originant de législations autres que le *Code du travail*, soit de la *Loi des jurés*, de la *Loi sur la santé et la sécurité du travail*, de la *Loi sur les normes du travail*, de la *Charte de la langue française*, et de l'article 60 du *Code de procédure civile* représentent en moyenne 14 % des requêtes soumises annuellement au Bureau du commissaire général du travail. Au cours de l'année 1984-1985 (du 1er avril 1984 au 31 mars 1985) 7 397 requêtes ont été reçues au Bureau du commissaire général du travail (soit 10 % de plus qu'en 1983-1984 (6 726) dont 1 000 provenaient d'autres sources que le *Code*. Or, au 31 mars 1985, 3 316 requêtes de toutes sources (voir tableau 6.1) étaient en attente dont 279 (8,4 %) étaient des requêtes en accréditation, 1 513 (45,6 %) des plaintes de congédiements, 1 059 (32,0 %) d'autres requêtes en vertu du *Code* et 465 (14,0 %) des requêtes s'appuyant sur des législations autres. Les plus récentes statistiques publiées par le Conseil consultatif du travail et de la main-d'oeuvre[11], illustrent de manière évidente l'ampleur du problème soulevé par les centrales syndicales et leurs affiliés.

Tableau 6.1

Les requêtes en attente au 1er avril 1985 au Bureau du commissaire général du travail

	En attente en 1984-1985	Décisions en 1984-1985	%
Toutes requêtes	3 316	6 922	100
Accréditations	279	1 415	8,4
Congédiements	1 513	2 260	45,6
Autres causes (relevant du *Code du travail*)	1 059	2 618	32,0
Autres causes (ne relevant pas du *Code du travail*)	465	1 104	14,0

Source: Conseil consultatif du travail et de la main-d'oeuvre, *Synthèse des activités du Bureau du commissaire général du travail, 1972-04-01 au 1985-03-31*, sept. 1985, p. 2.

Les délais sont aussi l'objet de nombreux commentaires (voir les tableaux 6.2 et 6.3). Ainsi, 41,5 % des accréditations ont été accordées par les agents d'accréditation en 1984-1985 à l'intérieur du délai de 30 jours et

47,7 % dans un délai de 31 à 60 jours. Par contre, la grande majorité des décisions des commissaires du travail, pendant la même période, étaient rendues plus de 90 jours après la date de l'introduction de la requête.

En 1984-1985, les agents d'accréditation ont accordé les accréditations syndicales dans les délais suivants:

Tableau 6.2

Agents d'accréditation: délais relatifs aux requêtes en accréditation

	Accréditations	%
0-30 jours	221	41,5
31-60 jours	252	47,7
61-90 jours	46	8,6
91 et plus	13	2,4

Source: Conseil consultatif du travail et de la main-d'oeuvre, op. cit., p. 9.

Tableau 6.3

Commissaires du travail: délais relatifs aux requêtes et plaintes
En 1984-1985, les commissaires du travail ont rendu leurs décisions dans les délais suivants:

	Accréditations	%	Congédiements	%	Requêtes diverses	%
0- 90 jours	166	31,5	442	23,6	1 411	55,2
91-120 jours	107	20,3	391	20,8	397	15,5
121-150 jours	77	14,6	124	6,6	166	6,5
151-180 jours	102	19,4	255	13,6	116	4,5
181 et plus	75	14,2	665	35,4	465	18,2

Source: Conseil consultatif du travail et de la main-d'oeuvre, op. cit., p. 9.

Par ailleurs, si l'on compare les activités du Bureau du commissaire général du travail (voir tableaux 6.4, 6.5 et 6.6) à celles du Conseil canadien des relations du travail et du Ontario Labour Relations Board, le Bureau du commissaire général du travail a un volume d'activités de beaucoup supérieur à celui des deux autres organismes[12]. On constate que les requêtes de toutes sources déposées au Bureau du commissaire général du travail (BCGT) se chiffrent en moyenne à 7 000 pour les années fiscales 1980-1981, 1981-1982, 1982-1983 et 1983-1984, tandis que le Conseil canadien des relations du travail (CCRT) en reçoit environ 700 et le Ontario Labour Relations Board (OLRB) environ 3 000 par année.

Tableau 6.4

Tableau synthèse des requêtes au Bureau du commissaire général du travail 1980-1984

	1980-1981	**1981-1982**	**1982-1983**	**1983-1984**
Accréditations	1 721	1 658	1 528	1 488
Congédiements	2 179	2 523	1 489	1 652
Autres cas (relevant du *Code du travail*)	2 845	3 527	2 783	2 561
Autres cas (ne relevant pas du *Code du travail*)	481	913	1 143	1 025
Total	**7 226**	**8 621**	**6 943**	**6 726**

Source: Conseil consultatif du travail et de la main-d'oeuvre, *Synthèse des activités du Bureau du commissaire général du travail,* tableau 15, 1984.

Tableau 6.5

Requêtes au Conseil canadien des relations du travail 1981-1984

	1981-1982	**1982-1983**	**1983-1984**
Accréditations	169	134	186
Pratiques déloyales	252	237	307
Autres	267	247	278
Total	**688**	**618**	**771**

Source: Service de recherche, Conseil canadien des relations du travail.

Tableau 6.6

Requêtes au Ontario Labour Relations Board 1980-1985

	1980-1981	1981-1982	1982-1983	1983-1984	1984-1985
Accréditations	1 152	1 089	758	871	1 148
Pratiques déloyales	705	640	724	872	919
Autres	979	1 020	1 280	1 392	1 440
Total	**2 836**	**2 749**	**2 762**	**3 135**	**3 507**

Source: Ontario Labour Relations Board, *Annual Report*, 1983-1984, p. 120.

Un examen rapide des prévisions budgétaires des mêmes organismes démontre que, pour un effectif global comparable, les ressources financières ne sont pas d'égale valeur (voir tableau 6.7).

Tableau 6.7

Ressources financières comparées

	Budget 1983-1984	Prévisions budgétaires 1985-1986
BCGT	3 360 000 $	3 727 000 $
CCRT	5 473 000 $	5 981 000 $
OLRB	4 505 300 $	4 600 000 $

Source: Me Janet Cleveland, op. cit., annexe 2.

À l'acquis du régime québécois de surveillance et d'adjudication, force est de constater que les ressources financières à sa disposition sont inférieures à celles du Conseil canadien et de la Commission ontarienne. Il s'ensuit que l'administration du régime en subit les conséquences qui le rendent plus sujet à des critiques défavorables.

b) Le Tribunal du travail

Les décisions des commissaires du travail en matière d'accréditation et de congédiements illégaux peuvent faire l'objet d'un appel (devant le Tribunal du travail), autant sur les faits que sur le droit. Sur les faits, le Tribunal n'intervient que dans les cas où l'erreur est manifeste. Sur le droit, l'appel est accordé, sauf lorsqu'une jurisprudence constante a précisé la règle de droit. Ce sont là les deux règles généralement suivies par le Tribunal du travail pour l'octroi ou le refus de la permission d'appeler.

L'examen rapide des requêtes pour permission d'en appeler d'une décision d'un commissaire du travail, montre qu'elles ont été respectivement au nombre de 268, 280 et 281 pour les années 1982, 1983 et 1984 (seuls renseignements disponibles). Les agents d'accréditation, au cours de la même période, ont décidé des requêtes en accréditation dans respectivement 35,6 %, 51,3 % et 35,5 % des demandes qu'ils ont traitées. Étant entendu qu'il n'y a pas d'appel de ces dernières décisions, le pourcentage des requêtes pour permission d'appeler par rapport au nombre de décisions des commissaires est d'environ 14 % pour 1982, 12 % pour 1983 et 13 % pour 1984.

Cet appel est remis en cause par les centrales syndicales, FTQ et CSN, en raison des délais qu'il génère. Les syndicats y voient un obstacle à l'accès à la syndicalisation et au cheminement expéditif de la procédure d'accréditation ainsi qu'au redressement des pratiques déloyales survenant durant la campagne de syndicalisation. On se plaint également de décisions contradictoires ou de changements brusques d'orientation sur des questions de droit qui provoquent des incertitudes et une paralysie dans l'action syndicale.

Le mouvement patronal voit cependant dans cette procédure une garantie de justice, les juges membres du Tribunal étant choisis en fonction de leurs aptitudes et de leur connaissance particulière du droit des rapports collectifs du travail.

Il est cependant impossible, et nous le déplorons, d'obtenir des statistiques valables et adéquates sur l'ensemble des activités du Tribunal ainsi que sur les délais imputés aux différentes matières qui lui sont soumises, de l'ouverture du dossier au jugement final, et ce pour des raisons d'ordre administratif strictement. À cause des coupures budgétaires décrétées par le Gouvernement au cours des dernières années, le personnel de soutien du Tribunal a été réduit dans une telle proportion que l'administration des dossiers est réduite à l'essentiel requis pour le maintien en ordre des dossiers pour les fins de l'adjudication.

Telle est donc, sommairement, la situation actuelle dont nous avons tenu compte au moment de recommander la création d'un Conseil des relations du travail.

6.4.2 *Un Conseil des relations du travail (CRT)*

a) Orientation et objectifs

Pour donner au régime administratif des rapports collectifs du travail une plus grande crédibilité, pour faciliter l'accès à l'instance décisionnelle des rapports collectifs du travail et pour donner suite aux démarches persistantes à l'effet de réduire les délais et les coûts excessifs résultant de l'application du régime actuel, la Commission propose une voie nouvelle: l'institution d'un Conseil des relations du travail.

Cette proposition reste cependant animée de prudence et de modération en ce sens que, tout en modifiant les institutions actuelles, on prévoit le maintien des ressources humaines dont la formation et l'expérience peuvent constituer des éléments de continuité et de sécurité.

Un Conseil des relations du travail serait chargé exclusivement de l'administration des rapports collectifs du travail et des autres questions connexes, à l'exception des attributions qui incombent respectivement au ministère du Travail, au Conseil des services essentiels, au Tribunal du travail et aux arbitres de différends et de griefs telles que nous les décrirons plus loin.

L'orientation et la philosophie de ce Conseil sont exposées à la section 6.1 ci-dessus. Les pouvoirs de médiation, d'enquête et d'ordonnance remédiatrice deviennent le fondement de l'approche administrative et intégrée du processus d'administration des rapports collectifs du travail. La compétence du Conseil est donc limitée au domaine des rapports collectifs, entre autres aux matières reliées à l'accréditation, à la convention collective, à la grève et au lock-out et aux pratiques déloyales. L'approche administrative et intégrée exige la concentration, au sein du Conseil, de l'ensemble du processus. Par conséquent, pour parer aux inconvénients du formalisme, la procédure de révision pour tenir lieu d'appel doit devenir le moyen final de redressement des décisions. Nous verrons plus loin ce qui advient de la compétence du Tribunal du travail.

b) Organisation

Voyons maintenant comment est conçue l'organisation du Conseil dans ses éléments essentiels soit: sa composition, son administration, ses pouvoirs généraux, ses pouvoirs spéciaux et l'information qu'il doit rendre accessible au CCTM.

1) Composition et statut

Ce Conseil serait formé de trois membres dont un président et deux vice-présidents désignés par décret du gouvernement sur recommandation du Ministre ayant obtenu l'avis du Conseil consultatif du travail et de la main-d'oeuvre.

Le premier mandat du président n'excéderait pas 10 ans et ne serait renouvelable que pour un autre terme d'au plus cinq ans, alors que les deux mandats successifs des vice-présidents n'excéderaient pas, en chaque occasion, une durée de cinq ans.

Ne seraient admissibles à ces fonctions que les personnes disposant d'une expérience pertinente d'au moins 10 ans dans le domaine des relations du travail. Au-delà des pouvoirs et des structures, la sélection des personnes est souvent une garantie de succès des institutions publiques. L'efficacité de l'organisme devrait donc dépendre de la qualité de ses membres et de son personnel.

Afin d'assurer son indépendance et son impartialité, le CRT serait autonome et responsable de l'administration directe de son budget bien que directement rattaché au ministre du Travail à qui il devrait faire rapport annuellement.

2) Administration

Le Conseil a son siège social à l'endroit déterminé par le gouvernement. Il est chargé de toutes questions relatives à l'administration de ses services et dispose à cette fin d'un budget. On ne saurait trop insister sur la nécessité que ce budget soit adéquat. Le gouvernement fixe les honoraires et les allocations des membres du Conseil.

Le Conseil peut, selon les normes, barèmes et effectifs déterminés par le gouvernement, retenir les services de toute personne à titre d'employé ou autrement pour l'exercice de ses fonctions et fixer sa rémunération, ses avantages sociaux ou ses autres conditions de travail. Il peut également retenir, ad hoc, les services d'une personne et lui confier un mandat spécifique. Outre les services administratifs et logistiques dont il disposerait, le Conseil bénéficierait notamment d'un administrateur général, d'un greffier et d'un conseiller juridique, lui permettant d'obtenir une meilleure efficacité. L'administrateur général aurait pour responsabilité d'assurer le fonctionnement de l'ensemble des services du Conseil; le greffier aurait pour tâches de tenir différents registres des actes et documents, d'organiser le régime de travail, de signer et contresigner les actes officiels et décisions du Conseil et d'en délivrer des copies certifiées ; le conseiller juridique assisterait le Conseil dans la direction des questions juridiques.

Dans son administration, le CRT devrait attacher une importance primordiale à ses ressources humaines. Ainsi, il pourrait encadrer les membres de son personnel et assurer une répartition des tâches qui tienne compte de la compétence de chacun. Le CRT doit être en mesure de bien coordonner le travail, de fournir les ressources-conseils et d'assurer une formation continue de son personnel. Il en va en effet de sa crédibilité tant au niveau des parties que des tribunaux qui auraient, le cas échéant, à examiner ses décisions.

3) Pouvoirs généraux

Le Conseil aurait compétence et qualité exclusives pour connaître et disposer de toutes matières relevant du régime des rapports collectifs du travail.

Notamment, le CRT assumerait dorénavant la compétence jusqu'ici réservée au Tribunal du travail pour déterminer le caractère confidentiel des emplois de fonctionnaires (art. 1, para. 1, al. 3 du *Code du travail*) et pour dissoudre les associations de salariés ayant violé l'article 12 du *Code du travail* (art. 149 du *Code du travail*).

Il dirigerait et coordonnerait le travail de ses représentants et mandataires que sont, entre autres, les actuels commissaires du travail et les agents d'accréditation. Leurs fonctions comprendraient l'enquête, la médiation et la décision. Le mandataire du Conseil assumerait, par délégation, les pouvoirs du Conseil ajoutant ainsi à la souplesse qu'exige une réponse adéquate à de nombreuses demandes. Pour conférer une certaine stabilité aux décisions, outre son pouvoir de révision, le Conseil pourrait discuter, arrêter et publiciser ses politiques sur certains sujets.

Dans sa façon d'opérer, le Conseil devrait dépêcher rapidement son représentant à la demande d'une partie intéressée pour qu'il s'informe de la situation et qu'il tente par voie de médiation d'amener les parties à un règlement dans le respect de la loi. L'enquête devrait être conduite, en présence des parties et, dans la mesure du possible, sur les lieux-mêmes. Elle devrait être conduite par le représentant et non simplement se dérouler sous sa présidence et par voie de débat contradictoire. Ce même représentant serait éventuellement appelé à rendre la décision du Conseil.

Il pourrait, à l'égard de toute affaire relevant de sa compétence et s'il l'estime nécessaire à la sauvegarde des droits fondamentaux ou pour mieux assurer l'application du *Code du travail*, abréger ou étendre les délais pour entreprendre une procédure ou une requête ou accomplir un acte, déposer un document ou présenter une preuve.

4) *Pouvoirs spéciaux*

Pour s'acquitter de son mandat, le CRT doit être doté de pouvoirs spéciaux et de garanties spécifiques.

Rappelons que le traitement selon une approche intégrée des situations de relations du travail requiert que le CRT puisse être le guichet unique pour les parties. Il est important que celles-ci considèrent l'organisme comme un carrefour décisif où elles devront nécessairement se rencontrer et régler leur litige sur l'application du *Code du travail*.

À cette fin, le Conseil doit bénéficier d'un pouvoir d'ordonnance de faire ou de ne pas faire ou de cesser de faire. Ce pouvoir, aussi connu sous l'expression de « cease and desist order », comporte celui d'ordonner des remèdes et des compensations pour rétablir les situations conformément à la légalité.

Le second pouvoir spécial le plus déterminant est celui de réviser, en guise d'appel, ses propres décisions. La certitude des parties que leur litige ne peut se résoudre qu'à un seul endroit est de nature à décourager certains artifices générateurs de délais et à centrer la participation de tous sur la recherche de la meilleure solution.

Ainsi, le Conseil, un de ses membres ou un représentant mandaté pourrait d'office ou à la demande d'une partie réviser ou révoquer pour cause toute décision ou tout ordre rendu par l'un ou l'autre de ces derniers. La requête de l'intéressé devrait préciser les motifs pouvant justifier cette révision ou révocation. Une décision en matière de révision ou de révocation serait finale et sans appel.

Pour assumer leurs fonctions, le CRT, chacun de ses membres et leurs représentants pour les fins d'une affaire dont ils sont respectivement saisis, disposeraient, pour fins d'enquête, de tous les pouvoirs, immunités et privilèges d'un commissaire nommé en vertu de la *Loi sur les commissions d'enquête* (c. C-37).

Enfin, il devrait être reconnu, aux fins de la procédure, qu'un tel organisme, pratiquant d'une part l'enquête et la médiation, n'a pas d'autre part, l'obligation de tenir des auditions formelles et contradictoires dans tous les cas ou sur tous les aspects d'une affaire, avant de rendre une décision.

5) *Information*

Le CCTM, par voie de consultation périodique pourrait requérir les informations pertinentes aux activités du Conseil et pourrait par la suite transmettre au Ministre responsable, des avis ou rapports circonstanciés.

Recommandation

VI-29 Constitution d'un Conseil des relations du travail

Que le Conseil des relations du travail dont la création a été ci-haut recommandée soit institué aux fins d'assurer aux salariés, aux employeurs et à leurs associations respectives, l'exercice efficace et démocratique de leurs droits, en regard des rapports collectifs du travail et que l'on modifie le *Code du travail* en y intégrant, entre autres, les dispositions suivantes

a) relativement à sa formation et à son organisation

1) Pour mieux assurer aux salariés, aux employeurs et à leurs associations respectives l'exercice efficace et démocratique de leurs droits à la négociation collective de conditions de travail, est constitué un Conseil des relations du travail.

2) Le Conseil est formé de trois membres: un à titre de président et les deux autres, de vice-présidents.

3) Les membres du Conseil sont nommés par décret du Gouvernement sur recommandation du Ministre et avis du Conseil consultatif du travail et de la main-d'oeuvre.

   Sont admissibles à ces fonctions, les personnes disposant d'une expérience significative d'au moins dix ans dans le domaine des relations du travail.

4) La nomination initiale d'un président ne peut être pour un terme excédant dix ans et, s'il y a lieu, pour un deuxième terme d'au plus cinq ans. Chaque terme de la nomination d'un

vice-président ne peut excéder cinq ans. Aucun membre du Conseil ne peut y être nommé pour plus de deux termes. Toutefois, chaque membre du Conseil demeure en fonction, à l'expiration de son terme, jusqu'à son remplacement ou au renouvellement de sa nomination.

5) Les membres du Conseil exercent leurs fonctions à temps complet et reçoivent les traitements, indemnités, allocations et avantages sociaux établis par décret du Gouvernement.

6) En cas d'absence ou d'incapacité d'agir du président, le vice-président le plus ancien assure l'intérim.

Le remplacement d'un membre du Conseil qui ne termine pas son terme s'effectue selon les modalités et conditions d'une nomination initiale.

7) Le Conseil a son siège social à l'endroit déterminé par le Gouvernement et doit au moins avoir un bureau à Montréal et un à Québec.

8) En plus de présider le Conseil, le président est responsable de l'administration et des services dans le cadre des règlements et directives arrêtés par le Conseil.

9) Le Conseil dispose notamment d'un directeur général, d'un greffier chef, d'un secrétaire général et d'un conseiller juridique dont les attributions respectives sont déterminées, de temps à autre, par le Conseil.

Le Conseil peut, selon les normes, barèmes et effectifs déterminés par le Gouvernement, retenir les services de toute personne à titre d'employé ou autrement pour l'exercice de ses fonctions et fixer sa rémunération, ses avantages sociaux et ses autres modalités de travail. Il peut retenir, ad hoc, les services d'une personne et lui confier un mandat.

10) Les membres du personnel exercent les fonctions et attributions qui leur sont confiées d'une façon générale ou particulière par le Conseil.

11) Le Conseil administre le budget qui lui est imparti dans le respect des règles applicables à l'administration financière et des directives du Gouvernement.

12) Les décisions du Conseil sont authentiques lorsqu'elles sont certifiées conformes par le greffier ou, à défaut de ce dernier, par une personne dûment autorisée par le Conseil. Il en est de même des documents ou des copies émanant du Conseil ou faisant partie de ses archives, lorsqu'ils sont signés par le

greffier ou, à défaut de ce dernier, par une personne dûment autorisée par le Conseil;

b) relativement à ses fonctions et moyens:

1) Outre les fonctions et attributions spécifiques qui lui sont conférées, le Conseil des relations du travail est chargé de l'application des dispositions du *Code du travail* relatives à l'exercice de la liberté syndicale, à l'accréditation et à la négociation collective selon les modalités que l'on retrouve au Code et des autres attributions et fonctions qui lui sont conférées par la Loi.

2) Le Conseil dirige, coordonne et distribue le travail de ses membres et de son personnel.

3) Dans le cadre des règlements et de ses directives écrites, le Conseil peut confier à un ou deux de ses membres, à un ou à plusieurs de ses représentants ou mandataires toute affaire, requête ou enquête qui relève de sa compétence et dont il est saisi.

   De la même manière, le Conseil peut confier à ces personnes la conduite d'enquête sur toute prétendue violation des dispositions du Code dans les champs de sa compétence ou prétendue violation d'une décision ou ordonnance du Conseil.

   La personne ainsi nommée dispose alors de tous les droits, pouvoirs et moyens du Conseil pour effectuer cette mission et, selon le cas, pour en décider ou faire rapport. Toute décision ainsi rendue tient lieu et place d'une décision du Conseil et aux mêmes effets et, à ce titre, est transmise aux intéressés.

4) Le Conseil peut faire effectuer par tout membre de son personnel les enquêtes ou recherches qu'il juge nécessaires sur toute question particulière qui relève de sa compétence et notamment au sujet de l'accréditation, de la protection de l'exercice de la liberté syndicale, de la première négociation collective, de l'exercice des moyens de pression et de l'arbitrage. Les rapports de ces enquêtes et recherches sont versés au dossier de l'affaire visée.

5) Le Conseil peut dessaisir d'une affaire un de ses membres représentant ou mandataire et pourvoir à son remplacement en tout temps avant audition, ou par la suite lorsque cette personne est absente ou devient incapable d'agir.

6) Le Conseil, ses membres, et autres personnes à qui le Conseil confie une affaire de son ressort, disposent respectivement, pour fins d'enquête, de tous les pouvoirs, immunités et privilèges d'un commissaire nommé en vertu de la *Loi des commissions d'enquête* (c. C-37).

7) La personne désignée pour agir en lieu et place du Conseil doit intervenir avec diligence auprès des parties et, dans tous les cas possibles qu'elle juge opportun, sur les lieux mêmes.

8) En toute affaire dont il est régulièrement saisi, le Conseil ou la personne qu'il désigne pour agir peut, en tout temps avant de procéder à l'enquête, tenter d'aider les parties à la recherche d'une solution totale ou partielle du litige. Il peut, à cette même fin, dépêcher auprès des parties toute personne jugée compétente.

9) En toute affaire de sa compétence, le Conseil ou la personne qu'il désigne doit conduire lui-même l'enquête nécessaire à la prise de sa décision et n'autoriser l'intervention des intéressés que dans cette mesure.

Si, dans ce cadre, une séance d'audition est tenue et qu'une partie intéressée reçoit un avis de convocation d'au moins cinq jours francs de la date et du lieu de cette audition et ne s'y présente pas ou refuse de se faire entendre, ou à un ajournement de l'audition, le Conseil ou la personne désignée peut poursuivre l'enquête et décider et aucun recours judiciaire ne peut être fondé sur le fait qu'il a ainsi procédé en l'absence de cette partie.

10) Tout délai pour l'exercice d'un droit ou recours ou pour en suspendre ou retarder l'exercice peut être abrégé ou étendu par le Conseil en toute matière qui relève de sa compétence lorsqu'il l'estime nécessaire à la sauvegarde de droits fondamentaux des intéressés ou pour mieux assurer, en l'occurrence, la finalité véritable du Code.

11) Le Conseil peut prononcer la dissolution, pour les fins du Code, de toute association de salariés lorsqu'il est convaincu qu'elle est dominée ou financée par un employeur ou ses représentants. Avant d'en décider, le Conseil donne l'occasion à l'association de salariés d'exercer ses droits de défense.

12) En toute matière qui relève de son ressort et notamment dans les cas de manoeuvres ou pratiques déloyales, de congédiement, de suspension, de déplacement, de refus de négocier avec diligence et bonne foi, d'arrêt de travail, de grève ou de lock-

out, d'embauche de personnes en lieu et place de salariés grévistes ou lockoutés, de défaut ou retard à donner les avis requis selon la section relative aux « changements technologiques », le Conseil peut, s'il le croit alors nécessaire pour assurer le respect ou la sauvegarde des droits des parties ou des intéressés ou l'application d'une disposition du Code ou de sa décision, émettre une ordonnance et ainsi enjoindre une personne, un groupe de salariés, une association de salariés, l'employeur, ses représentants ou son association, à faire ce qui est nécessaire à cette fin ou à s'abstenir de faire ce qui y contrevient ou encore, à réparer le préjudice subi ou à prévenir sa répétition.

Dans le cas de changements technologiques, cette ordonnance peut notamment porter sur la suspension de la réalisation de ces changements, la réintégration des salariés ainsi déplacés ou mis à pied et le paiement d'une indemnité équivalente aux salariés et autres avantages dont ils furent privés.

Avant d'émettre l'ordonnance, le Conseil fournit aux parties visées l'occasion d'être entendues aux conditions qu'il juge appropriées, dans les circonstances, et peut également tenter d'amener les parties à trouver une solution au litige.

13) Le Conseil peut déposer une copie conforme d'une ordonnance rendue selon l'article précédent au bureau du protonotaire de la Cour supérieure du district où est situé le lieu de travail en cause. Ce dépôt confère à l'ordonnance la même force et le même effet comme s'il s'agissait d'un jugement émanant de la Cour supérieure.

14) Le Conseil ou la personne qu'il a désignée doit rendre par écrit et motiver sommairement toute décision qui termine une affaire de son ressort.

15) Sous réserve de sa révision ou de sa révocation, la décision du Conseil ou de la personne qu'il désigne lie les parties et est finale et sans appel.

16) En tout temps, le Conseil peut d'office ou à la demande d'une partie réviser, corriger ou révoquer toute décision ou tout ordre rendu dans le cadre de son champ de compétence.

La requête en révision ou révocation doit préciser les principaux motifs qui la justifient.

Le Conseil peut également corriger, de la même manière et en tout temps, ses décisions et ordres entachés d'erreurs d'écriture ou de calcul, ou de quelque autre erreur matérielle.

17) Le Conseil peut, avant de rendre une décision sur la révocation ou la révision d'une décision ou d'un ordre, permettre aux parties, en la manière qu'il juge appropriée, de se faire entendre sur toute question pertinente.

Si une partie intéressée et convoquée ne se présente pas ou refuse de se faire entendre à la séance fixée à cette fin, ou à un ajournement de cette séance, le Conseil peut néanmoins procéder à l'instruction de l'affaire et aucun recours judiciaire ne peut être fondé sur le fait qu'il a ainsi procédé en l'absence de cette partie.

18) À la suite d'une requête en accréditation, en révision ou en révocation d'accréditation, le Conseil peut ordonner la suspension de la négociation et du délai pour l'exercice du droit de grève ou de lock-out et empêcher le renouvellement d'une convention collective.

En ce cas, les conditions de travail prévues dans la convention collective demeurent en vigueur et toute difficulté relative à l'application de l'article 59 du *Code du travail* peut être tranchée par le Conseil et rendue exécutoire selon l'article 19.1 jusqu'à la décision du Conseil à l'égard de la requête en accréditation, en révision ou en révocation d'accréditation.

19) Une mésentente relative à l'article 59 peut aussi, sous réserve d'une ordonnance du Conseil, être déférée à l'arbitrage par l'association de salariés intéressée comme s'il s'agissait d'un grief.

20) Toute demande que le Conseil est compétent à entendre en vertu du Code doit lui être directement adressée.

21) Le Conseil peut, dans le but de s'assurer de l'application des dispositions de ce Code qui lui sont pertinentes, émettre de temps à autre des directives relatives à leur application. Ces directives ne lient cependant pas le Conseil dans l'exercice de ses pouvoirs ou dans l'accomplissement de ses obligations. Dans l'établissement de ses directives, le Conseil peut requérir les représentations de toute personne. Ces directives sont publiées et rendues disponibles à toute personne intéressée.

6.4.3 *La redéfinition du rôle du Tribunal du travail*

La plupart des interventions relatives à la compétence d'appel du Tribunal du travail ont été formulées eu égard à la structure actuelle de décisions mise en place en 1969. Dans le cadre de la codification des principales lois du travail, corrélativement à l'orientation nouvelle proposée d'une approche intégrée pour rendre plus efficace l'administration des rapports collectifs du travail et conformément à l'objectif poursuivi d'une simplification des recours, il apparaît logique d'abolir sa compétence d'appel.

Hormis les critiques relatives aux délais résultant de l'appel et celles relatives aux incertitudes créées par le manque de constance sur quelques questions de droit, les interventions reçues à l'égard du Tribunal du travail font présumer que ce dernier jouit toutefois d'une crédibilité certaine auprès des partenaires sociaux. L'intégration des lois, dans un code du travail remanié, devrait attribuer au Tribunal du travail un pouvoir d'adjudication sur un grand nombre de matières actuellement confiées à d'autres instances et qui sont, par nature, judiciaires.

Dans le cadre des lois étudiées par notre Commission, il ressort que la vocation judiciaire du Tribunal du travail en tant qu'instance spécialisée dans ce domaine devrait être affirmée et ce, croyons-nous, à l'avantage de tous les intéressés.

a) À l'égard de la *Loi sur les normes du travail*

La *Loi sur les normes du travail* prévoit plusieurs types de recours devant plusieurs instances auxquelles par ailleurs différentes autres lois du travail assignent aussi des compétences particulières. Devant les cours de juridiction civile doivent être soumises les réclamations provenant du non-paiement des cotisations fixées par la Commission des normes du travail et les réclamations pour salaire et autres avantages dus aux salariés. Les plaintes pénales formulées pour contravention à la *Loi* ou aux règlements sont portées devant la Cour des sessions de la paix, siégeant sur poursuites sommaires, en vertu de la *Loi sur les poursuites sommaires* (chapitre P-15). Les recours à l'encontre de congédiements, suspensions ou déplacements illégaux ou pour mise à la retraite sont dirigés vers le Bureau du commissaire général du travail. Les recours pour congédiement sans une cause juste et suffisante tombent sous la compétence d'un arbitre désigné par la Commission des normes du travail (CNT).

Au chapitre V, ci-dessus, la Commission a recommandé que le *Code du travail* réunifiant les principales lois du travail intègre le régime public des rapports individuels du travail et que les recours des salariés en vertu des dispositions du chapitre portant sur « les relations du travail » soient entendus et décidés selon la procédure de grief et d'arbitrage lorsque ces salariés sont régis par une convention collective. Ces recommandations ont pour objectif la simplification des recours et une plus grande accessibilité des instances mieux connues et plus à la portée des justiciables.

Pour les mêmes motifs, toute plainte ou réclamation d'un salarié non régi par convention collective devrait être adressée à la CNT. Par contre, la CNT elle-même, en vertu du mandat légal qui lui est confié, adresserait les plaintes ou réclamations de ces salariés au Tribunal du travail ou à un arbitre s'il s'agit d'un congédiement sans une cause juste et suffisante. Quant aux réclamations civiles et pénales, elles seront dirigées dans le même esprit d'unification et de simplification des instances d'adjudication, devant le Tribunal du travail, sauf évidemment, à cause des impératifs constitutionnels, pour tout recours tombant sous la compétence de la Cour supérieure.

Recommandation

VI-30 Recours en vertu de la *Loi sur les normes du travail* impliquant un salarié non-syndiqué

Que tous les recours (actions civiles, plaintes pénales, autres plaintes) découlant de la *Loi sur les normes du travail* et impliquant un salarié non-syndiqué, à l'exception de la plainte de congédiement sans une cause juste et suffisante laquelle est référée à un arbitre, soient exercés devant le Tribunal du travail le tout sous réserve de la juridiction de la Cour supérieure.

---

b) À l'égard de la *Loi sur les décrets de convention collective*

Nous nous permettons ici de rappeler, afin de clarifier la redéfinition du rôle du Tribunal du travail, que nous recommandons que tous les recours civils relatifs à l'application de la *Loi sur les décrets de convention collective* pour des parties qui auraient choisi de conserver le mode actuel d'administration par comité paritaire devraient être instruits devant le

Tribunal du travail et ce, sous réserve encore de la compétence « rationae materiae » (c'est-à-dire selon le montant de la somme réclamée) de la Cour supérieure. Les recours pénaux, en tout état de cause, devraient également être du ressort de ce tribunal en première instance.

c) Relativement à l'actuel *Code du travail*

Au principe général de compétence exclusive du CRT, deux exceptions devraient subsister.

Premièrement, le Tribunal du travail devrait conserver sa compétence pour décider en première instance et selon la *Loi des poursuites sommaires* de toute plainte pénale relative aux pratiques déloyales en matière de rapports collectifs du travail.

Deuxièmement, le Tribunal du travail devrait maintenir sa compétence à l'égard du devoir de représentation équitable du salarié par son association. Cette juridiction devrait d'ailleurs être élargie afin que, s'il l'estime propre à la sauvegarde des droits des parties et du plaignant et selon les circonstances de l'affaire, le Tribunal puisse décider de trancher lui-même la réclamation du plaignant après avoir d'abord conclu que l'association a violé l'article 47.2 du *Code du travail*. Il en informerait alors les parties et il les entendrait avant de décider de cette réclamation. Les deux parties à la convention collective pourraient cependant refuser cette voie et exiger l'arbitrage.

Recommandation

VI-31 Compétence du Tribunal du travail à l'égard des rapports collectifs du travail

a) **Que le Tribunal du travail conserve sa juridiction actuelle de première instance en matière de plainte pénale relative aux pratiques déloyales en matière de rapports collectifs du travail selon le** *Code du travail*.

b) **Que le Tribunal du travail maintienne et élargisse sa compétence en matière de représentation équitable d'un salarié par son association aux fins des articles 47.2 et suivants du** *Code du travail* **et que l'article 47.5 soit amendé en y ajoutant la disposition suivante:**

Sauf si les deux parties à la convention s'y opposent, le Tribunal peut décider de trancher directement la réclamation. À cette fin, il entend les parties et le plaignant en lieu et place de l'arbitre.

---

d) Relativement à d'autres lois du travail

Dans l'optique d'un nouveau code du travail intégré, il serait opportun de prévoir que le Tribunal du travail possède juridiction pour entendre tout litige de nature civile ou pénale relativement à l'application de ce code et ce, sous réserve des compétences attribuées expressément à d'autres instances et de celle de la Cour supérieure.

Pour compléter le portrait de cette redéfinition du rôle du Tribunal du travail, il importe de préciser qu'il devrait non seulement conserver ses attributions en vertu d'autres lois du travail (*Loi sur la santé et la sécurité du travail, Charte de la langue française, Loi des jurés, Loi sur les relations du travail dans l'industrie de la construction, Loi sur le régime de négociation des conventions collectives dans les secteurs public et parapublic*, etc.) mais encore, advenant la révision d'autres lois telles que la *Loi sur les relations du travail dans l'industrie de la construction* ou la *Loi sur la formation et la qualification professionnelles de la main-d'oeuvre*, en toute cohérence, les plaintes pénales ou actions civiles en découlant devraient revenir au Tribunal du travail.

Recommandation

VI-32 Autres compétences du Tribunal du travail

Que tout recours de nature civile, pénale ou réglementaire prévu au nouveau code du travail et non spécifiquement attribué à des instances créées par ce code soit de la juridiction du Tribunal du travail ainsi que pareils recours déjà prévus aux autres lois connexes aux relations du travail. À cette fin, que l'on insère à un nouveau code du travail intégré la disposition suivante :

Sous réserve de la compétence de la Cour supérieure et des champs spécifiques de compétence confiés au Conseil des relations du travail, au Conseil des services essentiels et aux arbitres, le

Tribunal a juridiction exclusive pour connaître et disposer de tout recours de nature civile ou pénale qui est fondé ou qui résulte de ce Code (c'est-à-dire du nouveau code intégré) en outre des autres matières déclarées de sa compétence par la Loi.

Cette description de la compétence du Tribunal se complète par quelques observations sur la flexibilité requise à son exercice.

Dans l'exercice de sa compétence, le Tribunal aurait le pouvoir, en audience préliminaire ou séance tenante, de tenter de concilier les parties. Le cas échéant, le constat par le Tribunal d'un accord des parties équivaudrait à un jugement.

Dans l'exercice de sa compétence, pour pouvoir assurer la solution des litiges, le Tribunal aurait le pouvoir d'ordonnance remédiatrice. L'exécution de telle ordonnance serait conditionnée à son dépôt au greffe de la Cour supérieure et équivaudrait alors à un jugement de cette dernière.

S'il y a lieu, le Juge en chef pourrait confier une affaire à plus d'un juge du Tribunal.

Recommandation

VI-33 Pouvoirs du Tribunal du travail

Que le *Code du travail* contienne les dispositions suivantes relativement aux pouvoirs du Tribunal du travail

a) **En tout temps, le Tribunal peut, s'il l'estime approprié, suspendre l'enquête pour aider les parties à trouver une solution au litige. Le cas échéant, le Tribunal prend acte de l'accord ce qui équivaut à un jugement.**

b) **Dans les matières qui relèvent de sa compétence, le Tribunal peut, s'il l'estime nécessaire pour assurer le respect et la sauvegarde des droits des parties, émettre une ordonnance remédiatrice enjoignant à une personne de s'abstenir, de cesser ou de faire ou d'entrepren-**

dre un acte, une décision ou une démarche, ou de réparer le préjudice causé par cet acte, cette décision ou cette démarche. Le Tribunal donne aux parties l'occasion d'être entendues avant d'émettre telle ordonnance.

c) Le jugement du Tribunal peut être exécuté en visant les procédures établies à l'article 19.1 pour valoir aux mêmes effets.

d) S'il l'estime approprié, le Juge en chef peut confier une affaire à plus d'un juge du Tribunal. Ces derniers concourent tous à la décision.

6.4.4. L'arbitrage

Les propositions soumises à la Commission au sujet de l'arbitrage portent sur la conciliation arbitrale par la voie de sessions pré-arbitrales des parties, la création d'un arbitrage de type « petites créances » pour toutes réclamations de moins de mille dollars, la généralisation du système d'arbitrage accéléré, la reconnaissance du pouvoir de procéder de manière informelle, le pouvoir de rendre une décision intérimaire, le pouvoir d'attribuer des dommages réparateurs, l'obligation de sanctionner le règlement « hors cour », la mise sur pied de greffes régionaux d'arbitrage, la nomination et la sélection des arbitres, l'appel d'une décision arbitrale, les délais et les coûts de l'arbitrage, etc. Les propositions s'adressent davantage à l'arbitrage de grief qu'à celui de différend.

L'encadrement juridique de l'arbitrage de grief est tel qu'il laisse une large part à l'initiative des parties à une convention collective et que plusieurs articles du *Code du travail* précisent son contenu et sa procédure. Cette dualité reflète ses origines. D'une part, l'usage de l'arbitrage dans la convention collective constitue une importation des États-Unis où les parties à une convention renoncent volontairement à leur droit de grève et de lock-out pendant la durée de la convention et conviennent de confier leurs désaccords d'interprétation ou d'application à un arbitre. Ainsi, aux États-Unis ce mécanisme est à la fois volontaire, presque totalement à caractère privé et très largement répandu. D'autre part, la plupart des législations canadiennes dont la législation québécoise, ont depuis 40 ans interdit la grève en cours de convention collective et, depuis 20 ans au Québec, imposé l'arbitrage avec décision exécutoire. La sélection des arbitres se fait par des décisions volontaires et privées propres à chaque convention collective et faisant un usage très variable d'une liste d'arbitres résultant des efforts conjugués des parties représentées au Conseil consultatif du travail et de la main-d'oeuvre, de la Conférence des arbitres et du ministre du Travail. Une jurisprudence arbitrale s'est développée au Québec grâce au dépôt obligatoire et à la publication sélective des décisions. Depuis une dizaine d'années, la sécurité juridique des arbitres et de l'arbitrage a été renforcée par une série d'articles introduits dans le *Code du travail* sur recommandation du CCTM, à la suite de plusieurs contestations judiciaires relatives à ce mécanisme d'arbitrage mi-privé, mi-public. La guérilla judiciaire perdure mais on peut espérer qu'elle s'atténuera à la suite d'une importante et récente décision de la Cour Suprême du Canada [13] confirmant les pouvoirs de l'arbitre à l'intérieur de sa juridiction et freinant l'enthousiasme occasionnel de certains juges à substituer leur propre jugement sur le mérite d'un grief à celui de l'arbitre. Il est important de situer l'encadrement juridique de l'arbitrage privé parce que celui-ci aide à expliquer un certain nombre de propositions qui nous ont été faites et qui sont motivées par les nombreuses frustrations qui entourent ce sujet. Cela explique aussi les difficultés ou les dangers auxquels on s'expose en tentant d'intervenir pour régler plusieurs de ces problèmes, c'est-à-dire l'accentuation et le resserrement de l'encadrement juridique au-delà de son niveau actuel entraînant une judiciarisation inexorable.

Au plan de ses orientations, notre Commission préfère encourager et renforcer les efforts qui ont déjà été amorcés pour améliorer l'arbitrage privé des griefs en diminuant ses délais, ses coûts et son formalisme. Nous voulons parler tout particulièrement de l'arbitrage accéléré des griefs sur lequel portera notre recommandation principale en ce domaine. Ce qu'on dénomme l'arbitrage accéléré des griefs est lui aussi une importation américaine. Il est d'abord apparu dans la sidérurgie américaine il y a bientôt 20 ans à la suite d'un malaise patronal envers les délais et le formalisme des arbitrages de griefs. Cette même situation avait d'ailleurs conduit la partie syndicale à envisager volontiers de récupérer l'exercice du droit de grève sur les griefs. L'introduction d'un système d'arbitrage accéléré donna de bons résultats. Les ententes de départ furent renouvelées et son usage s'est répandu ailleurs aux États-Unis et aussi au Canada, notamment à l'Inco à Sudbury. S'inspirant de ces exemples les parties représentées au CCTM ont mis sur pied en 1980, sous sa forme actuelle, un régime québécois d'arbitrage accéléré des griefs fonctionnant sous l'égide du ministre du Travail. Ce régime est en partie privé puisqu'on y recourt de façon volontaire, que le coût de l'arbitrage est défrayé par les parties et que l'arbitre est un participant volontaire. Il est aussi en partie public puisqu'il est assujetti au *Code du travail*, et que son administration est assumée par le Ministre. On constate que le bilan de cette expérience est à la fois décevant et prometteur. Il est décevant en ce sens qu'on y recourt très peu fréquemment. Cependant, il est suffisamment prometteur pour que le CCTM, le Ministre et quelques arbitres aient tenu à sa survivance dans l'espoir qu'il contribue un jour de façon plus importante à la solution de problèmes tels que les délais, les coûts et le formalisme de l'arbitrage volontaire.

Il apparaît que les deux principaux freins à son expansion sont le fait que l'arbitre n'est pas choisi ou nommé par les parties impliquées dans un grief, et le fait que le recours volontaire à l'arbitrage accéléré doit émaner d'une entente des deux parties et non pas de la demande de l'une d'entre elles. Nous estimons que pour le moment, le premier obstacle ne peut pas être levé. Par ailleurs, nous estimons que le second obstacle peut l'être en prévoyant dans la législation qu'une des deux parties à la convention et donc au grief puisse demander de recourir à la procédure d'arbitrage accéléré telle qu'elle existe présentement. Nous signalons que cette possibilité existe déjà dans la législation de l'Ontario. Nous recommandons donc que l'arbitrage accéléré puisse être utilisé à la demande de l'une ou l'autre des parties à une convention collective. Nous ne recommandons pas d'autres changements à la procédure actuelle de l'arbitrage accéléré et nous laissons le soin au CCTM et au Ministre de suivre de près l'évolution du régime qu'ils ont mis sur pied.

Relativement à la sélection des arbitres, le CCTM doit continuer et amplifier les efforts déjà amorcés en vue de faire une révision périodique de la liste des arbitres. En effet, cette liste ne sera utilisée couramment par les parties que si elle n'est pas surchargée de noms dont plusieurs sont peu sollicités. Le rôle des arbitres pouvant être appelé à grandir à la suite des recommandations que nous faisons ailleurs dans ce rapport, il est impératif que des dispositions soient prises pour assurer la crédibilité de la liste des arbitres auprès des usagers.

Ces deux orientations majeures étant établies, nous procédons à l'examen sommaire de certaines autres propositions.

L'arbitrage sur le maintien des conditions de travail (art. 59 du *Code du travail*) devrait être revu en fonction de la création du nouveau CRT. Il faut prévoir en effet que de telles mésententes peuvent être liées à des pratiques déloyales. Le CRT devrait donc pouvoir décider de cette matière à moins que l'association de salariés, ne voyant aucune coloration de pratique déloyale à la mésentente, ne préfère s'en remettre à l'arbitrage.

La conciliation, ou médiation pré-arbitrale, existe déjà dans d'autres provinces sous des formes diverses. Telles que formulées, les propositions impliquent la médiation pré-arbitrale par l'arbitre lui-même. La Commission souscrit à cette formule qu'elle considère de nature à favoriser les règlements avant audition formelle et, certainement, à circonscrire le litige, à simplifier la procédure et à raccourcir les délais.

La reconnaissance du pouvoir de procéder de manière informelle est déjà inscrite au *Code du travail*, aux articles 79 et 81 pour l'arbitrage des différends et à l'article 100.2 et 100.7 pour l'arbitrage des griefs. Cependant, bon nombre d'arbitres de formation juridique invoquent la sécurité des règles de preuve du droit civil et les appliquent intégralement. Certains intervenants estiment que la procédure d'arbitrage est trop formaliste. Il faut comprendre qu'un grand nombre de représentants des parties aux arbitrages de différends et de griefs n'ont pas ou très peu de formation juridique. Ils se sentent frustrés devant la rigidité des règles du droit civil, surtout lorsqu'ils doivent faire face à un avocat devant un arbitre qui, comme eux, ne possède pas de formation juridique. Or la législation du travail n'exige pas, pour l'arbitre, de formation juridique. La coutume veut que les personnes ayant une expérience reconnue dans le domaine des relations du travail puissent agir en qualité d'arbitre. La liste officielle des arbitres reconnus par le CCTM nous indique qu'environ 25 % des arbitres n'ont pas de formation juridique. Il y aurait donc lieu de recommander que l'intention du législateur soit précisée afin qu'il soit bien compris que la procédure arbitrale ne doit pas être formaliste, ce qui n'empêche pas l'application des règles de justice naturelle que la jurisprudence concrétise sous trois volets : le devoir d'agir équitablement, le respect de la règle « audi alteram partem » qui exige que toutes les parties impliquées puissent se faire entendre, et enfin, le respect de la règle d'impartialité.

L'article 91 du *Code du travail* autorise un arbitre de différends à rendre une décision intérimaire. La section du Code relative à l'arbitre de griefs ne contient aucune disposition à cet effet. La Commission est d'avis que la concordance en cette matière rendrait plus souple la procédure d'arbitrage des griefs.

Les interventions relatives au pouvoir de l'arbitre d'accorder des dommages réparateurs sont de deux ordres. Elles recherchent le pouvoir d'accorder des dommages exemplaires et même moraux d'une part et, d'autre part, elles visent la réparation d'un préjudice relié à la source du litige. Le *Code du travail* actuel ne prévoit aucune forme spécifique de réparation. Cependant, deux arrêts relativement récents de la Cour Suprême reconnaissent à l'arbitre de griefs compétence exclusive quant à toutes réclamations relatives à l'application, à l'interprétation et à la violation de la convention collective[14]. Il s'agit de dommages directement reliés aux obligations résultant de la convention collective. Cette jurisprudence de la Cour Suprême du Canada est assez bien connue. Il n'y a pas lieu d'introduire une disposition spécifique à ce sujet au *Code du travail.*

L'obligation de sanctionner le règlement hors cour pourrait être nécessaire au cas où l'exécution du règlement serait requis. L'arbitre de griefs possède ce pouvoir en vertu de l'article 100.3 du Code, de même que l'arbitre d'une première convention collective (article 93.7 du *Code du travail*). Cependant, l'arbitre de différends n'est pas investi de ce pouvoir. La Commission recommande de modifier la législation pour autoriser l'arbitre à sanctionner le règlement hors cour à la demande d'une partie au différend.

Quant à l'intervention relative à la mise sur pied de greffes régionaux d'arbitrage, la coutume existante de se référer aux bureaux du ministère du Travail, à Montréal ou à Québec, pour la nomination des arbitres, ne semble pas être source de difficultés suffisamment sérieuses pour y donner suite.

Pour favoriser, autant que possible, l'uniformité jurisprudentielle ainsi que l'information publique sur la jurisprudence arbitrale, le dépôt de toute sentence arbitrale de grief et de différend devrait être fait par l'arbitre ou, à défaut, par l'une des parties dans un délai de 30 jours de la décision arbitrale, au Conseil des relations du travail qui en transmet une copie au ministre du Travail.

Nous croyons enfin que l'ensemble de nos recommandations allant dans le sens d'une simplification et d'une accessibilité accrues, il n'apparaît pas nécessaire d'élaborer sur l'institution d'une formule de type « petites créances ».

Recommandations

VI-34 Élargissement de l'accessibilité à l'arbitrage accéléré de grief

Que le *Code du travail* prévoie que l'arbitrage accéléré des griefs (sous sa forme actuelle) puisse être accordé à la demande de l'une ou l'autre des parties à une convention collective.

VI-35 Liste annotée des arbitres

Que le Conseil consultatif sur le travail et la main-d'oeuvre continue et amplifie les efforts déjà amorcés en vue de faire une révision périodique de la liste des arbitres.

VI-36 Mésentente sur le maintien des conditions de travail (art. 59 du *Code du travail*)

Que le *Code du travail* soit amendé afin de permettre à une association de salariés de soumettre au Conseil des relations du travail un litige naissant de l'application de l'article 59 du *Code du travail* et que le Conseil des relations du travail ait le pouvoir d'en disposer ou de le référer à un arbitre. Par ailleurs, le pouvoir de le soumettre à l'arbitre comme s'il s'agissait d'un grief demeurerait loisible à l'association de salariés.

VI-37 Médiation pré-arbitrale

Que le *Code du travail* prévoie la médiation pré-arbitrale par l'arbitre de griefs et par l'arbitre de différends, afin de favoriser les règlements, circonscrire le litige, simplifier la procédure et raccourcir les délais.

VI-38 Non-formalisme de l'arbitrage

Que le *Code du travail* soit amendé afin que soit établi clairement que la procédure d'arbitrage ne doit pas être formaliste mais qu'elle doit être administrée dans le respect des règles de justice naturelle.

VI-39
Pouvoir de rendre une décision intérimaire par l'arbitre de griefs

Que le *Code du travail* soit amendé afin que l'arbitre de griefs ait le pouvoir de rendre une décision intérimaire.

VI-40
Pouvoir de sanction d'un règlement hors cour par l'arbitre de différends

Que le *Code du travail* soit amendé afin que l'arbitre de différends ait le pouvoir de sanctionner tout règlement hors cour.

VI-41 Dépôt des sentences

Que le *Code du travail* soit amendé afin que le dépôt des décisions arbitrales de griefs et de différends soit fait dans un délai de 30 jours de telles décisions et ce, au Greffe du Conseil des relations du travail qui en transmet copie au ministre du Travail.

Notes et références

1. Bureau international du travail, *Le travail dans le monde*, Genève, Organisation internationale du travail, 1984, vol. 1, 224 p., vol. 2, 259 p.

2. Centre d'organisation et de gestion COGERI Inc., *Rapport d'étude sur l'efficacité administrative du Bureau du commissaire général du travail*, étude commandée par le ministère du Travail, avril 1984, 98 p., et annexes.

3. André Camiré et André Déom, *Les droits de grève et de lock-out: une analyse descriptive et exploratoire*, étude commanditée par la CCT, 1985, 45 p. et annexes.

4. Ibid., p. 11.

5. Travail Canada, *Les accidents de travail et les maladies professionnelles*, mars 1984, tableau 1.8, p. 29.

6. Louise Côté-Desbiolles, « L'absentéisme au Québec: quelques données » dans *Le marché du travail*, février 1981, vol. 2, no. 2, p. 49.

7. Données tirées du European Management Forum Foundation, citées par la Canadian Manufacturers' Association, *Report on Canadian Competitiveness*, Toronto, 1985.

8. Jean Bernier, *L'extension juridique des conventions collectives au Québec*, étude commanditée par la CCT, mai 1985, 324 p.
   et
   André Cournoyer, *L'impact économique du régime des décrets de convention collective*, étude commanditée par la CCT, avril 1985.

9. L. P. Pigeon, « La complexité des lois met en jeu l'autonomie des décisions », communication prononcée lors du Congrès annuel de l'Association des professeurs de droit du Québec, fév. 1979, Château Montebello. Rapporté dans le *Journal du Barreau*, mars 1979, p. 11.

10. Centre d'organisation et de gestion COGERI, op. cit.

11. Conseil consultatif du travail et de la main-d'oeuvre, *Synthèse des activités du Bureau du Commissaire général du travail (BCGT)*, du 1er avril 1972 au 31 mars 1985, juin 1985.

12. Me Janet Cleveland, *Description des structures du Ontario Labour Relations Board (OLRB) et du Conseil canadien des relations du travail (CCRT)*, étude commanditée par la CCT, mai 1985.

13. Blanchard, C., *Control Data Canada Ltée*, 1984, 2 R.C.S. 476.

14. *General Motors of Canada Ltd c. Brunet*, 1977, 2 RCS 537 et *Shell Canada Ltd c Travailleurs unis du pétrole du Canada*, local 1, 1980 2 RCS 181.

Chapitre VII

Information, concertation et consultation

Préambule

Au-delà des milieux de travail où s'administrent les relations du travail au moyen notamment de conventions collectives et de lois régissant les rapports entre les parties ou fixant des normes, il existe une « communauté des relations du travail » qui a ses lieux de rencontre et où se discutent plus globalement certaines questions et orientations de nature générale.

Ces discussions impliquent et affectent au premier chef l'action et les politiques gouvernementales en matière de travail. Ces échanges reposent sur une infrastructure en grande partie assumée par l'État. Les principales composantes de cette infrastructure retenues par la Commission sont l'information, les méthodes de concertation et les mécanismes de consultation.

Les politiques gouvernementales à l'égard de ces instruments représentent des possibilités d'orientation à moyen et à long termes. Cette dimension doit être exploitée car le milieu des relations du travail ne saurait relever le défi des années qui viennent en s'en remettant exclusivement à une révision globale à tous les 20 ans au moyen, par exemple, d'une Commission comme la nôtre avec ses contraintes inhérentes. Ces contraintes sont de deux ordres. Tout d'abord, il est toujours difficile de concilier l'expérience des temps passés avec les nécessités de l'heure et la perspective des prochaines décennies et ce, dans un laps de temps réduit au terme duquel l'organisme mandaté se dissout. Ensuite, un tel exercice peut amener un ensemble de changements ou de modifications difficiles à absorber d'un seul coup pour les parties, l'État et, ultimement, la société.

Pour ces raisons et bien que la consultation n'ait pas produit sur ces thèmes une masse de demandes, la Commission a cru opportun de faire des recommandations sur des éléments susceptibles d'appuyer positivement une évolution progressive des relations du travail.

7.1. Information

Notre système repose sur le postulat selon lequel « nul n'est censé ignorer la loi ». Il est de plus généralement reconnu qu'une saine négociation s'appuie sur le fait que les parties possèdent l'information requise.

Appliquées aux relations du travail, ces considérations amènent la Commission à reconnaître que l'État a une obligation envers la population et les parties, celle de leur fournir de l'information. Celle-ci concerne les droits et obligations contenus dans les lois du travail, les différents services que l'État met à la disposition des citoyens, associations et entreprises et les diverses données ou études susceptibles de les aider dans le cadre de leurs rapports.

Cette information devrait donc être considérée comme un service public permettant, dans une certaine mesure, d'atteindre les objectifs que s'est fixé le *Code du travail* et garantissant le fonctionnement adéquat des régimes qu'il sous-tend.

En tant que service public, l'information devrait répondre à quatre exigences: être connue des usagers éventuels, être pertinente (c'est-à-dire répondre à des besoins réels), être matériellement accessible (physiquement ou par communication sans frais) et être fournie sous une forme simplifiée ou vulgarisée. Si cette information a un caractère de nécessité sociale et d'intérêt public qui n'échappe à personne, elle représente aussi un coût pour la société. Il devient alors impérieux de bien identifier les besoins en fonction de la clientèle d'usagers. Il peut arriver en effet que l'on souhaite l'existence d'une information et de services dont l'utilité et l'utilisation s'avèreront marginales comme il arrive qu'on ignore ce qui existe déjà. Enfin, il faut, en matière d'information, se méfier de croyances selon lesquelles la création d'un organisme équivaut à rendre le service ou selon lesquelles la centralisation en un seul organisme rendra le service nécessairement plus efficace alors que la solution réside souvent dans une meilleure communication ou une meilleure division du travail entre les organismes existants.

En matière de travail et de rapports du travail, les besoins en information se différencient selon la clientèle à laquelle on s'adresse. C'est pourquoi nous examinons successivement la situation du citoyen puis celle des parties.

7.1.1 Les besoins du citoyen en général

Les besoins les plus évidents en ce qui concerne le citoyen se manifestent au plan de l'information de base sur ses droits et obligations et, surtout, au plan de l'orientation (c'est-à-dire : que faire et à qui s'adresser ?) en cas de problème.

Au plan de l'information de base sur les droits et obligations du citoyen — travailleur ou employeur —, les besoins s'apparentent à ceux qui prévalent en matière de droits et obligations à l'égard d'autres domaines de la vie du citoyen (exemples : famille, logement, consommation, etc.). Il a semblé à la Commission, d'après les informations obtenues notamment auprès des organismes publics, que la vulgarisation publicisée soit par la voie des médias (écrits et électroniques), soit par la distribution massive et gratuite de feuillets à domicile ou dans des endroits clés (autrement dit, l'entreprise et certaines institutions très fréquentées) s'avère le moyen le plus efficace et devrait être privilégiée pour dispenser l'information de base. Par information de base, nous entendons la connaissance, par exemple, des normes du travail, des règles entourant l'exercice du droit d'association, des différents recours relatifs à la perte d'emploi, etc.

Par ailleurs, le niveau de cette information pourrait être rehaussé par l'apport complémentaire des deux plus puissantes sources de formation et d'information de notre société : notre système d'éducation et nos médias d'information.

Il serait en effet souhaitable que le futur citoyen soit minimalement instruit d'un certain nombre de règles élémentaires qui régissent la société et lui confèrent des droits et obligations dans le domaine, entre autres, du travail. Une telle approche, à l'instar de ce qui a été fait pour l'éducation économique, intégrée à un niveau massivement fréquenté du système scolaire, serait de nature à changer les mentalités sur des aspects aussi fondamentaux que la liberté d'association et la notion de contrat de travail et à développer le sentiment que les individus possèdent la capacité de régler de tels problèmes.

Quant au citoyen qui vit actuellement une situation de travail, son information dépend en bonne partie de ce qui est véhiculé par les médias d'information. La Commission a pu constater, en maintes occasions, le rôle déterminant joué par les médias. En effet, plusieurs intervenants lors de la consultation publique ont appuyé leurs perceptions de la situation par des dossiers de presse.

La Commission s'est interrogée sur la place, l'importance et la qualité des informations que les citoyens peuvent retirer des médias d'information relativement aux questions du travail et des relations du travail. Il appert, à la lumière d'une étude commandée par la CCT, que l'importance relative accordée à ces questions tend à décroître. Il semble de plus que le traitement de ce type d'information soit encore largement centré sur les conflits du travail, même si ceux-ci sont de moins en moins nombreux et, par ailleurs, que le phénomène de la syndicalisation soit presque totalement ignoré. On remarque que des thèmes tels que l'emploi, la gestion des ressources humaines et les licenciements prennent de l'ampleur au sein des rubriques économiques qui sont elles-mêmes en croissance, mais que le domaine du travail est traité de façon à scinder ses aspects sociaux, assimilés aux affaires syndicales, de ses aspects économiques, assimilés aux préoccupations patronales[1]. Le travail et les relations du travail participent pourtant d'une réalité socio-économique quasi indissociable. En ce sens la Commission tient à faire état de ses préoccupations et à suggérer, au bénéfice des citoyens, que l'on traite des différents aspects du travail de façon plus intégrée, cohérente et adéquate dans les médias d'information.

Quant à l'information provenant d'organismes publics et s'adressant aux individus, la Commission s'est interrogée sur l'utilité d'un point d'accès ou « guichet » unique auquel le citoyen pourrait s'adresser pour être dirigé dans les meilleurs délais vers les services appropriés en cas de problème.

L'institution d'un tel guichet comporte ses exigences. Son existence se doit d'être largement connue. Il doit être accessible sans frais à tout citoyen, peu importe sa région, et à des heures adaptées. Le service d'orientation doit avoir une connaissance solide et à jour des questions qui lui sont soumises et de la structure de l'appareil étatique susceptible de les résoudre.

Un tel service pourrait être assumé par le ministère du Travail s'il était doté du personnel requis et appuyé par la collaboration de tous les organismes impliqués. Cependant, si l'on en venait à la décision de le mettre sur pied, il serait approprié de le faire sur une base expérimentale, ce qui permettrait de l'abolir si, au bout d'une certaine période, il s'avérait que son existence n'était pas suffisamment supportée par la demande des usagers.

7.1.2 Les besoins des parties

Les besoins ne sont pas les mêmes pour les parties aux rapports collectifs du travail que pour les citoyens. En effet, l'appartenance à une organisation, patronale ou syndicale, procure souvent des services d'information, voire de recherche qui satisfont généralement les besoins. Les parties, comme les praticiens et les spécialistes, ont de plus à leur disposition des instruments de référence et d'information dont certains sont rendus disponibles par l'État. Citons, à titre d'exemple, la revue *Le marché du travail* publiée mensuellement par le ministère du Travail. En termes de recherche, ajoutons que les parties représentées au Conseil consultatif du travail et de la main-d'oeuvre ont l'occasion de donner leur avis sur la programmation annuelle du Centre de recherche et de statistiques sur le marché du travail (CRSMT) qui relève du ministère du Travail.

L'information ne semble donc pas faire défaut encore que l'on puisse déplorer que des données de base manquent toujours et qu'un effort de rattrapage et d'informatisation s'imposerait particulièrement en ce qui concerne les délicates statistiques relatives au taux réel de syndicalisation au Québec ou encore une liste fiable des certificats d'accréditation permettant la tenue de dossiers intégrés et à jour.

Les besoins des parties au plan de l'information sont étroitement liés au processus de négociation. C'est donc du côté de la connaissance de l'existence et de la disponibilité de données sur les conditions et les relations du travail qu'il faut faire porter des efforts d'amélioration. Ces données sont trop souvent dispersées, difficiles d'accès et très inégalement diffusées.

Une étude effectuée à la demande de la Commission démontre que les services d'information sont nombreux et diversifiés mais que la plupart sont sans liens formels ou systématiques entre eux, ce qui tend à favoriser la méconnaissance d'un « réseau » pourtant existant [2]. Tout en préservant l'autonomie de chacun, il serait souhaitable que le ministère du Travail soit chargé de publier annuellement un inventaire à jour de ces sources d'information et qu'il étudie avec les principaux services d'information la possibilité de créer un véritable réseau informatisé de diffusion de l'information relative aux conditions et aux relations du travail.

Il est aussi recommandé que le ministère du Travail fasse connaître par voie de publication ou autrement l'existence de ces banques de données et qu'il en diffuse le contenu aux intervenants impliqués directement dans le monde du travail. Dans la mise en oeuvre d'une telle opération, le Ministère pourrait envisager la possibilité de coopérer avec son homologue fédéral afin d'éviter des dédoublements de services coûteux.

Comme, en outre, d'autres ministères et organismes du Gouvernement du Québec oeuvrant dans le secteur du travail produisent et diffusent de l'information sur les conditions et les relations du travail sans toutefois qu'existe aucun effort de concertation visible au chapitre de la diffusion de cette information, la Commission croit que le ministère du Travail devrait être chargé de coordonner la diffusion de toute l'information relative aux conditions et aux relations du travail produite par tous les ministères, commissions et organismes du Gouvernement du Québec[3].

Enfin, on pourrait retenir l'hypothèse que l'existence de ces données est susceptible d'intéresser les parties tant au niveau de l'entreprise qu'au niveau des intervenants majeurs et pourrait être signalée en même temps que les avis de modifications à l'état de la législation et de la réglementation. Prenant pour acquis que ces personnes ne sont pas précisément des lecteurs ou lectrices assidus de la *Gazette officielle du Québec*, la diffusion de cette information au moyen d'un « bulletin » sommaire et périodique (distinct de la revue *Le marché du travail* qui s'adresse à une autre clientèle) pourrait s'avérer un moyen efficace.

Recommandation

VII-1 Information aux citoyens et aux parties

Afin de fournir une meilleure information aux citoyens et aux parties selon leurs besoins spécifiques, la Commission recommande les mesures suivantes :

a) **Que l'on privilégie, pour l'information de base aux citoyens, une approche vulgarisée mettant à contribution les moyens que sont les** médias (écrits et électroniques) et la distribution massive et gratuite de feuillets.

b) Que l'on étudie la possibilité d'intégrer à un niveau massivement fréquenté du système scolaire un cours, une partie de cours ou un contenu traitant des droits et obligations du citoyen notamment en matière de travail et de relations du travail.

c) Que le ministère du Travail soit chargé de mettre sur pied avec la collaboration des organismes impliqués, pour une période donnée et sur une base expérimentale, un service auquel le citoyen pourrait recourir afin d'être orienté vers le service gouvernemental compétent.

d) Que le ministère du Travail voie à ce que le Centre de recherche et de statistiques sur le marché du travail publie des relevés statistiques complets et intégrés sur le marché et les relations du travail. Notamment la Commission consultative sur le travail considère que le Centre de recherche et de statistiques sur le marché du travail devrait inclure à ses relevés des données précises et périodiques sur le taux de syndicalisation en incluant l'industrie de la construction et les différents secteurs de juridiction fédérale.

e) Que le ministère du Travail soit chargé de publier un inventaire des sources d'information, mis à jour annuellement, sur les conditions et les relations du travail.

f) Que le ministère du Travail, en consultation avec les principaux services d'information dans le domaine, étudie la possibilité de créer un véritable réseau informatisé de diffusion de l'information relative aux conditions et aux relations du travail.

g) Que le ministère du Travail fasse connaître, par voie de publication ou autrement, l'existence de ces banques de données et qu'il en diffuse le contenu aux intervenants impliqués directement dans le monde du travail et que, ce faisant et pour éviter des dédoublements de services coûteux et inutiles, il étudie la possibilité de coopérer dans ce domaine avec le ministère fédéral du Travail.

h) Que le ministère du Travail soit chargé de coordonner la diffusion de toute l'information relative aux conditions et aux relations du travail produite par tous les ministères, commissions et organismes du Gouvernement du Québec.

i) **Que le ministère du Travail étudie l'hypothèse de diffuser l'information factuelle concernant l'existence de données et les fréquentes modifications aux lois et règlements relatifs au travail et aux relations du travail au moyen d'un « bulletin » sommaire et périodique.**

7.2 La concertation

7.2.1 Le principe

La concertation et la consultation sont des phénomènes connexes. C'est du moins l'expérience de notre Commission. Mais pour être très parentes, ces démarches ne doivent pas pour autant être confondues.

Traitant de la concertation, la Commission s'en tient strictement au domaine du travail et ne prétend aucunement faire des recommandations qui affecteraient la nature ou l'usage d'une telle démarche sur des questions générales que l'on désigne parfois comme des « choix de société » et qui ont souvent pris la forme de « sommets ».

Dans le contexte du monde du travail, la Commission retient de la concertation qu'il s'agit essentiellement d'une démarche volontaire. Elle peut être initiée par les parties elles-mêmes ou par l'État, les parties y souscrivant volontairement. Les parties à cette démarche se reconnaissent mutuellement des intérêts conjoints sur une question. La démarche consiste tout d'abord à poser un diagnostic commun sur une situation donnée, à rechercher un accord sur des solutions, à s'engager à les mettre en oeuvre et surtout à le faire effectivement.

7.2.2 L'attitude des parties

À la lumière des mémoires et propositions des différents intervenants qui lui ont été soumis, la Commission remarque que ceux qui se sont exprimés sur ce thème le font généralement dans un sens favorable. Ils préconisent comme sujets de concertation des sujets plutôt généraux impliquant des objectifs ambitieux. Ils divergent sur l'identification des partenaires à cette démarche, en particulier quant à la présence ou à l'absence de l'État ou de « tiers » (c'est-dire les groupes socio-économiques autres que les syndicats et le patronat). Quelques divergences se manifestent également quant aux structures et modalités de la concertation. La Commission note par ailleurs que ses principaux partenaires patronaux et syndicaux ont généralement observé le silence sur ce thème dans leurs mémoires. Cependant, la Commission ayant elle-même pratiqué ce genre de démarche avec eux, a pu constater qu'ils ne remettent pas en cause le principe de la concertation. Il faut comprendre que l'expérience des récentes années, malgré certains succès remarquables (tels que Corvée-Habitation ou le Fonds de solidarité), a pu provoquer un essouflement voire un scepticisme attribuable, entre autres, aux formules utilisées, à leur coexistence avec des organismes permanents auxquels les partenaires participent déjà ou à la multiplication des sollicitations pour participer à de tels exercices qui requièrent des investissements d'énergie grevants.

Face à cette situation, la Commission croit utile de préserver le principe de la concertation, son caractère volontaire sur des sujets prioritaires pour les partenaires. Les exercices de concertation devraient se faire selon un rythme qui leur convient. Des expériences telles que la création aux États-Unis des « Area-Wide-Labour-Management Committees » gagneraient à être examinées. Ces organismes paritaires, institués à l'initiative exclusive des parties et vouant leurs travaux à rechercher, par exemple, des moyens de préserver ou accroître les emplois d'une industrie ou d'une région donnée, ont ouvert un champ de concertation en marge de leurs rapports classiques en vertu de la convention collective.

Recommandations

VII-2 Concertation entre les parties

Que, sans exclure le rôle d'initiateur, d'animateur et de partenaire qu'assume le Gouvernement dans le domaine du travail, l'on encourage l'initiative des parties, des groupes et des organismes à se concerter sur les questions qui leur semblent d'intérêt commun.

VII-3 Incitatifs à la concertation

Qu'à cette fin et selon certains critères (tels la représentativité, l'intérêt public, social ou économique du sujet, etc.), l'État mette à la disposition des partenaires qui désirent s'engager dans une démarche de concertation sectorielle, régionale ou nationale, des incitatifs et des supports matériels.

7.3 La consultation et le Conseil consultatif du travail et de la main-d'oeuvre (CCTM)

7.3.1 *Le principe*

En matière de consultation, l'initiative appartient au Gouvernement. Il semble d'ailleurs en user largement et on remarque que les lieux et sujets de consultation tendent à se multiplier.

Cette situation est paradoxale quand on constate qu'il existe une institution, le CCTM, dont la vocation est de représenter le monde du travail aux fins de consultation avec un mandat assez large et explicite pour couvrir la très grande partie des sujets discutés par ailleurs en d'autres lieux. En effet, la loi constituant l'institution permanente qu'est le CCTM consacre le caractère fondamental de la consultation dans le domaine du travail. Cette institution repose aussi sur le fait que les parties reconnaissent unanimement qu'elle répond à d'importants besoins.

Il nous est donc apparu important de centrer notre réflexion en priorité sur cette institution quitte à en tirer des conclusions quant au rôle des autres lieux de consultation.

7.3.2 *L'attitude des parties*

Tous les intervenants consultés par la Commission ont été expressément invités à s'exprimer au sujet du CCTM. Curieusement, ceux qui l'on fait n'y siègent pas et ceux qui y siègent ne l'ont pas fait. Il est difficile de croire qu'il ne s'agit là que d'une simple coïncidence.

D'ailleurs, au fil d'échanges informels, la Commission s'est sensibilisée à certains sujets de malaise entourant le CCTM: sa composition, son degré d'ouverture à certains intérêts et à certains sujets, sa crédibilité, sa sous-utilisation, la concurrence dévalorisante qu'il subirait d'autres instances, le défaut de solliciter des avis sur certains dossiers, etc.

La création même de notre Commission constitue un bon indice de ces malaises. Elle a en effet soulevé des difficultés au CCTM qui, exceptionnellement, a tenu à rendre public son avis exprimant des réserves sur plusieurs aspects de notre constitution (composition, mandat, démarche, échéancier)[4].

7.3.3 Les orientations

Compte tenu, d'une part, de l'acquis que représente le CCTM et, d'autre part, de la situation paradoxale dans laquelle il se trouve, la Commission croit qu'il faut revaloriser cette institution et lui permettre de jouer pleinement son rôle.

Cette revalorisation implique deux orientations : la consolidation des besoins et activités gouvernementales de consultation dans le domaine du travail autour du CCTM et la révision de certains aspects constitutifs du CCTM dans le but de lui permettre de mieux assumer ses fonctions.

Plus précisément, à l'égard de ces deux orientations, l'examen doit porter à la fois sur le mandat et sur la composition du CCTM.

7.3.4 Le mandat du CCTM

Le Conseil consultatif du travail et de la main-d'oeuvre (CCTM), créé en 1968, est l'héritier du Conseil supérieur du travail qui fut institué en 1941. Déjà, à cette époque, son mandat était défini en termes amples [5].

Le mandat général de l'actuel CCTM se lit ainsi :

> *Article 2 « Le Conseil doit donner son avis au ministre du Travail et au ministre de la Main-d'oeuvre et de la Sécurité du revenu sur toute question que l'un ou l'autre lui soumet relativement aux sujets qui relèvent de sa compétence.*
>
> *Il peut, sous réserve de l'article 16 du chapitre 44 des lois de 1968, entreprendre l'étude de toute question qui relève du domaine du travail et de la main-d'oeuvre et faire effectuer les études et recherches qu'il juge utiles ou nécessaires pour la poursuite de ses fins. »*
>
> *Article 3 « Le Conseil peut solliciter des opinions et suggestions du public sur toute question dont il entreprend ou poursuit l'étude et soumettre des recommandations sur cette question aux ministres visés à l'article 2. »* [6]

À ce mandat général se sont ajoutés plusieurs mandats spécifiques tels que la confection de listes d'arbitres ou de médecins spécialistes, l'avis sur certaines nominations, sur des projets de règlement découlant des lois du travail, sur des activités de recherche du ministère du Travail ou encore sur les positions gouvernementales relativement aux normes internationales du travail.

Ce mandat général et ces mandats spécifiques devraient être revus en tenant compte de l'expérience de notre Commission et de l'ensemble des recommandations du présent rapport.

En effet, la Commission a expérimenté lors de ses consultations une conception élargie du travail et des relations du travail. La réponse des intervenants, y compris des principaux partenaires, a démontré qu'il existe des préoccupations à la mesure de cette conception élargie. Il serait donc normal que le CCTM puisse être saisi de toute question relevant de ce domaine. De plus, le présent rapport préconise prioritairement une intégration des lois du travail en un nouveau code. Il serait donc logique que toute question découlant de l'administration de ce code puisse être référée pour consultation au CCTM.

Pour qu'une telle consultation soit efficace, il serait également souhaitable que l'ensemble du Gouvernement, en ce qui a trait au domaine du travail et sous la responsabilité du ministre du Travail, y ait accès. De plus, cette consultation devrait être obligatoire ou automatique lorsqu'elle porte sur des aspects essentiels du régime des relations du travail tels que les modifications aux lois et règlements, leur suivi, les nominations à certaines fonctions d'administration de la loi, l'examen du rapport annuel de divers organismes d'administration de la loi, etc. Enfin, compte tenu du fait que le CCTM représente le monde du travail, on devrait, sans y mettre d'obligation pour tenir compte de l'aspect confidentiel de certains avis qui lui sont demandés, encourager la publication des avis qui ont une valeur d'information ou d'orientation pour la collectivité.

7.3.5 La composition du CCTM

Si on élargit le mandat du CCTM en diversifiant ses champs d'intérêts on doit aussi réévaluer sa composition pour s'assurer que sa représentation soit conforme aux nouveaux mandats. Il importe par ailleurs que le nombre de sièges au CCTM ne soit pas considérablement augmenté si on veut éviter l'impasse de l'ancien Conseil supérieur du travail qui, avec ses 24 membres, s'était doté d'une commission permanente de neuf membres pour conserver un minimum d'efficacité, tout en suscitant de l'insatisfaction.

En plus de son président et des sous-ministres du Travail et de la Main-d'oeuvre et de la Sécurité du revenu, le CCTM est essentiellement composé de représentants recommandés par les associations de salariés et d'employeurs « les plus représentatives ». Toutes les associations ayant des représentants au CCTM ont participé comme principaux partenaires syndicaux et patronaux à notre démarche de consultation/concertation. D'autres, qui ne siègent pas au CCTM, l'ont fait de la même manière et c'est l'opinion de la Commission que leur contribution devrait être prise en considération.

En plus des partenaires patronaux et syndicaux qui forment le noyau du CCTM, la Commission a reconnu comme partenaires divers groupes socio-économiques. Leur expérience et leur représentativité se comparent difficilement à celles du patronat ou des syndicats mais il nous a semblé par ailleurs manifeste qu'il y a intérêt à ce qu'ils soient davantage intégrés au monde du travail, en particulier au stade des consultations internes au CCTM. Cette intégration est nécessaire si on veut éviter qu'on aille les consulter sur d'autres terrains car tout en les maintenant à l'extérieur du système, on se sert de leurs arguments pour faire contrepoids au patronat et aux syndicats. De plus, les exclure du système de consultation ne leur permet pas d'avoir une connaissance globale du monde du travail. Enfin, cette situation est un facteur de dispersion de la consultation.

Ces remarques valent pour l'ensemble mais pas nécessairement pour chacun de ces groupes. Leur reconnaissance devrait être progressive pour éviter une déstabilisation du CCTM. Souvent ces groupes incarnent des problématiques sur des sujets particuliers. Il y aurait lieu alors de les reconnaître, entre autres, au niveau de comités spéciaux du CCTM. L'existence de certains comités spéciaux pourrait d'ailleurs être reconnue par sa loi constituante à l'instar d'autres lois du même genre.

Enfin certaines associations oeuvrant dans le domaine du travail ont été entendues avec intérêt par la Commission (exemples : Conférence des arbitres, Association des conciliateurs, Association des commissaires du travail, Corporation professionnelle des conseillers en relations industrielles du Québec, Barreau, etc.). La structure du CCTM devrait donner accès à de tels groupes pour faire des représentations et l'éclairer le cas échéant.

Recommandation

VII-4 Consultation et Conseil consultatif sur le travail et la main-d'oeuvre

a) Que la *Loi sur le Conseil consultatif du travail et de la main-d'oeuvre* soit amendée afin que, tout en conservant l'actuelle responsabilité du ministre du Travail quant à l'application de la *Loi*, l'accès gouvernemental au Conseil consultatif du travail et de la main-d'oeuvre soit élargi à tout projet ministériel ayant trait au domaine du travail.

b) Qu'en plus des mandats actuels, le mandat du Conseil consultatif du travail et de la main-d'oeuvre soit révisé pour s'assurer que l'on considère le domaine de consultation comme comprenant toute question relative au travail (conditions de travail, ressources humaines et relations du travail) et toute question se rapportant aux lois du travail.

c) Que certains sujets fassent l'objet d'une consultation obligatoire ou automatique. À titre indicatif, ces sujets pourraient être les suivants : projets de loi ou de règlement d'application découlant des lois du travail, réexamen automatique de l'effet des modifications apportées aux lois, rapport annuel des ministères et organismes d'application des lois du travail, nominations et renouvellement de mandats à certaines fonctions d'administration des lois du travail, rapport d'évaluation des services gouvernementaux en matière de travail, etc.

d) Que l'on assure la participation de groupes socio-économiques aux travaux du Conseil consultatif du travail et de la main-d'oeuvre au moyen, entre autres, de l'exercice du pouvoir de consultation interne (article 3 de la *Loi*), par la création de comités spéciaux identifiés au besoin par la *Loi*.

e) Que le Conseil consultatif du travail et de la main-d'oeuvre étende aussi ses pratiques de consultation interne en entendant, le cas échéant, les associations professionnelles dont les membres oeuvrent dans le domaine du travail.

Notes et références

1. Gisèle Tremblay, *Traitement des rapports de travail dans la grande presse d'information au Québec*, étude commanditée par la CCT, octobre 1985, 77 pages et annexes.

2. Institut de recherche appliquée sur le travail, *L'information des acteurs, parties et partenaires sur les conditions de travail*, étude commanditée par la CCT, mai 1985, 59 pages et annexes.

3. En suggérant de confier cette tâche au ministère du Travail, nous ne remettons pas en question le rôle de coordination des publications gouvernementales qu'exerce déjà le ministère des Communications. Nous pensons simplement que les intervenants du monde du travail ont plutôt tendance à s'adresser au ministère du Travail quand ils ont besoin d'information à ce sujet.

4. CCTM. « Avis (au Ministre du Travail) à l'égard d'un projet de formation d'une Commission consultative sur la réforme du Code du travail » reproduit dans : Gouvernement du Québec, CCTM, *15ième Rapport annuel 1983-1984*, p. 31.

5. À titre d'exemple voici les articles 2 et 3 de la loi l'ayant institué :
   Article 2 : « Le Conseil a particulièrement pour mission l'étude des questions relatives à la protection des ouvriers et des salariés, à la rationalisation du travail, aux conventions collectives de travail, aux minima de salaires, à l'inspection du travail, à la prévention des accidents du travail, à l'apprentissage, à l'orientation professionnelle, à la réhabilitation des chômeurs, à l'assurance et à l'assistance sociales, à la suppression des taudis et à l'accession des travailleurs à la propriété. »

   Article 3 : « Le ministre du Travail peut inviter le Conseil supérieur à étudier préalablement tel problème particulier visé à l'article 2 ou toute autre question que le développement de la vie économique et sociale dans la Province impose à l'attention du Gouvernement.

   Le Conseil supérieur, de son initiative, peut aussi diriger ses recherches sur tel aspect de la question sociale en particulier ; toutefois, en ce cas, il doit faire ratifier son programme d'étude par le ministre du Travail. » (Extraits de la *Loi du Conseil supérieur du travail 1941*, c. 159).

6. *Loi sur le Conseil consultatif du travail et de la main d'oeuvre*, 1977, L.R.Q., c. C-55.

Recueil des recommandations

Chapitre II

II-1   Droit au travail et politique de plein emploi

La Commission consultative sur le travail encourage la Table nationale de l'emploi à arrêter le plus rapidement possible les politiques et les mesures nécessaires pour favoriser le plein emploi et ainsi permettre l'exercice du droit au travail. De plus, afin d'impliquer l'ensemble des intervenants concernés par cette politique, la Commission consultative sur le travail recommande de revoir la composition de cet organisme pour y inclure des représentants de tous les groupes étroitement concernés par le plein emploi. Elle encourage en outre tous les partenaires à favoriser une véritable concertation afin qu'au Québec l'emploi puisse atteindre le niveau le plus élevé possible.

II-2   Reconnaissance complète du travail de la conjointe salariée de l'employeur

Afin d'améliorer la protection de la conjointe salariée de l'employeur, que la *Loi sur les normes du travail* soit amendée:

a) en incluant dans la définition de salarié la conjointe salariée d'un employeur;

b) en modifiant les articles 54 et 77 pour abolir l'exclusion du conjoint de l'employeur de l'application des articles concernant respectivement le droit au salaire majoré pour le temps supplémentaire effectué en sus de la semaine normale de travail et le droit à des congés annuels payés.

II-3 Travail à temps partiel, décrets et conventions

Que les parties signataires des décrets et conventions collectives assurent aux travailleurs à temps partiel une protection au prorata des heures travaillées équivalant à celle des travailleurs à temps plein.

II-4 Travail à temps partiel et normes

Que la *Loi sur les normes du travail* soit modifiée pour permettre à une personne travaillant à temps partiel d'accumuler des périodes distinctes de travail pour équivaloir à des années de service continu aux fins des dispositions donnant droit aux vacances payées, au préavis et, le cas échéant, à l'indemnité de licenciement individuel ainsi qu'au recours à l'encontre d'un congédiement sans une cause juste et suffisante.

II-5 Travail à domicile

Les décrets étant l'instrument le plus approprié pour protéger les travailleurs à domicile, que soit élargie la couverture de certains décrets, particulièrement dans le secteur du vêtement, afin d'assurer une amélioration des conditions de travail de cette catégorie de main-d'oeuvre.

II-6 Travail domestique en général

Que soit prévu en vertu de la *Loi sur les normes du travail* un règlement fixant les conditions de travail minimales des travailleurs domestiques en y incluant les personnes qui gardent un enfant ou un adulte. Ce règlement devrait fixer: le salaire minimum, les temps libres et les heures de travail qui s'appliquent à ces personnes (voir aussi recommandation V-4).

II-7 Conditions de travail en forêt

Compte tenu des nombreuses demandes faites à la Commission consultative sur le travail et du rapport d'étape du Groupe de travail sur l'exploitation forestière, que le ministre du Travail ouvre, dans les plus brefs délais possibles, une enquête sur l'ensemble des activités en forêt. Cette enquête devrait cerner tous les sujets susceptibles d'influencer les droits et les conditions de travail de la main-d'oeuvre forestière et notamment l'influence de la planification de la production sur les besoins et les conditions de travail des ressources humaines, les effets de la mécanisation sur la santé, la sécurité et la rémunération du travailleur forestier, la quantité et la qualité de la formation des ouvriers, la pratique de la sous-traitance et ses répercussions sur les conditions de travail et sur le droit d'association, la qualité de la vie en forêt, les effets des divers modes de rémunération sur les revenus nets des travailleurs en forêt, les coûts de production, la productivité et les effets sur l'accréditation et sur son droit de suite lors de la rétrocession d'une concession ou de changement de territoire de coupe pour des raisons incontrôlables.

II-8 Promotion de l'accès à l'égalité

Que le Gouvernement québécois prévoit un soutien technique et un support souples et efficaces en ressources humaines pour faciliter l'implication des petites et moyennes entreprises, des syndicats, des travailleuses et travailleurs dans l'application des programmes d'accès à l'égalité et qu'une stratégie d'information et de sensibilisation de la population et des employeurs sur ce que devraient être les programmes d'accès à l'égalité soit prévue.

II-9 Accès à l'égalité et obligation contractuelle

L'obligation contractuelle étant un moyen efficace pour inciter les entreprises privées et publiques à se doter de programmes d'accès à l'égalité, la Commission consultative sur le travail accorde donc son appui au Gouvernement du Québec pour l'imposer à certaines entreprises qui transigent avec le gouvernement. Pour assurer l'efficacité de cette mesure, nous recommandons que le montant du contrat et la taille de l'entreprise visées par l'obligation contractuelle permettent de rejoindre un nombre significatif de salariés. Dans les cas où la discrimination serait présente, il faudrait signifier à l'entreprise ses points faibles et la sommer de modifier ses politiques de ressources humaines pour se rendre éligible à l'octroi d'un contrat.

II-10 Formation et entreprise

Que l'entreprise favorise la formation de la main-d'oeuvre et s'y implique davantage, sans distinction de catégories professionnelles et de sexe,

a) en organisant elle-même des cours de formation et de perfectionnement,

b) en assumant les frais de scolarité de ses employé(e)s,

c) en permettant le congé-éducation,

d) en participant à l'organisation de stages de formation dans l'entreprise prévus dans le cadre du système scolaire,

e) et en collaborant étroitement avec les institutions publiques d'enseignement dans l'élaboration des programmes de formation générale, professionnelle et de perfectionnement.

II-11 Formation et négociation collective

Que les parties à la négociation collective tentent de négocier des ententes garantissant la formation et le perfectionnement continus de tous les salariés.

II-12 Personnes handicapées et entreprises

Que les entreprises adaptent leurs politiques de recrutement, de formation et d'information pour faciliter l'embauche et la promotion des personnes handicapées.

II-13 Personnes handicapées et négociation collective

Que les parties à la négociation collective collaborent à l'intégration et à la protection des personnes handicapées en favorisant l'emploi des personnes handicapées à certains postes de travail, en leur assurant des conditions de travail analogues à celles des autres travailleurs et en adoptant des critères de sélection et de promotion qui n'excluent pas les personnes handicapées.

II-14 Personnes handicapées et mesures gouvernementales

Que le Gouvernement du Québec assure aux personnes handicapées une information pertinente concernant le marché du travail et un transport adéquat aux lieux de travail.

II-15 Chômage des jeunes et programmes gouvernementaux

a) Au niveau institutionnel, les programmes étant trop nombreux, en évolution constante et changeant régulièrement d'appellation, que des dispositions soient prises pour les regrouper, les classifier et les harmoniser aux niveaux québécois et fédéral pour permettre aux interventions gouvernementales d'être plus efficaces.

b) À long terme, les programmes de stimulation de l'emploi étant plus efficaces que les programmes de création temporaire d'emploi pour intégrer les jeunes au marché du travail, que l'accent soit mis sur l'aide au développement local et à l'entrepreneurship des jeunes puisqu'ils répondent simultanément aux besoins d'autonomie et de créativité des jeunes et aux besoins de combler les vides laissés par les institutions gouvernementales et les grandes entreprises.

II-16 Chômage des jeunes et mesures d'aide gouvernementale

a) Que l'information relative aux mesures gouvernementales destinées spécifiquement aux jeunes soit davantage personnalisée et que l'on utilise les canaux de communication habituels des jeunes: maisons d'enseignement, organismes-jeunesse, fonctionnaires de l'aide sociale et de l'assurance-chômage.

b) Que des services d'orientation, d'information, d'encadrement et de support concrets, de nature à faciliter une réinsertion sur le marché du travail, soient mis à la disposition des jeunes bénéficiaires de l'aide sociale.

c) Étant donné qu'il existe des préjugés défavorables à l'égard des jeunes mais aussi de la méfiance de la part des jeunes envers les employeurs, que soient mis sur pied des campagnes de publicité et des programmes d'implication de l'entreprise dans la formation professionnelle des jeunes, susceptibles de faire tomber certains de ces préjugés.

II-17 Chômage des jeunes et formation

La première garantie contre le chômage des jeunes étant la scolarisation

a) que l'on améliore les liens entre la formation théorique et le marché du travail;

b) que l'enseignement professionnel se fasse en collaboration plus étroite avec les milieux de travail;

c) que la durée des programmes de réinsertion des jeunes au marché du travail soit revue pour leur permettre d'atteindre les objectifs visés;

d) que la planification et le suivi des stages dans les entreprises soient améliorés afin d'empêcher une mauvaise utilisation des stagiaires et d'assurer le respect intégral de leur mission de formation.

Chapitre III

III-1 Entreprise et gestion des ressources humaines

Que l'Institut national de productivité se voie attribuer les ressources nécessaires à la sensibilisation et au soutien actif des entreprises en vue d'améliorer la gestion des ressources humaines de l'entreprise et qu'il oriente son intervention vers la création d'associations d'employeurs destinées aux services aux entreprises.

III-2 L'information dans l'entreprise

Que le *Code du travail* soit amendé de façon à prévoir que le Conseil des relations du travail peut déterminer les éléments d'information requis des entreprises, pour faciliter la conclusion de la convention collective, notamment sur le bilan financier de l'entreprise, les changements technologiques et la formation dans l'entreprise.

III-3 Entreprise et participation

Que soit mis sur pied un groupe de travail sur la participation des travailleurs à l'entreprise rattaché à l'Institut national de productivité en vue de mettre au point un projet de soutien financier à la participation, de suggérer un régime d'intéressement fiscal et des formules favorisant la participation des travailleurs à l'entreprise auxquelles on pourrait donner suite au moyen des programmes gouvernementaux destinés aux entreprises.

III-4 Licenciement collectif, préavis, information et indemnisation

Que les dispositions actuelles de la *Loi sur la formation et la qualification professionnelles de la main-d'oeuvre* traitant des licenciements collectifs, notamment des préavis et comités de reclassement, soient intégrées au nouveau code du travail et amendées

a) pour prévoir que des préavis de licenciements collectifs devront être adressés au ministre du Travail, au ministre de la Main-d'oeuvre et de la Sécurité du revenu, aux salariés affectés et, s'il y a lieu, à leur association,

b) pour prévoir que, en cas de contravention à l'obligation de fournir ce préavis, le salarié affecté a droit à une indemnisation compensatoire pour la période de défaut de préavis.

III-5 Licenciement, fermeture et politiques gouvernementales

Que le ministère de la Main-d'oeuvre et de la Sécurité du revenu, de concert avec le ministre délégué à l'Emploi et à la Concertation, adopte une politique d'ensemble relativement aux indemnités de licenciement, au recyclage, au placement et à la relocalisation des travailleurs, dans les cas de fermeture d'entreprise.

III-6 Changements technologiques et santé-sécurité du travail

Que l'Institut de recherche sur la santé et la sécurité du travail effectue les recherches nécessaires pour s'assurer que les normes d'utilisation de toutes les nouvelles technologies soient conformes aux objectifs de la *Loi sur la santé et la sécurité du travail*, c'est-à-dire qu'elles fournissent des conditions de travail qui respectent la santé, la sécurité et l'intégrité physique des travailleurs.

III-7 Changements technologiques et statuts de travail

Que le ministère de la Main-d'oeuvre et de la Sécurité du revenu et le ministère du Travail poursuivent et complètent leur programme d'étude sur l'aménagement des temps de travail afin d'être en mesure de diffuser une information fiable et adéquate sur les effets des nouvelles technologies sur les statuts de travail.

III-8 Changements technologiques et planification des ressources humaines

Étant donné le besoin évident d'expertise en matière de planification de l'informatisation et plus spécialement de planification des ressources humaines, la Commission consultative sur le travail recommande

a) que l'Institut national de productivité, le ministère de la Main-d'oeuvre et de la Sécurité du revenu et le ministère du Travail assistent les agents socio-économiques impliqués dans l'informatisation des entreprises afin de leur fournir l'aide-conseil nécessaire à une planification adéquate des changements technologiques en tenant compte des impacts sur les ressources humaines ;

b) et que le ministère de l'Industrie, du Commerce et du Tourisme, avant d'accorder des subventions aux entreprises pour l'implantation de nouvelles technologies, en étudie les impacts sur le volume d'emploi et les conditions de travail afin de s'assurer que les changements technologiques n'entraîneront pas des conséquences globales négatives pour la main-d'oeuvre.

III-9 Incitation à l'information sur les changements technologiques

La Commission consultative sur le travail recommande que les associations patronales sensibilisent leurs membres à la nécessité et aux avantages pour les entreprises d'informer et d'impliquer leur main-d'oeuvre à un stade précoce des projets de changements technologiques. Cette sensibilisation pourrait, entre autres, prendre la forme d'une entente-cadre entre les membres des associations patronales qui préciserait le processus à privilégier lors de l'implantation de nouvelles technologies, les informations pertinentes à transmettre et les mécanismes d'implication des ressources humaines.

III-10 Changements technologiques et plans de formation

Que, sous la responsabilité du ministère de la Main-d'oeuvre et de la Sécurité du revenu, les associations patronales, les organisations syndicales, le ministère de l'Éducation, les Commissions de formation professionnelle et les institutions d'enseignement incitent les entreprises, tout particulièrement les petites et les moyennes, à élaborer des plans de formation et demandent qu'une attention particulière et des mesures spécifiques soient prévues pour que les travailleurs âgés et la main-d'oeuvre féminine reçoivent une formation adaptée à leurs besoins et suffisante pour leur assurer une maîtrise adéquate des technologies nouvelles.

III-11 Changements technologiques et assistance à la petite et moyenne entreprise

Que le ministère de la Main-d'oeuvre et de la Sécurité du revenu, les associations patronales et syndicales, le ministère de l'Éducation, les Commissions professionnelles, les institutions d'enseignement assistent les petites et moyennes entreprises pour élaborer et dispenser la formation requise. Cette assistance peut prendre diverses formes ; information, conseil, assistance technique et pédagogique, organisation de cours sur mesure, etc.

III-12 Changements technologiques et formation des gestionnaires

Que, pour les gestionnaires d'entreprises, des programmes de formation soient élaborés par les associations patronales, le ministère de l'Industrie, du Commerce et du Tourisme et l'Institut national de productivité, afin de les aider à implanter correctement les changements technologiques. Cette formation devrait être centrée sur les connaissances technologiques et les impacts sur les ressources humaines.

III-13 Changement technologique et négociation collective

Que soient introduites au *Code du travail* les dispositions suivantes :

1) « Lorsqu'un employeur entend modifier les procédés actuels de production de biens ou de services par l'usage de nouveaux équipements, outillages, matériaux, techniques ou de nouvelles méthodes de travail ou de contrôle et qui sont susceptibles de changer les conditions de travail ou la sécurité d'emploi, il doit en donner un préavis écrit de 120 jours à l'association accréditée visée. »

2) « L'employeur n'est pas tenu de donner ce préavis lorsque la convention collective prévoit déjà un mécanisme spécifique auquel on peut recourir pour négocier et régler définitivement pendant sa durée les questions relatives aux conditions de travail ou à la sécurité d'emploi qui seront vraisemblablement modifiées par un changement technologique.

Ce préavis n'est pas davantage requis si l'employeur a expressément donné un préavis sensiblement conforme à l'article 3 dans le délai prévu pour servir l'avis de négociation prévu à l'article 52 du *Code du travail*. »

3) « Le préavis de 120 jours que doit donner l'employeur selon l'article 1 doit comprendre les données suivantes :

— une description de la modification envisagée ;

— la date à partir de laquelle ces changements sont susceptibles d'être apportés et la période nécessaire à la réalisation du projet ;

— le nombre approximatif de salariés susceptibles d'en être affectés et les catégories d'emplois ;

— les effets possibles de ces changements relatifs aux conditions de travail et à la sécurité d'emploi des salariés visés ;

— toutes autres données exigées par voie de règlement d'application. »

4) « Sur réception de ce préavis, l'association accréditée peut exiger de l'employeur les informations complémentaires suivantes :

— une description détaillée de la nature des changements proposés ;

— le nom des salariés qui peuvent être affectés en premier lieu par ces changements ;

— les raisons qui justifient ces changements. »

5) « Dans les trente jours de la réception du préavis exigible selon l'article 1, l'association accréditée peut demander au Conseil des relations du travail d'ordonner à l'employeur d'engager la négociation d'une révision de la convention collective comme si une clause le permettait au sens de l'article 107 du *Code du travail*. Sous réserve des conditions et limites particulières que peut imposer le Conseil, l'ordonnance a l'effet de l'avis de négociation donnée selon l'article 52 du *Code du travail*.

Sous cette même réserve, cette négociation porte soit sur la révision de la convention collective quant à ses dispositions relatives aux conditions de travail ou à la sécurité d'emploi, soit sur l'insertion dans la convention collective de nouvelles dispositions concernant ces questions, afin d'aider les employés touchés par le changement technologique à s'adapter aux effets de ce changement. Les dispositions ainsi convenues sont consignées sous forme d'annexe à la convention collective. »

6) « Le Conseil émet, aux conditions et limites qu'il estime nécessaires, l'ordonnance demandée selon l'article 5, s'il est d'avis que les changements proposés sont vraisemblablement susceptibles de modifier notablement et défavorablement les conditions de travail et la sécurité d'emploi d'un nombre appréciable de salariés.

Cette ordonnance ne limite pas les autres pouvoirs du Conseil et notamment ceux qui lui sont conférés à l'article 8. »

7) « À la demande de l'une ou l'autre partie à la convention collective, le Conseil peut décider, en tout temps, si, en l'occurrence, il s'agit des situations visées aux articles 1 et 2. »

8) Dans le cas de changement technologique, une ordonnance peut notamment porter sur la suspension de la réalisation de ces changements, la réintégration des salariés ainsi déplacés ou mis à pied et le paiement d'une indemnité équivalant aux salaires et autres avantages dont ils furent privés.

III-14 Sous-traitance, *Code du travail* et négociation collective

Que les dispositions des articles 45 et 46 du *Code du travail* demeurent inchangées et qu'une plus grande ouverture dans la négociation des conventions collectives permette d'élaborer des solutions pratiques aux problèmes d'ordre économique et social découlant des effets juridiques de la concession par sous-traitance.

Chapitre IV

IV-1 Codification intégrale des lois du travail

Que le Gouvernement du Québec entreprenne la réalisation d'une codification intégrale de l'ensemble normatif du travail ayant pour effet de conférer une relative autonomie au droit du travail.

IV-2 Codification provisoire des principales lois du travail

Qu'entre-temps, le Gouvernement du Québec soumette à l'Assemblée nationale un projet de codification des principales lois du travail selon l'esprit et la forme du projet en annexe « D » au présent rapport.

Chapitre V

V-1 Intégration des règles relatives au contrat individuel de travail et aux normes du travail

Que le nouveau code du travail intégré comporte un titre traitant de la relation individuelle de travail qui rassemble

a) des dispositions relatives au contrat individuel de travail pour les fins de ce code,

b) l'actuelle *Loi sur les normes du travail*,

c) et les dispositions pertinentes d'autres lois qui sont de la nature des normes du travail.

V-2 Conditions générales de travail, loi et convention collective ou décret

Que la loi prévoie que toute condition générale de travail arrêtée par une législation est minimale et d'ordre public, c'est-à-dire d'application générale et obligatoire à l'égard du salarié et que toute convention collective ou tout décret peut y déroger en stipulant une condition de travail supérieure et plus favorable au salarié.

V-3 Application des conditions générales de travail légiférées au salarié assujetti à une convention collective ou à un décret

Que dans le cas de litige naissant de l'interprétation ou de l'application à un salarié assujetti à une convention collective ou à un décret, d'une condition générale de travail légiférée ou d'une garantie d'exercice de ses droits prévue à la loi, la procédure de recours prévue à cette convention collective ou à ce décret s'applique avec juridiction à l'instance instituée par cette convention ou ce décret pour en disposer.

V-4 Inclusion du personnel domestique principalement affecté à la garde en regard de certaines conditions de travail

Que les domestiques dont la fonction principale est de garder dans un logement un enfant, un malade, une personne handicapée ou une personne âgée soient assujettis à un règlement spécifique qui fixe, indépendamment des normes actuelles, leurs conditions de travail, soit le salaire, les allocations, les heures de travail et les temps libres.

V-5 Inclusion de certains employés d'entrepreneurs en construction

Que les salariés d'employeurs au sens de la *Loi sur les relations du travail dans l'industrie de la construction* mais qui ne sont pas compris dans le champ d'application de cette dernière Loi ni couverts par le décret de cette industrie soient assujettis à la *Loi sur les normes du travail.*

V-6 Formation du contrat individuel de travail

Que le nouveau code du travail contienne la disposition suivante afin de déterminer la formation du contrat individuel de travail.

La personne qui exécute, elle-même et contre rémunération, une prestation de travail dans le cadre ou en la manière que peut prescrire celui qui requiert ce service est salariée de ce dernier.

Tout tel travail pour autrui et rémunéré de quelque manière est le fait d'un salarié et, pour les fins du code, fait présumer de la conclusion d'un contrat individuel de travail.

V-7 Litige sur la détermination de la rémunération en vertu d'un contrat individuel de travail

Que le Tribunal du travail supplée aux parties, à défaut d'entente entre elles, pour régler le litige portant sur la rémunération découlant d'un contrat de travail.

V-8 Suspension de l'exécution du contrat individuel de travail

Que l'exécution du contrat de travail puisse être temporairement suspendue par l'employeur ou le salarié, pour une cause juste et suffisante.

V-9 Interprétation du contrat individuel de travail

Qu'en cas de doute, toute stipulation conférant un droit ou un avantage au salarié soit interprétée de façon large et libérale.

V-10 Présomption de durée du contrat individuel de travail

Que le contrat de travail à durée déterminée qui se poursuit après son terme soit réputé devenir un contrat à durée indéterminée. Il ne pourrait alors y être mis fin que selon les règles applicables à la terminaison du contrat à durée indéterminée, soit après préavis ou, le cas échéant sans préavis pour une cause juste et suffisante, imputable à l'employé.

V-11 Rupture unilatérale du contrat individuel de travail à durée indéterminée

Que le contrat à durée indéterminée puisse prendre fin unilatéralement, sans avis au contrat, pour une cause juste et suffisante. Que la partie qui l'invoque ait le fardeau de la preuve.

V-12 Mode de détermination du taux de salaire minimum

Que le Gouvernement révise au cours de l'année 1986, le taux du salaire minimum québécois et qu'il arrête une politique à l'effet de réviser annuellement ce taux.

V-13 Salaire minimum des moins de 18 ans

Que le salaire minimum pour les travailleurs de moins de 18 ans soit augmenté pour le rendre semblable à celui des autres salariés de la catégorie générale et des catégories particulières où cette distinction existe.

V-14 Réduction progressive de la durée de la semaine normale de travail

Que la durée de la semaine normale de travail soit réduite d'une heure annuellement pour atteindre 40 heures en 1990.

V-15 Durée de la semaine maximale de travail

Que la durée de la semaine maximale de travail soit établie à 48 heures.

V-16 Durée de la journée maximale de travail

Que la durée de la journée maximale de travail soit de huit heures sous réserve de l'étalement permis par l'article 53 de la *Loi sur les normes du travail*.

V-17 Salarié absent et indemnité de vacances

Qu'un salarié qui s'est absenté du travail pour cause de maladie, d'accident ou de congé de maternité ne puisse recevoir une indemnité de vacances supérieure à celle qu'il aurait reçue s'il était demeuré au travail.

V-18 Fractionnement du congé annuel

Que l'article 71 de la *Loi sur les normes du travail* soit modifié pour permettre que le congé annuel puisse être fractionné en plus de deux périodes à la demande du salarié, à condition que l'employeur soit d'accord.

V-19 Détermination des fêtes

Que l'article 60 de la *Loi sur les normes du travail* soit amendé

a) en spécifiant que le « jour ouvrable » en est un pour le salarié;

b) en donnant la liste complète des fêtes énumérées à la section V du Règlement sur les normes du travail et en y ajoutant la fête nationale;

c) en précisant que la fête du Vendredi saint peut être remplacée par le lundi de Pâques au choix de l'employeur;

d) en précisant que l'exception prévue pour les salariés visés par une convention collective ou un décret contenant « au moins six autres jours chômés et payés » (en biffant « férié ») peut être étendue aux autres salariés oeuvrant dans le même établissement aux conditions déterminées par la Commission des normes du travail.

V-20 Indemnité et congé sans solde

Que l'article 61 de la *Loi sur les normes du travail* soit amendé pour préciser que le salarié en congé sans solde, pour quelque raison que ce soit, n'a pas droit à l'indemnité.

V-21 Calcul de l'indemnité

Que l'article 62 de la *Loi sur les normes du travail* soit amendé

a) en précisant que l'indemnité de tout salarié (sauf celui à commission) correspond à la moyenne du salaire journalier de ce salarié des deux semaines complètes précédant le jour férié;

b) en excluant de ce calcul le salaire gagné en surtemps;

c) en prévoyant que la moyenne du salaire journalier pour le salarié rémunéré à commission s'établit en fonction du salaire versé au cours des trois mois précédant le jour férié.

V-22 Modalités applicables à la fête nationale

Que la *Loi sur les normes du travail* contienne une référence explicite à la *Loi sur la fête nationale* et à sa réglementation précisant les modalités applicables à cette fête.

V-23 Congés de maladie

Que l'on introduise à la *Loi sur les normes du travail* les dispositions suivantes.

Le salarié qui justifie d'au moins quatre-vingt-dix (90) jours de service continu auprès de l'employeur peut s'absenter sans solde pour cause de maladie pour une période d'au plus douze (12) semaines.

L'employeur ne peut, pour ce motif, congédier, déplacer ou mettre à pied ce salarié si, au cours de cette absence ou dans les quinze jours de son retour, il fournit, sur demande, une attestation médicale justifiant cette absence.

Les modalités d'application ou d'exercice de ce congé font l'objet de dispositions ou d'un règlement du Gouvernement, d'un décret ou d'une convention collective.

V-24 Indemnité de licenciement individuel

Que l'article 83 de la *Loi sur les normes du travail* soit amendé afin

a) que l'indemnité soit également due à un salarié lorsque le préavis écrit ne fut pas donné parce que l'employeur estimait, au moment du licenciement, que le retour au travail s'effectuerait dans les six mois et qu'il n'en fut pas ainsi;

b) que dans un tel cas, l'indemnité soit due au salarié au moment où il est connu que la période totale de licenciement excédera six mois;

c) que la période de référence pour le calcul de l'indemnité afférent au préavis d'un salarié à commission soit de trois mois.

V-25 Congédiement, suspension ou déplacement illégal

Que les articles 122 et suivants de la *Loi sur les normes du travail* soient amendés afin

a) que les plaintes soient toutes acheminées auprès de la Commission des normes du travail;

b) que la Commission des normes du travail mène une enquête-médiation dès le dépôt d'une plainte;

c) qu'en l'absence de règlement de la plainte, la Commission puisse la déférer au Tribunal du travail à moins que le salarié ne s'y objecte;

d) que l'on ajoute aux motifs donnant ouverture à ce recours le fait qu'un salarié ait agi comme témoin dans une cause entendue par un tribunal judiciaire ou administratif ou par toute autre instance devant laquelle il était contraignable.

V-26 Congédiement sans une cause juste et suffisante

Que les articles 124 et suivants de la *Loi sur les normes du travail* soient amendés afin

a) que ce recours soit accessible au salarié qui a trois ans de service continu ou plus;

b) que, si aucun règlement n'intervient suite au dépôt de la plainte, celle-ci soit déférée à un arbitre dans un délai de 60 jours après son dépôt, à moins que le salarié ne s'y objecte;

c) que la plainte soit acheminée à un arbitre nommé par la Commission des normes du travail et que cette dernière assume les frais de l'arbitre;

c) que l'arbitre ainsi nommé soit habilité à appliquer, le cas échéant, les dispositions de la loi relative au congédiement illégal (article 122);

d) que l'arbitre, s'il en vient à la conclusion qu'une réintégration est inappropriée, ait le pouvoir d'ordonner en lieu et place de ladite intégration une indemnité en sus du salaire perdu.

V-27 Composition de la Commission des normes du travail

Que les dispositions de la *Loi sur les normes du travail* qui prévoient la composition du conseil d'administration de la Commission des normes du travail soient modifiées afin de rendre ses membres représentatifs des organisations patronales, syndicales et des groupes socio-économiques regroupant des salariés non syndiqués et de rendre leurs rencontres plus fréquentes.

V-28 Pouvoirs d'indemnisation par la Commission des normes du travail en cas de faillite ou situations assimilables

Que les articles de la *Loi sur les normes du travail* relatifs au pouvoir d'indemnisation par la Commission des normes du travail en cas de faillite (art. 5, para. 4, art. 29, para. 4, art. 39, para. 7 et art. 136 à 138) soient amendés pour couvrir également le cas des entreprises non solvables et qu'ils soient mis en vigueur.

V-29 Pouvoir général d'indemnisation par la Commission des normes du travail d'une somme due à un salarié en application de la *Loi*

Que les articles de la *Loi sur les normes du travail* relatifs au pouvoir d'indemnisation par la Commission des normes du travail d'une somme due à un salarié en application de la Loi (art. 29, para. 6, art. 39 para. 7 et art. 112) soient mis en vigueur.

V-30 Recours civil exercé par la Commission des normes du travail

Que le recours civil exercé par la Commission des normes du travail au bénéfice du salarié soit facilité

a) en l'autorisant à réclamer d'un employeur la totalité du salaire impayé au salarié (par l'abrogation de l'article 98, alinéa 2 et de l'article 100) ;

b) en l'autorisant à poursuivre, le cas échéant, pour le compte du salarié, sans justifier de cession de créance, les administrateurs d'une entreprise dans les cas où le salarié serait personnellement habilité à le faire ;

c) en l'autorisant à accepter un paiement partiel d'une réclamation impliquant un groupe de salariés lorsqu'une majorité de ces salariés y consent, le tout en guise de règlement partiel selon l'article 39, paragraphe 5.

V-31 Pouvoir réglementaire de la Commission des normes du travail

Que la *Loi sur les normes du travail* reconnaisse à la Commission des normes du travail le pouvoir de fixer par règlement la pénalité et le taux d'intérêt applicables au défaut ou au retard de l'employeur à remettre son rapport de prélèvement accompagné du paiement.

V-32 Application générale de la notion de service continu

Que l'aliénation ou la concession totale ou partielle de l'entreprise, la modification de sa structure juridique, notamment par fusion, division ou autrement, n'affecte pas le calcul de la durée de service continu d'un salarié auprès de l'entreprise à l'égard de toute norme ou recours en vertu de la *Loi sur les normes du travail*, et qu'ainsi le terme employeur comprenne cumulativement l'employeur initial et tout employeur subséquent.

V-33 Bulletin de paie

Que l'article 46 de la *Loi sur les normes du travail* soit amendé afin que l'employeur n'ait à inscrire sur le bulletin de paie que les mentions qui s'appliquent à ses salariés.

Chapitre VI

VI-1 Accréditation multi-patronale volontaire

Que le *Code du travail* soit amendé afin de permettre l'accréditation d'une ou plusieurs associations accréditées auprès de plusieurs employeurs par l'organisme compétent en matière d'accréditation si tous y consentent et de donner à cette accréditation multi-patronale volontaire les mêmes effets que l'accréditation régulière en vertu des dispositions actuelles.

VI-2 Négociation multi-patronale volontaire

Que le *Code du travail* soit amendé afin de permettre à une ou plusieurs associations accréditées auprès de plusieurs employeurs ainsi qu'à ces derniers de tenir une négociation multi-patronale volontaire. Cette demande devrait être présentée avec le consentement de toutes les parties visées à l'organisme compétent en la matière pour ratification. La ratification aurait pour effet de ne permettre la conclusion que d'une convention collective pour les salariés et employeurs visés et lierait toutes les parties qui ont consenti à la demande pour toute la durée de ladite convention collective. Les effets de la ratification cesseraient à l'expiration de la convention collective ; la demande pourrait être renouvelée et la ratification obtenue aux mêmes conditions.

VI-3 Approche intégrée et administrative par la création d'un Conseil des relations du travail

Que le *Code du travail* soit amendé pour instituer, en lieu et place de la structure actuelle de traitement du droit d'association (agents d'accréditation, commissaires du travail, Commissaire général du travail et Tribunal du travail), un nouvel organisme appelé Conseil des relations du travail dont l'approche intégrée et administrative permettrait d'administrer l'ensemble des rapports collectifs du travail par le moyen de l'enquête, de la médiation, de la sanction remédiatrice et compensatoire, de l'élaboration de politiques et de la révision de ses propres décisions, le tout dans une optique de prévention des pratiques déloyales, de réduction des délais et de déjudiciarisation des relations du travail.

VI-4 Affirmation de l'objectif de la Loi

Que le *Code du travail* inclue un préambule affirmant comme objectif « l'encouragement de la négociation collective et libre » afin de clarifier l'intention de la Loi, d'encadrer le mandat du Conseil des relations du travail et de garantir l'interprétation de ses décisions aux yeux des tribunaux supérieurs appelés à en contrôler la légalité.

VI-5 Entrepreneur dépendant

Que le *Code du travail* définisse et rende éligible à la syndicalisation l'entrepreneur dépendant.

VI-6 Salarié, membre d'une coopérative faisant des travaux d'exploitation forestière

Que les salariés membres d'une coopérative faisant des travaux d'exploitation forestière soient rendus éligibles à la syndicalisation par l'abrogation de l'alinéa 3 de l'article 2 du *Code du travail*.

VI-7 Accès à la liste des salariés

Que le Conseil des relations du travail, s'il en vient à la conclusion que des salariés tentent d'exercer leur droit d'association dans un contexte d'intimidation ou de refus de reconnaissance syndicale, ait le pouvoir d'ordonner à l'employeur de fournir à l'association de salariés requérante, l'accès à la liste des salariés pour lui permettre de contacter ces derniers ailleurs et à un autre moment qu'aux lieux et heures de travail.

VI-8 Déclaration d'employeur unique

Que le *Code du travail* reconnaisse au Conseil des relations du travail le pouvoir de déclarer par ordonnance, qu'aux fins des rapports collectifs du travail, deux employeurs ou plus sont un employeur unique s'il est d'avis qu'ils assument en commun le contrôle ou la direction d'établissements ou d'entreprises associés ou connexes et ce, après avoir donné à ces employeurs la possibilité raisonnable de présenter leurs observations sur le sujet.

VI-9 Dissolution d'une association de salariés dominée

Que le Conseil des relations du travail ait le pouvoir d'enquêter de sa propre initiative ou sur demande afin de vérifier si une association requérante est ou non dominée, que les résultats de cette enquête soient rendus accessibles aux parties intéressées et qu'ils puissent servir de preuve à l'appui d'une ordonnance de dissolution d'association de salariés dominée.

VI-10 Levée de l'irrecevabilité opposable à une demande d'accréditation en cas de première demande à caractère futile

Que l'article 27.1 du *Code du travail* soit amendé pour permettre au Conseil des relations du travail de rendre recevable une requête postérieure à une première requête en accréditation s'il est d'avis que cette première requête paraît futile ou avoir été présentée dans le dessein de rendre irrecevable toute requête subséquente.

VI-11 Accréditation remédiatrice

Que le *Code du travail* soit amendé afin de conférer au Conseil des relations du travail le pouvoir d'accréditer une association de salariés qui a l'appui de 35 % ou plus des salariés au sein d'une unité d'accréditation qu'il juge appropriée, lorsque l'employeur contrevient au *Code du travail* de manière à ce qu'il soit peu probable que la volonté des salariés se manifeste librement.

VI-12 Mesure disciplinaire pour activité syndicale et ordonnance interlocutoire

Que le Conseil des relations du travail, saisi d'une plainte de mesure disciplinaire pour activités syndicales, ait le pouvoir d'ordonner de façon interlocutoire le maintien à emploi du plaignant en attendant une décision finale (« statu quo ante ») s'il est d'avis que la mesure a été imposée dans un contexte d'intimidation visant à influencer le libre exercice du droit d'association.

VI-13 Usage du vote et caractère représentatif d'une association de salariés

Que le *Code du travail* soit amendé afin

a) que dans le cas où il n'y a pas déjà une association accréditée et où une requête est soumise par une association qui regroupe entre 35 % et 50 % des salariés, un vote soit tenu dans les cinq (5) jours du dépôt de la requête ;

b) que dans le cas où une association est déjà accréditée et où une requête est appuyée par au moins 50 % de salariés visés, un vote automatique soit institué ;

c) que le pouvoir discrétionnaire d'ordonner la tenue d'un vote s'il l'estime nécessaire soit rétabli et exercé par le Conseil des relations du travail.

VI-14 Arbitrage d'une première convention collective

Que les articles 93.1 et suivants du *Code du travail* soient amendés:

a) de façon à confier au Conseil des relations du travail la demande de soumettre le différend à un arbitre et le pouvoir d'en disposer comprenant la tentative de médiation, la nomination et le paiement de l'arbitre; la décision de nommer un arbitre met fin, le cas échéant, à la grève ou au lock-out;

b) de façon à confier à l'arbitre le mandat de déterminer le contenu de la convention collective avec pouvoir de médiation et en précisant que la durée maximale de la sentence tenant lieu de convention collective peut être de 3 ans.

VI-15 Obligation de maintenir les conditions de travail prévues par une sentence tenant lieu de convention collective

Que l'alinéa 2 de l'article 59 du *Code du travail* soit amendé en ajoutant qu'il s'applique également à la sentence tenant lieu de convention collective rendue en vertu de l'article 93.

VI-16 Évaluation périodique du Service de conciliation par le Conseil consultatif du travail et de la main-d'oeuvre

Que la performance du Service de conciliation fasse l'objet d'une évaluation et d'une discussion périodiques par le Conseil consultatif du travail et de la main-d'oeuvre.

VI-17 Piquetage

Que le *Code du travail* soit amendé afin d'y inclure le pouvoir pour le Conseil des relations du travail de rendre des ordonnances relatives au piquetage selon la disposition suivante:

Dans le but d'assurer le respect des différents droits des personnes en présence, le Conseil peut établir, à la demande d'une partie et par voie d'ordonnance, après l'enquête qu'il estime nécessaire dans les circonstances, des modalités d'exercice du piquetage par les membres d'une association de salariés à l'occasion d'une grève ou d'un lock-out et, au besoin, préciser notamment:

i) le nombre de « piquets » qui peuvent ainsi manifester à la fois et en même lieu ;

ii) la localisation du lieu où ces « piquets » peuvent manifester et qui peut se situer soit près de l'établissement ou de l'entreprise en grève ou en lock-out ou soit près d'un autre établissement ou du siège social de l'employeur visé ou encore, soit près d'un lieu de travail d'un autre employeur qui, de l'avis du Conseil, exerce certaines activités de fabrication, de fourniture de biens ou de services, de distribution, d'achat ou de vente qu'il ne ferait pas n'eut été cette grève ou ce lock-out.

S'il s'oppose à la requête pour l'émission de cette ordonnance ou s'il demande sa révision, il incombe à cet autre employeur d'établir, à la satisfaction du Conseil, qu'il ne se trouve pas en pareille situation de soutien ou de relève de l'employeur où a lieu la grève ou le lock-out.

Le piquetage réalisé conformément à l'ordonnance du Conseil ne peut donner prise, sous ce seul chef, à aucun recours ou poursuite, de quelque nature, contre ce syndicat accrédité et ses membres qui ont ainsi exercé leur droit.

VI-18 Approche intégrée relativement aux pratiques déloyales entourant la négociation collective et le conflit de travail

Que l'administration de l'ensemble des dispositions de l'actuel *Code du travail* relativement à toute pratique déloyale ou infraction (sauf le recours pénal) entourant la négociation collective et le conflit de travail (y compris les dispositions « anti-scabs ») soit confiée au Conseil des relations du travail et que ce dernier puisse appliquer à ces matières une approche intégrée et administrative comprenant des pouvoirs d'enquête, de médiation, d'ordonnance et de sanction remédiatrice et compensatoire (y compris le « cease and desist order »), d'élaboration de politiques et de révision de ses propres décisions.

VI-19 Constitution d'une liste spéciale d'arbitres de différend dans le cas des policiers et pompiers

Que le Conseil consultatif du travail et de la main-d'oeuvre constitue à partir de la liste générale des arbitres une liste spéciale d'arbitres pour agir dans les cas de différends impliquant des policiers et des pompiers.

VI-20 Conférence préparatoire à l'arbitrage de différends dans le cas des policiers et pompiers

Que les dispositions du *Code du travail* relatives à l'arbitrage de différends dans le cas des policiers et pompiers soient amendées pour y introduire la tenue d'une conférence préparatoire visant à constater les accords et à identifier les désaccords sur lesquels portera l'arbitrage.

VI-21 Revalorisation du régime des décrets d'extension de convention collective

Que le régime des décrets d'extension de convention collective soit révisé globalement dans le sens d'une revalorisation et d'une modernisation fondées sur le renforcement des parties à la négociation et l'élargissement de l'accès à la syndicalisation.

VI-22 Limite à l'extension « horizontale » d'un décret

Que l'article 11 de la *Loi sur les décrets de convention collective* soit amendé de façon à empêcher que le champ d'application d'un décret ne comprenne les employeurs et salariés

a) qui n'accomplissent que de façon accessoire l'activité visée par le décret;

b) ou qui accomplissent cette activité dans un établissement où il existe une accréditation couvrant également des activités non visées par le décret.

VI-23 Protection du droit d'association dans le cadre du régime des décrets

Que les articles pertinents du *Code du travail* actuel protégeant l'exercice du droit d'association soient rendus applicables à l'exercice de ce droit dans le cadre de la formation ou du fonctionnement d'une association de salariés en vertu de la *Loi sur les décrets de convention collective*.

VI-24 Actualisation du pouvoir ministériel d'appréciation

Que l'article 6 de la *Loi sur les décrets de convention collective* soit amendé afin de le rendre plus conforme à la réalité actuelle

a) en remplaçant l'expression « la concurrence des pays étrangers ou des autres provinces » par l'expression « concurrence externe » ;

b) et en remplaçant l'expression « doit être tenu compte (des conditions économiques…) » par l'expression « peut être tenu compte ».

VI-25 Exercice du pouvoir ministériel d'appréciation

Que le Ministre exerce ses pouvoirs actuels avec une volonté ferme de renforcer les parties à la négociation, d'encourager l'exercice du droit d'association et de raccourcir les délais.

VI-26 Élargissement des matières négociables et susceptibles d'extension par décret et implications quant aux dispositions relatives à la sécurité syndicale et à certaines obligations des associations de salariés

Que la *Loi sur les décrets de convention collective* soit amendée en ajoutant à son article 10, la disposition suivante :

Un décret de convention peut aussi rendre obligatoire, avec ou sans modification, toute autre condition de travail de la convention collective qui n'est pas contraire à l'ordre public ni prohibée par la loi y compris les modalités relatives au précompte de la cotisation syndicale ou de son équivalent. Toutefois, les mesures assurant l'adhésion syndicale ne peuvent être l'objet de cette extension. De plus, l'extension du précompte de la cotisation syndicale ou de son équivalent ne s'applique pas aux groupes de salariés représentés par des associations accréditées, lesquels sont régis par les dispositions pertinentes du *Code du travail.*

Il est souhaitable qu'il soit de plus prévu que l'extension du précompte de la cotisation syndicale, le cas échéant, entraîne l'assujettissement de l'association de salariés aux obligations prévues par les articles 47.1 à 47.6 du *Code du travail.*

VI-27 Application des décrets

Que la *Loi sur les décrets de convention collective* prévoie deux modes de surveillance de l'observance d'un décret auxquels les parties pourraient décider, par voie de négociation, de recourir. Ces modes seraient, soit

a) le mode actuel du comité paritaire assurant l'inspection et, le cas échéant, l'action civile et pénale en prévoyant toutefois que ces recours, sous réserve de la juridiction de la Cour supérieure, s'exercent devant le Tribunal du travail; soit

b) un nouveau mode permettant l'inspection par un délégué syndical, en lui assurant des pouvoirs de visite et de vérification identiques, sauf le pouvoir d'assermentation, à ceux de l'inspecteur de comité paritaire auprès d'entreprises dont il n'est pas un salarié et permettant que les recours naissant du décret puissent s'exercer selon une procédure de grief et d'arbitrage.

VI-28 Consultation périodique auprès du Conseil consultatif du travail et de la main-d'oeuvre sur le régime des décrets

Que l'exercice des pouvoirs ministériels et le fonctionnement global du régime des décrets fasse l'objet d'une consultation périodique auprès du Conseil consultatif du travail et de la main-d'oeuvre qui formerait à cet effet un comité représentatif des groupes patronaux et syndicaux oeuvrant dans le cadre de ce régime.

VI-29 Constitution d'un Conseil des relations du travail

Que le Conseil des relations du travail dont la création a été ci-haut recommandée soit institué aux fins d'assurer aux salariés, aux employeurs et à leurs associations respectives, l'exercice efficace et démocratique de leurs droits, en regard des rapports collectifs du travail et que l'on modifie le *Code du travail* en y intégrant, entre autres, les dispositions suivantes

a) relativement à sa formation et à son organisation.

   1) Pour mieux assurer aux salariés, aux employeurs et à leurs associations respectives l'exercice efficace et démocratique de leurs droits à la négociation collective de conditions de travail, est constitué un Conseil des relations du travail.

   2) Le Conseil est formé de trois membres: un à titre de président et les deux autres, de vice-présidents.

3) Les membres du Conseil sont nommés par décret du Gouvernement sur recommandation du Ministre et avis du Conseil consultatif du travail et de la main-d'oeuvre.

Sont admissibles à ces fonctions, les personnes disposant d'une expérience significative d'au moins dix ans dans le domaine des relations du travail.

4) La nomination initiale d'un président ne peut être pour un terme excédant dix ans et, s'il y a lieu, pour un deuxième terme d'au plus cinq ans. Chaque terme de la nomination d'un vice-président ne peut excéder cinq ans. Aucun membre du Conseil ne peut y être nommé pour plus de deux termes. Toutefois, chaque membre du Conseil demeure en fonction, à l'expiration de son terme, jusqu'à son remplacement ou au renouvellement de sa nomination.

5) Les membres du Conseil exercent leurs fonctions à temps complet et reçoivent les traitements, indemnités, allocations et avantages sociaux établis par décret du Gouvernement.

6) En cas d'absence ou d'incapacité d'agir du président, le vice-président le plus ancien assure l'intérim.

Le remplacement d'un membre du Conseil qui ne termine pas son terme s'effectue selon les modalités et conditions d'une nomination initiale.

7) Le Conseil a son siège social à l'endroit déterminé par le Gouvernement et doit au moins avoir un bureau à Montréal et un à Québec.

8) En plus de présider le Conseil, le président est responsable de l'administration et des services dans le cadre des règlements et directives arrêtés par le Conseil.

9) Le Conseil dispose notamment d'un directeur général, d'un greffier chef, d'un secrétaire général et d'un conseiller juridique dont les attributions respectives sont déterminées, de temps à autre, par le Conseil.

Le Conseil peut, selon les normes, barèmes et effectifs déterminés par le Gouvernement, retenir les services de toute personne à titre d'employé ou autrement pour l'exercice de ses fonctions et fixer sa rémunération, ses avantages sociaux et ses autres modalités de travail. Il peut retenir, ad hoc, les services d'une personne et lui confier un mandat.

10) Les membres du personnel exercent les fonctions et attributions qui leur sont confiées d'une façon générale ou particulière par le Conseil.

11) Le Conseil administre le budget qui lui est imparti dans le respect des règles applicables à l'administration financière et des directives du Gouvernement.

12) Les décisions du Conseil sont authentiques lorsqu'elles sont certifiées conformes par le greffier ou, à défaut de ce dernier, par une personne dûment autorisée par le Conseil. Il en est de même des documents ou des copies émanant du Conseil ou faisant partie de ses archives, lorsqu'ils sont signés par le greffier ou, à défaut de ce dernier, par une personne dûment autorisée par le Conseil.

b) relativement à ses fonctions et moyens:

1) Outre les fonctions et attributions spécifiques qui lui sont conférées, le Conseil des relations du travail est chargé de l'application des dispositions du *Code du travail* relatives à l'exercice de la liberté syndicale, à l'accréditation et à la négociation collective selon les modalités que l'on retrouve au Code et des autres attributions et fonctions qui lui sont conférées par la Loi.

2) Le Conseil dirige, coordonne et distribue le travail de ses membres et de son personnel.

3) Dans le cadre des règlements et de ses directives écrites, le Conseil peut confier à un ou deux de ses membres, à un ou à plusieurs de ses représentants ou mandataires toute affaire, requête ou enquête qui relève de sa compétence et dont il est saisi.

De la même manière, le Conseil peut confier à ces personnes la conduite d'enquête sur toute prétendue violation des dispositions du Code dans les champs de sa compétence ou prétendue violation d'une décision ou ordonnance du Conseil.

La personne ainsi nommée dispose alors de tous les droits, pouvoirs et moyens du Conseil pour effectuer cette mission et, selon le cas, pour en décider ou faire rapport. Toute décision ainsi rendue tient lieu et place d'une décision du Conseil et aux mêmes effets et, à ce titre, est transmise aux intéressés.

4) Le Conseil peut faire effectuer par tout membre de son personnel les enquêtes ou recherches qu'il juge nécessaires sur toute question particulière qui relève de sa compétence et notamment au sujet de l'accréditation, de la protection de l'exercice de la liberté syndicale, de la première négociation collective, de l'exercice des moyens de pression et de l'arbitrage. Les rapports de ces enquêtes et recherches sont versés au dossier de l'affaire visée.

5) Le Conseil peut dessaisir d'une affaire un de ses membres représentant ou mandataire et pourvoir à son remplacement en tout temps avant audition, ou par la suite lorsque cette personne est absente ou devient incapable d'agir.

6) Le Conseil, ses membres, et autres personnes à qui le Conseil confie une affaire de son ressort, disposent respectivement, pour fins d'enquête, de tous les pouvoirs, immunités et privilèges d'un commissaire nommé en vertu de la *Loi des commissions d'enquête* (c. C-37).

7) La personne désignée pour agir en lieu et place du Conseil doit intervenir avec diligence auprès des parties et, dans tous les cas possibles qu'elle juge opportun, sur les lieux mêmes.

8) En toute affaire dont il est régulièrement saisi, le Conseil ou la personne qu'il désigne pour agir peut, en tout temps avant de procéder à l'enquête, tenter d'aider les parties à la recherche d'une solution totale ou partielle du litige. Il peut, à cette même fin, dépêcher auprès des parties toute personne jugée compétente.

9) En toute affaire de sa compétence, le Conseil ou la personne qu'il désigne doit conduire lui-même l'enquête nécessaire à la prise de sa décision et n'autoriser l'intervention des intéressés que dans cette mesure.

Si, dans ce cadre, une séance d'audition est tenue et qu'une partie intéressée reçoit un avis de convocation d'au moins cinq jours francs de la date et du lieu de cette audition et ne s'y présente pas ou refuse de se faire entendre, ou à un ajournement de l'audition, le Conseil ou la personne désignée peut poursuivre l'enquête et décider et aucun recours judiciaire ne peut être fondé sur le fait qu'il a ainsi procédé en l'absence de cette partie.

10) Tout délai pour l'exercice d'un droit ou recours ou pour en suspendre ou retarder l'exercice peut être abrégé ou étendu par le Conseil en toute matière qui relève de sa compétence lorsqu'il l'estime nécessaire à la sauvegarde de droits fondamentaux des intéressés ou pour mieux assurer, en l'occurrence, la finalité véritable du Code.

11) Le Conseil peut prononcer la dissolution, pour les fins du Code, de toute association de salariés lorsqu'il est convaincu qu'elle est dominée ou financée par un employeur ou ses représentants. Avant d'en décider, le Conseil donne l'occasion à l'association de salariés d'exercer ses droits de défense.

12) En toute matière qui relève de son ressort et notamment dans les cas de manoeuvres ou pratiques déloyales, de congédiement, de suspension, de déplacement, de refus de négocier avec diligence et bonne foi, d'arrêt de travail, de grève ou de lock-out, d'embauche de personnes en lieu et place de salariés grévistes ou lockoutés, de défaut ou retard à donner les avis requis selon la section relative aux « changements technologiques », le Conseil peut, s'il le croit alors nécessaire pour assurer le respect ou la sauvegarde des droits des parties ou des intéressés ou l'application d'une disposition du Code ou de sa décision, émettre une ordonnance et ainsi enjoindre une personne, un groupe de salariés, une association de salariés, l'employeur, ses représentants ou son association, à faire ce qui est nécessaire à cette fin ou à s'abstenir de faire ce qui y contrevient ou encore, à réparer le préjudice subi ou à prévenir sa répétition.

Dans le cas de changements technologiques, cette ordonnance peut notamment porter sur la suspension de la réalisation de ces changements, la réintégration des salariés ainsi déplacés ou mis à pied et le paiement d'une indemnité équivalente aux salariés et autres avantages dont ils furent privés.

Avant d'émettre l'ordonnance, le Conseil fournit aux parties visées l'occasion d'être entendues aux conditions qu'il juge appropriées, dans les circonstances, et peut également tenter d'amener les parties à trouver une solution au litige.

13) Le Conseil peut déposer une copie conforme d'une ordonnance rendue selon l'article précédent au bureau du protonotaire de la Cour supérieure du district où est situé le lieu de travail en cause. Ce dépôt confère à l'ordonnance la même force et le même effet comme s'il s'agissait d'un jugement émanant de la Cour supérieure.

14) Le Conseil ou la personne qu'il a désignée doit rendre par écrit et motiver sommairement toute décision qui termine une affaire de son ressort.

15) Sous réserve de sa révision ou de sa révocation, la décision du Conseil ou de la personne qu'il désigne lie les parties et est finale et sans appel.

16) En tout temps, le Conseil peut d'office ou à la demande d'une partie réviser, corriger ou révoquer toute décision ou tout ordre rendu dans le cadre de son champ de compétence.

La requête en révision ou révocation doit préciser les principaux motifs qui la justifient.

Le Conseil peut également corriger, de la même manière et en tout temps, ses décisions et ordres entachés d'erreurs d'écriture ou de calcul, ou de quelque autre erreur matérielle.

17) Le Conseil peut, avant de rendre une décision sur la révocation ou la révision d'une décision ou d'un ordre, permettre aux parties, en la manière qu'il juge appropriée, de se faire entendre sur toute question pertinente.

Si une partie intéressée et convoquée ne se présente pas ou refuse de se faire entendre à la séance fixée à cette fin, ou à un ajournement de cette séance, le Conseil peut néanmoins procéder à l'instruction de l'affaire et aucun recours judiciaire ne peut être fondé sur le fait qu'il a ainsi procédé en l'absence de cette partie.

18) À la suite d'une requête en accréditation, en révision ou en révocation d'accréditation, le Conseil peut ordonner la suspension de la négociation et du délai pour l'exercice du droit de grève ou de lock-out et empêcher le renouvellement d'une convention collective.

En ce cas, les conditions de travail prévues dans la convention collective demeurent en vigueur et toute difficulté relative à l'application de l'article 59 du *Code du travail* peut être tranchée par le Conseil et rendue exécutoire selon l'article 19.1 jusqu'à la décision du Conseil à l'égard de la requête en accréditation, en révision ou en révocation d'accréditation.

19) Une mésentente relative à l'article 59 peut aussi, sous réserve d'une ordonnance du Conseil, être déférée à l'arbitrage par l'association de salariés intéressée comme s'il s'agissait d'un grief.

20) Toute demande que le Conseil est compétent à entendre en vertu du Code doit lui être directement adressée.

21) Le Conseil peut, dans le but de s'assurer de l'application des dispositions de ce Code qui lui sont pertinentes, émettre de temps à autre des directives relatives à leur application. Ces directives ne lient cependant pas le Conseil dans l'exercice de ses pouvoirs ou dans l'accomplissement de ses obligations. Dans l'établissement de ses directives, le Conseil peut requérir les représentations de toute personne. Ces directives sont publiées et rendues disponibles à toute personne intéressée.

VI-30 Recours en vertu de la *Loi sur les normes du travail* impliquant un salarié non-syndiqué

Que tous les recours (actions civiles, plaintes pénales, autres plaintes) découlant de la *Loi sur les normes du travail* et impliquant un salarié non-syndiqué, à l'exception de la plainte de congédiement sans une cause juste et suffisante laquelle est référée à un arbitre, soient exercés devant le Tribunal du travail le tout sous réserve de la juridiction de la Cour supérieure.

VI-31 Compétence du Tribunal du travail à l'égard des rapports collectifs du travail

a) Que le Tribunal du travail conserve sa juridiction actuelle de première instance en matière de plainte pénale relative aux pratiques déloyales en matière de rapports collectifs du travail selon le *Code du travail*.

b) Que le Tribunal du travail maintienne et élargisse sa compétence en matière de représentation équitable d'un salarié par son association aux fins des articles 47.2 et suivants du *Code du travail* et que l'article 47.5 soit amendé en y ajoutant la disposition suivante :

> Sauf si les deux parties à la convention s'y opposent, le Tribunal peut décider de trancher directement la réclamation. À cette fin, il entend les parties et le plaignant en lieu et place de l'arbitre.

VI-32 Autres compétences du Tribunal du travail

Que tout recours de nature civile, pénale ou réglementaire prévu au nouveau code du travail et non spécifiquement attribué à des instances créées par ce code soit de la juridiction du Tribunal du travail ainsi que pareils recours déjà prévus aux autres lois connexes aux relations du travail. À cette fin, que l'on insère à un nouveau code du travail intégré la disposition suivante :

> Sous réserve de la compétence de la Cour supérieure et des champs spécifiques de compétence confiés au Conseil des relations du travail, au Conseil des services essentiels et aux arbitres, le Tribunal a juridiction exclusive pour connaître et disposer de tout recours de nature civile ou pénale qui est fondé ou qui résulte de ce Code (c'est-à-dire du nouveau code intégré) en outre des autres matières déclarées de sa compétence par la Loi.

VI-33 Pouvoirs du Tribunal du travail

Que le *Code du travail* contienne les dispositions suivantes relativement aux pouvoirs du Tribunal du travail :

a) En tout temps, le Tribunal peut, s'il l'estime approprié, suspendre l'enquête pour aider les parties à trouver une solution au litige. Le cas échéant, le Tribunal prend acte de l'accord ce qui équivaut à un jugement.

b) Dans les matières qui relèvent de sa compétence, le Tribunal peut, s'il l'estime nécessaire pour assurer le respect et la sauvegarde des droits des parties, émettre une ordonnance remédiatrice enjoignant à une personne de s'abstenir, de cesser ou de faire ou d'entreprendre un acte, une décision ou une démarche, ou de réparer le préjudice causé par cet acte, cette décision ou cette démarche.

Le Tribunal donne aux parties l'occasion d'être entendues avant d'émettre telle ordonnance.

c) Le jugement du Tribunal peut être exécuté en visant les procédures établies à l'article 19.1 pour valoir aux mêmes effets.

d) S'il l'estime approprié, le Juge en chef peut confier une affaire à plus d'un juge du Tribunal. Ces derniers concourent tous à la décision.

VI-34 Élargissement de l'accessibilité à l'arbitrage accéléré de grief

Que le *Code du travail* prévoie que l'arbitrage accéléré des griefs (sous sa forme actuelle) puisse être accordé à la demande de l'une ou l'autre des parties à une convention collective.

VI-35 Liste annotée des arbitres

Que le Conseil consultatif sur le travail et la main-d'oeuvre continue et amplifie les efforts déjà amorcés en vue de faire une révision périodique de la liste des arbitres.

VI-36 Mésentente sur le maintien des conditions de travail (art. 59 du *Code du travail*)

Que le *Code du travail* soit amendé afin de permettre à une association de salariés de soumettre au Conseil des relations du travail un litige naissant de l'application de l'article 59 du *Code du travail* et que le Conseil des relations du travail ait le pouvoir d'en disposer ou de le référer à un arbitre. Par ailleurs, le pouvoir de le soumettre à l'arbitre comme s'il s'agissait d'un grief demeurerait loisible à l'association de salariés.

VI-37 Médiation pré-arbitrale

Que le *Code du travail* prévoie la médiation pré-arbitrale par l'arbitre de griefs et par l'arbitre de différends, afin de favoriser les règlements, circonscrire le litige, simplifier la procédure et raccourcir les délais.

VI-38 Non-formalisme de l'arbitrage

Que le *Code du travail* soit amendé afin que soit établi clairement que la procédure d'arbitrage ne doit pas être formaliste mais qu'elle doit être administrée dans le respect des règles de justice naturelle.

VI-39 Pouvoir de rendre une décision intérimaire par l'arbitre de griefs

Que le *Code du travail* soit amendé afin que l'arbitre de griefs ait le pouvoir de rendre une décision intérimaire.

VI-40 Pouvoir de sanction d'un règlement hors cour par l'arbitre de différends

Que le *Code du travail* soit amendé afin que l'arbitre de différends ait le pouvoir de sanctionner tout règlement hors cour.

VI-41 Dépôt des sentences

Que le *Code du travail* soit amendé afin que le dépôt des décisions arbitrales de griefs et de différends soit fait dans un délai de 30 jours de telles décisions et ce, au Greffe du Conseil des relations du travail qui en transmet copie au ministre du Travail.

Chapitre VII

VII-1 Informations aux citoyens et aux parties

Afin de fournir une meilleure information aux citoyens et aux parties selon leurs besoins spécifiques, la Commission recommande les mesures suivantes:

a) Que l'on privilégie, pour l'information de base aux citoyens une approche vulgarisée mettant à contribution les moyens que sont les médias (écrits et électroniques) et la distribution massive et gratuite de feuillets.

b) Que l'on étudie la possibilité d'intégrer à un niveau massivement fréquenté du système scolaire un cours, une partie de cours ou un contenu traitant des droits et obligations du citoyen notamment en matière de travail et de relations du travail.

c) Que le ministère du Travail soit chargé de mettre sur pied avec la collaboration des organismes impliqués, pour une période donnée et sur une base expérimentale, un service auquel le citoyen pourrait recourir afin d'être orienté vers le service gouvernemental compétent.

d) Que le ministère du Travail voie à ce que le Centre de recherche et de statistiques sur le marché du travail publie des relevés statistiques complets et intégrés sur le marché et les relations du travail . Notamment la Commission consultative sur le travail considère que le Centre de recherche et de statistiques sur le marché du travail devrait inclure à ses relevés des données précises et périodiques sur le taux de syndicalisation en incluant l'industrie de la construction et les différents secteurs de juridiction fédérale.

e) Que le ministère du Travail soit chargé de publier un inventaire des sources d'information, mis à jour annuellement, sur les conditions et les relations du travail.

f) Que le ministère du Travail, en consultation avec les principaux services d'information dans le domaine, étudie la possibilité de créer un véritable réseau informatisé de diffusion de l'information relative aux conditions et aux relations du travail.

g) Que le ministère du Travail fasse connaître, par voie de publication ou autrement, l'existence de ces banques de données et qu'il en diffuse le contenu aux intervenants impliqués directement dans le monde du travail et que, ce faisant et pour éviter des dédoublements de services coûteux et inutiles, il étudie la possibilité de coopérer dans ce domaine avec le ministère fédéral du Travail.

h) Que le ministère du Travail soit chargé de coordonner la diffusion de toute l'information relative aux conditions et aux relations de travail produite par tous les ministères, commissions et organismes du Gouvernement du Québec.

i) Que le ministère du Travail étudie l'hypothèse de diffuser l'information factuelle concernant l'existence de données et les fréquentes modifications aux lois et règlements relatifs au travail et aux relations du travail au moyen d'un « bulletin » sommaire et périodique.

VII-2 Concertation entre les parties

Que, sans exclure le rôle d'initiateur, d'animateur et de partenaire qu'assume le Gouvernement dans le domaine du travail, l'on encourage l'initiative des parties, des groupes et des organismes à se concerter sur les questions qui leur semblent d'intérêt commun.

VII-3 Incitatifs à la concertation

Qu'à cette fin et selon certains critères (tels la représentativité, l'intérêt public, social ou économique du sujet, etc.), l'État mette à la disposition des partenaires qui désirent s'engager dans une démarche de concertation sectorielle, régionale ou nationale, des incitatifs et supports matériels.

VII-4 Consultation et Conseil consultatif sur le travail et la main-d'oeuvre

a) Que la *Loi sur le Conseil consultatif du travail et de la main-d'oeuvre* soit amendée afin que, tout en conservant l'actuelle responsabilité du ministre du Travail quant à l'application de la *Loi*, l'accès gouvernemental au Conseil consultatif du travail et de la main-d'oeuvre soit élargi à tout projet ministériel ayant trait au domaine du travail.

b) Qu'en plus des mandats actuels, le mandat du Conseil consultatif du travail et de la main-d'oeuvre soit révisé pour s'assurer que l'on considère le domaine de consultation comme comprenant toute question relative au travail (conditions de travail, ressources humaines et relations du travail) et toute question se rapportant aux lois du travail.

c) Que certains sujets fassent l'objet d'une consultation obligatoire ou automatique. À titre indicatif, ces sujets pourraient être les suivants: projets de loi ou de règlement d'application découlant des lois du travail, réexamen automatique de l'effet des modifications apportées aux lois, rapport annuel des ministères et organismes d'application des lois du travail, nominations et renouvellement de mandats à certaines fonctions d'administration des lois du travail, rapport d'évaluation des services gouvernementaux en matière de travail, etc.

d) Que l'on assure la participation de groupes socio-économiques aux travaux du Conseil consultatif sur le travail et la main-d'oeuvre au moyen, entre autres, de l'exercice du pouvoir de consultation interne (article 3 de la *Loi*), par la création de comités spéciaux identifiés au besoin par la *Loi*.

e) Que le Conseil consultatif sur le travail et la main-d'oeuvre étende aussi ses pratiques de consultation interne en entendant, le cas échéant, les associations professionnelles dont les membres oeuvrent dans le domaine du travail.

Annexes

Annexe A

    **Décrets relatifs à la Commission consultative
sur le travail**

Annexe B

    **Sommaire des activités de consultation/concertation
de la Commission consultative sur le travail**

Annexe C

    Programme de recherche

Annexe D

    Projet de codification des principales lois du travail

Annexe A

Décrets relatifs à la Commission consultative sur le travail

DÉCRET

Gouvernement du Québec

Numéro 533-84
7 mars 1984

CONCERNANT la création d'une commission consultative et d'une conférence socio-économique sur le travail

* * *

ATTENDU QUE le Premier ministre, dans son message inaugural du 23 mars 1983, signalait l'intention du gouvernement quant à la révision de la législation du travail de « procéder avec prudence et réalisme de façon à ce que le résultat final soit le fruit du consensus le plus large possible » ;

ATTENDU QUE la récente Loi modifiant le Code du travail et diverses dispositions législatives (loi 17) n'avait pour objet que d'apporter les amendements les plus pressants au Code du travail ;

ATTENDU QU'il est maintenant nécessaire, pour améliorer les relations et l'organisation du travail, précisément dans le secteur privé, de procéder à une réévaluation de nos rapports collectifs du travail ;

ATTENDU QUE plusieurs disciplines interviennent simultanément dans les relations du travail, telles le droit, la sociologie, les relations industrielles, la psychologie, l'économie, l'histoire et plus récemment l'administration, le développement organisationnel, l'éducation, la concertation et même la prospective et qu'il s'agit d'un secteur complexe ;

ATTENDU QUE pour répondre aux souhaits du milieu patronal et du monde syndical qui désirent être associés au processus de révision, il faut mettre en branle des mécanismes concomitants de consultation et de concertation dans la recherche de solutions qui seraient traduites, par la suite, par le dépôt d'une nouvelle législation du travail;

ATTENDU QU'il est d'intérêt public d'engager ouvertement la consultation et le débat sur la réforme des rapports collectifs du travail entre les partenaires sociaux qu'ils soient organisés ou non;

ATTENDU QU'il est pertinent de créer à la fois une commission consultative sur le travail pour recueillir les opinions des personnes et des groupes et une conférence socio-économique pour dégager les consensus sur les mesures les plus susceptibles d'améliorer les relations du travail;

IL EST ORDONNÉ en conséquence, sur proposition du ministre du Travail:

QUE soit autorisée une démarche de consultation/concertation/législation sur le TRAVAIL et la révision du Code du travail précisément pour le secteur privé;

QUE soit créée une commission consultative sur le travail formée de cinq (5) membres nommés par le gouvernement afin de proposer aux partenaires sociaux et au gouvernement des mesures propres à améliorer les relations du travail;

QUE le mandat de cette commission soit d'étudier la situation, de consulter des personnes et des groupes, d'identifier les consensus établis entre les partenaires et de colliger les mesures destinées à favoriser des relations du travail harmonieuses, une organisation du travail productive et une implication valorisante des travailleuses et des travailleurs dans l'entreprise;

QUE soit accepté le principe de la tenue d'une série de conférences socio-économiques sur le travail, présidées par la commission consultative, qui réuniront des représentants du milieu patronal, du monde syndical, des groupes intéressés aux relations du travail et des porte-parole du gouvernement;

QUE la commission consultative sur le travail soit autorisée à inventorier les études existantes, à diriger l'exécution des recherches nécessaires, à recueillir les avis de personnes et de groupes en tenant des audiences également en région, à dresser un bilan de la situation, à élaborer des propositions de solutions concrètes et, finalement, à produire un rapport, des conclusions et des recommandations aux partenaires sociaux, au gouvernement et à la population;

QUE la commission soit composée des personnes suivantes:

— Gilles Châtillon

— Jean-Jacques Gagnon

— Jean Gérin-Lajoie

— Viateur Larouche

— Jeannine Mc Neil

QUE Gilles Châtillon soit nommé le président de cette commission;

QUE la commission consultative sur le travail soit dotée d'un(e) secrétaire, du personnel et des crédits nécessaires à son fonctionnement; et qu'elle soit autorisée à recourir à des personnes-ressources de la Fonction publique et à faire appel à des consultants externes lorsque requis;

QUE l'échéancier projeté soit reconnu et que cette commission soit tenue de soumettre son rapport et ses recommandations avant la fin mai 1985;

QUE soit créé un comité ministériel temporaire composé du ministre du Travail qui le préside, de la ministre de la Main-d'oeuvre et de la Sécurité du revenu, du ministre de l'Industrie, du Commerce et du Tourisme, du ministre de la Science et de la Technologie, de la ministre déléguée à la Condition féminine, du président du Comité de développement économique et du président du Comité de développement social pour représenter le gouvernement lors de la tenue des conférences et pour recevoir le rapport de la commission;

QUE la préparation des conférences ou tables de concertation sur le travail soit confiée conjointement au Secrétariat permanent des conférences socio-économiques et au secrétariat de la commission consultative;

QUE les dispositions du décret 2232-81 concernant les modalités de gestion administrative, financière et d'engagement de personnel des commissions d'enquête régissent les opérations de la commission;

QUE le lieu principal de la commission soit Québec.

Le Greffier du Conseil exécutif

Louis Bernard

DÉCRET

Gouvernement du Québec

Numéro 2119-84
19 septembre 1984

CONCERNANT les nominations de messieurs René Beaudry et Jean Boily à la Commission consultative sur le travail.

* * *

ATTENDU QUE par le décret 533-84 du 7 mars 1984, le gouvernement a créé une Commission consultative sur le travail présidée par monsieur Gilles Châtillon ;

ATTENDU QUE le 7 septembre 1984, monsieur Gilles Châtillon a remis sa démission comme membre et président de la commission ;

ATTENDU QU'il y a lieu de désigner un remplaçant à monsieur Gilles Châtillon en tant que membre et président de la commission ;

ATTENDU QU'il y a lieu également de désigner un fonctionnaire responsable de l'administration générale de la commission ;

ATTENDU QU'il y a lieu d'autre part de changer le lieu principal de la commission ;

IL EST ORDONNÉ, en conséquence, sur la recommandation du ministre du Travail ;

QUE monsieur René Beaudry, juge de la Cour provinciale et membre du Tribunal du travail, devienne membre de la Commission consultative sur le travail et soit nommé président de cette commission en remplacement de monsieur Gilles Châtillon ;

QUE le mandat de monsieur René Beaudry se termine le 30 juin 1985 ;

QUE monsieur Jean Boily, du ministère du Travail, soit désigné comme fonctionnaire responsable de l'administration générale de la commission du 10 septembre 1984 au 30 juin 1985 ;

QUE les frais de déplacement de monsieur René Beaudry et de monsieur Jean Boily soient payés conformément au décret 2500-83 du 30 novembre 1983 ;

QUE monsieur René Beaudry bénéficie des dispositions prévues à l'article 10 du Règlement sur la rémunération et les avantages sociaux et les autres conditions de travail de certains hauts-fonctionnaires (R.R.Q., 1981, chap. F-3.1, r. 20) quant à ses dépenses de fonction;

QUE le lieu principal de la commission soit dorénavant Montréal.

Le Greffier du Conseil exécutif

Louis Bernard

DÉCRET

Gouvernement du Québec

Numéro 686-85
3 avril 1985

CONCERNANT la Commission consultative sur le travail

* * *

ATTENDU QUE la Commission consultative sur le travail, constituée par le décret 533-84 du 7 mars 1984, doit compléter ses travaux et soumettre son rapport et ses recommandations avant la fin mai 1985 ;

ATTENDU QU'il est impossible à la Commission de terminer dans le délai requis les audiences privées, de faire terminer les recherches requises, d'en prendre connaissance et de rédiger son rapport et ses recommandations ;

ATTENDU QU'il y a lieu de prolonger le mandat de cette Commission, de son président et du fonctionnaire responsable de son administration générale.

IL EST ORDONNÉ, en conséquence, sur la recommandation du ministre du Travail :

QUE le mandat de la Commission consultative sur le travail soit prolongé jusqu'au 30 septembre 1985 ;

QUE le mandat du président de cette Commission, le juge René Beaudry, et celui du fonctionnaire responsable de son administration générale, monsieur Jean Boily, expirent à la date d'expiration du mandat de la Commission ;

QUE le président de cette Commission, le juge René Beaudry, reçoive, à compter du 1er avril 1985, le remboursement des dépenses de fonction prévues au décret 2400-83 du 23 novembre 1983.

Le Greffier du Conseil exécutif

Louis Bernard

DÉCRET

Gouvernement du Québec

Numéro 1824-85
4 septembre 1985

CONCERNANT la Commission consultative sur le travail

* * *

ATTENDU QUE la Commission consultative sur le travail a été constituée par le décret 533-84 du 7 mars 1984;

ATTENDU QU'en vertu du décret 686-85 du 3 avril 1985, cette Commission doit compléter ses travaux et soumettre son rapport et ses recommandations au plus tard le 30 septembre 1985;

ATTENDU QUE la Commission prévoit remettre son rapport et ses recommandations, au gouvernement, au plus tard le 31 octobre 1985;

ATTENDU QUE le rapport et les recommandations de la Commission ne seront, à cette date, disponibles qu'en un nombre limité d'exemplaires;

ATTENDU QUE la Commission prévoit que des délais sont nécessaires pour imprimer, éditer et diffuser d'autres exemplaires de son rapport et de ses recommandations;

ATTENDU QUE la Commission a fait préparer plusieurs travaux de recherche et qu'elle a décidé d'en faire des annexes à son rapport et à ses recommandations et de les publier;

ATTENDU QUE la Commission prévoit qu'au 30 septembre 1985, ces travaux de recherche ne pourront être colligés, révisés et corrigés pour être annexés à son rapport et à ses recommandations;

ATTENDU QUE la Commission prévoit que les dernières questions administratives ne pourront, à cette même date, être réglées pour mettre un terme définitif à son mandat;

ATTENDU QUE pour compléter ces travaux, seuls les services des membres de la Commission, y incluant son président, et ceux du fonctionnaire responsable de son administration générale, sont requis;

ATTENDU QUE la Commission peut recruter le personnel nécessaire pour l'accomplissement de ces derniers travaux;

ATTENDU QU'il y a lieu de prolonger le mandat de la Commission au 31 décembre 1985;

IL EST ORDONNÉ, en conséquence, sur la recommandation du ministre du Travail:

QUE le mandat de la Commission consultative sur le travail soit prolongé jusqu'au 31 décembre 1985;

QUE seuls les mandats des membres de la Commission, y incluant son président, et celui du fonctionnaire responsable de son administration générale, soient prolongés jusqu'au 31 décembre 1985;

QUE les dispositions du Décret 2232-81 du 19 août 1981 concernant les modalités de gestion administrative, financière et d'engagement de personnel des Commissions d'enquêtes s'appliquent à cette prolongation du mandat de la Commission.

Le Greffier du Conseil exécutif

Louis Bernard

Annexe B

Sommaire des activités de consultation / concertation de la Commission consultative sur le travail

De juin 1984 à juin 1985, la Commission a mené pour les fins de son mandat une année entière de consultations auprès de groupes, personnes et institutions intéressés à divers titres au monde du travail et aux lois qui le régissent.

Ces consultations se sont déroulées en quatre étapes:

1) la conférence socio-économique, les 18 et 19 juin 1984, à Québec;

2) les audiences publiques, du 2 octobre au 21 décembre 1984, dans les neuf (9) villes suivantes: Jonquière, Baie-Comeau, Rouyn, Rimouski, Trois-Rivières, Sherbrooke, Québec, Hull et Montréal;

3) les rencontres privées avec les dirigeants des institutions et associations professionnelles liées à l'administration des lois du travail, en février et mars 1985, à Montréal et Québec;

4) les échanges de vues avec les groupes reconnus comme partenaires de fait dans le monde du travail, en mars et en juin 1985, à Montréal.

1) La conférence socio-économique, 18 et 19 juin 1984

Présentation

La conférence publique sur le travail et la révision du Code du travail a réuni à Québec quelque 250 invités: les uns (une centaine) à titre d'observateurs; les autres (environ 150) comme délégués des organismes participants.

La Commission visait à recueillir l'opinion des participants:

— quant à l'état des relations du travail au Québec;

— quant aux quatre champs qu'elle ouvrait à la consultation :
- le travail et les conditions de travail ;
- l'entreprise et la gestion ;
- le droit d'association et les relations du travail ;
- les institutions, les mécanismes et les recours.

Publications

Au cours de cette période, la Commission a publié successivement :

— avant la conférence, un *Document de travail* où elle précisait son orientation ;

— au moment de la conférence, un *Programme* à l'intention des participants ;

— après la conférence, un *Rapport des délibérations.*

Liste des participants à la conférence

Centrales syndicales

— Centrale de l'enseignement du Québec

— Centrale des syndicats démocratiques

— Confédération des syndicats nationaux

— Fédération des travailleurs du Québec

Organisations patronales

— Association des manufacturiers canadiens

— Bureau de commerce de Montréal

— Chambre de commerce du Québec

— Conseil du patronat du Québec

Mouvement coopératif

— Conseil de la coopération du Québec

Corporations professionnelles

— Conseil interprofessionnel du Québec

Groupes sociaux

— Association féminine d'éducation et d'action sociale

— Coalition des travailleurs et des travailleuses non syndiqués pour les normes minimales d'emploi et l'accès à la syndicalisation

— Conseil d'intervention pour l'accès des femmes au travail

— Fédération des femmes du Québec

— Table de concertation des organismes jeunesse-travail

— Table de concertation des organismes provinciaux de promotion des droits et intérêts des personnes handicapées du Québec

— Table de concertation des travailleurs et travailleuses des communautés culturelles

Gouvernement du Québec

— Ministre de l'Industrie, du Commerce et du Tourisme

— Ministre de la Main-d'oeuvre et de la Sécurité du revenu

— Ministre de la Science et de la Technologie

— Ministre du Travail

— Ministre déléguée à la Condition féminine

— Président du Comité de développement économique

— Président du Comité de développement social

2) Les audiences publiques, octobre, novembre et décembre 1984

Présentation

Les audiences publiques dans neuf villes du Québec élargissaient la consultation à tout groupe ou personne qui voulait s'inscrire pour présenter un mémoire ou un simple témoignage à la Commission. Les participants étaient invités à orienter leurs exposés de manière à formuler, à la fin, des *propositions d'action*. On pouvait aussi s'en tenir au message écrit, sans paraître devant les commissaires.

La Commission a ainsi enregistré 250 interventions de toute nature dont elle a pu extraire quelque 1675 propositions d'action. Elle a déposé les documents reçus au ministère du Travail où on peut les consulter, ainsi que le compte rendu sténographique des audiences (69 volumes).

Publications

Au cours de cette période, la Commission a publié successivement:

— avant les audiences:
- un dépliant intitulé *Participer au changement* et diffusé à 30 000 exemplaires pour annoncer les audiences publiques;
- un *Document de consultation* à l'intention des participants;

— après les audiences:
- — un *Recueil des propositions* (6 volumes) ainsi qu'un *Résumé des propositions*.

Thèmes de consultation

Afin de guider les participants, la Commission avait développé pour chacun des champs retenus des thèmes de consultation.

— 1er champ: Le travail et les conditions de travail

1- Les statuts de travail

2- L'égalité d'accès au travail

3- Les normes du travail

4- L'information sur les conditions de travail

5- Question ouverte

— 2e champ: L'entreprise et la gestion

6- La gestion des ressources humaines

7- L'information dans l'entreprise

8- La participation à l'entreprise

9- La situation des cadres dans l'entreprise

10- L'organisation du travail et la productivité

11- Les changements technologiques

12- Les fermetures d'entreprises et les licenciements collectifs.

13- Question ouverte

— 3e champ: Le droit d'association et les relations du travail

14- L'accès à la syndicalisation

15- L'exercice du droit d'association

16- Les pratiques déloyales et le droit d'association

17- L'accréditation et la multipatronale

18- Les associations de salariés

19- La liberté de négociation

20- La négociation collective et ses impasses

21- Le régime des décrets de convention collective

22- Les droits de grève et de lock-out

23- Le conflit de travail dans un service public

24- La négociation, le conflit de travail et les pratiques déloyales

25- Les tranformations de l'entreprise et la sous-traitance

26- Les relations du travail dans l'entreprise

27- Question ouverte

— 4ᵉ champ : Les institutions, les mécanismes et les recours

28- L'intégration des lois du travail

29- La déjudiciarisation des relations du travail

30- Les services gouvernementaux d'aide aux parties

31- Les services gouvernementaux de surveillance

32- Les instances

33- Les recours

34- La concertation entre parties et partenaires

35- Question ouverte

Liste des participants aux audiences publiques

Voici la liste des participants, par région, dans l'ordre chronologique des audiences. Ceux qui ont présenté un mémoire sans être entendus en audience sont classés selon leur région d'origine sous le titre « hors audience ».

Jonquière, 2, 3, et 4 octobre 1984

— Association féminine d'éducation et d'action sociale du Saguenay–Lac-Saint-Jean, AFEAS

— Association québécoise pour la défense des droits des retraités et pré-retraités

— Boudreault, Laurent (Les Machineries B.L. & R. inc.)

— Centrale des syndicats démocratiques, région du Saguenay–Lac-Saint-Jean, CSD

— Centre d'intervention et de solidarité économique d'Alma

— Chambre de commerce de Chicoutimi

— Coalition des syndicats affiliés, région du Saguenay–Lac-Saint-Jean, CEQ

— Comité consultatif des coopératives forestières du Saguenay

— Conseil central du Saguenay–Lac-Saint-Jean, CSN

— Conseil régional du Lac-Saint-Jean, Fédération des femmes du Québec

— Conseil régional du Saguenay, Fédération des femmes du Québec

— Conseil du travail du Saguenay–Lac-Saint-Jean, FTQ

— Département des sciences de l'administration, Université du Québec à Chicoutimi

— Fédération des syndicats du secteur de l'aluminium

— Fédération des travailleurs forestiers du Québec, UPA

— Fédération des travailleurs du papier et de la forêt, CSN

— Forces d'une ère nouvelle (jeunes)

— Groupe d'action patronale de Jonquière, CPQ

— Groupement des organismes de personnes handicapées du Saguenay–Lac-Saint-Jean

— Groupe de gestion en ressources humaines, cégep de Jonquière

— Municipalité régionale de comté du Fjord-du-Saguenay

— Union des municipalités du Québec, UMQ

— Ville de Jonquière

Hors audience

— Comité de concertation régionale Femme-Formation-Travail

— Lévesque, Jean-Pierre, travailleur

Baie-Comeau, 9 et 10 octobre 1984

— Alternative-Jeunesse Côte-Nord et Mouvement Action-Solidarité au travail

— Boudreault, Yvon (Commission de formation professionnelle de la Côte-Nord)

— Centre Emersion de Baie-Comeau (intégration des femmes au travail)

— Comité des coopératives forestières de la Côte-Nord

— Conseil central de la Côte-Nord, CSN

— Fédération des travailleurs du Québec, région de la Côte-Nord, FTQ

— Groupe d'action patronale de Baie-Comeau, CPQ

— Laplume, Alberte, travailleuse

— Société canadienne de métaux Reynolds ltée, AMC

Hors audience

— Association féminine d'éducation et d'action sociale de la Côte-Nord, AFEAS

Rouyn, 16 et 17 octobre 1984

— Collectif des femmes de l'Abitibi–Témiscamingue

— Conseil central du Nord-Ouest, CSN

— Conseil régional de développement de l'Abitibi–Témiscamingue

— Fédération des travailleurs du Québec, région de l'Abitibi–Témiscamingue, FTQ

— Groupe d'action patronale de l'Abitibi–Témiscamingue, CPQ

— Groupe Montemurro (chaîne d'alimentation)

— Maison des jeunes

— Pastorale sociale du diocèse de Rouyn–Noranda, Comité des besoins sociaux Mouvement jeunesse ouvrière chrétienne

— Sécurinord inc. (consultant en santé, sécurité et relations du travail)

— Syndicat des travailleurs/euses de l'enseignement du Nord-Ouest, CEQ

— Tembec inc. (fabricant de pâtes de bisulfite)

— Union des coopératives forestières de l'Abitibi–Témiscamingue

— Union des municipalités de l'Abitibi, UMQ

Rimouski, 23 et 24 octobre 1984

— Association coopérative forestière régionale de la Gaspésie

— Centre d'intervention et de recherche pour l'amélioration des situations de travail, Université du Québec à Rimouski

— Chambre de commerce de Rimouski et Regroupement économique de Rimouski

— Conseil de développement de la Métis

— Conseils centraux du Bas-Saint-Laurent et de la Gaspésie, CSN

— Groupe d'action patronale de Rimouski, CPQ

— Potvin, Liliane, travailleuse

— Québec-Téléphone

— Regroupement Action-Travail, Bas-Saint-Laurent–Gaspésie–Îles-de-la-Madeleine

— Regroupement des villes de l'Est-du-Québec, UMQ

Trois-Rivières, 6, 7 et 8 novembre 1984

— Association féminine d'éducation et d'action sociale de la Mauricie, AFEAS

— Association féminine d'éducation et d'action sociale de Nicolet, AFEAS

— Association des femmes collaboratrices de la Mauricie

— Association des manufacturiers canadiens, section du Saint-Maurice, AMC

— Beaupré, Jacques, travailleur

— Centrale des syndicats démocratiques, région de la Mauricie, CSD

— Chambre de commerce du comté de Drummond

— Chambre de commerce des Bois-Francs

— Club des femmes de carrière de Trois-Rivières

— Fédération de la métallurgie, CSN

— Fédération des syndicats autonomes, FSA

— Fédération des travailleurs du papier et de la forêt, CSN

— Fédération des travailleurs du Québec, région de la Mauricie–Bois-Francs, FTQ

— Grand conseil de la nation Waban-Aki

— Groupe d'action patronale de la Mauricie, CPQ

— Papirakis, Nick (Association de la restauration et de l'hôtellerie de la Mauricie)

— Partance (réintégration des femmes au marché du travail)

— Syndicats d'enseignants de la Mauricie–Bois-Francs, CEQ

— Union des municipalités de la Mauricie, UMQ

Hors audience

— Conseil central de Trois-Rivières, CSN

Sherbrooke, 13, 14 et 15 novembre 1984

— Action communautaire alternative Estrie

— Association féminine d'éducation et d'action sociale de l'Estrie, AFEAS

— Association des administrateurs de personnel de Cowansville et région

— Association de gestionnaires en ressources humaines de l'Estrie

— Association des manufacturiers canadiens, section de l'Estrie, AMC

— Association du personnel cadre de la ville d'Acton-Vale

— Association pour le loisir et la promotion des personnes handicapées de l'Estrie

— Centrale des syndicats démocratiques, section de l'Estrie, CSD

— Chambre de commerce de Sherbrooke

— Collectif d'alphabétisation des travailleurs

— Conseil central de Sherbrooke, CSN

— Conseils centraux de Granby, du Haut-Richelieu, de Richelieu-Yamaska et de Thetford-Mines, CSN

— Conseil régional de développement de l'Estrie

— Daniel Roy ltée (magasin Canadian Tire)

— Fédération des travailleurs du Québec, région de l'Estrie, FTQ

— Gaudreault, André (Shefford Textiles ltée)

— Groupe d'action patronale de l'Estrie, CPQ

— Hackett, Campbell et Bouchard, avocats

— Maison régionale de l'industrie inc.

— Membres de la Société St-Jean-Baptiste, diocèse de Sherbrooke

— Syndicat des professionnels et des techniciens de la santé du Québec

— Trav-Action (Projet Semo: personnes handicapées)

— Union des municipalités de l'Estrie, UMQ

— Ville de Coaticook

Hors audience

— Hôtellerie Le Dauphin

— Marchés Gaudette

Québec, 20, 21, 22 et 23 novembre 1984

— Association des industries forestières du Québec, CPQ

— Association des industries de l'automobile du Canada, division du Québec, région du Saguenay–Lac-Saint-Jean

— Association des manufacturiers canadiens, section de Québec, AMC

— Association des manufacturiers de bois de sciage du Québec

— Association des mines de métaux du Québec

— Beaulé, Paul, travailleur

— Bulman, Edouard, professeur, Université Laval

— Castelli, Mireille, professeure, Université Laval

— Centrale des syndicats démocratiques, région de Québec, CSD

— Chambre de commerce et d'industrie du Québec métropolitain

— Coalition des travailleurs et des travailleuses non-syndiqué(e)s pour les normes minimales d'emploi et l'accès à la syndicalisation

— Collin, Réal, avocat

— Conseils centraux de Québec et de Victoriaville, CSN

— Conseils régionaux de Québec et de Thetford-Mines, FFQ

— Corporation des concessionnaires d'automobiles du Québec

— Ensemble dans des groupes Action-Jeunesse, ENGAJ

— Fédération des employés municipaux et scolaires du Québec

— Fédération des syndicats autonomes, FSA

— Fédération des travailleurs du Québec, région de Québec, FTQ

— Fédération du commerce, CSN

— Groupe d'action patronale de Québec, CPQ

— Office de la pastorale familiale du diocèse de Québec

— Regroupement de coopératives de travailleurs et travailleuses

— Regroupement des municipalités de la région de Québec, UMQ

— Regroupement de syndicats d'enseignants et d'enseignantes du primaire et du secondaire, région de Québec, CEQ

— Réseau d'action et d'information pour les femmes

— Sirard, Roland, conseiller en relations industrielles

— Syndicat des professionnels et des techniciens de la santé du Québec

— Table de concertation des organismes-travail, région de Québec

— Ville de Québec

Hors audience

— Conseil économique Lévis-Lauzon inc.

— Lamontagne, Grégoire, travailleur

— Piché, Louise, travailleuse

— Riverin-Simard, Danielle, professeure, Université Laval

Hull, 27 et 28 novembre 1984

— Bureau canadien des droits de la personne

— Chambre de commerce de l'Outaouais

— Comité des coopératives forestières de l'Outaouais

— Communauté régionale de l'Outaouais

— Conseil central de l'Outaouais, CSN

— Conseil diocésain de pastorale, diocèse de Gatineau–Hull

— Fédération des travailleurs du Québec, région de l'Outaouais, FTQ

— Groupe d'action patronale de l'Outaouais, CPQ

— Municipalité régionale du comté de Papineau

— Projet d'intégration des femmes de l'Outaouais

— Regroupement des associations de personnes handicapées de l'Outaouais

— Ville de Hull

Hors audience

— Berry, John J.O., spécialiste en relations industrielles

— Centre communautaire pour jeunes sans emploi

Montréal, 4, 5, 6, 7, 11, 12, 13, 14, 17, 18, 19, 20 et 21 décembre 1984

— Alliance des professeurs de Montréal, CEQ

— Argos (société d'ingénierie économique et sociale)

— Association des commissaires industriels du Québec

— Association des couvoiriers du Québec

— Association des détaillants en alimentation du Québec

— Association des directeurs généraux de comités paritaires

— Association des entrepreneurs en services d'édifices

— Association des entrepreneurs en services sanitaires du Québec

— Association des fabricants de meubles du Québec

— Association des femmes collaboratrices

— Association des hôteliers de la province de Québec, Association des hôtels du Grand Montréal, Association des hôtels du district de Québec

— Association des manufacturiers canadiens (AMC)

— Association des marchands détaillants de pneus, d'accessoires et de pièces d'automobile du Québec (magasins Canadian Tire)

— Association des professionnels en ressources humaines du Québec

— Association des propriétaires de salons de coiffure pour dames, région de Montréal

— Association du personnel domestique de Montréal

— Association féminine d'éducation et d'action sociale (AFEAS)

— Association pour la défense des droits sociaux du Montréal métropolitain

— Association québécoise des fabricants d'éléments de maçonnerie en béton

— Association québécoise pour la formation et la performance en milieu de travail

— Barreau du Québec

— Benedict, Daniel, professeur en relations industrielles, Université de Montréal

— Boucherie Côté inc.

— Boursier, Pierre, conseiller en relations industrielles

— Centrale de l'enseignement du Québec (CEQ)

— Centrale des syndicats démocratiques (CSD)

— Centrale des syndicats démocratiques, région de Montréal, CSD

— Centre de formation et de consultation

— Centre des dirigeants d'entreprises

— Centre local de services communautaires Centre-ville

— Chambre de commerce de Laval

— Chambre de commerce du Québec (CCQ)

— Coalition des travailleurs et travailleuses non syndiqué(e)s pour les normes minimales d'emploi et l'accès à la syndicalisation

— Collectif des chargés de cours en santé et sécurité du travail, Université de Montréal

— Comité ad hoc de ressources jeunesse / Montréal

— Comité de recherche et d'appui aux travailleurs et travailleuses agricoles du Québec

— Comité provincial des coopératives de production, de travail et pré-coopératives

— Confédération des caisses populaires et d'économie Desjardins du Québec

— Confédération des syndicats nationaux (CSN)

— Conférence des cadres du Québec

— Conseil conjoint #91 des Teamsters du Québec

— Conseil d'intervention pour l'accès des femmes au travail du Québec inc.

— Conseil du patronat du Québec (CPQ)

— Conseil du statut de la femme

— Conseil du travail de Montréal, FTQ

— Conseil provincial de l'Union des employés de commerce, FTQ

— Conseil régional de Montréal, FFQ

— Conseils centraux des Laurentides et de Montréal, CSN

— Corporation des marchands de meubles du Québec

— Corporation professionnelle des conseillers en relations industrielles du Québec

— Fédération canadienne de l'entreprise indépendante

— Fédération d'associations d'ingénieurs et de scientifiques

— Fédération des caisses populaires Desjardins de Montréal et de l'Ouest-du-Québec

— Fédération des femmes du Québec (FFQ)

— Fédération des policiers du Québec, Fédération des pompiers professionnels du Québec, Association des pompiers de Montréal inc.

— Fédération des professionnels salariés et cadres, CSN

— Fédération des travailleurs du Québec (FTQ)

— Fédération des unions de famille (FUF)

— Fonds de solidarité des travailleurs du Québec, FTQ

— Gosselin, Yvette, travailleuse

— Groupes d'assistance technique aux coopératives de travailleurs

— Groupes d'entreprises de l'industrie du meuble de maison

— Groupe de gestion en ressources humaines, cégep de Jonquière

— Hirondelle (comité d'accueil interethnique)

— Kinder, Louis de, homme d'affaires

— Lemenu, Maxime, (Salon Maxime inc.)

— Option'Elle (Centre des femmes)

— Proulx, Lise, travailleuse

— Rainville, Jean-Marie, professeur en relations industrielles, Université de Montréal

— Racicot, Luc, avocat (Racicot, Lassonde & Associés)

— Régnier, Jacques (Cercle des coiffeurs de Montréal)

— Société coopérative de produits électriques et de moteurs

— Société d'électrolyse et de chimie Alcan

— Société Makivik (Regroupement inuit, Nord-du-Québec)

— Société pour le progrès de la Rive-Sud

— Syndicat des employés de syndicats et des organismes collectifs du Québec

— Syndicat des travailleurs et travailleuses de l'hôtel Régence Hyatt, CSN

— Table de concertation des organismes jeunesse-travail

— Table de concertation des organismes provinciaux de promotion des droits et intérêts des personnes handicapées du Québec

— Table de concertation des travailleurs et travailleuses des communautés culturelles

— Travailleurs unis du pétrole du Canada, CSC

— Union des municipalités du Québec (UMQ)

— Union internationale des ouvriers du vêtement pour dames, FTQ

— Ville de Longueuil

— Vitriers et travailleurs du verre, local 1135, FCT

Hors audience

— Burri, Jean-Pierre, travailleur

— Centre québécois de productivité du vêtement

— Cowie, David R., travailleur

— Corporation des bijoutiers du Québec

— Corporation professionnelle des conseillers en orientation du Québec

— Étudiants en sciences juridiques, Université du Québec à Montréal

— Fossey, John R., travailleur

— Fraternité des policiers de la Communauté urbaine de Montréal

— Morissette, Léo, travailleur

— Positron industries inc.

— Regroupement des agences de service de garde en milieu familial du Québec

— Simard, Denis G., négociateur

3) Les rencontres avec les dirigeants des institutions, février et mars 1985

Présentation

Sauf dans quatre cas, où elle s'est elle-même déplacée, la Commission a reçu à ses bureaux les dirigeants des institutions et associations professionnelles liées à l'administration des lois du travail. Il s'agissait d'entretiens privés, aux sujets librement choisis et traités, où la Commission souhaitait tirer des enseignements de l'expérience acquise sous l'empire des lois en vigueur.

Liste des institutions et associations professionnelles

Institutions	Dates
Association des commissaires du travail	12 février 1985
Réal Bibeault, président	
Robert Caron, vice-président	
André Bélisle, secrétaire-trésorier	
Jacqueline Couture	
Yvan St-Onge	
Jean-Pierre Tremblay	

Association des conciliateurs   27 février 1985

Jean Des Trois Maisons, président

Paul Desharnais, vice-président

Hélène Bélanger, trésorière

Claudette Ross

Barreau du Québec   26 février 1985

René Doucet, responsable du Comité ad hoc sur la révision du code du travail

Suzanne Vadboncoeur, service de recherche et de législation

Plusieurs avocats membres du Comité

Bureau du commissaire général du travail   12 février 1985

Robert Levac, commissaire général du travail

Serge Lalande, commissaire général du travail adjoint

Commission des droits de la personne   27 février 1985

Jacques Lachapelle, président

Nicole Trudeau-Bérard, vice-présidente

Madeleine Caron, directrice de la recherche

Murielle Garon, coordonnatrice de la recherche

Bertrand Roy, directeur des enquêtes

Commission des normes du travail   20 février 1985

Paul-Émile Bergeron, président

Yves Béliveau, directeur du secrétariat et de la recherche

Richard Parent, directeur des affaires juridiques

Aurélien D'Allaire, directeur régional, Montréal

Michel Bilodeau, directeur de l'administration

Conférence des arbitres du Québec   27 février 1985

François Fortier, président

Michel Bolduc, secrétaire général

Plusieurs autres membres de la Conférence

Conseil canadien des relations du travail   9 mai 1985

Marc Lapointe, président

Brian Keller, vice-président

Alfred Pedneault, directeur régional, Québec

Plusieurs autres membres du personnel

Conseil des services essentiels   13 mars 1985

Bernard Bastien, président

Nicole Forget, vice-présidente

Michel C. Gagnon, directeur général

Plusieurs autres membres du personnel

Ministère de la Main-d'oeuvre   19 février 1985
et de la Sécurité du revenu

Pierre Sarault, sous-ministre

Michèle Jean, sous-ministre adjointe à la formation
professionnelle

Jean-Marie Lalande, sous-ministre adjoint, réseau
Travail-Québec

Jean Pronovost, sous-ministre adjoint aux programmes et
aux systèmes

Plusieurs autres membres du personnel de la direction

Ministère du Travail   6 et 7 février 1985

Yvan Blain, sous-ministre

Raymond Désilets, sous-ministre adjoint aux relations du
travail

Réjean Parent, sous-ministre adjoint à la recherche

François Delorme, secrétaire du ministre

Robert Levac, commissaire général du travail

Louis Lemieux, directeur de la planification

Benoit Belleau, directeur des services juridiques

Service de la médiation préventive,   13 février 1985
    ministère du Travail

Yves Dulude, directeur du Service de la médiation
    préventive

Michel Ste-Marie, directeur général des relations du
    travail

Plusieurs membres du Service

Tribunal du travail   12 mars 1985

M. le juge Jean-Paul Geoffroy, juge en chef

4) Les échanges de vues avec les partenaires, mars et juin 1985

Présentation

Ces échanges de vues avec 14 groupes reconnus comme partenaires de fait se sont déroulés en deux temps :

— en mars, trois séances regroupaient respectivement :
  • les associations patronales, le 5 mars ;
  • les groupes sociaux, le 6 mars ;
  • les centrales syndicales, le 14 mars ;

— en juin, quatre séances rassemblaient de nouveau :
  • les centrales syndicales, le 21 juin ;
  • les groupes de femmes, le 26 juin ;
  • les autres groupes sociaux, le 25 juin ;
  • les associations patronales, le 28 juin.

Publications

Au cours de cette période, la Commission a publié :

— son *Programme de recherche*

Liste des partenaires

Centrales syndicales

— Centrale de l'enseignement du Québec (CEQ)

* Yvon Charbonneau, président
* Raymond Johnston, vice-président
* Gilles Lavoie, directeur, relations de travail

— Centrale des syndicats démocratiques (CSD)

* Jean-Paul Hétu, président

   Roland Meunier, coordonnateur, région de Montréal

   René Poiré, coordonnateur, région de Québec

   Pierre-Yvon Ouellet, responsable du Service de la recherche et de la documentation

   Jocelyn Ross, Fédération de la métallurgie, directeur professionnel

   Michèle Bourget, conseillère technique, région de Montréal

— Confédération des syndicats nationaux (CSN)

* Gérald Larose, président

   Pierre Lamarche, adjoint au président

   Clermont Bergeron, coordonnateur de l'organisation

   Danielle Hébert, conseillère à la condition féminine

   Richard Lapointe, conseiller à l'organisation

   Jean-Pierre Paré, conseiller à l'information

— Fédération des travailleurs du Québec (FTQ)

* Louis Laberge, président

   Fernand Daoust, secrétaire général

   Claude Ducharme, vice-président

   Clément Godbout, vice-président

   Jean Lavallée, vice-président

   Jean-Guy Frenette, directeur de la recherche

   Réal Lafontaine, directeur administratif

Organisations patronales

— **Association des manufacturiers canadiens (AMC)**

    Claude Dessureault, vice-président exécutif

    Sarto Paquin, directeur des relations industrielles

    Pierre Comtois, conseiller juridique

    Daniel Carrière, comité des relations du travail

    Gilles Guèvremont, comité des relations du travail

    Mario Lavoie, comité des relations du travail

— **Chambre de commerce du Québec (CCQ)**

    François Paradis, président

   * Louis Lagassé, premier vice-président

   * Jean-Paul Létourneau, vice-président exécutif

   * Marcel Tardif, directeur général aux affaires publiques

    Michel Décary, Conseiller juridique

    Danielle Ripeau, attachée de recherche

— **Conseil du patronat du Québec (CPQ)**

   * Ghislain Dufour, vice-président exécutif

    Roger Hébert, membre du CCTM (Johnson et Johnson)

   * Denis Beauregard, directeur de la recherche

    Pierre Gauthier, conseiller juridique

Groupes sociaux

— **Association féminine d'éducation et d'action sociale (AFEAS)**

    Lise Paquette, présidente

   * Louise Joly, vice-présidente

— **Coalition des travailleurs et travailleuses non-syndiqués pour les normes minimales d'emploi et l'accès à la syndicalisation**

   * Nora Solervicens, coordonnatrice

   * Jean-Bernard Fournier

   * Judy Freeman

* Michel Monpain

* Diane Vermette

— **Conseil d'intervention pour l'accès des femmes au travail (CIAFT)**

Diane Marquis, secrétaire

* Lise Leduc, coordonnatrice

* Denise Perron, Travail non traditionnel

— **Fédération des femmes du Québec (FFQ)**

* Denyse Bélanger-Rochon, présidente

* Suzanne Boivin, conseillère

— **Table de concertation des organismes jeunesse-travail**

* Jocelyn Villeneuve, permanent

Michel Boyer, Centre de formation de l'autogestion

Antoine Williams, Filon 16-24

— **Table de concertation des organismes provinciaux de promotion des droits et intérêts des personnes handicapées du Québec**

* Pierre Majeau, conseiller technique

— **Table de concertation des travailleurs et travailleuses des communautés culturelles du Québec**

* Luciano Del Negro, coordonnateur

Osvaldo Nuñez, Carrefour latino-américain

N.B. Les personnes dont les noms sont précédés d'un astérisque(*) ont participé aux deux consultations.

Annexe C

Programme de recherches

a) Présentation du programme de recherches

Dès le début de ses travaux, la Commission consultative sur le travail s'est préoccupée d'élaborer un programme de recherches pouvant s'adapter aux objectifs qu'elle poursuivait ainsi qu'aux différents champs d'étude retenus pour les fins de la consultation auprès de ses principaux partenaires.

Par ailleurs, il s'est avéré difficile de juxtaposer fidèlement les sujets de recherche aux thèmes de consultation étant donné, d'une part, l'étendue du mandat de la Commission et, d'autre part, la complexité de certaines questions mises en cause. Néanmoins, le programme de recherches a donné lieu à un certain nombre d'études qui se répartissent dans les quatre champs de consultation : le travail et les conditions de travail, l'entreprise et la gestion, le droit d'association et les relations du travail, les institutions, les mécanismes et les recours.

Les fonctions du programme de recherches étaient de fournir des analyses et, le cas échéant, des recommandations ainsi que de constituer des dossiers pouvant répondre aux préoccupations et intérêts des commissaires. Le choix des sujets d'étude a donné lieu à une certaine diversité dans la nature des recherches effectuées étant donné les besoins de la Commission et l'état d'avancement des connaissances dans le domaine des relations du travail. Ainsi, le programme de recherches comporte-t-il à la fois des mises à jour et inventaires, des études descriptives, des études analytiques et quelquefois prospectives.

Au départ, le programme de recherches comportait un choix de sujets devant fournir des données et analyses sur l'ensemble des questions correspondant aux préoccupations et intérêts des divers partenaires sociaux en regard du travail et des relations du travail. Compte tenu de l'ampleur et de la complexité de certains sujets ainsi que de la rareté des ressources et des délais impartis, il fut impossible de couvrir tous les domaines et sujets d'étude correspondants au mandat de la Commission.

L'application du programme de recherches a donné lieu à 30 projets de recherches et études spéciales ainsi qu'à un certain nombre de dossiers de travail répondant aux besoins plus spécifiques des commissaires.

b) Remarques et informations générales

— L'élaboration et l'application du programme

L'élaboration du programme de recherches a été réalisée dans les premiers mois d'activité de la Commission. Le calendrier des travaux s'est inscrit dans une période relativement courte (septembre 1984 — juin 1985) compte tenu des délais inhérents au mandat de la Commission et de la nécessité de fournir aux Commissaires les résultats des études et analyses dans un délai raisonnable précédant la formulation de leurs recommandations.

Certaines étapes ont caractérisé l'élaboration du programme de recherches. La formulation des objectifs spécifiques de chacun des projets s'est faite en étroite collaboration avec les commissaires. Cette étape a été suivie par celles de la réalisation des devis et la recherche des compétences nécessaires à la réalisation des projets. Dans chaque cas, le projet d'étude a été attribué selon les étapes suivantes: examen attentif de chaque projet par un comité de recherche formé d'un commissaire, du secrétaire de la commission, d'une personne-ressource du ministère du Travail ainsi que de la directrice de la recherche. Les recommandations de ce comité étaient transmises aux Commissaires qui les entérinaient, les refusaient ou formulaient des suggestions ou correctifs.

En général, les chercheurs devaient déposer un rapport d'étape avant la remise du rapport final. La teneur des rapports d'étape variait selon la nature des études; les uns faisaient état de l'avancement des travaux, les autres constituaient des parties du rapport final.

— L'évaluation des recherches et leur publication

Chaque recherche a fait l'objet d'une évaluation à partir des critères suivants: concordance du contenu du rapport avec le mandat reçu et le devis, rigueur scientifique de la démarche en regard principalement de la méthodologie, de l'analyse et de l'interprétation des résultats, originalité de la recherche en regard des données et analyses fournies ainsi que des propositions ou recommandations avancées.

L'examen attentif des rapports de recherche à partir de ces critères a donné lieu à une évaluation serrée des contenus des rapports. Ainsi, il se dégage de l'ensemble des évaluations des recommandations quant à la publication de certaines recherches. Le critère déterminant quant à la décision de publier certaines recherches est leur intérêt et leur pertinence en regard des données présentées, des analyses effectuées ou des propositions avancées.

D'autres recherches, nonobstant leur qualité, présentent plus ou moins d'intérêt pour la publication en ce qu'elles apportent peu de choses nouvelles sur le sujet ou en ce qu'elles demanderaient davantage d'approfondissement au niveau de la méthodologie, de l'analyse et de l'interprétation des résultats pour supporter les contenus qui y sont avancés.

Nous comptons que la publication de certaines recherches permettra de mettre à la disposition de différents milieux et usagers concernés par le domaine du travail et des relations du travail des résultats et des analyses pouvant favoriser l'avancement des connaissances sur différents sujets ou encore susciter la poursuite de recherches nouvelles.

Dans le cas des recherches qui ne seront pas publiées, les dossiers seront déposés au ministère du Travail et seront accessibles après la fin du mandat de la Commission (31 décembre 1985).

Par ailleurs, chacune des recherches effectuées pour le compte de la Commission fera l'objet d'un résumé rédigé, dans la plupart des cas, par notre Service de recherche. Ces résumés seront éventuellement publiés dans un seul et même document.

c) Le Service de recherche de la Commission

Pour permettre la réalisation des travaux de recherche nécessaires à l'accomplissement de son mandat, la Commission s'est dotée d'un Service de recherche composé de professionnels et d'employés de soutien qui ont su répondre fidèlement aux exigences du moment.

Ce service était dirigé par Madame Nicole Lemay assistée par le personnel professionnel suivant: Yves Bélanger, Guy Bellemare, Jacques Brisbois, Colette Chatillon, Marie Jacob, Claude Painchaud, Anne-Hélène Pénault, Linda Rouleau, Guylaine Vallée.

Il faut aussi souligner la large contribution du ministère du Travail et, plus particulièrement, du Centre de recherche et de statistiques sur le marché du travail. Au cours de son mandat, la Commission a pu compter sur les ressources du ministère qui lui a fourni les études et données nécessaires à la réalisation de certains travaux de recherche. De plus, les avis et soutiens des sous-ministres Raymond Désilets et Réjean Parent ainsi que ceux de François Delorme, secrétaire du ministère, ont allégé, dans bien des cas, la tâche que nous devions accomplir.

d) Plan du programme de recherches

Le plan du programme de recherches est présenté succinctement dans les paragraphes qui suivent en faisant mention du titre de l'étude et de ses principaux contenus ainsi que du nom des responsables, collaborateurs et assistants de recherche.

I- Le travail et les conditions de travail

Situations et statuts de travail

Étude descriptive et analytique qui fait état de la diversité des situations et statuts de travail existants et ce, à partir des données provenant de la population active québécoise, des conventions collectives et des décrets de conventions collectives.

Responsables:
Michel Brossard et Marcel Simard (École de relations industrielles de l'Université de Montréal)

Collaborateur:
Jean-Denis Gagnon (Faculté de droit de l'Université de Montréal)

Assistants de recherche:
Emmanuelle Doyon, Daniel Jolin, Michel Lefebvre

Les normes du travail

Étude visant à définir la place, le rôle et les objectifs des normes du travail, à faire état des effets économiques des normes minimales du travail ainsi que de l'application de la Loi sur les normes du travail au Québec.

Responsables:
Robert Couillard (Département des sciences juridiques de l'Université du Québec à Montréal) et Gilles Dostaler (Département de sciences économiques de l'Université du Québec à Montréal).

Collaborateur:
Gilles Trudeau (École de relations industrielles de l'Université de Montréal)

Assistants de recherche:
Josée Lamoureux, Marie-Andrée Miquelon, Hélène Ouimet, Benoit Pépin, Sylvio Plante

L'information des acteurs, parties et partenaires sur les conditions de travail

Étude visant à faire l'inventaire des sources d'information existantes sur les conditions et relations du travail, à évaluer les services d'information et à faire état de quelques expériences étrangères sur la question.

Responsables:
Guy Champagne et Isabelle Reny, (Institut de recherche appliquée sur le travail)

Les jeunes et le marché du travail

Étude visant à dresser le profil statistique des jeunes québécois sur le marché du travail et à faire l'inventaire des programmes gouvernementaux concernant l'intégration des jeunes sur le marché du travail.

Responsable:
Gilles Guérin (École de relations industrielles de l'Université de Montréal)

Assistante de recherche:
Esther Perron

**Les statuts de travail féminin :
le statut de ménagère et le statut
de femme collaboratrice**

Étude visant à éclairer le débat
concernant les revendications fémini-
nes sur la nécessité d'une reconnaissance du statut de travail des femmes
qui exercent des activités de travail
non reconnues dans le contexte formel
du marché du travail.

Responsable :
Marie-Josée Legault (chercheure autonome)

**Les programmes d'accès à l'égalité
en emploi pour les femmes
au Québec**

Étude visant à décrire la situation des
Québécoises sur le marché du travail,
à faire état de la situation nord-
américaine concernant l'égalité et
l'accès à l'égalité en emploi pour les
femmes ainsi que de la position des
différents partenaires et groupes face
aux enjeux de l'accès à l'égalité en
emploi au Québec.

Responsables :
Ginette Legault et Evelyne Tardy
(Département de science politique de
l'Université du Québec à Montréal)

**Le travail à domicile
dans l'industrie du vêtement
au Québec**

Étude visant à faire état des principales composantes de l'industrie québécoise du vêtement, des caractéristiques de la main-d'oeuvre concernée
ainsi que des conditions de travail des
travailleuses à domicile.

Responsable :
Normande Lewis (Centre de recherche et de statistiques sur le marché du
travail, ministère du Travail)

II- L'entreprise et la gestion

**La gestion des ressources humaines
dans l'entreprise au Québec**

Étude visant à situer la place et l'importance des pratiques relatives à la
gestion des ressources humaines dans
l'entreprise au Québec.

Responsables :
Michel Audet et Laurent Bélanger
(Département de relations indus-
trielles de l'Université Laval)

Assistante de recherche :
Francine Jacques

La participation des travailleurs dans l'entreprise au Québec

Étude visant à définir les différents modes de participation et à faire le bilan des expériences québécoises de participation des travailleurs dans l'entreprise au Québec.

Responsables:
Linda Rouleau (Commission consultative sur le travail) et Harold Bhérer (Faculté des sciences de l'administration de l'Université Laval)

Assistante de recherche:
Esther Poiré

Faillites, fermetures et licenciements collectifs

Étude visant à faire état des données relatives aux licenciements collectifs survenus au Québec entre 1979 et 1984, à faire une synthèse des législations européennes et nord-américaines et une revue du contenu des conventions collectives en Amérique du Nord en regard des licenciements collectifs; cette étude fait aussi état des programmes gouvernementaux offerts aux entreprises québécoises en rapport avec la prévention des licenciements collectifs.

Responsables:
Jean Sexton (Département de relations industrielles de l'Université de Laval) et Paul-Martel Roy (Département de sciences économiques de l'Université du Québec à Montréal)

Assistants de recherche:
Bruno Gingras, Claudine Leclerc

Les changements technologiques dans l'entreprise au Québec

Étude visant à identifier et définir les différents modes de changements technologiques qui sont introduits dans l'entreprise et à faire l'examen des lois et conventions collectives en regard de la protection accordée aux travailleurs.

Responsable:
Guylaine Vallée (Commission consultative sur le travail)

Collaborateurs:
Gilles Laflamme (Département de relations industrielles de l'Université Laval) et André C. Côté (Faculté de droit de l'Université Laval)

Assistants de recherche:
Alain Bessette, Nicole Mace-Turcotte

Le statut des membres des coopératives de travailleurs dans les lois du travail au Québec

Étude visant à faire état du statut des travailleurs membres de coopératives de travailleurs à partir de l'examen des lois touchant le domaine du travail.

Responsables:
Jean-Claude Guérard, Jacques-André Lequin, Gaston R. Meloche et Paul Vincent (Centre de gestion des coopératives de l'école des Hautes Études commerciales)

Assistants de recherche:
Danièle Demoustier, Mario Giroux, Marie-Michèle Larose, Lynda Rochon

III- Le droit d'association et les relations du travail

Analyse des plaintes des salariés à l'endroit de leur association accréditée selon les dispositions des articles 47.2 et 47.3 du Code du travail québécois

Étude visant à faire une évaluation de la nature des plaintes formulées par les syndiqués à l'endroit de leur association.

Responsable:
Jean-Serge Masse (Département des sciences juridiques de l'Université du Québec à Montréal)

Assistantes de recherche:
Lorraine Interlino, Claudine Morin

L'arbitrage de différends dans le cas d'une première convention collective

Étude visant à faire le bilan de l'arbitrage de différends dans le cas d'une première convention collective et à fournir quelques comparaisons et évaluations sur les impacts ou les effets de ce mode de règlement.

Responsable:
Jean Sexton (Département de relations industrielles de l'Université Laval)

Assistants de recherche:
Yvon Bélanger, Raynald Bourassa, Christian Larouche, Claudine Leclerc, Michel Turner

L'arbitrage des différends chez les policiers et pompiers municipaux du Québec

Étude visant à faire état des critères de détermination des conditions de travail retenus dans les sentences arbitrales et à faire le bilan des résultats de l'arbitrage de différends chez les policiers et pompiers municipaux.

Responsable:
Claude D'Aoust (École de relations industrielles de l'Université de Montréal)

Assistant de recherche:
Sylvain St-Jean

L'extension juridique des conventions collectives au Québec

Étude visant à situer la place des décrets dans le droit du travail au Québec et à faire état de la situation et de l'expérience de ce régime de relations du travail.

Responsable:
Jean Bernier (Département de relations industrielles de l'Université Laval)

Assistant de recherche:
Guy Bellemare (Commission consultative sur le travail)

Les droits de grève et de lock-out au Québec

Étude visant à faire état de la fréquence et de l'importance des conflits de travail survenus au Québec au cours de la période 1970-1983 et à fournir une évaluation de l'impact de la législation sur les conflits de travail.

Responsables:
André Camiré et André Déom (professionnels autonomes)

Assistants de recherche:
François Badin, Chantal Bilodeau, Marc Plamondon, Sylvain Rodrigue

La sous-traitance

Étude visant à tracer l'évolution de la sous-traitance dans le secteur manufacturier au Québec et à faire état des dispositions incluses dans les conventions collectives relativement à la sous-traitance.

Responsable:
SECOR

IV- Les institutions, les mécanismes et les recours

La concertation au Québec: étude de cas et perspectives

Étude visant à faire état des expériences québécoise, canadienne et américaine dans le domaine de la concertation, à tracer un bilan des expériences étrangères ainsi qu'à dégager certaines perspectives touchant les conditions et le contexte pouvant favoriser le développement de la concertation.

Responsable:
Pierre Fournier (Département de science politique de l'Université du Québec à Montréal)

Le contrôle judiciaire des tribunaux du travail: aspects qualitatifs et quantitatifs

Étude visant à décrire sommairement différents aspects du contrôle judiciaire des tribunaux du travail, à faire état de la raison d'être du contrôle judiciaire et à en dégager les incidences.

Responsable:
Yves-Marie Morissette (Faculté de droit de l'Université McGill)

Collaborateur:
Yves Clermont (Commission consultative sur le travail)

La classification des recours en droit du travail

Étude visant à décrire les recours existants et à proposer une classification selon l'objet du recours, l'organisme chargé de la plainte, la nature de l'intervention ainsi que le pouvoir d'ordonnance de l'organisme ou du tribunal.

Responsable:
Gaston Nadeau (Centre de recherche et de statistiques sur le marché du travail)

Le contrat individuel de travail

Étude visant à faire état des principales règles du régime juridique du contrat de travail et de son insertion dans la législation, de la forme du contrat de travail ainsi que du rapport existant entre le contrat individuel de travail et la convention collective.

Responsable:
Robert P. Gagnon (Grondin, Poudrier, Isabel, Morin, Gagnon & Associés)

Collaborateur:
Jacques Vachon (Grondin, Poudrier, Isabel, Morin, Gagnon & Associés)

Une codification réalisable

Étude visant à définir l'objectif, l'objet et la portée d'une codification intégrale des lois du travail québécoises.

Responsable:
Fernand Morin (Département de relations industrielles de l'Université Laval)

Les systèmes d'arbitrage

Étude visant à décrire et comparer les moyens utilisés de même que la procédure suivie par les organismes de certaines juridictions relativement à l'arbitrage.

Responsable:
Claude H. Foisy (Arbitrabec ltée)

Description des structures et du fonctionnement des instances fédérale et ontarienne en matière d'accréditation et de pratiques déloyales

Étude visant à décrire les structures et le fonctionnement de la Commission des relations de travail de l'Ontario et du Conseil canadien des relations du travail

Responsable:
Janet Cleveland, avocate

Collaboratrice:
Hélène LeBel (Rivest, Castiglio, LeBel et Schmidt)

**Quelques aspects de la juridiction
et des pouvoirs des conseils
de relations de travail de l'Ontario,
de la Colombie-Britannique,
de la Nouvelle-Écosse
et du Conseil canadien
des relations du travail**

Étude visant à décrire et comparer la nature des conseils et leurs pouvoirs généraux ainsi que les règles substantives les plus caractéristiques et significatives de ces régimes par rapport au Code du travail québécois.

Cette étude porte sur quatre (4) monographies également faites pour le compte de la Commission, soit:

a) « La Partie V du Code canadien du travail »

b) « A Review of Ontario Collective Labour Relations Law »

c) « The British Columbia Labour Code »

d) « Nova Scotia Labour Law »

Responsable:
Daniel E. Lavery (Heenan, Blaikie, Jolin, Potvin, Trépanier, Cobbett)

Collaborateur:
Claude H. Foisy

Assistants:
Thomas Brady, Yves Clermont, Hélène Lavery

Responsables:
Claude H. Foisy
Daniel E. Lavery
Luc Martineau

Responsable:
Brian A. Langille (Faculty of Law, University of Toronto)

Assistant de recherche:
Lori Sterling

Responsable:
Stephen Kelleher

Responsable:
Innis Christie (Faculty of Law, Dalhousie University)

Collaborateur:
Peter Darby (Faculty of Law, Dalhousie University)

Assistante de recherche:
Leslie E. Darby

Études spéciales

La divulgation de l'information dans quelques entreprises au Québec

Étude visant à compléter, par quelques études de cas, une recherche déjà effectuée par le ministère du Travail portant sur l'information des travailleurs dans l'entreprise.

Responsable:
Rita R. Pothier (Centre de recherche et de statistiques sur le marché du travail)

Les relations du travail au Québec: état de la situation

Cette étude présente une description de la situation des relations du travail au Québec au cours des dernières années. Elle regroupe, en un même texte de référence, un nombre impressionnant de données issues de sources diverses et présentées de façon à faciliter la compréhension des différents régimes de relations du travail au Québec.

Responsable:
Service de recherche de la Commission avec la contribution principale de:
Yves Bélanger, Guy Bellemare, Jacques Brisbois, Marie Jacob, Anne-Hélène Pénault

L'impact économique de la Loi sur les décrets de convention collective dans les secteurs industriels suivants:

— service de l'automobile, agence de sécurité, camionnage local à Montréal

— bois ouvré

— cercueil, produits en papier et cartons ondulés, boîte de carton

— meuble

— verre plat, matériaux de construction

— vêtement pour dames, vêtement pour hommes

— fourrure de détail, fourrure de gros

Responsable:
André Cournoyer (Département de sciences économiques de l'Université du Québec à Montréal)

Assistante de recherche:
Lucette Saint-Pierre

— sac à main, chapellerie masculine, chapellerie féminine, chemise, gant de cuir

— entretien d'édifices publics à Montréal, coiffure pour hommes à Montréal

Ces études visent à évaluer l'impact du régime des décrets sur les salaires ainsi que la compétitivité des industries qui sont assujetties en prenant comme cadre d'analyse l'économie du libre marché. Des comparaisons salariales entre le Québec et le Canada sont réalisées pour chacun de ces secteurs industriels de même qu'une analyse des écarts salariaux à l'intérieur de chacun d'eux.

Traitement des rapports de travail dans la grande presse d'information au Québec

Au moyen d'une analyse de contenu de l'information diffusée sur le travail par 12 entreprises de la presse écrite et parlée et d'entrevues réalisées auprès de journalistes ou de cadres à l'emploi de ces entreprises, cette étude tente essentiellement de mettre en rapport l'information relative au travail et les impératifs ou contraintes de la production journalistique.

Responsable:
Gisèle Tremblay (Commission consultative sur le travail)

Assistantes:
Dominique Bastien, Nicole Duchesneau, Francine Jacques

Annexe D

Projet de codification
des principales lois du travail

Avant-propos

Parmi les principales propositions des intervenants devant la Commission, l'unification des lois et l'uniformisation des mécanismes d'adjudication et des recours nous sont apparues d'une importance primordiale. Pour en tester la faisabilité, nous avons entrepris la rédaction d'un projet de codification des principales lois du travail[1]. Ce projet permet, croyons-nous, de regrouper l'ensemble de nos recommandations et d'en formuler une illustration pratique.

Ce travail fut effectué au cours des dernières semaines de nos travaux puisqu'il nous fallait élaborer d'abord nos recommandations avant de tenter de les illustrer de cette manière. Pour ce premier motif et aussi parce que nous ne pouvions recourir aux conseils et avis de tous les organismes et services touchés par cette codification éventuelle, certaines questions techniques n'ont pu être abordées. Dans un tel contexte, on peut comprendre que ce premier jet d'une codification ne respecte pas, en tous points, les techniques de la rédaction des lois, et que certaines sections n'ont pu être complétées.

Nous avons retenu un plan comprenant ces 8 titres:

1. Dispositions générales
2. Relation de travail
3. Associations
4. Rapports collectifs du travail
5. Formation professionnelle et main-d'oeuvre
6. Régimes particuliers
7. Administration
8. Procédures et pénalités

---

1. Il s'agit, pour l'essentiel, de l'actuel *Code du travail*, de la *Loi sur les normes du travail*, de la *Loi sur les décrets de convention collective* et de la *Loi des syndicats professionnels*.

Chaque titre comprend autant que nécessaire de chapitres et ces derniers, de sections. La numérotation rend d'ailleurs compte de cette triple division : le premier chiffre indique le numéro du titre, le deuxième, celui du chapitre et le troisième, celui de la section. La décimale constitue le numéro particulier de l'article au sein d'une section.

Ce travail préliminaire de codification permet en outre de constater comment il serait possible de réduire sensiblement le nombre actuel de dispositions. Par cette intégration, on peut restreindre le nombre de définitions, les énoncés répétitifs, en chacune des lois, de délégations de pouvoirs, etc. Le seul agencement intégré des règles relatives à l'arbitrage (chapitre 440) permettrait d'abroger près de quarante articles traitant des mêmes questions au *Code du travail*, à la *Loi sur les relations du travail dans l'industrie de la construction* et à la *Loi sur les normes du travail*.

Pour éviter toute méprise ou confusion entre les textes actuels de lois et nos propositions, les ajouts apparaissent en caractère gras. La source des dispositions législatives est également indiquée. De plus, nous y ajoutons deux tables de concordance, ce qui facilite le repérage des articles des lois actuelles et la transposition de nos recommandations. Par ailleurs, ce projet nous a obligé à modifier parfois le libellé de certaines dispositions soit pour l'assouplir, soit pour assurer une meilleure liaison ou plus de cohérence[2]. Ces changements secondaires ne font pas l'objet de recommandations spécifiques à notre rapport.

La Commission souhaite que ce projet motive un débat de fond plutôt qu'une discussion technique sur des questions de forme. Ce premier jet d'une codification devrait sans doute susciter l'étude, par tous les intéressés, des avantages de se doter d'un véritable Code du travail.

31 octobre 1985   René Beaudry, j.c.p.,
                                                                    Président.

---

2. Notons également que les renvois aux articles 111.0.17 à 111.0.25 de l'actuel *Code du travail* s'expliquent parce que le chapitre 650 n'apparaît pas au projet : ces numéros apparaissent entre parenthèses.

PLAN

PROJET DE CODIFICATION

TITRE 1 — DISPOSITIONS GÉNÉRALES

Préambule

CONSIDÉRANT les libertés et droits fondamentaux déjà proclamés et garantis au Québec notamment au sujet de l'égalité des citoyens et des libertés d'association et de convention;

CONSIDÉRANT les conventions internationales et auxquelles adhère le Québec, pour affirmer et soutenir la libre association des salariés et des employeurs et la libre négociation des conditions de travail par les intéressés;

CONSIDÉRANT qu'il importe que les principes d'égalité et de liberté puissent, en tous les cas possibles, être réalisés par ceux mêmes qui entretiennent des relations du travail au sein des entreprises et notamment par la voie de la négociation collective des conditions de travail;

CONSIDÉRANT que par souci de justice et d'équité envers tous les salariés et employeurs, l'État doit garantir l'application effective de conditions de travail décentes et respectueuses du travail et en tout lieu;

CONSIDÉRANT que l'État doit appuyer et aider les salariés, les syndicats et les employeurs dans leur recherche de solutions positives et durables à leurs difficultés afin d'améliorer sans cesse la qualité des relations du travail et de la vie au travail;

CONSIDÉRANT la nécessité d'intégrer en un tout plus homogène et plus accessible l'ensemble des dispositions législatives actuelles;

CHAPITRE 110 — Règles fondamentales

L'ensemble et chacune des dispositions de ce code s'expliquent, s'interprètent et sont comprises à l'aide ou par la voie de ces règles fondamentales:

110.1 Le travail est libre et personne ne peut valablement renoncer à cette liberté.

110.2 Tout salarié a droit au respect de sa vie privée.

110.3 Tout salarié a droit au respect de sa santé, sa sécurité et de son intégrité physique.

110.4 Tout salarié a droit à des conditions de travail décentes, justes et raisonnables.

110.5 L'embauche est non discriminatoire et tout salarié a droit à un traitement égal pour un travail équivalent.

110.6 Le salaire dû est la propriété exclusive du salarié.

110.7 Tout salarié doit assumer convenablement l'ensemble de ses obligations professionnelles envers l'employeur et assurer la garde des biens qui lui sont confiés.

110.8 L'action syndicale répond des principes fondamentaux de la démocratie.

110.9 Tout salarié dispose, selon les modalités de la loi, du droit de négocier collectivement les conditions de travail avec son employeur.

110.10 Le droit de grève s'exerce dans le cadre des lois qui le règlementent.

110.11 En cas de conflit, la norme la plus favorable bénéficie au salarié.

110.12 L'interprétation des normes du travail législatives, réglementaires ou conventionnelles s'effectue principalement en fonction des réalités du travail et des relations du travail et elle peut, à cette fin, s'écarter des règles du droit commun.

CHAPITRE 120 — Définitions

À moins que l'on en dispose autrement en ce code ou que le contexte s'y oppose, les termes et expressions ci-dessous signifient:

120.1 « accouchement » — La fin d'une grossesse par la mise au monde d'un enfant viable ou non, naturellement ou par provocation médicale. (Source: art. 1, par. 1, L.N.T.)

___

120.2 « association accréditée » — L'association **dont la représentativité est reconnue par décision autorisée selon le Code à l'égard** de l'ensemble ou d'un groupe de salariés d'un employeur. (Source: art. 1, par. b) C.t.)

___

120.3 « association d'employeurs » — Un groupement d'employeurs ayant pour but l'étude et la sauvegarde des intérêts économiques de ses membres et particulièrement l'assistance dans la négociation et l'application de conventions collectives. (Source: art. 1, par. c) C.t.)

120.4 « association de salariés » — Un groupement de salariés constitué en syndicat professionnel, union, fraternité ou autrement et ayant pour but l'étude, la sauvegarde et le développement des intérêts économiques, sociaux et éducatifs de ses membres et particulièrement la négociation et l'application de conventions collectives. (Source : art. 1, par. a) C.t.)

120.5 « année de référence » — **Pour les fins du congé annuel, est une période de douze mois** consécutifs qui s'étend du 1ᵉʳ mai de l'année précédente au 30 avril de l'année en cours, sauf si une convention **collective** ou un décret fixent une autre date pour marquer le point de départ de cette période. (Source : art. 66, L.N.T. adapté)

120.6 « Commission » — La Commission des normes du travail instituée en vertu **du chapitre 720.**

120.7 « concessionnaire forestier » — Le détenteur du droit de coupe de bois ou le propriétaire du fond ou le détenteur du permis de coupe lorsqu'il n'a pas cédé le droit de coupe à un tiers. (Source : art. 1, par. o) C.t.)

120.8 « congédiement » — **Le renvoi ou la rupture du contrat individuel de travail décidé par l'employeur pour quelque cause que ce soit.**

120.9 « conjoints » — L'homme et la femme :

a) qui sont mariés ; ou

b) qui vivent ensemble maritalement et qui :

    i. résident ensemble depuis trois ans ou depuis un an si un enfant est issu de leur union ; et

    ii. sont publiquement représentés comme conjoints.

(Source : art. 1, par. 3, L.N.T.)

120.10 « conseil » — **Le Conseil des relations du travail formé en vertu du chapitre 730 aussi identifié par le sigle C.R.T.**

120.11 « conseil des services essentiels » — **Le conseil formé selon l'article (111.0.1 C.t.) du chapitre 760 et identifié par le sigle C.S.E.**

120.12 « conseil consultatif du travail et de la main-d'oeuvre » — **Le conseil formé selon le chapitre 750 et aussi identifié à l'aide du sigle C.C.T.M.**

120.13 « convention collective » — Une entente écrite relative aux conditions de travail conclue entre une ou plusieurs associations accréditées et un ou plusieurs employeurs ou associations d'employeurs. (Source: art. 1, par. d) C.t.)

120.14 « décret » — Décret rendant obligatoire, modifiant, prolongeant ou abrogeant une convention collective **selon les dispositions du chapitre 610**. (Source: art. 1, par. e) Loi sur les décrets de convention collective et art. 1, par. 5) L.N.T.)

120.15 « différend » — Une mésentente relative à la négociation ou au renouvellement d'une convention collective ou à sa révision par les parties en vertu d'une clause la permettant expressément. (Source: art. 1, par. e) C.t.)

120.16 « domestique » — Un salarié employé par une personne physique et dont la fonction principale est d'effectuer des travaux ménagers dans le logement de cette personne; cependant, ce mot ne comprend pas le salarié dont la fonction principale est de garder un enfant, un malade, une personne handicapée ou une personne âgée. (Source: art. 1, par. 6) L.N.T.)

120.17 « employeur » — Quiconque, y compris Sa majesté, fait exécuter un travail par un salarié. (Source: art. 1, par. k) C.t.)

120.18 « exploitation forestière » — La coupe, le tronçonnement, l'écorçage en forêt, le charroyage, l'empilement, le flottage, le chargement et le transport routier du bois à l'exclusion de sa transformation en dehors de la forêt. (Source; art. 1, par. n) C.t.)

120.19 « grief » — Toute mésentente relative **à la violation**, à l'interprétation ou à l'application d'une convention collective. (Source: art. 1, par. f) C.t. adapté)

120.20 « grève » — La cessation concertée de travail par un groupe de salariés. (Source: art. 1, par. g) C.t.)

120.21 « lock-out » — Le refus par un employeur de fournir du travail à un groupe de salariés à son emploi en vue de les contraindre à accepter certaines conditions de travail. (Source: art. 1, par. h) C.t. adapté)

120.22 « ministre » — Le ministre du travail.

120.23 **« mise à pied » — Toute cessation de travail, suspension d'emploi ou arrêt d'exécution de la prestation de travail décidé par l'employeur mais sans rupture du contrat individuel de travail.**

120.24 « salaire » — La rémunération en monnaie courante et les avantages ayant une valeur pécuniaire dus pour le travail ou les services d'un salarié (Source: art. 1, par. 9, L.N.T.)

120.25 « secteurs public et parapublic » — Le gouvernement, ses ministères et les organismes du gouvernement dont le personnel est nommé ou rémunéré suivant la Loi sur la fonction publique (L.R.Q., c. F-3.1.1), ainsi que les collèges, les commissions scolaires et les établissements visés dans la Loi sur le régime de négociation des conventions collectives dans les secteurs public et parapublic (1985, c. 12). (Source: art. 111.2 C.t.)

120.26 « semaine » — Une période de sept jours consécutifs s'étendant de minuit au début d'un jour donné à minuit à la fin du septième jour. (Source: art. 1, par. 11, L.N.T.)

120.27 « service continu » — La durée ininterrompue pendant laquelle le salarié est lié **par un contrat de travail** à l'employeur **et au nouvel employeur qui le remplace selon l'art. 212.6 et** même si l'exécution du travail a été interrompue sans résiliation du contrat (Source: art. 1, par. 12), L.N.T. adapté)

120.28 « service public » —

1) une corporation municipale et une régie intermunicipale ;

2) un établissement et un conseil régional au sens des paragraphes a et f de l'article 1 de la Loi sur les services de santé et les services sociaux (L.R.Q., c. S-5) qui ne sont pas visés au [paragraphe 2 de l'article 111.2 *C.t.*] ;

3) une entreprise de téléphone ;

4) une entreprise de transport terrestre à itinéraire asservi tels un chemin de fer et un métro, et une entreprise de transport par autobus ou par bateau ;

5) une entreprise de production, de transport, de distribution ou de vente de gaz, d'eau ou d'électricité ;

6) une entreprise d'enlèvement d'ordures ménagères ;

7) une entreprise de transport par ambulance et la Société Canadienne de la Croix-Rouge ; ou

8) un organisme mandataire du gouvernement à l'exception de la Société des alcools du Québec et d'un organisme dont le personnel est nommé et rémunéré selon la Loi sur la fonction publique (L.R.Q., c. F-3.1.1.). (Source : art. 111.0.16 C.t.)

120.29 « tribunal » — **Le Tribunal du travail formé selon le chapitre 740 du Code.**

TITRE 2 — LA RELATION DE TRAVAIL

CHAPITRE 210 — Le contrat individuel de travail

Section 211 — Formation de la relation de travail

211.1 **La personne qui exécute, elle-même et contre rémunération, une prestation de travail dans le cadre ou en la manière que peut prescrire celui qui requiert ce service est salarié de ce dernier.**

Tout tel travail pour autrui et rémunéré de quelque manière est le fait d'un salarié et, pour les fins du Code, fait présumer de la conclusion d'un contrat individuel de travail.

211.2 **Cette personne est et demeure salariée au sens de l'article 221.1 bien qu'elle s'oblige à fournir, pour l'exécution du contrat, le matériel, l'équipement, les matières premières ou la marchandise nécessaire pour l'exécution du travail et qu'elle conserve, à titre de rémunération, le résidu de la somme reçue après déduction des frais d'exécution de ce contrat.** (Source: art. 1, par. 10, L.N.T.)

211.3 **La femme ou l'homme qui oeuvre d'une façon régulière au profit de l'entreprise de son conjoint et qui exerce ses activités selon les directives de ce dernier et contre rémunération est présumé le salarié du conjoint.**

211.4 **Sous réserve des dispositions de ce code et notamment de l'article 211.1**, le contrat individuel de travail demeure soumis aux règles du droit commun et peut être traduit dans les formes désirées des parties contractantes.

211.5 **Pour les fins du code, l'existence du statut de salarié peut être constatée par le Conseil, le tribunal ou l'arbitre de griefs à l'occasion d'affaires dont ils sont respectivement saisis.**

Section 212 — Effets généraux de la relation de travail

212.1 **Dès qu'un salarié et un employeur sont liés par un contrat individuel de travail selon la section 211, l'ensemble des dispositions de ce code s'appliquent et régissent leurs rapports.**

212.2 Sous réserve d'une dérogation autorisée par la loi ou un règlement, les dispositions du titre 2 « La relation de travail » et ses règlements d'application sont d'ordre public et les modalités d'un décret, d'une convention collective ou d'un contrat qui y dérogent sont nulles de plein droit.

Toutefois, un décret, une convention collective ou un contrat peut conférer au salarié un droit ou une condition de travail supérieure et plus favorable à ceux qui lui résultent de ce code. (Source: art. 93 et 94 L.N.T. adaptés)

212.3 La détermination du caractère supérieur et plus favorable d'un droit ou d'une condition de travail au sens du deuxième alinéa de l'article **212.2** ou de l'article **433.3** relève de la compétence du Conseil, du Tribunal du travail ou, selon le cas, de l'arbitre de griefs.

212.4 Les dispositions de ce code s'appliquent au gouvernement et à ses organismes **à titre d'employeur** dans la mesure où elles sont **conciliables** avec celles **du chapitre 650.** (Source: art. 111.1 C.t. et art. 3.1 L.N.T. adaptés)

212.5 Les dispositions du code s'appliquent à tous les salariés d'un employeur au sens de la Loi sur les relations du travail dans l'industrie de la construction (L.R.Q. c. R-20) et qui, en raison de la nature de leurs activités professionnelles particulières, ne sont pas assujettis à cette dernière loi ou visés par un décret ou convention compris au sens de cette loi.

212.6 L'aliénation ou la concession totale ou partielle de l'entreprise, la modification de sa structure juridique, notamment, par fusion, division ou autrement, **n'a nullement pour effet**:

i) **d'affecter, de suspendre ou de réduire l'application continue des droits et des conditions de travail qui résultent du code, des règlements d'application, d'un décret de convention ou d'une convention collective;**

ii) **d'invalider aucune réclamation civile qui découle de l'application du code ou de ses règlements ou d'un décret de convention ou d'une convention collective et qui n'est pas entièrement payée au moment de l'un ou l'autre de ces faits. L'employeur au moment** où cette réclamation prit naissance et le nouvel employeur sont liés conjointement et solidairement à l'égard d'une telle réclamation;

iii) **de mettre fin au contrat de travail en cours au moment de ce fait et lie le nouvel employeur.**

(Source: art. 96 et 97 L.N.T. adaptés)

212.7 Un employeur qui **se lie** avec **un tiers**, un sous-entrepreneur ou un sous-traitant, est solidairement responsable avec ce sous-entrepreneur, ce sous-traitant et cet intermédiaire, des obligations pécuniaires **résultant du titre 2 « La relation de travail »** ou **des** règlements **d'application ou décret de convention ou d'une convention collective et aussi**, des prélèvements dus à la Commission **ou à un comité paritaire.** (Source: art. 95 L.N.T. et art. 14 Loi des décrets)

212.8 **Le titre 2 « La relation de travail » ne s'applique pas:**

1) au salarié employé à l'exploitation d'une ferme mise en valeur:

   a) par une personne physique seule ou avec son conjoint ou un descendant ou un ascendant de l'un ou l'autre, avec le concours habituel d'au plus trois salariés;

   b) par une corporation dont c'est l'activité principale avec le concours habituel d'au plus trois salariés en sus des trois principaux actionnaires de la corporation s'ils y travaillent;

   c) par une société ou par des personnes physiques agissant en copropriété, avec le concours habituel d'au plus trois salariés;

2) au salarié dont la fonction principale est de garder dans un logement un enfant, un malade, une personne handicapée ou une personne âgée si l'employeur ne poursuit pas, au moyen de ces travaux, des fins lucratives;

3) à l'employeur et au salarié régis par la Loi sur les relations du travail dans l'industrie de la construction (L.R.Q., c. R-20), sauf en ce qui a trait **aux articles 212.2, 212.3, 212.6, 212.7, 222.30, 222.31, 231.1 à 231.7 et 314.11 à 314.13;**

4) au salarié visé **à l'article 211.2** si le gouvernement détermine par règlement en vertu d'une autre loi, la rémunération de ce salarié ou le tarif qui lui est applicable;

5) à un étudiant qui travaille au cours de l'année scolaire dans un établissement choisi par une institution d'enseignement et en vertu d'un programme d'initiation au travail approuvé par le ministère de l'Éducation. (Source: art. 3 L.N.T.)

Section 213 — Fin et rupture du contrat individuel de travail

213.1 **Le contrat à durée déterminée par son objet ou par son terme prend fin, sans préavis de l'une à l'autre partie contractante, par la seule arrivée de son échéance; il est cependant renouvelable.**

Après l'arrivée du terme, si le salarié continue d'assumer sa prestation de travail, ce contrat de travail ainsi maintenu devient à durée indéterminée et est traité à ce titre.

213.2 **Le contrat de travail à durée indéterminée peut cesser à l'initiative de l'une ou l'autre partie sous réserve de l'application des règles relatives aux préavis et indemnités et des dispositions d'une convention collective ou de ce qui en tient lieu.**

213.3 **Sous réserve de dispositions plus favorables au Code civil, au contrat ou à la convention collective, tout salarié disposant d'au moins trois mois de service continu chez le même employeur a droit à un préavis écrit avant que ce dernier procède à la rupture du contrat de travail ou à la mise à pied du salarié pour une durée réelle d'au moins six mois. Ce préavis comprend l'énoncé des motifs de la décision de l'employeur.**

La durée de ce préavis est d'une semaine si le salarié justifie de moins d'un an de service continu; de deux semaines s'il justifie d'un an à cinq ans de service continu; de quatre semaines s'il justifie de cinq à dix ans de service continu et de huit semaines s'il justifie de dix ans de service continu ou plus.

Dans le cas des cadres, **la durée de ce préavis ou de son équivalent, si elle n'est pas fixée au contrat, résulte des usages ou pratiques en chaque milieu et profession.**

L'employeur est dispensé de donner ce préavis dans le cas d'un contrat à durée déterminée ou pour une entreprise déterminée. (Source: art. 82 L.N.T. adapté)

213.4 **Tout salarié peut résilier le contrat de travail à durée indéterminée en donnant à l'employeur un préavis d'une durée égale à celle de sa période de paie.**

213.5   Sauf dans les cas de faute grave du salarié ou de cas fortuit, l'employeur qui omet de donner ce préavis doit verser au salarié, au moment de son départ, une indemnité compensatrice égale au salaire de ce dernier pour une période égale à celle du préavis.

Cette indemnité est également due lorsque le préavis écrit ne fut pas donné parce que l'employeur estimait alors que le retour au travail s'effectuerait dans les six mois et qu'il n'en fut pas ainsi. L'employeur doit aussi procéder par voie d'équivalence à l'égard de tout salarié qui fait déjà l'objet d'une mise à pied ou d'un licenciement temporaire au moment où il entend procéder à nouveau.

Dans le cas des salariés rémunérés à commission, l'indemnité s'établit en fonction du salaire versé au cours des trois (3) mois précédant le départ du salarié. (Source : art. 83 L.N.T. adapté)

213.6   **La résiliation du contrat de travail par l'employeur ne peut prendre effet au cours de la période où un salarié dispose d'un congé avec ou sans solde.**

213.7   Lorsque le contrat de travail est résilié avant qu'un salarié ait pu bénéficier de la totalité du congé **annuel** auquel il avait droit, il doit recevoir, en plus de l'indemnité compensatrice déterminée conformément à l'article **222.29** et afférente au congé dont il n'a pas bénéficié, une indemnité égale à 4 % ou 6 %, selon le cas, du salaire brut gagné pendant l'année de référence en cours. (Source : art. 76 L.N.T.)

213.8   **Sous réserve des dispositions du code, d'un décret ou d'une convention collective, l'employeur peut** congédier, suspendre ou déplacer **tout** salarié pour une cause juste et suffisante **et dont la preuve lui incombe.**

213.9   Le salarié qui justifie de **trois** ans de service continu chez un même employeur et qui croit avoir été congédié sans une cause juste et suffisante peut soumettre sa plainte par écrit à la Commission dans les trente jours de son congédiement, sauf si une procédure de réparation **équivalente**, autre que le recours en dommages-intérêts, est prévue ailleurs **en ce code**, dans une autre loi ou dans une convention collective. (Source : art. 124 L.N.T. adapté)

213.10 Sur réception de la plainte, la Commission peut nommer une personne qui tente de régler la plainte à la satisfaction des intéressés.

La Commission **saisie d'une plainte** peut exiger de l'employeur un écrit contenant les motifs du congédiement du salarié. Elle doit, sur demande, fournir une copie de cet écrit au salarié. (Source: art. 125 L.N.T.)

213.11 Si aucun règlement n'intervient dans les trente jours du dépôt de la plainte **et sauf si le plaignant s'y oppose, la Commission la défère, dans les soixante jours suivants, à un arbitre dont le nom apparaît à la liste dressée selon l'article 441.2. Dès qu'un arbitre en est ainsi saisi, la Commission en donne avis au plaignant et à l'employeur.** (Source: art. 126 L.N.T. adapté)

213.12 L'arbitre ainsi nommé **dispose de la plainte selon les articles des sections 441 et 445 dans la mesure où ils sont applicables, et, le cas échéant, selon les articles 231.1 à 231.8.**

213.13 **Selon les circonstances de l'affaire et si la preuve établit à sa satisfaction qu'une réintégration ne pourrait alors être une mesure remédiatrice appropriée, l'arbitre peut ordonner, en sus du remboursement de l'équivalent du salaire perdu, le paiement d'une indemnité au lieu et place de la réintégration.** (Source: art. 127 L.N.T. adapté)

213.14 **Les frais et honoraires de l'arbitre sont payés par la Commission selon la tarification établie par règlement du gouvernement.**

213.15 Un salarié a le droit de demeurer au travail malgré le fait qu'il ait atteint ou dépassé l'âge ou le nombre d'années de service à compter duquel il serait mis à la retraite suivant une disposition législative générale ou spéciale qui lui est applicable, suivant le régime de retraite auquel il participe, suivant la convention, le sentence arbitrale qui en tient lieu ou le décret qui le régit, ou suivant la pratique en usage chez son employeur.

L'employeur ne peut suspendre ni résilier le contrat de travail pour ce même motif. (Source: art. 84.1, al.1 L.N.T. adapté)

213.16 À l'expiration du contrat de travail, un salarié peut exiger que son employeur lui délivre un certificat de travail faisant état exclusivement de la nature et de la durée de son emploi, du début et de la fin de l'exercice de ses fonctions ainsi que du nom et de l'adresse de l'employeur. Le certificat ne peut faire état de la qualité du travail ni de la conduite du salarié. (Source: art. 84 L.N.T.)

213.17 **La cessation de l'entreprise ne libère pas l'employeur de l'obligation de respecter les préavis et, s'il y a lieu, de verser les indemnités dues.**

CHAPITRE 220 — Conditions générales de travail

Section 221 — Salaire

221.1 **Tout salarié doit recevoir le salaire minimum arrêté par règlement à intervalle régulier et selon les conditions y déterminées.** (Source: art. 40, L.N.T. adapté)

221.2 Aucun avantage ayant une valeur pécuniaire ne doit entrer dans le calcul du salaire minimum. (Source: art. 41 L.N.T.)

221.3 Le salaire doit être payé en espèces sous enveloppe scellée ou par chèque. Le paiement peut être fait par virement bancaire si une convention **collective** ou un décret le prévoit.

Un salarié est réputé ne pas avoir reçu paiement du salaire qui lui est dû si le chèque qui lui est remis n'est pas encaissable dans les deux jours ouvrables qui suivent sa réception. (Source: art. 42 L.N.T.)

221.4 Le salaire doit être payé à intervalles réguliers ne pouvant dépasser seize jours ou un mois dans le cas des cadres.

Malgré le premier alinéa, l'employeur peut payer un salarié dans le mois qui suit **son entrée en fonction**. (Source: art. 43 L.N.T.)

221.5   Le salarié doit recevoir son salaire en mains propres sur les lieux du travail et pendant un jour ouvrable, sauf dans le cas où le paiement est fait par virement bancaire ou est expédié par la poste.

Le salaire peut aussi être remis à un tiers sur demande écrite du salarié. (Source: art. 44 L.N.T.)

221.6   Si le jour habituel de paiement du salaire tombe un jour férié et chômé, le salaire est versé au salarié le jour ouvrable qui précède ce jour. (Source: art. 45 L.N.T.)

221.7   L'employeur doit remettre au salarié, en même temps que son salaire, un bulletin de paie contenant des mentions suffisantes pour lui permettre de vérifier le calcul de son salaire. Ce bulletin de paie doit contenir en particulier les mentions suivantes **lorsqu'elles s'appliquent au salarié** :

1) le nom de l'employeur;

2) les nom et prénom du salarié;

3) l'identification de l'emploi du salarié;

4) la date du paiement et la période de travail qui correspond au paiement;

5) le nombre d'heures payées au taux normal;

6) le nombre d'heures supplémentaires payées avec la majoration applicable;

7) la nature et le montant des primes, indemnités, allocations ou commissions versées;

8) le taux du salaire;

9) le montant du salaire brut;

10) la nature et le montant des déductions opérées;

11) le montant du salaire net versé au salarié **et, pour les salariés recevant des pourboires, ces autres mentions** :

— le montant des pourboires déclarés par le salarié conformément à l'article 42.3 de la Loi sur les impôts (L.R.Q., c. I-3); (1983, c. 43, a.10);

— le montant des pourboires qu'il a attribués au salarié en vertu de l'article 42.2 de la Loi sur les impôts. (1983, c.42, a.10);

Le gouvernement peut, par règlement, exiger toute autre mention qu'il juge utile. Il peut aussi exempter une catégorie d'employeurs de l'application de l'une ou l'autre des mentions ci-dessus. (Source: art. 46 L.N.T.)

221.8 **À l'occasion** du paiement du salaire, il ne peut être exigé aucune formalité de signature autre que celle qui établit que la somme remise au salarié correspond au montant du salaire net indiqué sur le bulletin de paie. (Source: art. 47 L.N.T.)

221.9 L'acceptation par le salarié d'un bulletin de paie n'emporte renonciation au paiement de tout ou partie du salaire qui lui est dû. (Source: art. 48 L.N.T.)

221.10 Un employeur peut effectuer une retenue sur le salaire uniquement s'il y est contraint par une loi, un règlement, une ordonnance d'un tribunal **judiciaire, une sentence arbitrale**, une convention collective ou un décret ou s'il y est autorisé par un écrit du salarié.

Le salarié peut révoquer son autorisation en tout temps, sauf lorsqu'elle concerne une adhésion à un régime d'assurance collective ou à un régime supplémentaire de rentes au sens de la Loi sur les régimes supplémentaires de rentes (L.R.Q., c. R-17).

L'employeur verse à leur destinataire les sommes ainsi retenues. (Source: art. 49 L.N.T.)

221.11 Le pourboire versé directement ou indirectement par un client au salarié appartient en propre à ce dernier et il **ne fait pas partie du salaire** qui lui est par ailleurs dû.

Si l'employeur perçoit le pourboire **à ce titre ou sous forme de frais de service ajoutés à la note du client**, il le remet au salarié. Dans le cas d'un salarié qui est un particulier visé dans les articles 42.2 ou 42.3 de la Loi sur les impôts (L.R.Q., c. I-3), **les indemnités, prestations ou avantages pécuniaires dus en vertu du titre 2 se calculent** sur le salaire augmenté des pourboires déclarés et attribués en vertu de ces articles 42.2 et 42.3. (Source: art. 50 L.N.T. adapté)

221.12 Le montant maximum qui peut être exigé par un employeur pour la chambre et la pension d'un de ses salariés est celui que le gouvernement fixe par règlement. (Source: art. 51 L.N.T.)

Section 222 — Durée du travail et les congés

222.1 **La journée maximum de travail est de huit (8) heures et la semaine maximum de travail est de quarante-huit (48) heures ; au-delà de ces maxima, le salarié ne peut être tenu d'accepter de travailler.**

Sous réserve de l'article **222.3**, un salarié a droit à un repos hebdomadaire d'une durée minimale de vingt-quatre heures consécutives.

Dans le cas d'un travailleur agricole, ce jour de repos peut **occasionnellement** être reporté à la semaine suivante. (Source: art. 78 L.N.T. adapté)

222.2 Aux fins du calcul des heures supplémentaires, la semaine normale de travail est de quarante-quatre heures, sauf dans les cas où elle est **autrement** fixée par règlement du gouvernement, **décret ou convention collective.**

Le premier de l'an 1986 et à chaque premier de l'an qui suit, la durée de cette semaine normale est réduite d'une (1) heure jusqu'à ce qu'elle soit établie à quarante (40) heures. (Source: art. 52 L.N.T. adapté)

222.3 Un employeur peut, avec l'autorisation **préalable** de la Commission, étaler les heures de travail **des** salariés sur une base autre qu'une base hebdomadaire, à condition que la moyenne des heures de travail soit équivalente à la norme prévue dans la loi ou les règlements.

Cette autorisation n'est pas fournie lorsqu'une convention collective, un décret **ou un règlement du gouvernement prévoit**, aux mêmes conditions, un étalement des heures de travail sur une **autre** base. (Source: art. 53 L.N.T. adapté)

222.4 La durée de la semaine normale déterminée à l'article **222.2** ne s'applique pas aux salariés suivants:

1) les ascendants et descendants de l'employeur **et ceux de son conjoint**;

2) un étudiant employé dans un organisme à but non lucratif et à vocation sociale ou communautaire, tel une colonie de vacances ou un organisme de loisirs;

3) un cadre d'une entreprise;

4) un salarié qui travaille en dehors de l'établissement et dont les heures de travail sont incontrôlables;

5) un salarié affecté à la récolte, à la mise en conserve, à l'empaquetage et à la congélation des fruits et légumes, pendant la période des récoltes;

6) un salarié dans un établissement de pêche, de transformation ou de mise en conserve du poisson;

7) un travailleur agricole.

(Source: art. 54, L.N.T.)

222.5 Tout travail exécuté en plus des heures de la semaine normale de travail entraîne une majoration de 50 % du salaire horaire habituel que touche le salarié à l'exclusion des primes établies sur une base horaire. (Source: art. 55, L.N.T.)

222.6 Aux fins du calcul des heures supplémentaires, les congés annuels et les jours fériés, chômés et payés sont assimilés à des jours de travail. (Source: art. 56, L.N.T.)

222.7 Un salarié est réputé être au travail lorsqu'il est à la disposition de son employeur sur les lieux du travail et qu'il est obligé d'attendre qu'on lui donne du travail. (Source: art. 57, L.N.T.)

222.8 Un salarié qui se présente au lieu du travail à la demande expresse de son employeur ou dans le cours normal de son emploi et qui travaille moins de trois heures consécutives, a droit, hormis le cas forfuit, à une indemnité égale à trois heures de son salaire horaire habituel sauf si l'application de l'article **222.5** lui assure un montant supérieur.

La présente disposition ne s'applique pas dans le cas où la nature du travail ou les conditions d'exécution du travail requièrent plusieurs présences du salarié dans une même journée et pour moins de trois heures à chaque présence, tel un brigadier scolaire ou un chauffeur d'autobus.

Elle ne s'applique pas non plus lorsque la nature du travail ou les conditions d'exécution font en sorte qu'il est habituellement effectué en entier à l'intérieur d'une période de trois heures, tel un surveillant dans les écoles ou un placier. (Source: art. 58, L.N.T.)

222.9 Sauf disposition contraire d'une convention collective ou d'un décret, l'employeur doit accorder au salarié, pour le repas, une période de trente minutes sans salaire **lorsque la** période de travail **est de plus** de cinq heures consécutives.

Cette période doit être rémunérée si le salarié n'est pas autorisé à quitter son poste de travail. (Source: art. 79, L.N.T.)

222.10 Un salarié est réputé être au travail durant la pause-café. (Source: art. 59, L.N.T.)

222.11 **Sous réserve de l'article 222.17, lorsque, à l'égard d'un salarié, les jours ci-dessous tombent un jour ouvrable, ces jours sont fériés et chômés:**

1) la fête nationale;

2) le 1er janvier;

3) le Vendredi saint ou, au choix de l'employeur, le lundi de Pâques;

4) la fête de Dollard ou fête de la Reine;

5) la premier lundi de septembre ou fête du Travail;

6) le deuxième lundi d'octobre ou jour de l'Action de grâces;

7) le 25 décembre.

Sauf pour la fête nationale, la présente section ne s'applique pas aux salariés visés dans une convention collective ou un décret qui contiennent au moins six autres jours chômés et payés. **En ce dernier cas, la Commission peut, aux conditions qu'elle détermine, autoriser l'employeur à appliquer ces mêmes jours chômés et payés à ses autres salariés oeuvrant en un même établissement.** (Source: art. 60, L.N.T. adapté)

222.12 Pour bénéficier d'un jour férié visé à l'article **222.11,** un salarié doit justifier de 60 jours de service continu dans l'entreprise et ne pas s'être absenté du travail, sans l'autorisation de l'employeur ou sans une raison valable, la veille ou le lendemain de ce jour. (Source: art. 65, L.N.T.)

222.13   Nul ne peut réduire le salaire d'un salarié en raison du fait qu'un jour indiqué à l'article **222.11** est jour chômé. **Si ce jour survient au cours d'une période où le salarié bénéficie déjà et pour quelque cause que ce soit d'un congé sans solde, il n'a pas droit à l'indemnité afférente à ce jour.** (Source: art. 61, L.N.T. adapté)

222.14   L'employeur doit verser au salarié une indemnité égale à la moyenne du salaire journalier **pour ce salarié** des deux semaines **complètes** précédant ce jour **chômé et sans tenir compte du salaire gagné en surtemps.**

Dans le cas des salariés rémunérés à commission, la moyenne du salaire journalier s'établit en fonction du salaire versé au cours des trois (3) mois précédant ce jour chômé. (Source: art. 62, L.N.T. adapté)

222.15   Si un salarié doit travailler l'un des jours indiqués à l'article **222.11**, l'employeur, en plus de verser au salarié **en service** ce jour férié le salaire correspondant au travail effectué, doit lui verser l'indemnité prévue à l'article **222.14** ou lui accorder un congé compensatoire d'une journée. Dans ce cas, le congé doit être pris dans les trois semaines précédant ou suivant ce jour, sauf si une convention collective ou un décret prévoient une **autre** période. (Source: art. 63, L.N.T. adapté)

222.16   Si un salarié est en congé annuel l'un de ces jours fériés prévus par l'article **222.11**, l'employeur doit lui verser l'indemnité prévue par l'article **222.14** ou lui accorder un congé compensatoire d'une journée à une date convenue entre l'employeur et l'intéressé ou fixée par une convention collective ou un décret. (Source: art. 64, L.N.T.)

222.17   **La fête nationale du 24 juin ou, s'il y a lieu, le 25 juin est soumise aux modalités de la Loi sur la fête nationale (L.R.Q., c. F.1.1)**

222.18   Un salarié peut s'absenter du travail pendant une journée, sans réduction de salaire, le jour de son mariage.

Un salarié peut aussi s'absenter du travail, sans réduction de salaire, le jour du mariage de l'un de ses enfants et pendant deux jours à l'occasion de la naissance ou de l'adoption d'un enfant. (Source: art. 81, L.N.T.)

222.19 Un salarié peut s'absenter du travail pendant une journée, sans réduction de salaire, à l'occasion du décès ou des funérailles d'un enfant, de la personne à laquelle il est marié ou avec laquelle il vit maritalement au sens **de l'article 120.9**, de son père, de sa mère, d'un frère ou d'une soeur. Il peut aussi s'absenter pendant trois autres journées à cette occasion, mais sans salaire. (Source: art. 80, L.N.T.)

222.20 **Le salarié qui justifie d'au moins quatre-vingt-dix (90) jours de service continu auprès de l'employeur peut s'absenter sans solde pour cause de maladie pour une période d'au plus douze (12) semaines.**

L'employeur ne peut, pour ce motif, congédier, déplacer ou mettre à pied ce salarié si, au cours de cette absence ou dans les quinze jours de son retour, il fournit, sur demande, une attestation médicale justifiant cette absence.

Les modalités d'application ou d'exercice de ce congé peuvent faire l'objet de dispositions d'un règlement du gouvernement, d'un décret ou d'une convention collective.

222.21 Un salarié qui, à la fin d'une année de référence, justifie d'un an de service continu chez l'employeur pendant cette période, a droit à un congé annuel d'une durée minimale de deux semaines. (Source: art. 68, L.N.T.)

222.22 Un salarié qui, à la fin d'une année de référence, justifie de dix ans de service continu chez l'employeur, a droit à un congé annuel d'une durée minimale de trois semaines, dont deux semaines continues, **sous réserve de l'article 222.25**. (Source: art. 69, L.N.T. adapté)

222.23 Un salarié qui, à la fin d'une année de référence, justifie de moins **de douze mois** de service continu chez l'employeur pendant cette période, a droit à un congé continu dont la durée est déterminée à raison d'un jour ouvrable pour chaque mois de service continu sans que la durée totale de ce congé excède deux semaines. (Source: art. 67, L.N.T. adapté)

222.24 Le congé annuel doit être pris dans les douze mois qui suivent la fin de l'année de référence, sauf si une convention collective ou un décret permettent de le reporter à l'année suivante.

Malgré toute stipulation à l'effet contraire dans une convention, un décret ou un contrat, une période d'assurance salaire, maladie ou invalidité interrompue par un congé pris conformément au premier alinéa se continue, s'il y a lieu, après ce congé, comme si elle n'avait pas été interrompue.

Le salarié ne peut recevoir une indemnité de congé annuel supérieure à celle qu'il aurait autrement reçue s'il avait travaillé. (Source: art. 70 L.N.T.)

222.25 Le congé dont la durée est d'une semaine ou moins ne peut être fractionné. Dans les autres cas, le congé annuel peut être fractionné en deux périodes si le salarié en fait la demande, sauf si l'employeur ferme son établissement pour la période des congés annuels.

Une convention collective ou un décret de convention peut prévoir **autrement** le fractionnement du congé annuel ou l'interdire. (Source: art. 71 L.N.T. adapté)

222.26 Un salarié a le droit de connaître la date de son congé annuel au moins quatre semaines à l'avance. (Source: art. 72, L.N.T.)

222.27 Un salarié doit toucher l'indemnité afférente au congé annuel en un seul versement **effectué** avant le début de ce congé. (Source: art. 75, L.N.T.)

222.28 **L'employeur ne peut remplacer** le congé **annuel** par une indemnité compensatoire, sauf **si une convention collective ou un décret l'y autorise.**

Si l'établissement ferme ses portes pour deux semaines à l'occasion du congé annuel, **le salarié qui y a droit, peut demander que la troisième semaine de son congé annuel soit remplacée par une indemnité compensatrice ou qu'elle soit fractionnée en la manière convenue avec l'employeur.** (Source: art. 73, L.N.T. adapté)

222.29 L'indemnité afférente au congé annuel du salarié **visé aux articles 222.21 et 222.23** est égale à 4 % du salaire brut du salarié durant l'année de référence. Dans le cas du salarié visé **à l'article 222.22**, l'indemnité est égale à 6 % du salaire brut du salarié durant l'année de référence **et tenant compte de l'article 221.11.**

Si un salarié est absent pour cause de maladie ou d'accident durant l'année de référence et que cette absence a pour effet de diminuer son indemnité de congé annuel, il a alors droit à une indemnité équivalente, selon le cas, à deux ou trois fois la moyenne hebdomadaire du salaire gagné au cours de la période travaillée. Le salarié visé dans l'article 222.23 dont le congé annuel est inférieur à deux semaines a droit à ce montant dans la proportion des jours de congé qu'il a accumulés.

L'indemnité afférente au congé annuel à laquelle une salariée a droit, pour la période durant laquelle elle est en congé de maternité, est déterminée par règlement du gouvernement. (Source: art. 74, L.N.T.)

222.30 **La salariée a droit à un congé de maternité et, le cas échéant, à l'indemnité afférente à ce congé. Les modalités d'application de ce droit, la durée, la répartition de ce congé ainsi que celles relatives à la période préalable au congé, au temps du congé et au retour de la salariée à son poste sont arrêtées, de temps à autre, par règlement du gouvernement.** (Source: art. 89, par. 6, L.N.T. adapté)

222.31 L'employeur doit, de son propre chef, déplacer une salariée enceinte si les conditions de travail de cette dernière comportent des dangers physiques pour elle ou pour l'enfant à naître. La salariée peut refuser ce déplacement sur présentation d'un certificat médical attestant que ces conditions de travail ne présentent pas les dangers **appréhendés**. (Source: art. 122 in fine L.N.T.)

222.32 **Les articles 222.21 à 222.29 ne s'appliquent pas aux salariés suivants:**

1) **les ascendants et descendants de l'employeur ainsi que ceux de son conjoint;**

2) un étudiant employé dans un organisme à but non lucratif et à vocation sociale ou communautaire, tel une colonie de vacances ou un organisme de loisirs;

3) un vendeur au sens du paragraphe b de l'article 1 de la Loi sur les valeurs mobilières (L.R.Q., c. V-1), entièrement rémunéré à commission;

4) un vendeur au sens du paragraphe 12 de l'article 1 de la Loi sur les valeurs mobilières (L.R.Q., c. V-1), entièrement rémunéré à commission;

5) un agent d'assurance au sens du paragraphe i de l'article 1 de la Loi sur les assurances (L.R.Q., c. A-32), entièrement rémunéré à commission;

6) un salarié surnuméraire pendant la période des récoltes;

7) un stagiaire dans le cadre d'un programme de formation professionnelle reconnu par une loi.

(Source: art. 77 L.N.T.)

Section 223 — Autres conditions de travail

223.1 Lorsqu'un employeur rend obligatoire le port d'un uniforme, il ne peut opérer aucune déduction du salaire pour l'achat, l'usage ou l'entretien de cet uniforme. (Source: art. 85 L.N.T.)

223.2 **Les conditions générales de travail relatives aux** primes, indemnités ou allocations diverses, aux outils, aux douches, aux vestiaires et aux lieux de repos sont celles qui sont établies, **de temps à autre**, par règlement du gouvernement. (Source: art. 86 L.N.T.)

223.3 La Commission peut, à même **ses fonds** et de la manière prévue par un règlement **de la Commission**, dédommager un salarié de façon partielle ou totale, de la perte du salaire ou d'un autre avantage pécuniaire lui résultant **du titre 2 ou** d'un règlement et qu'il a encourue comme conséquence de la faillite d'un employeur. (Source: art. 29, par. 4 et 136 L.N.T.)

223.4 Pour **les fins de l'article 223.3**, un employeur est en faillite lorsqu'une ordonnance de séquestre est rendue contre lui en vertu de la Loi sur la faillite (Statuts révisés du Canada, 1970, chapitre B-3), lorsqu'il fait une cession au sens de ladite loi et s'il s'agit d'une corporation, lorsqu'une ordonnance de liquidation est rendue contre elle en vertu de la Loi concernant la liquidation des compagnies insolvables (Statuts révisés du Canada, 1980, chapitre W-10) pour cause d'insolvabilité au sens de ladite loi. (Source: art. 137 L.N.T.)

223.5 Lorsque la Commission dédommage un salarié dans un cas de faillite, elle est subrogée dans les droits de ce dernier jusqu'à concurrence du montant ainsi payé. (Source: art. 138 L.N.T.)

223.6 **Un salarié à temps partiel cumule des périodes de travail distinctes et non continues pour équivaloir à du « service continu » au sens de l'article 120.27 aux fins de l'application des articles 213.3, 213.9 et 222.21 et suivants.**

CHAPITRE 230 — Garantie d'exercice des droits du salarié

Section 231 — Maintien de l'emploi

231.1 **Sous réserve de l'article 314.11,** lorsqu'un employeur ou une personne agissant pour un employeur ou une association d'employeurs congédie, suspend ou déplace un salarié à cause de l'exercice par ce salarié d'un droit qui lui résulte du présent code **et notamment parce qu'il a atteint ou dépassé l'âge ou le nombre d'années de service à compter duquel il pourrait prendre sa retraite selon le régime applicable; parce qu'il** a fourni des renseignements à la Commission **ou au Conseil** ou à l'un de **leurs** représentants sur l'application **du Code** ou qu'il a témoigné dans une poursuite **devant tout tribunal: parce** qu'une saisie-arrêt a été pratiquée à l'égard du salarié ou peut l'être; **parce qu'elle est enceinte ou encore, parce qu'ainsi l'employeur cherche à** éluder l'application du code ou d'un règlement, **le tribunal peut** ordonner à l'employeur ou à une personne agissant pour un employeur ou une association d'employeurs:

a) de réintégrer ce salarié, dans son emploi, avec tous ses droits et privilèges, dans les huit jours de la signification de la décision;

b) d'annuler **le congédiement, la suspension ou le déplacement.**

En sus, le tribunal ordonne le versement, à titre d'indemnité, de l'équivalent du salaire et des autres avantages dont l'ont privé la sanction.

S'il s'agit d'un domestique ou d'un salarié dont la fonction principale est de garder une personne, le tribunal ne peut ordonner sa réintégration; il peut cependant ordonner à l'employeur **de lui** verser, à titre d'indemnité, l'équivalent du salaire et des autres avantages dont l'a privé le congédiement pour une période maximum de trois mois. (Source: art. 122.1, 122, 128 L.N.T. et 650 C.P.C. adaptés)

231.2 Le salarié qui croit avoir été l'objet d'une sanction visée à l'article **231.1** doit, s'il désire se prévaloir des dispositions de cet article, soumettre sa plainte par écrit **à la Commission** dans les trente jours de la sanction dont il se plaint, ou la mettre à la poste à l'adresse **de la Commission** dans ce délai. Toutefois, si la plainte est **déposée**, dans ce délai, au tribunal, au ministre **ou au Conseil**, le défaut de ne pas l'avoir soumise **à la Commission** ne peut être opposé au plaignant. **Le dépositaire doit la transmettre, sans délai, à la Commission en indiquant la date de réception**.

Ce délai est de 90 jours si la plainte est au motif de l'âge ou du nombre d'années de service du salarié pour la prise d'une retraite. (Source: art. 16 C.t., 123 et 123.1 L.N.T.)

231.3 **Dès qu'elle est saisie d'une plainte fondée sur l'article 231.1, la Commission doit rencontrer les intéressés pour tenter de la régler. À défaut, la Commission doit, dans les trente jours qui suivent le dépôt de la plainte, en saisir le tribunal, sauf si le plaignant s'y oppose.**

231.4 S'il est établi à la satisfaction du **tribunal** que le salarié exerce un droit qui lui résulte du présent code, **au sens de l'article 231.1**, il y a présomption en sa faveur que la sanction lui a été imposée à cause de l'exercice de ce droit et il incombe à l'employeur de prouver qu'il a pris cette sanction à l'égard du salarié pour une autre cause juste et suffisante. (Source: art. 17 C.t.)

231.5 Le **tribunal** doit, avant de rendre une décision en vertu des articles **231.1 et 231.5**, permettre aux parties de se faire entendre sur toute question pertinente, en la manière qu'il juge appropriée et, à cette fin, leur donner, de la façon qu'il estime convenable, un avis d'au moins cinq jours francs de la date, de l'heure et du lieu où elles pourront se faire entendre.

Si une partie ainsi convoquée ne se présente pas ou refuse de se faire entendre à la séance fixée pour cette fin, ou à un ajournement de cette séance, le **tribunal** peut néanmoins procéder à l'instruction de l'affaire et aucun recours judiciaire ne peut être fondé sur le fait qu'il a ainsi procédé en l'absence de cette partie. La Commission peut intervenir devant le **tribunal**. (Source: art. 20 C.t., 124 in fine L.N.T.)

231.6 Sur requête de l'employeur ou du salarié, le **tribunal** peut fixer le quantum d'une indemnité et ordonner le paiement d'un intérêt au taux légal à compter du dépôt de la **plainte sur les sommes dues en vertu de l'ordonnance**.

Il doit être ajouté à ce montant une indemnité calculée en appliquant à ce montant, à compter de la même date, un pourcentage égal à l'excédent du taux d'intérêt fixé suivant l'article 28 de la Loi sur le ministère du Revenu (chapitre M-31) sur le taux légal d'intérêt.

Cette indemnité est due pour toute période comprise entre le moment du congédiement, de la suspension ou du déplacement et celui de l'exécution de l'ordonnance ou du défaut du salarié de reprendre son emploi après **avoir été dûment rappelé par l'employeur ou, selon le cas, l'indemnité doit représenter l'équivalent du salaire et des autres avantages dont l'a privé la sanction, les mesures discriminatoires ou de représailles**.

Si le salarié a travaillé ailleurs au cours de la période précitée, le salaire qu'il a ainsi gagné **au cours d'une semaine normale de travail selon l'article 222.2** doit être déduit de cette indemnité, **mais il ne peut être tenu compte que le salarié ait ou non recherché un autre emploi au cours de cette même période**. (Source: art. 15 et 19 C.t., 122 in fine L.N.T.)

231.7 À l'expiration des délais des quinze jours suivant la décision du tribunal, le salarié peut déposer une copie conforme de la décision rendue en vertu de l'article **231.1** ou de l'article **231.5** au bureau du protonotaire de la Cour supérieure du district où est situé l'établissement de l'employeur en cause.

Ce dépôt doit être opéré dans les six mois à compter de la décision du **tribunal**. Le dépôt de la décision lui confère alors la même force et le même effet que s'il s'agissait d'un jugement émanant de la Cour supérieure et est exécutoire comme tel.

Si cette décision contient une ordonnance de faire ou de ne pas faire, toute personne nommée ou désignée dans une telle ordonnance qui la transgresse ou refuse d'y obéir, de même que toute personne non désignée qui y contrevient sciemment, se rend coupable d'outrage au tribunal et peut être condamnée, selon la procédure prévue aux articles 53 et 54 du Code de procédure civile, à une amende n'excédant pas cinquante mille dollars avec ou sans emprisonnement pour une durée d'au plus un an. Ces pénalités peuvent être infligées derechef jusqu'à ce que le contrevenant se soit conformé à l'ordonnance. (Source: art. 19.1 C.t.)

231.8 **La Commission** peut exercer, pour le compte du salarié **et sans justification d'une cession de créance de ce dernier**, le recours qui résulte de la décision du **tribunal**, à défaut du salarié de le faire dans les vingt-quatre jours. (Source: art. 19 in fine C.t.)

CHAPITRE 240 — Licenciement collectif

240.1   **Pour les fins de cette section 240, un licenciement collectif s'entend de toute cessation ou suspension d'emploi du fait de l'employeur, par voie de rupture du contrat de travail, de renvoi ou de mise à pied, qu'elle soit définitive ou effectivement d'au moins six mois et qui touche au moins dix salariés au cours d'une même période de deux mois consécutifs et provenant d'un même ou de plusieurs établissements de l'employeur situés en une même région.** (Source: art. 1, par. O.1 et O.2 de la L.F.Q.P.M.)

240.2   **Sous réserve des autres droits du salarié lui résultant de ce code et notamment à l'article 213.3 , l'employeur qui entend effectuer un licenciement collectif doit en donner avis au ministre du Travail, au ministre de la Main-d'oeuvre et de la Sécurité du revenu, aux salariés affectés et, s'il y a lieu, à l'association accréditée dans les délais minima suivants:**

— deux mois lorsque le nombre de licenciements envisagés est au moins égal à dix et inférieur à 100;

— trois mois lorsque le nombre de licenciements envisagés est au moins égal à 100 et inférieur à 300;

— quatre mois lorsque le nombre de licenciements envisagés est au moins égal à 300.

Avant et au cours du délai applicable selon le cas, l'employeur ne peut effectuer de licenciement collectif. (Source: art. 45 L.F.Q.P.M. adapté)

240.3   **Ce préavis n'est pas requis lorsque l'entreprise est à caractère saisonnier ou intermittent ou s'il s'agit de la période où un établissement est affecté par une grève ou un lock-out au sens du chapitre 420 « Usage des moyens de pression ».** (Source: art. 45 L.F.Q.P.M.)

240.4   Dans un cas de force majeure ou lorsqu'un évènement imprévu empêche l'employeur de respecter les délais ci-dessus, il doit aviser le ministre aussitôt qu'il est en mesure de le faire.

Il incombe alors à l'employeur de faire la preuve de l'impossibilité de prévoir ce licenciement collectif. Le délai alors exigé avant de procéder au licenciement collectif est fixé par le ministre. (Source: art. 45, L.F.Q.P.M.)

240.5 **L'avis que doit donner l'employeur comprend notamment les informations suivantes:**

a) le nom et l'adresse de l'employeur ou de l'établissement visé;

b) la nature du produit ou service principal;

c) le nom et l'adresse des associations de salariés;

d) les raisons du licenciement collectif;

e) la date prévue du licenciement collectif;

f) le nom des salariés possiblement affectés par le licenciement collectif.

L'avis prend effet à compter de la date de sa mise à la poste. (Source: R.R.Q. 1981, c. F-5, a. 4)

240.6 Tout employeur doit, à la demande du ministre et en consultation avec lui, participer sans délai à la constitution d'un comité de reclassement des salariés. Ce comité doit être formé d'un nombre égal de représentants de l'association accréditée ou, à défaut de telle association, des salariés. L'employeur y contribue financièrement dans la mesure dont les parties conviennent. (Source: art. 45 L.F.Q.P.M.)

240.7 L'employeur et l'association accréditée ou, à défaut de telle association, les salariés peuvent, avec l'assentiment du ministre et aux conditions qu'il détermine, constituer un fonds collectif aux fins de reclassement et d'indemnisation des salariés.

Le cas échéant, plusieurs employeurs et plusieurs associations accréditées peuvent constituer en commun un tel fonds collectif. (Source: art. 45 L.F.Q.P.M. et Règlement)

240.8 **Le salarié qui ne reçoit pas le préavis écrit exigible selon ce chapitre 240, doit recevoir une indemnité compensatrice calculée selon l'article 240.2.**

TITRE 3 — LES ASSOCIATIONS

CHAPITRE 310 — Libertés syndicales

Section 311 — Liberté syndicale du salarié

311.1 « Tout salarié, **même mineur**, a droit **d'adhérer** à l'association de salariés de son choix, de participer à sa formation, à ses activités et à son administration. » (Source : art. 3 C.t. et art. 7 Loi des syndicats professionnels)

311.2 « Les policiers municipaux ne peuvent être membres d'une association de salariés qui n'est pas formée exclusivement de policiers municipaux ou qui est affiliée à une autre organisation. » (Source : art. 4 C.t.)

311.3 **« Sous réserve des dispositions d'une convention collective qui le lie**, tout salarié peut se retirer à volonté d'une association de salariés en donnant, **s'il y a lieu, les préavis requis par règlement interne.** » (Source : Loi des syndicats professionnels, art. 22)

311.4 « Tout salarié, membre **d'une association de salariés**, ne peut être tenu responsable des dettes **de cette association de salariés.** » (Source : Loi des syndicats professionnels, art. 22, al. 2)

Section 312 — Formation du syndicat professionnel

312.1 **Toute association de salariés peut se constituer en syndicat professionnel et à cette fin faire approuver sa déclaration d'intention.** (Source : Loi des syndicats professionnels, art. 1)

312.2 **La déclaration d'intention de se constituer en syndicat professionnel doit comprendre :**

a) le nom de l'association ;

b) son objet ;

c) les noms, prénoms, nationalité et adresses des premiers administrateurs au nombre de trois au moins et les noms, prénoms, nationalité et adresses des personnes qui doivent en être le premier président et le premier secrétaire;

d) la location où elle aura son siège principal. (Source: Loi des syndicats professionnels, art. 1, par. 2)

312.3 Il est loisible **au ministre**, sur requête accompagnée de la déclaration **d'intention** et des statuts de l'association **de salariés**, d'approuver ces statuts et d'autoriser la constitution en syndicat professionnel.

Un avis de cette autorisation **est** publié par **le Ministre** dans la Gazette officielle du Québec aux frais du syndicat professionnel. (Source: Loi des syndicats professionnels, art. 1, par. 3, 4 et 5)

312.4 À compter de cette publication, ce syndicat professionnel est constitué en corporation. (Source: Loi des syndicats professionnels, art. 1, par. 4)

312.5 **Suivent, en les adaptant, les articles 2, 18 et ss. de la Loi des syndicats professionnels.**

Section 313 — Liberté d'affiliation

313.1 L'association accréditée **liée par une convention collective ou une sentence arbitrale en tenant lieu** et le groupe de salariés **formant cette unité** de négociation ne peuvent **entreprendre des démarches en vue de devenir membre d'une autre association ou de s'y affilier sauf** au cours de la période de 90 jours précédant la date d'expiration de la convention collective ou d'un autre acte en tenant lieu. (Source: Code du travail, art.73 C.t.)

313.2 **Dans le cas des secteurs public et parapublic, ce changement d'affiliation ne peut s'effectuer sauf entre le 270e jour et le 180e jour précédant la date d'expiration de la convention collective ou de ce qui en tient lieu.** (Source: art. 111.4 C.t.)

313.3 **Sans limiter la liberté des associations de procéder autrement, deux** associations de salariés ou plus peuvent se constituer en union ou fédération professionnelle en suivant en cela la procédure applicable à la formation d'un syndicat professionnel. Leur déclaration d'intention doit être complétée d'une résolution d'autorisation de chacune des associations membres. (Source: Loi des syndicats professionnels, art. 19)

313.4 **Deux associations de salariés ou plus peuvent, par voie de fusion, constituer un syndicat professionnel selon la procédure applicable à la formation d'un syndicat professionnel si, par ailleurs, les associations requérantes satisfont aux conditions établies par règlement visant la détermination des obligations et responsabilités de ces associations à l'égard de leurs actuels engagements.**

313.5 **Suivent les articles 25 à 28 en les adaptant de la Loi des syndicats professionnels.**

Section 314 — L'activité syndicale

314.1 Nonobstant toute loi à ce contraire, toute corporation municipale est autorisée à accorder, par résolution de son conseil, une exemption de taxe sur les immeubles appartenant à toute association accréditée en vertu **du code** ou au propriétaire de tout immeuble utilisé pour ou à l'usage de **toute association** accréditée, aussi longtemps que lesdits immeubles sont utilisés comme salle de réunions syndicales, bibliothèque, salle de conférences ou autres fins **syndicales** aux conditions que ledit conseil détermine. (Source: Loi des syndicats professionnels, art. 24)

314.2 Toute association de salariés qui ne jouit pas de la personnalité civile ni ne constitue une société au sens du Code civil, peut néanmoins ester en justice pour défendre aux actions portées contre elle.

Telle association de salariés peut aussi se porter demandeur, si elle dépose au greffe de tout tribunal visé, avec l'acte introductif d'instance, un certificat du **Conseil** attestant qu'elle constitue une association de salariés au sens du Code du travail. **Copie de la décision en accréditation de l'association de salariés peut aussi tenir lieu et place de certificat.** (Source: C.P.C. art. 60 adapté)

314.3 Personne ne peut, au nom ou pour le compte d'une association de salariés, solliciter, pendant les heures de travail, l'adhésion d'un salarié à une association. (Source : art. 5 C.t.)

314.4 Une association de salariés ne doit tenir aucune réunion de ses membres au lieu du travail sauf si elle est accréditée et du consentement de l'employeur. (Source : art. 6 C.t.)

314.5 Dans une exploitation forestière, les lieux affectés aux repas des salariés ne sont pas considérés comme lieux de travail et aucune réunion ne peut être tenue dans les lieux affectés au logement des salariés. (Source : art. 7 C.t.)

314.6 Sous réserve de la Loi sur les terres et forêts (L.R.Q., c. T-9), le propriétaire d'une terre ou concession où se fait une exploitation forestière est tenu de permettre le passage et de donner accès au campement des salariés à tout représentant d'une association de salariés muni d'un permis délivré par le **Conseil** conformément aux règlements adoptés à cette fin en vertu **du chapitre 770 « Règlements d'application »**.

L'exploitant est tenu de fournir à ce représentant le gîte et le couvert au prix fixé pour les salariés par règlement **du Conseil**.

Il doit, sur demande écrite d'un salarié, lui avancer la somme requise à titre de première cotisation à une association de salariés pourvu que ce salarié ait cette somme à son crédit.

L'autorisation écrite donnée par tout salarié de précompter sur son salaire la somme ci-dessus constitue un paiement au sens **de l'article 322.9**; l'employeur est tenu de remettre dans le mois qui suit à l'association indiquée les montants ainsi précomptés avec un bordereau nominatif.

Le présent article ne s'applique pas à l'exploitation forestière effectuée sur sa propriété par un cultivateur ou colon. (Source : art. 8 C.t.)

314.7 Sous réserve de la Loi sur les terres et forêts (L.R.Q., c. T-9), le propriétaire d'une entreprise minière où des salariés sont logés sur des terrains auxquels il est en mesure d'interdire l'accès doit accorder cet accès à tout représentant d'une association de salariés muni d'un permis délivré par **le Conseil** conformément aux règlements adoptés à cette fin.

L'exploitant d'une telle entreprise est tenu de fournir à ce représentant le gîte et le couvert au prix courant pour les salariés. (Source : art. 9 C.t.)

314.8 Aucun employeur, ni aucune personne agissant pour un employeur ou une association d'employeurs, ne **doit chercher** d'aucune manière à dominer, entraver ou financer la formation ou les activités d'une association de salariés, ni à y participer. (Source: art. 12, al. 1 C.t.)

314.9 Nul ne doit user d'intimidation ou de menaces pour amener quiconque à devenir membre, à s'abstenir de devenir membre ou à cesser d'être membre d'une association de salariés. (Source: art. 13 C.t.)

314.10 Aucun employeur, ni aucune personne agissant pour un employeur ou une association d'employeurs ne doit refuser d'employer une personne à cause de l'exercice par cette personne d'un droit qui lui résulte du présent code, ni chercher par intimidation, mesures discriminatoires ou de représailles, menace de renvoi ou autre menace, ou par l'imposition d'une sanction ou par quelque autre moyen à contraindre un salarié à s'abstenir ou à cesser d'exercer un droit du présent code.

Le présent article n'a pas pour effet d'empêcher un employeur de suspendre, congédier ou déplacer un salarié pour une cause juste et suffisante dont la preuve lui incombe. (Source: art. 14 C.t.)

314.11 Lorsqu'un employeur ou une personne agissant pour un employeur ou une association d'employeurs congédie, suspend ou déplace un salarié, exerce à son endroit des mesures discriminatoires ou de représailles, ou lui impose toute autre sanction à cause de l'exercice par ce salarié d'un droit qui lui résulte **du titre 3 « Les associations », le Conseil des relations du travail peut**:

a) ordonner à l'employeur ou à une personne agissant pour un employeur ou une association d'employeurs de réintégrer ce salarié dans son emploi, avec tous ses droits et privilèges, dans les huit jours de la signification de la décision et de lui verser, à titre d'indemnité, l'équivalent du salaire et des autres avantages dont l'a privé le congédiement, la suspension ou le déplacement.

b) ordonner à l'employeur ou à une personne agissant pour un employeur ou une association d'employeurs d'annuler une sanction ou de cesser d'exercer des mesures discriminatoires ou de représailles à l'endroit de ce salarié et de lui verser à titre d'indemnité l'équivalent du salaire et des autres avantages dont l'ont privé la sanction, les mesures discriminatoires ou de représailles.

c) **ordonner, de manière interlocutoire, le maintien à l'emploi du salarié en attendant une décision finale, s'il est d'avis que la mesure a été imposée dans un contexte d'intimidation susceptible d'influencer le libre exercice du droit d'association.** (Source: art. 15 C.t. adapté)

314.12 **La plainte du salarié déposée au Conseil tout comme la procédure, les moyens pour en décider par le Conseil et pour en assurer l'exécution sont soumis, dans la mesure où ils sont respectivement applicables, aux dispositions des articles 231.2 à 231.8.**

314.13 **Toutefois, l'association de salariés à laquelle adhère le salarié visé peut déposer la plainte au Conseil sans avoir à justifier d'une cession de créance de l'intéressé.**

CHAPITRE 320 — L'accréditation

Section 321 — Du droit à l'accréditation

321.1 A droit à l'accréditation, l'association de salariés représentant la majorité absolue des salariés d'un employeur **ou d'un groupe distinct de ses salariés**. (Source: art. 21, al. 1 C.t. adapté)

321.2 Le droit à l'accréditation existe à l'égard de la totalité des salariés de l'employeur ou de chaque groupe desdits salariés qui forme, à ces fins, un groupe distinct suivant **l'accord intervenu entre l'employeur et l'association de salariés si toutefois ce groupe distinct apparaît approprié au Conseil** ou, selon la décision de ce dernier. (Source: art. 21, al. 2 C.t. adapté)

321.3 **Ce groupe distinct ne peut comprendre une personne qui, au jugement du Conseil, est:**

1) employée à titre de gérant, surintendant, contremaître ou représentant de l'employeur dans ses relations avec ses salariés;

2) un administrateur ou officier d'une corporation, sauf si une personne agit à ce titre à l'égard de son employeur après avoir été désignée par les salariés ou une association accréditée;

3) un fonctionnaire du gouvernement dont l'emploi est d'un caractère confidentiel au jugement du **Conseil** ou aux termes d'une entente liant le gouvernement et les associations accréditées conformément au chapitre IV de la Loi sur la fonction publique (L.R.Q., c. F-3.1.1) qui sont parties à une convention collective qui autrement s'appliquerait à ce fonctionnaire, tel est l'emploi d'un conciliateur, d'un médiateur et d'un médiateur-arbitre du ministère du Travail, d'un agent d'accréditation ou d'un commissaire du travail visé dans la présente loi, du commissaire de la construction (L.R.Q., c. R-20), d'un fonctionnaire du Conseil exécutif, du Conseil du trésor, du vérificateur général, de la Commission de la fonction publique, de l'Office des ressources humaines, de l'Institut de recherche et d'information sur la rémunération du cabinet d'un ministre ou d'un sous-ministre ou d'un fonctionnaire qui, dans un ministère ou organisme du gouvernement, fait partie du service du personnel ou d'une direction du personnel ;

4) un substitut permanent du procureur général nommé en vertu de la Loi sur les substituts du procureur général (L.R.Q., c. S-35) ;

5) un membre de la Sûreté du Québec ;

6) un membre du personnel du directeur général des élections ; (1982, c. 54, a. 52)
(Source : art. 1 par. l) C.t.)

321.4 Un seul salarié peut former un groupe aux fins de l'accréditation sauf dans le cas de l'exploitation d'une ferme où le groupe doit être obligatoirement formé d'au moins trois salariés à l'emploi, d'une manière régulière et continuelle, du même employeur. (Source : art. 21, al. 3 et 4 C.t.)

321.5 Les associations qui étaient reconnues par la Commission hydroélectrique du Québec (Hydro-Québec) ou la ville de Montréal le 2 août 1969 pour représenter des groupes de personnes comprenant en totalité ou en partie des gérants, surintendants, contremaîtres ou représentants de leur employeur dans ses relations avec ses salariés et qui, à cette date ou dans l'année précédant cette date, étaient à leur égard parties signataires à une entente collective de travail, sont des associations accréditées à leur égard comme si l'accréditation avait été accordée par un commissaire du travail. (Source : art. 21, al. 5 C.t.)

321.6 Est également éligible à l'accréditation l'association regroupant des entrepreneurs dépendants, soit des personnes qui, de l'avis du Conseil, salariés ou non aux termes d'un contrat de travail et fournissant ou non leurs propres outils, leurs véhicules, leur outillage, leur machinerie, leurs matériaux ou quoi que ce soit, accomplissent un travail pour le compte d'une autre personne ou lui fournissent leurs services en échange d'une rémunération, à des conditions qui les placent dans une situation de dépendance économique à son égard et les obligent à exercer pour elle des fonctions qui s'apparentent davantage aux fonctions d'un salarié qu'à celles d'un entrepreneur indépendant.

321.7 L'association constituée, en tout ou en partie, de sociétaires d'une coopérative destinée à des travaux d'exploitation forestière, a également droit, aux mêmes conditions, à l'accréditation.

321.8 Aux mêmes conditions prévues au présent chapitre et si tous les employeurs visés par une requête y consentent, le Conseil peut accréditer une ou plusieurs associations de salariés accréditées ou demandant à l'être auprès de plusieurs employeurs et telle accréditation a les mêmes effets que si elle est obtenue en vertu de l'article **321.1.**

321.9 Aux fins du présent chapitre et des rapports collectifs de travail qui s'ensuivent, le Conseil saisi d'une requête à cet effet peut, par ordonnance, déclarer que deux employeurs ou plus sont un employeur unique s'il est d'avis que ces employeurs assument en commun le contrôle ou la direction d'établissements ou d'entreprises associés ou connexes.

Le Conseil doit donner auparavant à ces employeurs la possibilité raisonnable de présenter leurs observations sur le sujet.

Section 322 — Procédure d'accréditation

322.1 L'accréditation peut être demandée:

a) en tout temps, à l'égard d'un groupe de salariés qui n'est pas représenté par une association accréditée et qui n'est pas déjà visé en totalité ou en partie par une requête en accréditation;

b) après six mois de l'expiration des délais prévus à l'article 421.1, à l'égard d'un groupe de salariés pour lesquels une convention collective n'a pas été conclue, ou pour lesquels un différend n'a pas été soumis à l'arbitrage ou ne fait pas l'objet d'une grève ou d'un lock-out permis au code ;

c) du quatre-vingt-dixième au soixantième jour prédédant la date d'expiration d'une convention collective ou de son renouvellement ou l'expiration d'une sentence arbitrale en tenant lieu ;

d) après soixante jours de la conclusion d'une convention collective non déposée et tant que ce dépôt n'est pas effectué et cela, à l'égard du groupe de salariés pour lesquels cette convention collective ou ces modifications ont été conclues.

(Source: art. 22 et 72, al. 3 C.t. adaptés)

322.2 L'accréditation est demandée par une association de salariés au moyen d'une requête qui doit être adressée au **Conseil**, accompagnée des formules d'adhésion prévues à l'article 322.10 **ou de copies de ces formules**. Cette requête doit être autorisée par résolution de l'association, signée par ses représentants mandatés, et indiquer le groupe qu'elle veut représenter.

Sur réception de la requête, le **Conseil** en transmet une copie à l'employeur, lequel, dans les cinq jours de sa réception, doit afficher, dans un endroit bien en vue, la liste complète des salariés de l'entreprise visés par la requête avec la mention de la fonction de chacun d'eux et transmettre, en même temps, une copie de cette liste à l'association requérante **et au Conseil**. (Source: art. 25 C.t. adapté)

322.3 Le **Conseil** peut exiger de l'association requérante ou accréditée le dépôt de ses statuts et règlements. (Source: art. 26 C.t.)

322.4 Dès réception de la requête, le **Conseil** en donne avis au moyen d'une inscription dans un registre public tenu à cette fin au bureau du **Conseil** à Québec, si l'entreprise à l'égard de laquelle l'accréditation est demandée est située dans la région de Québec, ou à Montréal, si elle est située dans la région de Montréal. Le **Conseil** doit aussi en mettre une copie à la disposition du public, qui peut la consulter, ainsi que le registre, pendant les heures de bureau. (Source: art. 27, al. 1) C.t.)

322.5 Le dépôt d'une requête à l'égard d'un groupe de salariés qui n'est pas représenté par une association accréditée rend irrecevable une requête déposée à compter du jour qui suit le premier dépôt, à l'égard de la totalité ou d'une partie des salariés visés par la première requête.

Aux fins du premier alinéa, une requête est réputée avoir été déposée au bureau du **Conseil** le jour de sa réception à son bureau.

Si le Conseil repousse cette première requête parce qu'elle lui paraît avoir été présentée pour des fins autres que l'accréditation ou simplement futile, toute autre requête soumise depuis le premier dépôt peut être recevable. (Source: art. 27.1 C.t. adapté)

322.6 Une requête en accréditation ne peut être renouvelée avant trois mois de son rejet par le **Conseil** ou d'un désistement produit par une association requérante sauf s'il s'agit d'une requête irrecevable en vertu de l'article 322.5, d'un désistement produit à la suite d'une fusion de corporations municipales ou scolaires, d'une intégration de personnel dans une communauté urbaine ou de la création d'une commission de transport. (Source: art. 40 C.t.)

322.7 À compter du dépôt d'une requête en accréditation et tant que le droit au lock-out n'est pas acquis ou qu'une sentence arbitrale tenant lieu de convention collective n'est pas intervenue, un employeur ne doit pas modifier les conditions de travail de ses salariés sans le consentement écrit de chaque association requérante et, le cas échéant, de l'association accréditée. **Toute difficulté résultant de l'application de cette règle peut être tranchée par le Conseil et la décision est exécutoire en suivant la procédure prévue à l'article 231.7. Au lieu d'en décider lui-même, le Conseil peut déférer l'affaire à un arbitre de griefs. Dans les autres cas, l'arbitre de griefs peut aussi être saisi de cette mésentente selon l'article 445.3.** (Source: art. 59, al. 1 C.t.)

322.8 **Le Conseil peut décider, après enquête tenue, s'il le croit approprié, en présence de toute association en cause et de l'employeur**, de toute question relative à l'unité de négociation et aux personnes qu'elle vise; il peut à cette fin modifier l'unité proposée par l'association requérante.

Sont seuls considérés parties intéressées quant au caractère représentatif d'une association de salariés, tout salarié compris dans l'unité de négociation, l'association **accréditée et les associations de salariés requérantes**. (Source: art. 32 C.t.)

322.9 Aux fins de l'établissement du caractère représentatif d'une association de salariés ou de la vérification du caractère représentatif d'une association accréditée, une personne est reconnue membre de cette association lorsqu'elle satisfait aux conditions suivantes:

a) elle est un salarié compris dans l'unité de négociation visée par la requête;

b) elle a signé une formule d'adhésion dûment datée et qui n'a pas été révoquée avant le dépôt de la requête en accréditation ou la demande de vérification du caractère représentatif;

c) elle a payé personnellement, à titre de cotisation syndicale, une somme d'au moins 2 $ dans les douze mois précédant soit la demande de vérification du caractère représentatif, soit le dépôt de la requête en accréditation ou sa mise à la poste par courrier recommandé ou certifié;

d) elle a rempli les conditions prévues aux paragraphes a) à c) soit le ou avant le jour de la demande de vérification du caractère représentatif, soit le ou avant le jour du dépôt de la requête en accréditation ou de sa mise à la poste par courrier recommandé ou certifié.

Le Conseil ne doit tenir compte d'aucune autre condition exigible selon les statuts ou règlements de cette association de salariés. (Source: art. 36.1 C.t.)

322.10 De plein droit et en tout temps sur requête d'une partie intéressée, **le Conseil** peut décider si une personne est un salarié ou un membre de l'association, si elle est comprise dans l'unité de négociation, et toutes autres questions relatives à l'accréditation. (Source: art. 39 C.t.)

322.11 L'appartenance d'une personne à une association de salariés ne doit être révélée par quiconque **notamment** au cours de la procédure d'accréditation ou de révocation d'accréditation sauf au **Conseil** ou au juge d'un tribunal saisi d'un recours prévu au titre VI du livre V du Code de procédure civile (L.R.Q., c. C-25) relatif à **toute affaire**. Ces personnes ainsi que toute autre personne qui prend connaissance de cette appartenance sont tenues au secret. (Source: art. 36 C.t.)

322.12 Le **Conseil** doit décider du caractère représentatif de l'association requérante par tout moyen d'enquête qu'il juge opportun et notamment par le calcul des effectifs de l'association requérante ou par la tenue d'un vote au scrutin secret. (Source: art. 32, al. 2 C.t.)

322.13 **Le Conseil** doit ordonner, **dans les cinq jours**, un vote au scrutin secret chaque fois **qu'il constate** qu'une association requérante groupe entre 35 % et 50 % des salariés dans l'unité de négociation appropriée. Seules peuvent briguer les suffrages l'association ou les associations requérantes qui groupent chacune au moins 35 % des salariés visés.

Le présent article ne s'applique pas si l'une des associations groupe la majorité absolue des salariés. (Source : art. 37 C.t.)

322.14 **Dans tous les cas où il y a déjà une association accréditée et que l'association de salariés requérante établit prima facie qu'elle représente la majorité des salariés du même groupe distinct, le Conseil doit ordonner, sans délai, un vote au scrutin secret.**

322.15 Lorsqu'un vote au scrutin secret ordonné en vertu de la présente section met en présence deux associations de salariés, **par ailleurs admissibles, le Conseil** accrédite celle qui a obtenu le plus grand nombre de voix si les deux associations obtiennent ensemble la majorité absolue des voix des salariés qui ont droit de vote.

Si un vote au scrutin secret ordonné en vertu de la présente section met en présence plus de deux associations de salariés et qu'elles obtiennent ensemble la majorité absolue des voix des salariés qui ont droit de vote sans que l'une d'elle n'obtienne la majorité absolue, **le Conseil** doit ordonner la tenue d'un nouveau vote au scrutin secret sans la participation de celle qui a obtenu le plus petit nombre de voix. (Source : art. 37.1 C.t.)

322.16 Tout employeur est tenu de faciliter la tenue du scrutin et tout salarié faisant partie d'un groupe désigné **par le Conseil** est tenu de voter, à moins d'une excuse légitime. (Source : art. 38 C.t.)

322.17 **Le Conseil peut d'office et en tout temps soulever le non-respect de l'article 314.8 et il ne peut accorder l'accréditation s'il estime que l'article 314.8 n'a pas été respecté.** (Source : art. 31, al. 2 et 3 C.t.)

322.18 **Lorsqu'un employeur ou une personne agissant pour un employeur ou une association d'employeurs contrevient au présent code de manière à ce qu'il soit peu probable que la volonté des salariés d'un employeur se manifeste librement et que, de l'avis du Conseil, une**

association de salariés a l'appui de 35 % ou plus des salariés afin de
négocier une convention collective pour une unité de négociation que
le Conseil juge appropriée selon les dispositions du présent code, il
peut, à la demande de l'association de salariés requérante, l'accréditer pour représenter l'ensemble des salariés compris dans cette unité.

322.19 Sitôt l'enquête terminée ou au plus tard dans les cinq jours suivants, **le
Conseil** doit rendre sa décision à l'effet d'accorder ou de refuser l'accré-
ditation et, le cas échéant, décrire l'unité de négociation appropriée.
(Source: art. 34 C.t.)

Section 323 — Effets et suites de l'accréditation

323.1 **Par son accréditation, l'association de salariés devient auprès de
l'employeur le représentant exclusif de l'ensemble des salariés du
groupe visé.** (Source: art. 1, par. b) C.t. adapté)

323.2 L'accréditation d'une association de salariés annule de plein droit l'accréditation de toute autre association pour le groupe visé par la nouvelle
accréditation, empêche le renouvellement de toute convention collective
conclue par l'association privée de son accréditation et emporte aussi de
plein droit, pour cette dernière, la déchéance des droits et avantages lui
résultant de cette convention collective. (Source: art. 43 et 44 C.t.
adaptés)

323.3 Une association accréditée est subrogée de plein droit dans tous les droits
et obligations résultant d'une convention collective en vigueur conclue
par une autre association; cependant, elle peut y mettre fin ou la déclarer
non avenue par avis écrit transmis à l'employeur et au **Conseil**. (Source:
art. 61 C.t.)

323.4 Dans le cas d'une exploitation forestière, une association accréditée est
subrogée de plein droit dans tous les droits et obligations résultant d'une
convention collective en vigueur conclue par une autre association, y
compris le précompte des cotisations syndicales. Cependant, elle ne peut
mettre fin à cette convention collective ou la déclarer non avenue.
(Source: art. 61.1 C.t.)

323.5 **Pour la durée de l'accréditation**, l'employeur doit retenir sur le salaire de tout salarié qui est membre de l'association accréditée le montant spécifié par cette association à titre de cotisation.

L'employeur doit de plus retenir sur le salaire de tout autre salarié faisant partie de l'unité de négociation pour laquelle cette association **est** accréditée, un montant égal à celui prévu au premier alinéa.

L'employeur est tenu de remettre mensuellement à l'association accréditée les montants ainsi retenus avec un état indiquant le montant prélevé de chaque salarié et le nom de celui-ci. (Source: art. 47 C.t.)

323.6 L'aliénation ou la concession totale ou partielle d'une entreprise autrement que par vente en justice n'invalide aucune accréditation accordée en vertu du présent code, aucune convention collective, ni aucune procédure en vue de l'obtention d'une accréditation ou de la conclusion ou de l'exécution d'une convention collective.

Sans égard à la division, à la fusion ou au changement de structure juridique de l'entreprise, le nouvel employeur est lié par l'accréditation ou la convention collective comme s'il y était nommé et devient par le fait même partie à toute procédure s'y rapportant, aux lieu et place de l'employeur précédent. (Source: art. 45 C.t.)

323.7 **Le Conseil** peut rendre toute ordonnance jugée nécessaire pour constater la transmission de droits et d'obligations visée à l'article 323.6 et régler toute difficulté découlant de l'application dudit article. (Source: art. 46 C.t.)

323.8 **Le Conseil** peut, au temps fixé au paragraphe b) ou c) de l'article 322.1 et, le cas échéant, à l'article [111.3 C.t.] révoquer l'accréditation d'une association qui:

a) a cessé d'exister, ou

b) ne groupe plus la majorité absolue des salariés qui font partie de l'unité de négociation pour laquelle elle a été accréditée.

Malgré le deuxième alinéa de l'article 322.8, un employeur peut, dans le délai prévu à l'alinéa précédent, demander **au Conseil** de vérifier si l'association existe encore ou si elle représente encore la majorité absolue des salariés qui font partie de l'unité de négociation pour laquelle elle a été accréditée.

Si le Conseil charge une personne de vérifier le caractère représentatif de l'association, une copie de son rapport **est expédiée** au requérant, à l'association et à l'employeur. Ceux-ci peuvent contester ce rapport en exposant par écrit leurs motifs au **Conseil** dans les dix jours de la réception du rapport, à défaut de quoi une décision peut être rendue sans convoquer les parties en audition. (Source: art. 41 C.t. adapté)

CHAPITRE 330 — Statut, droits et obligations du syndicat accrédité

Section 331 — Participation des syndiqués

331.1 **Toute élection à une fonction au sein d'une association accréditée** doit se faire au scrutin secret conformément aux statuts ou règlements de l'association.

À défaut de dispositions dans les statuts ou règlements de l'association prévoyant que l'élection doit se faire au scrutin secret, celle-ci doit avoir lieu au scrutin secret des membres de l'association aux intervalles prévus dans les statuts ou règlements ou, à défaut, tous les ans. (Source: art. 20.1 C.t.)

331.2 Une grève ne peut être déclarée qu'après avoir été autorisée au scrutin secret par un vote majoritaire des membres de l'association accréditée qui sont compris dans l'unité de négociation et qui exercent leur droit de vote.

L'association doit prendre les moyens nécessaires, compte tenu des circonstances, pour informer ses membres, au moins quarante-huit heures à l'avance, de la tenue du scrutin.

Si l'association est autorisée à déclarer la grève, elle doit en informer, par écrit, **le Conseil** dans les quarante-huit heures qui suivent le scrutin **et ce dernier en informe le ministre.** (Source: art. 20.2 C.t.)

331.3 La signature d'une convention collective ne peut avoir lieu qu'après avoir été autorisée au scrutin secret par un vote majoritaire des membres de l'association accréditée qui sont compris dans l'unité de négociation et qui exercent leur droit de vote. (Source: art. 20.3 C.t.)

331.4   Les statuts ou règlements d'une association accréditée peuvent comporter des exigences supérieures à celles édictées aux articles 331.1 à 331.3. (Source : art. 20.5 C.t. adapté)

331.5   L'inobservation des articles 331.2 et 331.3 ne donne ouverture qu'à l'application du titre 8. Pour l'application de la section 331, « **Participation des syndiqués** », seuls un membre de l'association accréditée compris dans l'unité de négociation et le procureur général sont considérés comme parties intéressées aux fins de l'article 810.9. (Source : art. 20.4 C.t.)

Section 332 — Obligations du syndicat accrédité à l'endroit des salariés

332.1   Une association accréditée doit divulguer, chaque année, à ses membres ses états financiers. Elle doit aussi remettre gratuitement au membre qui en fait la demande une copie de ces états financiers. (Source : art. 47.1 C.t.)

332.2   Une association accréditée ne doit pas agir de mauvaise foi ou de manière arbitraire ou discriminatoire, ni faire preuve de négligence grave à l'endroit des salariés compris dans une unité de négociation qu'elle représente, peu importe qu'ils soient membres ou non. (Source : art. 47.2 C.t.)

332.3   Si un salarié qui a subi un renvoi ou une sanction disciplinaire croit que l'association accréditée viole à cette occasion l'article 332.2, il doit, s'il veut se prévaloir de cet article, porter plainte par écrit **au Conseil des relations du travail** dans les six mois. Ce dernier nomme un **médiateur** qui tente de régler la plainte à la satisfaction de l'intéressé et de l'association accréditée et fait rapport. (Source : art. 47.3 C.t. adapté)

332.4   Si aucun règlement n'intervient dans les trente jours de la nomination du médiateur ou si l'association ne donne pas suite à l'entente, le salarié doit, s'il veut se prévaloir de l'article 332.2, faire une requête au tribunal dans les quinze jours **suivant la réception du rapport du médiateur** et demander à ce tribunal d'ordonner que sa réclamation soit déférée à l'arbitrage. (Source : art. 47.4 C.t. adapté)

332.5 Si le tribunal estime que l'association a violé l'article 332.2, il peut autoriser le salarié à soumettre sa réclamation à un arbitre nommé par le ministre pour décision selon la convention collective comme s'il s'agissait d'un grief. Le chapitre 440 s'applique, **mutatis mutandis**. L'association **qui a violé l'article 332.2** paie les frais encourus par le salarié **depuis la plainte.**

À la même condition préalable et sauf si les deux parties à la convention s'y opposent, le tribunal peut décider de trancher directement la réclamation. À cette fin, il entend les parties et le plaignant au lieu et place de l'arbitre.

Le tribunal peut, en outre, rendre toute autre ordonnance qu'il juge nécessaire dans les circonstances. (Source: art. 47.5 C.t.)

332.6 Si la réclamation est déférée à un arbitre **ou si le tribunal s'en saisit**, l'employeur ne peut opposer l'inobservation par l'association de la procédure et des délais prévus à la convention collective pour le règlement des griefs. (Source: art. 47.6 C.t.)

CHAPITRE 340 — Associations d'employeurs

340.1 Tout employeur a droit d'appartenir à une association d'employeurs de son choix et de participer à la formation de cette association, à ses activités et à son administration. (Source: art. 10 C.t.)

340.2 **Toute association d'employeurs peut se constituer en association professionnelle en appliquant, mutatis mutandis, les conditions édictées à la section 312.**

340.3 Une corporation scolaire peut donner à une commission scolaire régionale ou à une association de corporations scolaires un mandat exclusif pour les fins du **titre 4.**

Ce mandat n'est révocable qu'au temps fixé par l'article 322.1 pour une demande d'accréditation.

Il appartient **au Conseil des relations du travail** de statuer sur la validité de ce mandat.

Tant qu'il est en vigueur, les obligations prévues aux articles **411.5 et 412.3** incombent exclusivement au mandataire, cependant celui-ci ne peut contraindre une association de salariés à négocier une convention collective qui s'applique à un territoire excédant celui d'une commission scolaire régionale. (Source : art. 11 C.t.)

340.4 Nul ne doit user d'intimidation ou de menaces pour amener quiconque à devenir membre, à s'abstenir de devenir membre ou à cesser d'être membre d'une association d'employeurs. (Source : art. 13 C.t.)

340.5 **Pour les fins des titres 3 et 4**, le concessionnaire forestier est réputé employeur de tous les salariés employés à l'exploitation forestière de ses terres sauf ceux qui sont employés au transport routier.

Le **Conseil** peut cependant reconnaître une association d'employeurs comme représentant de tous les employeurs faisant l'exploitation forestière des terres d'un concessionnaire forestier ou d'une partie déterminée de ces terres ; cette association est alors réputée employeur de la façon ci-dessus indiquée. (Source : art. 2, al. 1 et 2 C.t. adapté)

340.6 **Par voie de déclaration conjointe présentée au Conseil, des employeurs peuvent convenir de négocier ensemble les conditions de travail de leurs salariés respectifs lorsqu'une même association de salariés est accréditée pour chacun de ces groupes distincts ou que tous les syndicats accrédités visés y consentent.**

Le constat qu'en donne le Conseil permet à ces employeurs de négocier collectivement les conditions de travail selon le titre 4 et le dépôt de la convention collective qui en résulte lie chacun des employeurs et des syndicats accrédités visés comme si chacun d'eux l'avait signée et déposée.

Le constat du Conseil doit être renouvelé, avec ou sans modification, avant d'entreprendre à nouveau la négociation des conditions de travail selon l'article 411.1.

TITRE 4 — RAPPORTS COLLECTIFS DU TRAVAIL

CHAPITRE 410 — Négociation collective du travail

Section 411 — Négociation directe

411.1 L'association accréditée donne à l'employeur, ou celui-ci donne à l'association accréditée, un avis écrit d'au moins huit jours de la date, de l'heure et du lieu où ses représentants seront prêts à rencontrer l'autre partie ou ses représentants pour la conclusion d'une convention collective.

L'association accréditée ou l'employeur peut donner cet avis dans les quatre-vingt-dix jours précédant l'expiration de la convention, à moins qu'un délai autre n'y soit prévu.

L'association accréditée ou l'employeur peut donner cet avis dans les quatre-vingt-dix jours précédant l'expiration d'une sentence arbitrale tenant lieu de convention collective. (Source: art. 52 C.t.)

411.2 La partie qui donne un avis en vertu de l'article **411.1** doit en envoyer une copie au ministre le même jour. Ce dernier informe sans délai les deux parties de la date où il a reçu une copie de cet avis. (Source: art. 52.1 C.t.)

411.3 Si aucun avis n'est donné suivant l'article **411.1**, l'avis prévu audit article est réputé avoir été donné le jour de l'expiration de la convention collective ou de la sentence arbitrale en tenant lieu.

Si l'association de salariés nouvellement accréditée n'a pas donné un semblable avis, l'avis est réputé avoir été donné quatre-vingt-dix jours après la date de l'obtention de l'accréditation.

Copie de l'avis est réputée avoir été reçue par le ministre le même jour où l'avis est réputé avoir été donné. (Source: art. 52.2 , al. 1, 2 et 3 C.t.)

411.4 La phase de **la** négociation **collective** commence à compter du moment où l'avis a été donné suivant l'article **411.1** ou est réputé avoir été donné suivant l'article **411.3**. (Source: art. 53, al. 1 C.t.)

411.5 **La** négociation **collective** doit commencer et se poursuivre avec diligence et bonne foi **jusqu'à sa phase terminale.** (Source: art. 53, al. 2 C.t.)

411.6   L'employeur ou l'association accréditée ne peut refuser de négocier ou retarder la négociation au seul motif qu'il y a désaccord entre les parties sur les personnes visées par l'accréditation. (Source: art. 53.1. C.t.)

Section 412 — Conciliation

412.1   À toute phase de la négociation **collective**, l'une ou l'autre des parties peut demander au ministre de désigner un conciliateur pour les aider à effectuer une entente.

Avis de cette demande doit être donné le même jour à l'autre partie.

Sur réception de cette demande, le ministre doit désigner un conciliateur. (Source: art. 54 C.t.)

412.2   À toute phase de **la** négociation **collective**, le ministre peut, d'office, désigner un conciliateur, il doit alors informer les parties de cette nomination. (Source: art. 55 C.t.)

412.3   Les parties sont tenues d'assister à toute réunion où le conciliateur les convoque. (Source: art. 56, C.t.)

412.4   Le conciliateur fait rapport au ministre à la demande de ce dernier. (Source: art. 57 C.t.)

412.5   Un conciliateur ne peut être contraint de divulguer ce qui lui a été révélé ou ce dont il a eu connaissance dans l'exercice de ses fonctions ni de produire un document fait ou obtenu **en ces occasions** devant **tout** tribunal **judiciaire ou le Conseil**, ou un arbitre ou devant un organisme ou une personne exerçant des fonctions judiciaires ou quasi judiciaires. (Source: art. 57.1 C.t.)

412.6   En tout temps, le ministre peut aussi désigner une personne pour favoriser l'établissement ou le maintien de bonnes relations entre un employeur et ses salariés ou l'association qui les représente **ou pour les aider à trouver une solution à une mésentente.**
(Source: art. 15, L.M.T. adapté)

Dans tous les cas où il le juge utile, le ministre peut charger cette personne de joindre à son rapport des recommandations.

412.7   Le ministre peut, s'il l'estime utile, transmettre aux parties les rapports requis.

Section 413 — Changement technologique

413.1   Lorsqu'un employeur entend modifier les procédés actuels de production de biens ou de services par l'usage de nouveaux équipements, outillages, matériaux, techniques ou de nouvelles méthodes de travail ou de contrôle et qui sont susceptibles de changer les conditions de travail ou la sécurité d'emploi, il doit en donner un préavis écrit de 120 jours à l'association accréditée visée.

413.2   L'employeur n'est pas tenu de donner ce préavis lorsque la convention collective prévoit déjà un mécanisme spécifique auquel on peut recourir pour négocier et régler définitivement pendant sa durée les questions relatives aux conditions de travail ou à la sécurité d'emploi qui seront vraisemblablement modifiées par un changement technologique.

Ce préavis n'est pas davantage requis si l'employeur a expressément donné un préavis sensiblement conforme à l'article 413.3 dans le délai prévu pour servir l'avis de négociation prévu à l'article 411.1.

413.3   Le préavis de 120 jours que doit donner l'employeur selon l'article 413.1 doit comprendre les données suivantes:

— une description de la modification envisagée;

— la date à partir de laquelle ces changements sont susceptibles d'être apportés et la période nécessaire à la réalisation du projet;

— le nombre approximatif de salariés susceptibles d'en être affectés et les catégories d'emplois;

— les effets possibles de ces changements relatifs aux conditions de travail et à la sécurité d'emploi des salariés visés;

— toutes autres données exigées par voie de règlement d'application.

413.4 Sur réception de ce préavis, l'association accréditée peut exiger de l'employeur les informations complémentaires suivantes:

— une description détaillée de la nature des changements proposés;

— le nom des salariés qui peuvent être affectés en premier lieu par ces changements;

— les raisons qui justifient ces changements.

413.5 Dans les trente jours de la réception du préavis exigible selon l'article 413.1, l'association accréditée peut demander au Conseil d'ordonner à l'employeur d'engager la négociation d'une révision de la convention collective comme si une clause le permettait au sens de l'article 421.3. Sous réserve des conditions et limites particulières que peut imposer le Conseil, l'ordonnance a l'effet de l'avis de négociation donné selon l'article 411.1.

Sous cette même réserve, cette négociation porte soit sur la révision de la convention collective quant à ses dispositions relatives aux conditions de travail ou à la sécurité d'emploi, soit sur l'insertion dans la convention collective de nouvelles dispositions concernant ces questions, afin d'aider les employés touchés par le changement technologique à s'adapter aux effets de ce changement. Les dispositions ainsi convenues sont consignées sous forme d'annexe à la convention collective.

413.6 Le Conseil émet, aux conditions et limites qu'il estime nécessaires, l'ordonnance demandée selon l'article 413.5 s'il est d'avis que les changements proposés sont vraisemblablement susceptibles de modifier notablement et défavorablement les conditions de travail et la sécurité d'emploi d'un nombre appréciable de salariés.

Cette ordonnance ne limite pas les autres pouvoirs du Conseil et notamment ceux qui lui sont conférés à l'article 732.12.

413.7 À la demande de l'une ou l'autre partie à la convention collective, le Conseil peut décider, en tout temps, si, en l'occurrence, il s'agit des situations visées aux articles 413.1 et 413.2.

CHAPITRE 420 — Usage de moyens de pression

Section 421 — Droit de grève

421.1   La grève est interdite tant qu'une association des salariés en cause n'a pas
été accréditée et n'y a pas acquis droit suivant l'article **421.5**. (Source:
art. 106 C.t.)

421.2   Toute grève est interdite en toute circonstance aux policiers et pompiers à
l'emploi d'une corporation municipale ou d'une régie intermunicipale.
(Source: art. 105 C.t.)

421.3   **Sous réserve de l'article 413.4,** la grève est prohibée pendant la durée
d'une convention collective, à moins que celle-ci ne renferme une clause
en permettant la révision par les parties et que les conditions prescrites à
l'article **421.1** n'aient été observées. (Source: art. 107 C.t.)

421.4   Pendant la période visée à l'article **322.7**, il est interdit de conseiller ou
d'enjoindre à des salariés de ne pas continuer à fournir leurs services à
leur employeur aux mêmes conditions de travail. (Source: art. 60 C.t.)

421.5   Le droit à la grève ou au lock-out est acquis quatre-vingt-dix jours après
la réception par le ministre de la copie de l'avis qui lui a été transmise
suivant l'article **411.2** ou qu'il est réputé avoir reçue suivant l'article
411.3, à moins qu'une convention collective ne soit intervenue entre les
parties ou à moins que celles-ci ne décident d'un commun accord de
soumettre leur différend à un arbitre. (Source: art. 58 C.t.)

421.6   Nulle association de salariés ou personne agissant dans l'intérêt d'une
telle association ou d'un groupe de salariés ne doit ordonner, encourager
ou appuyer un ralentissement d'activités destiné à limiter la production.
(Source: art. 108 C.t.)

421.7   Sous réserve de l'article [111.0.24 C.t.], une association accréditée d'un
service public peut déclarer une grève pourvu qu'elle en ait acquis le droit
suivant l'article **421.**5 et qu'elle ait donné par écrit au ministre et à
l'employeur ainsi qu'au Conseil **des services essentiels**, s'il s'agit d'un
service public visé dans un décret pris en vertu de l'article [111.0.17
C.t.], un avis préalable d'au moins sept jours juridiques francs indiquant
le moment où elle entend recourir à la grève.

Cet avis de grève ne peut être renouvelé qu'après le jour indiqué dans
l'avis précédent comme moment où l'association accréditée entendait
recourir à la grève.

Dans le cas d'un service public visé dans un décret pris en vertu de
l'article [111.0.17 C.t.], la grève ne peut être déclarée par une association accréditée à moins qu'une entente n'ait été transmise au Conseil **des
services essentiels** depuis au moins sept jours ou qu'une liste ne lui ait
été transmise ainsi qu'à l'employeur dans le même délai.

Le délai visé au troisième alinéa est calculé sans égard à l'application du
quatrième alinéa de l'article [111.0.18 C.t.]

À moins d'entente entre les parties, l'employeur ne doit pas modifier les
conditions de travail des salariés qui rendent les services essentiels.
(Source: art. 111.0.23 C.t.)

Section 422 — Droit au lock-out

422.1   **L'employeur obtient le droit au lock-out lorsque l'association accréditée de ses salariés acquiert le droit de grève selon l'article 421.5.**
(Source: art. 109 C.t.)

422.2   **Malgré l'expiration de la convention collective et tant que le droit au
lock-out n'est pas acquis ou qu'une sentence arbitrale de différend
tenant lieu de convention collective n'est pas intervenue, l'employeur
ne doit pas modifier les conditions de travail de ses salariés sans le
consentement écrit de l'association accréditée.** (Source: art. 59, al. 2
C.t. adapté)

422.3   **Le lock-out est interdit dans un service public visé dans un décret
pris en vertu de l'article [111.0.17 C.t.].** (Source: art. 111.0.26 C.t.)

Section 423 — Exercice du droit de grève et de lock-out

423.1   Pendant la durée d'une grève déclarée conformément au présent code ou d'un lock-out, il est interdit à un employeur :

a) d'utiliser les services d'une personne pour remplir les fonctions d'un salarié faisant partie de l'unité de négociation en grève ou en lock-out lorsque cette personne a été embauchée entre le jour où la phase des négociations commence et la fin de la grève ou du lock-out ;

b) d'utiliser, dans l'établissement où la grève ou lock-out a été déclaré, les services d'une personne à l'emploi d'un autre employeur ou ceux d'un entrepreneur pour remplir les fonctions d'un salarié faisant partie de l'unité de négociation en grève ou en lock-out ;

c) d'utiliser, dans l'établissement où la grève ou le lock-out a été déclaré, les services d'un salarié qui fait partie de l'unité de négociation alors en grève ou en lock-out à moins :

i) qu'une entente ne soit intervenue à cet effet entre les parties et dans la mesure où elle y pourvoit et que, dans le cas d'un établissement visé à l'article [111.2 C.t.] cette entente ait été approuvée par le Conseil des services essentiels ;

ii) **que, dans un service public, une liste n'ait été transmise ou dans le cas d'un établissement visé à l'article [111.2 C.t.] n'ait été approuvée en vertu du chapitre 650 dans la mesure où elle y pourvoit ;**

iii) **que, dans les services publics,** un décret n'ait été pris par le gouvernement en vertu des articles [111.0.24 C.t.] ;

d) d'utiliser dans un autre de ses établissements, les services d'un salarié qui fait partie de l'unité de négociation alors en grève ou en lock-out ;

e) d'utiliser, dans l'établissement où la grève ou le lock-out a été déclaré, les services d'un salarié qu'il emploie dans un autre établissement ;

f) d'utiliser, dans l'établissement où la grève ou le lock-out a été déclaré, les services d'une personne autre qu'un salarié qu'il emploie dans un autre établissement sauf lorsque des salariés de ce dernier établissement font partie de l'unité de négociation alors en grève ou en lock-out ;

g) d'utiliser, dans l'établissement où la grève ou le lock-out a été déclaré, les services d'un salarié qu'il emploie dans cet établissement pour remplir les fonctions d'un salarié faisant partie de l'unité de négociation en grève ou en lock-out.

(Source : art. 109.1 amendé selon L.Q. 85, c-12)

423.2   Au cas de violation par l'association accréditée ou les salariés qu'elle représente, d'une entente, d'une liste ou d'un décret visés aux sous-paragraphes i, ii ou iii du paragraphe c) de l'article **423.1**, l'employeur est exempté de l'application de l'article **423.1** dans la mesure où cela est nécessaire pour assurer le respect de l'entente, de la liste ou du décret qui a été violé. (Source; art. 109.2 C.t.)

423.3   L'application de l'article **423.1** ne peut avoir pour effet d'empêcher un employeur de prendre, le cas échéant, les moyens nécessaires pour éviter la destruction ou la détérioration grave de ses biens meubles ou immeubles.

Ces moyens doivent être exclusivement des moyens de conservation et non des moyens visant à permettre la continuation de la production de biens ou services que l'article **423.1** ne permettrait pas autrement. (Source: art. 109.3 C.t.)

423.4   Sur demande, le **Conseil** peut vérifier si les articles **423.1**, **423.2 ou 423.3** sont respectés.

Il peut visiter les lieux de travail et se faire accompagner d'une personne désignée pas l'association accréditée, d'une personne désignée par l'employeur ainsi que de toute autre personne dont il juge la présence nécessaire aux fins de son enquête.

Sitôt **sa vérification** terminée, **le Conseil** envoie une copie de **ses constats et, s'il y a lieu, de ses conclusions** aux parties. (Source: art. 109.4 C.t. adapté)

423.5   **Dans le but d'assurer le respect des différents droits des personnes en présence, le Conseil peut établir, à la demande d'une partie et par voie d'ordonnance, après l'enquête qu'il estime nécessaire dans les circonstances, des modalités d'exercice du piquetage par les membres d'une association de salariés à l'occasion d'une grève ou d'un lock-out et, au besoin, préciser notamment:**

  i) le nombre de piquets qui peuvent ainsi manifester à la fois et en un même lieu;

  ii) la localisation du lieu où ces piquets peuvent manifester et qui peut se situer soit près de l'établissement ou de l'entreprise en grève ou en lock-out, soit près d'un autre établissement ou du siège social de l'employeur visé ou, encore, soit près d'un lieu de

travail d'un autre employeur qui, de l'avis du Conseil, exerce certaines activités de fabrication, de fourniture de biens ou de services, de distribution, d'achat ou de vente qu'il ne ferait pas n'eut été cette grève ou ce lock-out.

S'il s'oppose à la requête pour l'émission de cette ordonnance ou s'il demande sa révision, il incombe à cet autre employeur d'établir, à la satisfaction du Conseil, qu'il ne se trouve pas en pareille situation de soutien ou de relève de l'employeur où a lieu la grève ou le lock-out.

423.6　Le piquetage réalisé conformément à l'ordonnance du Conseil ne peut donner prise, sous ce seul chef, à aucun recours ou poursuite, de quelque nature, contre ce syndicat accrédité et ses membres qui ont ainsi exercé leur droit.

Section 424 — Effets de la grève ou du lock-out

424.1　Personne ne cesse d'être salarié pour l'unique raison qu'il a cessé de travailler par suite de grève ou lock-out.

Rien dans le présent code n'empêche une interruption de travail qui ne constitue pas une grève ou un lock-out. (Source: art. 110 C.t.)

424.2　À la fin d'une grève ou d'un lock-out, tout salarié qui a fait grève ou a été lock-outé a le droit de recouvrer son emploi de préférence à toute autre personne, à moins que l'employeur n'ait une cause juste et suffisante, dont la preuve lui incombe, de ne pas rappeler ce salarié.

Une mésentente entre l'employeur et l'association accréditée relative au non-rappel au travail d'un salarié qui a fait grève ou qui a été lock-outé doit être déférée à l'arbitre comme s'il s'agissait d'un grief dans les six mois de la date où le salarié aurait dû recouvrer son emploi.

Les articles **332.2 à 332.6 et les sections 441 et 445** s'appliquent. (Source: art. 110.1 C.t.)

CHAPITRE 430 — Convention collective

Section 431 — Formation de la convention collective

431.1 La convention collective peut contenir toute disposition relative aux conditions de travail qui n'est pas contraire à l'ordre public ni prohibée par la loi. (Source : art. 62 C.t.)

431.2 **Les parties peuvent notamment préciser à la convention collective que les conditions de travail qui y sont contenues continuent de s'appliquer jusqu'à la signature d'une nouvelle convention.** (Source : art. 59, al. 3 C.t.)

431.3 Une convention collective n'est pas invalidée par la nullité d'une ou plusieurs de ses clauses. (Source : art. 64 C.t.)

431.4 La durée d'une convention collective est d'au moins un an et d'au plus trois ans. (Source : art. 65 C.t.)

431.5 Est présumée en vigueur pour la durée d'une année, la convention ne comportant pas de terme fixe et certain.

En tout temps, le **Conseil** peut, sur simple demande de tout intéressé, déterminer la date d'expiration de la convention collective lorsque la fin du terme n'y est pas clairement indiquée. (Source : art. 66 et 52.2, al. 4 C.t.)

431.6 L'association accréditée et l'employeur ne doivent conclure qu'une seule convention collective à l'égard du groupe de salariés visé par l'accréditation. (Source : art. 67, al. 2 C.t.)

Section 432 — Différents types de conventions collectives

432.1 La convention collective conclue par une association d'employeurs lie tous les employeurs membres de cette association auxquels elle est susceptible de s'appliquer, y compris ceux qui y adhèrent par la suite.

Il en est ainsi de la convention collective conclue par un ensemble d'employeurs et de syndicats accrédités en la manière prévue à l'article 340.6.

L'employeur membre d'une association d'employeurs signataire d'une convention collective est lié par cette dernière pour toute sa durée. L'employeur membre peut cependant cesser d'être lié par son association si, dans un délai de 90 jours précédant l'expiration de la convention collective, il donne à son association un avis écrit de son retrait d'adhésion qui prendra effet au terme de la convention collective. (Source: art. 68, al. 1 C.t., adapté)

432.2   La convention collective conclue par une association de corporations scolaires ne lie que celles qui lui ont donné le mandat exclusif prévu à l'article **340.3**. (Source: art. 68, al. 2 C.t.)

432.3   **Toute entente collective de travail intervenue entre un ou plusieurs employeurs ou une association d'employeurs d'une part, et d'autre part, une association de salariés ou une association de travailleurs qui ne sont pas salariés au sens du code lie les signataires et les membres respectifs de ces associations.**

Une telle entente collective ne confère d'aucune manière quelques attributs rattachés à l'accréditation. Cependant, toute mésentente relative à sa violation ou à son interprétation et application peut être soumise à l'arbitrage si les parties en ont convenu ainsi à l'entente collective et si cette dernière est déposée en la manière prévue à l'article 433.1. À ces conditions, les dispositions des sections 441 « Arbitrage » et 445 « Arbitrage des griefs » s'appliquent dans la mesure où elles sont conciliables et non expressément écartées à l'entente collective.

432.4   **La convention collective conclue par un employeur et une association de salariés accréditée et celle visée aux articles 340.6, 432.1 ou l'entente collective visée à 432.3 et à 432.5 peuvent aussi servir de base à une extension juridique selon la section 612 « Procédure d'extension ».**

432.5   **Une ou plusieurs associations de salariés peuvent entreprendre, avec des employeurs ou leur association, et sur une base volontaire, la négociation d'une entente collective devant servir de base à un décret de convention.**

Dès qu'une telle négociation collective volontaire est entamée, le ministre offre, au besoin, les services de conciliation ou de médiation aux parties.

Les parties peuvent convenir que leur entente collective ne les lie qu'à compter de son extension.

Section 433 — Effets de la convention collective

433.1 Une convention collective **et ses annexes** ne prennent effet qu'à compter du dépôt au Conseil de cinq exemplaires ou copies conformes aux originales **et rédigées dans la langue officielle**, de cette convention collective et de ses annexes. Il en est de même de toute modification apportée par la suite à cette convention collective **et annexes**.

À moins d'indication contraire à la convention collective, ce dépôt a un effet rétroactif à la date prévue à la convention collective pour son entrée en vigueur ou, à défaut, à la date de la signature de la convention collective.

La partie qui fait ce dépôt doit indiquer le nombre de salariés régis par la convention collective et se conformer aux autres dispositions règlementaires établies à cet effet en vertu de **la section 762 (Autres règlements)**.

L'entente collective prévue à l'article 432.3 est déposée en suivant les modalités ci-dessus. (Source : art. 73, al. 1, 2 et 4 C.t. et art. 43 Charte de la langue française)

433.2 La convention collective lie tous les salariés actuels ou futurs visés par l'accréditation. (Source : art. 67, al. 1) C.t.)

433.3 **Toute condition de travail à la convention collective supérieure et plus favorable aux salariés doit prévaloir sur toute autre norme ou disposition édictée par loi, décret ou règlement.** (Source : art. 94 L.N.T. adapté)

433.4 L'association accréditée peut exercer tous les recours que la convention collective accorde à chacun des salariés qu'elle représente sans avoir à **requérir ni** à justifier d'une cession de créance de l'intéressé. (Source : art. 69 C.t.)

433.5 Les recours de plusieurs salariés contre un même employeur peuvent être cumulés en une seule demande. **Ce cumul ne peut avoir l'effet de faire perdre compétence au tribunal, s'il devait en être autrement saisi.** (Source: art. 70 C.t. adapté)

433.6 Les droits et recours qui naissent d'une convention collective ou d'une sentence qui en tient lieu se prescrivent par six mois à compter du jour où la cause de l'action a pris naissance. Le recours à la procédure de griefs interrompt la prescription. (Source: art. 71 C.t.)

433.7 Un employeur ne peut être tenu, en vertu d'une disposition de la convention collective, de renvoyer un salarié pour la seule raison que l'association accréditée a refusé ou différé d'admettre ce salarié comme membre ou l'a suspendu ou exclu de ses rangs, sauf dans les cas suivants:

a) le salarié a été embauché à l'encontre d'une disposition de la convention collective;

b) le salarié a participé, à l'instigation ou avec l'aide directe ou indirecte de son employeur ou d'une personne agissant pour ce dernier, à une activité contre l'association accréditée. (Source: art. 63 C.t.)

CHAPITRE 440 — Arbitrage

Section 441 — Dispositions générales

441.1 **À moins de dispositions autorisant qu'il en soit autrement, les dispositions de cette section s'appliquent à tout arbitrage tenu en vertu du code.**

441.2 L'arbitre nommé d'office est choisi sur une liste dressée annuellement par le **Conseil consultatif du travail et de la main-d'oeuvre. Cette liste précise notamment les arbitres admissibles à une nomination à un arbitrage tenu selon l'une ou l'autre des sections 442, 443, 444 et 445.** (Source: art. 77, al. 2 C.t.)

441.3   L'arbitre procède à l'arbitrage avec assesseurs si **auparavant ou** dans les quinze jours de sa nomination, il y a entente à cet effet entre les parties.

En cas d'entente, chaque partie désigne, **avant l'expiration de ce même délai de quinze jours**, un assesseur pour assister l'arbitre et la représenter au cours de l'audition du grief et du délibéré.

Si une partie refuse de donner suite à l'entente dans ce délai **ou, si l'assesseur nommé ne se présente pas après avoir été régulièrement convoqué**, l'arbitre peut procéder en l'absence de l'assesseur de cette partie. (Source: art. 78 et 100.1.1 C.t.)

441.4   En cas d'incapacité d'agir de l'arbitre **ou d'un assesseur** par démission, refus d'agir ou autrement, il est remplacé suivant la procédure prévue pour la nomination initiale.

L'arbitre peut poursuivre l'arbitrage si la partie ne désigne **pas alors** un remplaçant **à cet assesseur**, dans le délai qu'il indique. (Source: art. 80 et 100.1.2 C.t.)

441.5   Les séances d'arbitrage sont publiques, l'arbitre peut toutefois, de son chef ou à la demande de l'une des parties, ordonner le huis clos. (Source: art. 82 et 100.4 C.t.)

441.6   L'arbitre doit procéder en toute diligence à l'instruction **de la mésentente dont il est saisi et il peut, d'office, convoquer les parties pour procéder à l'audition du grief**.

Sauf disposition contraire de la convention collective **ou de l'entente des parties, l'arbitre procède** selon la procédure et le mode de preuve qu'il juge appropriés, **et peut notamment accepter tout moyen de preuve qu'il croit approprié dans les circonstances, bien qu'il pourrait ne pas être autrement admissible.** (Source: art. 81 et 100.2 C.t. adaptés)

441.7   L'arbitre doit donner à l'association accréditée, à l'employeur et, **dans le cas d'un grief ou d'une mésentente traitée à titre de grief**, au salarié intéressé, l'occasion d'être entendus.

Si **une de ces personnes** dûment convoquée par un avis écrit d'au moins cinq jours francs de la date, de l'heure et du lieu où **elle** pourra se faire entendre ne se présente pas ou refuse de se faire entendre, l'arbitre peut procéder à l'audition de l'affaire et aucun recours judiciaire ne peut être fondé sur le fait qu'il a ainsi procédé en l'absence **de cette personne**. (Source: art. 100.5 C.t.)

441.8 À la demande de l'une des parties ou de sa propre initiative, l'arbitre peut visiter les lieux qui se rapportent **à la mésentente** dont il est saisi. Il doit alors inviter les parties **et, s'il y a lieu, les assesseurs,** à l'accompagner.

À l'occasion d'une visite des lieux, l'arbitre peut examiner tout bien meuble ou immeuble qui se rapporte à la **mésentente.** Il peut aussi, à cette occasion, interroger les personnes qui s'y trouvent. (Source: art. 100.9 C.t.)

441.9 L'arbitre ne peut être poursuivi en justice en raison d'actes accomplis de bonne foi dans l'exercice de ses fonctions. (Source: art. 100.1 C.t.)

441.10 **En tout temps avant d'avoir transmis aux parties sa sentence,** l'arbitre peut ordonner, de son propre chef, la réouverture de l'enquête. (Source: art. 100.16 C.t.)

441.11 **Au cours de l'enquête et tant qu'il n'a pas transmis** sa sentence finale, un arbitre peut rendre toute décision intérimaire qu'il croit juste et utile.

En tout temps qu'il estime opportun, l'arbitre peut suspendre l'enquête et offrir ses services aux parties dans le but de les aider à régler elles-mêmes la mésentente. Cette tentative ne peut, de ce seul fait, disqualifier l'arbitre à trancher, à ce titre, la mésentente dont il est saisi. (Source: art. 91 C.t. adapté)

441.12 À la demande d'une partie ou de sa propre initiative, l'arbitre peut assigner un témoin pour déclarer ce qu'il connaît, pour produire un document ou pour les deux objets à la fois, sauf s'il est d'avis que la demande d'assignation est futile à sa face même. Le bref d'assignation doit être signifié au moins cinq jours francs avant la convocation.

Une personne ainsi assignée qui refuse de comparaître, de témoigner ou de produire les documents requis peut y être contrainte et être condamnée selon la Loi sur les poursuites sommaires (L.R.Q., c. P-15). (Source: art. 84, 85 et 100.6, al. 1 et 2 C.t.)

441.13 L'arbitre peut exiger et recevoir le serment ou l'affirmation solennelle d'un témoin.

Le témoin assigné a droit à la même taxe que les témoins en Cour supérieure et au remboursement de ses frais de déplacement et de séjour.

Cette taxe est payable par la partie qui a proposé l'assignation, mais la personne qui bénéficie de son salaire durant cette période n'a droit qu'au remboursement de ses frais de déplacement et de séjour. (Source: art. 86 et 100.6, al. 3, 4 et 5 C.t.)

441.14 Un témoin ne peut refuser de répondre pour le motif que sa réponse pourrait tendre à l'incriminer ou à l'exposer à une poursuite, de quelque nature qu'elle puisse être; mais, s'il fait une objection en ce sens, sa réponse ne pourra servir contre lui dans une poursuite pénale intentée en vertu d'une loi du Québec. (Source: art. 100.8 C.t.)

441.15 L'arbitre peut poser à un témoin les questions qu'il croit utiles. (Source: art. 100.7 C.t.)

441.16 L'arbitre et les assesseurs sont tenus de garder le secret du délibéré jusqu'à la date de la sentence. (Source: art. 101.3 C.t.)

441.17 La sentence arbitrale doit être motivée et rendue par écrit. Elle doit être signée par l'arbitre. (Source: art. 88 et 101.2 C.t. et 129 L.N.T.)

441.18 À défaut d'un délai fixé à la convention collective **ou à l'entente des parties**, l'arbitre doit rendre sa sentence dans les 90 jours de sa nomination, à moins que les parties ne consentent par écrit, avant l'expiration du délai, à accorder un délai supplémentaire d'un nombre de jours précis. **Dans le cas d'un différend, cette extension peut aussi être donnée par le ministre.** (Source: art. 90 et 101.5 C.t. et 130 L.N.T.)

441.19 L'arbitre doit déposer, **sans délai**, la sentence en deux exemplaires ou copies conformes à l'original **au Conseil** et transmettre en même temps une copie de la sentence à chacune des parties. Le Conseil en remet une copie au ministre. (Source: art. 89 et 101.6 C.t. et 131 L.N.T.)

441.20 **La sentence arbitrale est sans appel, lie les parties et, le cas échéant, tout salarié concerné. L'article 231.7 s'applique à la sentence arbitrale, mutatis mutandis.** (Source: art. 93 et 101 C.t.)

441.21 L'arbitre ne peut exiger d'honoraires et de frais à moins qu'il ne rende sa sentence dans un délai conforme à l'article 441.18 et qu'il ne présente aux parties une preuve du **dépôt de la** sentence au **Conseil**. (Source: art. 101.8 C.t. et 132 L.N.T.)

441.22 L'arbitre doit conserver le dossier de l'arbitrage pendant deux ans à compter du dépôt de la sentence. (Source: art. 101.9 C.t. et 133 L.N.T.)

441.23 **Le Conseil ou la personne qu'il autorise** peut certifier conforme toute sentence arbitrale qui a été déposée selon l'article **441.19**. (Source: art. 101.10 C.t. et 134 L.N.T.)

441.24 **Sauf indication contraire du Code, notamment aux articles 213.14 et 443.5, les frais et honoraires de l'arbitre de différend et ceux de l'arbitre de grief relèvent des parties en parts égales sauf si la convention collective établit un autre partage. Ces frais et honoraires sont soumis à la tarification arrêtée par règlement du gouvernement.** (Source: art. 103 C.t. et 135 L.N.T.)

Section 442 — Arbitrage de différend

442.1 Un différend est soumis à un arbitre sur demande écrite adressée au ministre par les parties. (Source: art. 74 C.t.)

Cette demande conjointe peut comprendre les modalités particulières retenues pour la tenue de l'arbitrage.

442.2 Le ministre avise les parties qu'il défère le différend à l'arbitrage **et dans** les dix jours de la réception de **cet** avis, les parties doivent se consulter sur le choix de l'arbitre. S'ils s'entendent, le ministre nomme à ce poste la personne de leur choix. À défaut d'entente en ces dix jours, le ministre le nomme d'office. (Source: art. 75 et 77, al. 1 C.t.)

442.3 Un arbitre ne doit avoir aucun intérêt pécuniaire dans le différend qui lui est soumis ni avoir agi dans ce différend à titre d'agent d'affaires, de procureur, de conseiller ou de représentant d'une partie. (Source: art. 76 C.t.)

442.4   L'arbitre **de différend** doit, avant d'agir, prêter serment de rendre sa sentence selon l'équité et la bonne conscience. (Source: art. 79, al. 1 C.t.)

442.5   Pour rendre sa sentence, l'arbitre de différend peut tenir compte, entre autres, des conditions de travail qui prévalent dans des entreprises semblables ou dans des circonstances similaires ainsi que des conditions de travail applicables aux autres salariés de l'entreprise. (Source: art. 79, al. 2 C.t.)

442.6   La sentence de l'arbitre **de différend** lie les parties pour une durée d'au moins un an et d'au plus **trois** ans. Les parties peuvent cependant convenir, **en tout temps**, d'en modifier le contenu en partie ou en tout. (Source: art. 92 C.t.)

442.7   La sentence **de l'arbitre de différend** a l'effet d'une convention collective signée par les parties. (Source: art. 93, al. 1 C.t.)

442.8   Les parties peuvent, à tout moment, s'entendre sur l'une des questions faisant l'objet du différend.

         Cet accord est consigné à la sentence arbitrale, qui ne peut le modifier. (Source: art. 93.7 C.t. étendu)

Section 443 — Arbitrage terminal d'une première négociation

443.1   Dans le cas de la négociation d'une première convention collective pour le groupe de salariés visé par l'accréditation, une partie peut demander au **Conseil** de soumettre le différend à un arbitre dès que l'intervention du conciliateur **s'est** avérée infructueuse. (Source: art. 93.1 C.t.)

443.2   La demande au **Conseil** doit être faite par écrit et copie en est transmise, en même temps, à l'autre partie. (Source: art. 93.2 C.t.)

443.3 Sur réception de la demande, **le Conseil nomme** un arbitre pour déterminer le contenu de la première convention collective, **s'il est d'avis qu'il
est improbable que les parties puissent en arriver elles-mêmes à la
conclusion d'une convention collective dans un délai qu'il estime
raisonnable. À cette fin, le Conseil peut rencontrer les parties pour
tenter de les aider à régler ce différend.**

**Avant de procéder à la nomination de l'arbitre, le Conseil informe les
parties et le ministre de sa décision.** (Source: art. 93.3 et 93.4 C.t.
adaptés)

443.4 Si une grève ou un lock-out est en cours à ce moment, **cet arrêt de
travail** doit prendre fin à compter du moment où **le Conseil** informe les
parties qu'il a jugé nécessaire de régler le différend **par voie d'arbitrage.**

À partir de ce moment, les conditions de travail applicables aux salariés
compris dans l'unité de négociation sont celles dont le maintien est prévu
à l'article **322.8.** (Source: art. 93.5 C.t.)

443.5 **Les frais et honoraires de l'arbitre nommé en vertu de l'article 443.3
sont assumés par le Conseil.**

Section 444 — Arbitrage pour policiers et pompiers

444.1 Tout différend entre une corporation municipale ou une régie intermunicipale et une association de salariés accréditée pour représenter ses policiers
ou pompiers est obligatoirement déféré par le ministre à un arbitre à la
demande d'une partie. Le ministre peut d'office déférer tel différend à un
arbitre au moment où il le juge opportun. (Source: art. 94 C.t.)

444.2 S'il survient **entre ces mêmes parties quelque autre mésentente, le
ministre peut, à la demande d'une partie ou d'office,** charger **une
personne** de rencontrer les parties et de tenter d'effectuer une entente.

**À la suite du rapport de cette personne, et nonobstant toute dispo-
sition contraire, le ministre peut déférer cette mésentente à l'arbitrage comme s'il s'agissait, selon le cas, d'un différend ou d'un grief.**
(Source: art. 97 et 98 C.t. adaptés)

444.3 **L'arbitre nommé en vertu des articles 444.1 et 444.2, tient, avant l'audition, une conférence préparatoire avec les parties permettant de mieux circonscrire le débat, d'établir, s'il y a lieu, le mode d'enquête applicable et de prendre acte des accords partiels intervenus et auxquels il est lié.**

444.4 **L'arbitrage de différend visé à l'article 444.1 se réalise selon les dispositions de la section 442 « Arbitrage de différend » dans la mesure où elles sont applicables.**

Section 445 — Arbitrage des griefs

445.1 Tout grief doit être soumis à **un arbitre** en la manière prévue à la convention collective si elle y pourvoit et si l'association accréditée et l'employeur y donnent suite ; sinon, il est déféré à un arbitre **de griefs** choisi par l'association accréditée et l'employeur ou, à défaut d'accord, nommé par le ministre.

Si une partie le lui demande, le ministre peut, à la même occasion, soumettre cet arbitrage à la procédure accélérée mise en place par le ministère du Travail.

Sauf disposition contraire, **les dispositions du chapitre 440** prévalent, en cas d'incompatibilité, sur les dispositions de toute convention collective. (Source : art. 100, al. 1 et 3 C.t.)

445.2 Pendant la durée d'une convention collective, toute mésentente autre qu'un grief au sens de l'article **120.19** ou autre qu'un différend pouvant résulter de l'application des articles **413.2 et 412.3** ne peut être réglée que de la façon prévue dans la convention et dans la mesure où elle y pourvoit. Si une telle mésentente est soumise à l'arbitrage, **les dispositions des sections 441 « Dispositions générales » et 445 « Arbitrage des griefs »** s'appliquent. (Source : art. 102 C.t.)

445.3 **Sous réserve d'une ordonnance du Conseil en disposant autrement,** une mésentente relative au maintien des conditions de travail prévu aux articles 322.7, **422.2, 431.2, 443.4** et **732.18** doit être déférée à l'arbitrage par l'association de salariés intéressée comme s'il s'agissait d'un grief. (Source : art. 100.10 C.t.)

445.4   Aucun grief ne doit être considéré comme nul ou rejeté pour vice de forme ou irrégularité de procédure. (Source: art. 100.2.1 C.t.)

445.5   Un grief soumis à l'autre partie dans les quinze jours de la date où la cause de l'action a pris naissance ne peut être rejeté par l'arbitre **de griefs** au seul motif que le délai prévu à la convention collective n'a pas été respecté. (Source: art. 100.0.1 C.t.)

445.6   Lorsque les parties ont réglé un grief avant qu'il ne soit déféré à l'arbitrage et qu'une des parties refuse de donner suite au règlement intervenu, l'autre partie peut déférer le grief à l'arbitrage, malgré toute entente à l'effet contraire et malgré l'expiration des délais prévus aux articles **433.6 et 445.5** ou à la convention collective. (Source: art. 100.0.2 C.t.)

445.7   L'artibre **de griefs** doit rendre une sentence à partir de la preuve recueillie à l'enquête. (Source: art. 100.11 C.t.)

445.8   **Sans limiter les droits et pouvoirs inhérents à sa charge, l'arbitre de griefs peut,** dans l'exercice de ses fonctions:

   a) interpréter et appliquer une loi ou un règlement **ou déterminer l'applicabilité d'une convention collective** dans la mesure où il est nécessaire de le faire pour décider d'un grief;

   b) **établir, s'il y a lieu, la qualité supérieure et plus favorable d'une disposition conventionnelle au sens des articles 212.2 et 433.3;**

   c) **préciser le statut de salarié et de l'application de la convention collective à son égard;**

   d) fixer les modalités de remboursement d'une somme qu'un employeur a versée en trop à un salarié **ou qu'il lui doit;**

   e) ordonner le paiement d'un intérêt au taux légal à compter du dépôt du grief, sur les sommes dues en vertu de sa sentence. Il doit être ajouté à ce moment une indemnité calculée en appliquant à ce montant, à compter de la même date, un pourcentage égal à l'excédent du taux d'intérêt fixé suivant l'article 28 de la Loi sur le ministère du Revenu sur le taux légal d'intérêt;

   f) fixer, à la demande d'une partie, le montant dû en vertu d'une sentence qu'il a rendue;

g) corriger, en tout temps, une décision entachée d'erreur d'écriture ou de calcul, ou de quelque autre erreur matérielle;

h) en matière disciplinaire, confirmer, modifier ou annuler la décision de l'employeur et, le cas échéant, y substituer la décision qui lui paraît juste et raisonnable, compte tenu de toutes les circonstances de l'affaire. Toutefois, lorsque la convention collective prévoit une sanction déterminée pour la faute reprochée au salarié dans le cas soumis à l'arbitrage, l'arbitre ne peut que confirmer ou annuler la décision de l'employeur ou, le cas échéant, la modifier pour la rendre conforme à la sanction prévue à la convention collective;

i) rendre toute autre décision propre à sauvegarder les droits des parties.

(Source: art. 100.12 C.t.)

445.9 Si l'arbitre de **griefs** est informé par écrit du règlement total ou du désistement d'un grief dont il a été saisi, il en donne acte et dépose sa sentence conformément à l'article **441.19**.

Si ce règlement est partiel, l'arbitre de griefs doit trancher la partie résiduelle et intégrer à la sentence ce règlement pour en donner acte. (Source: art. 100.3 C.t.)

445.10 À défaut par l'arbitre **de griefs** de rendre sa sentence dans le délai de l'article **441.18** ou de la déposer et de la transmettre aux parties conformément à l'article **441.19**, le Tribunal du travail peut, sur requête d'une partie ou **de la Commission ou du Conseil**, rendre l'ordonnance qu'il juge nécessaire pour que la sentence soit rendue, déposée et transmise dans les meilleurs délais. (Source: art. 101.7 C.t.)

445.11 **Dans les cas où un salarié est lié par une convention collective, ce salarié ou l'association accréditée doit exercer tous les recours civils lui résultant du titre 2 auprès de l'arbitre comme s'il s'agissait de griefs et aux mêmes effets. L'arbitre de griefs saisi de tels recours dispose, en outre, des pouvoirs nécessaires pour en décider. Les articles 433.4, 433.5 et 433.6 s'appliquent, dans la mesure du possible, en ces cas.**

TITRE 5 — FORMATION PROFESSIONNELLE ET MAIN-D'OEUVRE

(Les dispositions législatives actuelles n'ont pu être intégrées à ce projet.

Selon le plan du Code, nous les intégrerions en ce titre 5).

CHAPITRE 510 — Formation professionnelle

CHAPITRE 520 — Qualification

CHAPITRE 530 — Emploi et main-d'oeuvre

TITRE 6 — RÉGIMES PARTICULIERS

CHAPITRE 610 — Décret de convention

Section 611 — Extension d'une convention collective et ses effets

611.1   **Le** gouvernement **peut** décréter qu'une convention collective relative à **une branche d'activités ou à un groupe d'entreprises déterminées** lie également tous les salariés et tous les employeurs du Québec ou d'une région déterminée **et selon** le champ d'application défini **à** ce décret. (Source: art. 2, Loi des décrets, adapté)

611.2   Les dispositions **d'un** décret sont d'ordre public, régissent et gouvernent **les conditions de travail des salariés oeuvrant dans le champ d'application déterminé à ce décret.** (Source: art. 11, Loi des décrets, adapté)

611.3   **Un décret comprend nécessairement des dispositions, modifiées ou non, relatives au salaire, à la durée journalière et hebdomadaire du travail, à la détermination des jours ouvrables, des jours fériés et au surtemps et qui respectent, s'il y a lieu, la Loi sur les heures d'affaires des établissements commerciaux et, également, son mode d'administration (L.R.Q., c. H-2).** (Source: art. 9, Loi des décrets, adapté)

611.4   **Un décret peut aussi** rendre obligatoire, avec ou sans modification, **toute autre condition de travail de la convention collective au sens de l'article 431.1 y compris les modalités relatives au précompte de la cotisation syndicale ou de son équivalent. Cette extension du précompte ne peut s'appliquer à des groupes distincts déjà représentés par des associations accréditées; en ces cas, l'article 323.5 continue de s'appliquer en faveur de ces associations accréditées. Toutefois, les mesures assurant l'adhésion syndicale ne peuvent être l'objet de cette extension.**

L'association bénéficiaire de l'extension du précompte est assujettie, mutatis mutandis, aux obligations prévues à la section 332.

Le décret peut ordonner que certaines personnes ou associations soient traitées comme parties contractantes.

Le décret peut rendre obligatoires des prix minima à être chargés au public pour les services des barbiers et coiffeurs. (Source: art. 10, Loi des décrets, adapté)

611.5 **L'employeur ne peut, de quelque façon que ce soit**, payer un salaire **et imposer d'autres conditions de travail qui soient inférieures à ce qui est fixé au décret.** Malgré toute stipulation ou entente à l'effet contraire et sans qu'il soit nécessaire d'en demander la nullité, le salarié a droit de recevoir le salaire **et les autres conditions de travail fixés** par le décret. (Source : art. 12, Loi des décrets, adapté)

611.6 À moins qu'elles ne soient expressément ´interdites par le décret de convention, les clauses d'une **convention collective ou d'un contrat de travail** sont valides dans la mesure où elles **confèrent au** salarié une rémunération en monnaie courante plus élevée ou des compensations **ou conditions de travail supérieures et plus favorables** que celles fixées par le décret de convention. (Source : art. 13, Loi des décrets, adapté)

611.7 **Les conditions de travail garanties au titre 2 s'appliquent également au salarié assujetti à un décret, sauf si ce dernier renferme, sur le même sujet, une disposition supérieure et plus favorable et dans la mesure où il lui est applicable.**

611.8 **Un décret ne peut régir les conditions de travail :**

a) **des salariés d'une exploitation agricole ;**

b) **d'**un étudiant qui effectue un stage de formation non rémunéré sous la responsabilité d'une commission scolaire ou d'une institution d'enseignement ;

c) **d'**une personne qui effectue un stage de réadaptation non rémunéré sous la responsabilité d'un centre de réadaptation ou d'un organisme du gouvernement. (Source : art. 29, Loi des décrets, adapté)

611.9 **Au terme d'un décret et tant qu'il n'est pas abrogé par décret ou qu'il n'est pas prolongé ou remplacé par un autre décret de convention, les conditions de travail qui y sont énoncées continuent de s'appliquer et lient les employeurs et les salariés qui y étaient jusqu'alors assujettis.**

Section 612 — Procédure d'extension

612.1 Toute partie à une convention **collective** peut demander au gouvernement **l'extension de son champ d'application par voie d'un décret selon l'article 611.1**. (Source: art. 2, Loi des décrets, adapté)

612.2 Une requête accompagnée d'une copie conforme de la convention **est, à cette fin, adressée au ministre.**

Plusieurs conventions collectives peuvent à la fois servir de base à cette requête. (Source: art. 4, Loi des décrets, adapté)

612.3 La convention est publiée à la Gazette officielle du Québec, dans un journal publié en langue française et dans un journal publié en langue anglaise, avec avis de la réception d'une requête en demandant l'extension et comporte que toute objection doit être formulée dans les trente jours. (Source: art. 5, al. 1 et 2, Loi des décrets)

612.4 Le ministre peut ordonner la tenue d'une enquête sur le bien-fondé de la requête ou de toute objection formulée par la suite. (Source: art. 5, al. 3 Loi des décrets)

612.5 Un seul décret **à l'égard d'un même champ d'application** peut être rendu à la suite de la réception de plusieurs conventions collectives ou actes en tenant lieu. (Source: art. 4, al. 2 Loi des décrets, adapté)

612.6 À l'expiration du délai ou après la tenue de l'enquête prévue à l'article **612.4**, le ministre, s'il juge que les dispositions de la **ou des** conventions **collectives** ont acquis une signification et une importance prépondérante pour l'établissement des conditions de travail **en une branche d'activités circonscrites ou pour un groupe d'entreprises déterminées**, compte tenu des conditions économiques particulières aux diverses régions du Québec **et** sans grave inconvénient pouvant résulter de la concurrence **extérieure**, peut recommander l'approbation de la requête par le gouvernement, avec les modifications jugées opportunes, et l'adoption d'un décret à cette fin. (Source: art. 6, Loi des décrets, adapté)

612.7 Le décret comportant l'approbation de la requête entre et demeure en vigueur à compter du jour de sa publication à la Gazette officielle du Québec, ou de la date ultérieure qui y est fixée. (Source: art. 7, Loi des décrets)

612.8 La publication du décret à la Gazette officielle du Québec rend non recevable toute contestation soulevant l'incapacité des parties à la convention collective, l'invalidité de cette dernière et l'insuffisance des avis et, à tous autres égards, elle crée généralement une présomption établissant la légalité de tous les procédés relatifs à son adoption. (Source: art. 15, Loi des décrets)

Section 613 — Administration du décret

613.1 **Sous réserve de dispositions différentes au décret**, les parties **contractantes** à une convention collective rendue obligatoire **par décret** constituent un comité paritaire chargé de surveiller et d'assurer l'observance du décret de convention, de ses modifications et de ses renouvellements. (Source: art. 16, Loi des décrets)

613.2 **Le décret peut confier ces charges administratives et de contrôle à un comité paritaire déjà existant si ce dernier y consent, ou à la Commission des normes du travail.** (Source: art. 16, Loi des décrets, adapté)

613.3 **Dans le cadre de règlements généraux**, le comité **paritaire** élabore des règlements pour sa formation, le nombre de ses membres, leur admission et leur remplacement, la nomination des substituts, l'administration des fonds, fixe son siège social, détermine le nom sous lequel il sera désigné et, généralement, prépare tout règlement pour sa régie interne et l'exercice **de ses charges**.

Malgré toutes dispositions relatives au remplacement des membres du comité à ce contraires contenues dans les règlements, **toute** partie à la convention peut, après une période d'un an, remplacer le membre qu'elle a désigné. (Source: art. 18, Loi des décrets, adapté)

613.4 Les règlements prévus à l'article **613.3 sont** transmis au ministre **pour qu'il en recommande l'approbation**, avec ou sans modification, par le gouvernement, et avis de cette approbation est donné à la Gazette officielle du Québec.

Cet avis indique le nom sous lequel le comité doit être désigné et l'endroit où est son siège social.

Cette publication est une preuve suffisante de la formation et le l'existence du comité et du nom sous lequel il doit être désigné **et** crée une présomption juris et de jure établissant la légalité de tous les procédés relatifs à la formation et à l'existence du comité.

Tout amendement aux règlements du comité doit pareillement être transmis au ministre et n'a d'effet qu'après approbation par le gouvernement, avec ou sans modification. (Source : art. 19, Loi des décrets, adapté)

613.5 **Si la convention collective servant de base au décret le prévoit, le décret peut confier aux parties contractantes l'administration directe du décret selon la procédure établie à cette convention et qui comprend le règlement final des réclamations par voie d'arbitrage conformément aux sections 441 et 445.**

En ce cas, le représentant syndical dûment reconnu à ce titre dispose des fonctions et pouvoirs de l'inspecteur d'un comité paritaire.

613.6 Le gouvernement peut, après consultation du Conseil consultatif du travail et de la main-d'oeuvre, abroger tout règlement en vigueur d'un comité paritaire ou toute disposition contenue dans un tel règlement ; ce règlement ou, selon le cas, cette disposition cesse d'être en vigueur à compter de l'avis de l'abrogation publié à la Gazette officielle du Québec. (Source : art. 21, Loi des décrets)

613.7 **(Suivraient les dispositions de l'actuelle Loi des décrets de convention collective relatives à l'entité juridique du comité paritaire et aux pouvoirs et fonctions de ce dernier.)** (Source : art. 22, 23, 24 et 25, Loi des décrets)

CHAPITRE 620 — Industrie de la construction

Nos travaux durent écarter l'ensemble de la législation du travail relative à l'industrie de la construction. Il appert qu'une réforme de ces règles pourrait incessamment être entreprise par d'autres voies. Pour ces deux raisons, nous n'avons pas intégré ce normatif à ce projet de code du travail. Toute codification réelle devrait, croyons-nous, couvrir ce champ. Cette intégration des lois du travail relatives à l'industrie de la construction devrait, pour le moins, permettre :

i) de circonscrire d'une manière plus claire ce champ d'application par rapport et en fonction des autres champs ;

ii) l'allègement des dispositions actuelles en utilisant les règles générales relatives à l'extension du décret (section 612), les pouvoirs du comité paritaire (section 613), la protection d'exercice des droits des salariés (section 230), etc.

iii) d'harmoniser les recours auprès de deux principales instances: d'abord et surtout, le Tribunal du travail et aussi, l'arbitre de griefs.

Nous sommes d'avis que les règles particulières relatives aux différents secteurs publics devraient aussi être intégrées au code du travail. La récente réforme (L.Q. 85, C-12) indique bien d'ailleurs l'intention de ne pas trop s'écarter du corps principal (art. 111.0.15 et 111.1 C.t.). Cette intégration permettrait d'éviter quelques doublons, notamment quant au rôle et pouvoirs du Conseil des services essentiels et permettrait également d'uniformiser les recours et les pénalités. Les règles actuelles pourraient ainsi être regroupées sous ces trois chapitres:

CHAPITRE 630 — Sûreté du Québec

CHAPITRE 640 — Agent de la paix

CHAPITRE 650 — Fonction publique et secteurs public et parapublic

TITRE 7 — ADMINISTRATION

CHAPITRE 710 — Ministère du Travail

Section 711 — Organisation du Ministère:

(Suivraient les articles 1 à 12 de l'actuelle Loi sur le ministère du Travail, L.R.Q. C. M-32.1)

Note: Compte tenu des objectifs d'une codification (intégration, accessibilité, simplification), il serait utile que les dispositions actuelles des lois qui précisent les rôles et fonctions du ministre apparaissent également au Code. C'est à ces fins que nous les réunissons à la section 712.

Section 712 — Fonctions et pouvoirs

712.1   Le ministère élabore et propose au gouvernement des politiques et mesures visant à favoriser des relations du travail harmonieuses entre employeurs et salariés.

Il voit à la mise en oeuvre de ces politiques et mesures, en surveille l'application et en coordonne l'exécution. (Source: art. 13 L.M.T.)

712.2   Le ministre a également charge de l'application **du Code du travail et des autres** lois confiées à sa responsabilité en matière de relations du travail sous réserve des questions qui relèvent spécifiquement de la compétence d'organismes qui y sont désignés. (Source: art. 13 L.M.T.)

712.3   Le ministre doit:

1) faire effectuer les études et les recherches qu'il juge nécessaires sur les relations du travail entre employeurs et salariés ainsi que sur les conditions de travail des salariés;

2) compiler, analyser et publier les renseignements disponibles relatifs aux conditions de travail, aux grèves, aux lock-out, aux conventions collectives et aux décrets.

(Source: art. 14 L.M.T.)

712.4 En tout temps, le ministre peut désigner une personne pour favoriser l'établissement ou le maintien de bonnes relations entre un employeur et ses salariés ou l'association qui les représente. Cette personne fait rapport au ministre. (Source: art. 15 L.M.T.)

712.5 Dans l'exercice de ses fonctions, le ministre peut, par lui-même ou une personne qu'il désigne, enquêter sur toute matière de sa compétence.

Il peut charger une personne qu'il désigne d'enquêter sur toute matière se rapportant à l'administration ou au fonctionnement d'un comité paritaire ou sur la conduite de ses membres ou des parties dans le cas visé à l'article 613.5. L'enquêteur ainsi désigné est investi des pouvoirs et immunités **d'un inspecteur du comité paritaire visé et aussi de ceux d'un** commissaire nommé en vertu de la Loi sur les commissions d'enquête (L.R.Q., c. C-37), sauf du pouvoir d'imposer l'emprisonnement. (Source: art. 16 L.M.T. et art. 26 Loi des décrets)

712.6 Le ministre peut, s'il estime que le rapport de l'enquêteur **désigné selon l'article 712.5** le justifie, ordonner que les pouvoirs de ce comité paritaire **ou des parties** soient suspendus et nommer un administrateur qui en exerce les pouvoirs pour la période que le ministre détermine **ou confier ce mandat d'administrateur à** la Commission des normes du travail. (Source: art. 26.1 Loi des décrets, adapté)

712.7 Le ministre peut, conformément à la loi, conclure des ententes avec tout gouvernement ou organisme en vue de l'application du **Code du travail** ou d'une loi dont l'application relève de lui. (Source: art. 17 L.M.T.)

Section 713 — Dispositions transitoires:

(adaptation des actuels articles 59 à 64 de la Loi sur le ministère du Travail et articles 169 et 170 L.N.T.)

CHAPITRE 720 — Commission des normes du travail

Section 721 — Formation de la Commission

721.1   Un organisme est institué sous le nom de « Commission des normes du travail ». (Source: art. 4 L.N.T.)

721.2   La Commission est une corporation au sens du Code civil. Elle est investie des pouvoirs généraux d'une telle corporation et des pouvoirs particuliers que la présente loi lui confère. (Source: art. 6 L.N.T.)

721.3   **La Commission est composée d'au plus sept membres, dont un président, nommés par le gouvernement après consultation des associations patronales et syndicales et des organismes intéressés aux conditions générales de travail (chapitre 220) afin qu'ils en soient représentatifs.** (Source: art. 8 L.N.T., adapté)

721.4   Le président de la Commission est nommé pour un mandat n'excédant pas cinq ans. Les autres membres sont nommés pour un mandat n'excédant pas trois ans. **Le mandat d'une personne ainsi nommée ne peut être renouvelé qu'une seule fois.** (Source: art. 9 L.N.T.)

721.5   Le président exerce ses fonctions à temps complet. Il préside les réunions de la Commission.

Il est également directeur général de la Commission et, à ce titre, il est responsable de l'administration et de la direction de la Commission dans le cadre de ses règlements.

En cas d'absence ou d'incapacité d'agir du président, le gouvernement peut lui nommer temporairement un remplaçant. (Source: art. 10 et 14 L.N.T.)

721.6   À l'expiration de leur mandat, les membres de la Commission demeurent en fonction jusqu'à ce qu'ils aient été remplacés ou nommés à nouveau.

Si un membre de la Commission ne termine pas son mandat, le gouvernement lui nomme un remplaçant pour la durée du mandat qui reste à écouler. (Source: art. 12 et 13 L.N.T.)

721.7   Le gouvernement fixe, suivant le cas, les conditions de travail, le traitement, le traitement additionnel, les allocations et les indemnités ou avantages sociaux auxquels ont droit le président et les autres membres de la Commission. (Source: art. 19 L.N.T.)

721.8   Le président ne peut, sous peine de déchéance de sa charge, avoir un intérêt direct ou indirect dans une entreprise mettant en conflit son intérêt personnel et celui de la Commission. Toutefois, cette déchéance n'a pas lieu si un tel intérêt lui échoit par succession ou par donation pourvu qu'il y renonce ou en dispose avec toute la diligence possible.

Un autre membre de la Commission qui a un intérêt dans une entreprise doit, sous peine de déchéance de sa charge, le révéler par écrit aux autres membres de la Commission et s'abstenir de participer à une décision portant sur l'entreprise dans laquelle il a un intérêt. (Source: art. 24 L.N.T.)

721.9   La Commission a son siège social à l'endroit déterminé par le gouvernement; un avis de la situation ou de tout changement de la situation du siège social est publié à la Gazette officielle du Québec.

La Commission peut tenir ses séances à tout endroit du Québec. (Source: art. 7 L.N.T.)

Section 722 — Objet et pouvoirs

722.1   La Commission surveille la mise en oeuvre et l'application des **conditions de travail du titre 2 « La relation de travail » et ses règlements. Outre les fonctions spécifiques qui lui sont conférées au Code, la Commission** exerce en particulier les fonctions suivantes:

1) informer et renseigner la population en ce qui a trait aux **conditions générales de travail**;

2) surveiller l'application des normes du travail et, s'il y a lieu, transmettre ses recommandations au ministre;

3) recevoir les plaintes des salariés, **faire enquête et rechercher des voies de règlements, entreprendre, s'il y a lieu, des recours** et les indemniser dans la mesure prévue **au Code et aux** règlements;

4) dédommager les salariés à la suite de la faillite d'un employeur conformément **au Code** et aux règlements.

(Source: art. 5 L.N.T.)

722.2 La Commission peut:

1) établir le salaire payé à un salarié par un employeur;

2) établir des formulaires à l'usage des employeurs et des salariés;

3) établir ou compléter le certificat de travail prévu par l'article **213.16** lorsque l'employeur refuse ou néglige de le faire;

4) percevoir ou recevoir les sommes dues à un salarié en vertu de la présente loi ou d'un règlement et lui en faire remise;

5) accepter pour un salarié, lorsqu'il y consent, un paiement partiel des sommes que lui doit son employeur sans préjudice aux droits du salarié quant au surplus; **si un groupe de salariés y est visé, l'autorisation de la majorité d'entre eux est nécessaire pour accepter ce paiement partiel**;

6) verser les sommes qu'elle juge dues par un employeur à un salarié en vertu **du Code** ou d'un règlement;

7) verser à un salarié, à la suite de la faillite d'un employeur, les prestations établies par règlement en vertu **de l'article 762.2**;

8) intenter en son propre nom et pour le compte d'un salarié, le cas échéant, une poursuite visant à recouvrer des sommes dues par l'employeur en vertu de la présente loi ou d'un règlement et ce, malgré toute loi à ce contraire, une opposition ou renonciation expresse ou implicite du salarié et sans être tenue de justifier d'une cession de créance du salarié;

9) intervenir en son propre nom et pour le compte d'un salarié, le cas échéant, dans une procédure relative à l'insolvabilité de l'employeur;

10) intervenir à tout moment dans une instance relative **à l'application ou au respect du titre 2 « La relation de travail »**, ou à un règlement **d'application**;

11) autoriser un mode de versement du salaire autre que celui que prévoit **la section 221 « Salaire »**;

12) autoriser l'étalement des heures de travail sur une base autre qu'une base hebdomadaire aux conditions prévues à l'article **222.2**.

(Source: art. 39 L.N.T.)

722.3 La Commission peut autoriser généralement ou spécialement une personne à exercer les pouvoirs qui lui sont conférés **à cette section 722**.
(Source: art. 11 L.N.T.)

722.4   et suivants

**Les règles relatives à l'exercice des recours par le salarié et la
Commission ainsi que les garanties données aux salariés quant à leurs
droits de recours que l'on retrouve aux articles 98 et suivants de la
Loi sur les normes du travail devraient être insérées ici en tenant
compte des recommandations V-28 à V-30 du Rapport de la Commission consultative sur le travail.**

Section 723 — Fonctionnement

723.1   La Commission se réunit une fois le mois ou davantage, selon les
besoins. (Source : art. 15 L.N.T.)

723.2   Le quorum des séances de la Commission est constitué par la majorité des
membres dont le président. (Source : art. 16, al. 1, L.N.T.)

723.3   Les décisions sont prises à la majorité des voix ; en cas d'égalité, le
président a un vote prépondérant.

Une décision signée par tous les membres a la même valeur que si elle
avait été prise en séance ordinaire. (Source : art. 16, al. 2 et art. 17
L.N.T.)

723.4   Le secrétaire et les membres du personnel de la Commission sont
nommés et rémunérés suivant la Loi sur la fonction publique (L.R.Q., c.
F-3.1). (Source : art. 20 L.N.T.)

723.5   Les dépenses de la Commission, y compris les traitements, allocations et
indemnités ou avantages sociaux du secrétaire de la Commission, de ses
membres et de son personnel, sont payées à même ses revenus. (Source :
art. 21 L.N.T.)

723.6   Les procès-verbaux des séances de la Commission approuvés par cette
dernière sont authentiques et il en est de même des copies ou extraits
certifiés conformes par le président ou le secrétaire de la Commission.
(Source : art. 18 L.N.T.)

723.7 L'exercice financier de la Commission se termine le 31 mars de chaque année. (Source: art. 25 L.N.T.)

723.8 Les livres et les comptes de la Commission sont vérifiés chaque année par le vérificateur général et, en outre, chaque fois que le décrète le gouvernement.

Le rapport du vérificateur général doit accompagner le rapport annuel de la Commission. (Source: art. 28 L.N.T.)

723.9 La Commission doit, au plus tard dans les **six** mois qui suivent la fin de son exercice financier, remettre au ministre un rapport de ses activités pour cet exercice financier; ce rapport doit contenir tous les renseignements que le ministre peut exiger.

La Commission doit fournir au ministre tout autre renseignement que ce dernier requiert quant à ses opérations. (Source: art. 26 L.N.T.)

723.10 Le ministre dépose le rapport de la Commission devant l'Assemblée nationale, si elle est en session, dans les trente jours de sa réception; s'il le reçoit alors qu'elle ne siège pas, il le dépose dans les trente jours de l'ouverture de la session suivante ou de la reprise des travaux, selon le cas. (Source: art. 27 L.N.T.)

CHAPITRE 730 — Conseil des relations du travail

Section 731 — Formation et organisation

731.1 **Pour mieux assurer aux salariés, aux employeurs et à leurs associations respectives l'exercice efficace et démocratique de leurs droits à la négociation collective des conditions de travail tels qu'énoncés aux titres 3 et 4, est constitué un Conseil des relations du travail.**

731.2 **Le Conseil est formé de trois membres: un à titre de président et les deux autres, de vice-présidents.**

731.3 Les membres du Conseil sont nommés par décret du gouvernement sur recommandation du ministre et avis du Conseil consultatif du travail et de la main-d'oeuvre.

Sont admissibles à ces fonctions, les personnes disposant d'une expérience significative d'au moins dix ans dans les domaines des relations du travail.

731.4 La nomination initiale d'un président ne peut être pour un terme excédant dix ans et, s'il y a lieu, pour un deuxième terme d'au plus cinq ans. Chaque terme de la nomination d'un vice-président ne peut excéder cinq ans.

Aucun membre du Conseil ne peut y être nommé pour plus de deux termes. Toutefois, chaque membre du Conseil demeure en fonction, à l'expiration de son terme, jusqu'à son remplacement ou le renouvellement de sa nomination.

731.5 Les membres du Conseil exercent leurs fonctions à temps complet et reçoivent les traitements, indemnités, allocations et avantages sociaux établis par décret du gouvernement.

731.6 En cas d'absence ou d'incapacité d'agir du président, le vice-président le plus ancien assure l'intérim.

Le remplacement d'un membre du Conseil qui ne termine pas son terme s'effectue selon les modalités et conditions d'une nomination initiale.

731.7 Le Conseil a son siège social à l'endroit déterminé par le gouvernement et doit au moins avoir un bureau à Montréal et un à Québec.

731.8 En plus de présider le Conseil, le président est responsable de l'administration et des services dans le cadre des règlements et directives arrêtés par le Conseil.

731.9 Le Conseil dispose notamment d'un directeur général, d'un greffier-chef, d'un secrétaire général et d'un conseiller juridique dont les attributions respectives sont déterminées, de temps à autre, par le Conseil.

Le Conseil peut, selon les normes, barèmes et effectifs déterminés par le gouvernement, retenir les services de toute personne à titre d'employée ou autrement pour l'exercice de ses fonctions et fixer sa rémunération, ses avantages sociaux et ses autres modalités de travail. Il peut aussi retenir ad hoc les services d'une personne et lui confier un mandat.

731.10   **Les membres du personnel exercent les fonctions et attributions qui leur sont confiées d'une façon générale ou particulière par le Conseil.**

731.11   **Le Conseil administre le budget qui lui est imparti dans le respect des règles applicables à l'administration financière et des directives du gouvernement.**

731.12   Les décisions du **Conseil** sont authentiques lorsqu'elles sont certifiées conformes par le greffier ou, à défaut de ce dernier, par une personne dûment autorisée par le **Conseil**. Il en est de même des documents ou des copies émanant du **Conseil** ou faisant partie de ses archives, lorsqu'ils sont signés par le greffier ou, à défaut de ce dernier, par une personne dûment autorisée par le **Conseil**. (Source : art. 51.1 C.t.)

Section 732 — Fonctions et moyens

732.1   **Outre les fonctions et attributions spécifiques qui lui sont conférées, le Conseil des relations du travail est chargé de l'application des dispositions du Code relatives à l'exercice de la liberté syndicale, à l'accréditation et à la négociation collective selon les modalités que l'on retrouve au Code et des autres attributions et fonctions qui lui sont conférées par la loi sous réserve des charges qui relèvent du ministre, du tribunal, de la Commission, du Conseil des services essentiels et des arbitres.** (Source : art. 23 C.t., adapté)

732.2   **Le Conseil dirige, coordonne et distribue le travail à ses membres et à son personnel.**

732.3 Dans le cadre des règlements et de ses directives écrites, le Conseil peut confier à un ou à plusieurs de ses membres, de ses représentants ou mandataires, toute affaire, requête ou enquête qui relève de sa compétence et dont il est saisi.

De la même manière, le Conseil peut confier à ces personnes la conduite d'enquête sur toute prétendue violation des dispositions du code dans les champs de sa compétence ou prétendue violation d'une décision ou ordonnance du Conseil.

La personne ainsi nommée dispose alors de tous les droits, pouvoirs et moyens du Conseil pour effectuer cette mission et, selon le cas, pour en décider ou faire rapport. Toute décision ainsi rendue tient lieu et place d'une décision du Conseil et aux mêmes effets et, à ce titre, est transmise aux intéressés.

732.4 Le **Conseil** peut faire effectuer par tout membre de son personnel les enquêtes ou recherches qu'il juge nécessaires sur toute question particulière qui relève de sa compétence et notamment au sujet de l'accréditation, de la protection de l'exercice de la liberté syndicale, de la première négociation collective, de l'exercice des moyens de pression et l'arbitrage. Les rapports de ces enquêtes et recherches sont versés au dossier de l'affaire visée. (Source: art. 23.1, al. 2 et 33, al. 2 et 3, C.t. adapté)

732.5 Le **Conseil** peut dessaisir d'une affaire un de ses membres **ou autre personne nommée selon les articles 732.3 et 732.4** et pourvoir à son remplacement en tout temps avant audition, ou par la suite lorsque cette personne est absente ou devient incapable d'agir. (Source: art. 23.1, al. 1, C.t., adapté)

732.6 Le **Conseil,** ses membres, les commissaires du travail et autres personnes à qui le **Conseil** confie une affaire de son ressort, disposent respectivement, pour fins d'enquête, de tous les pouvoirs, immunités et privilèges d'un commissaire nommé en vertu de la Loi des commissions d'enquête (c-C-37). (Source: art. 33 C.t., adapté)

732.7 La personne désignée pour agir en lieu et place du Conseil selon les articles 732.3 et 732.4 doit intervenir avec diligence auprès des parties et, dans tous les cas possibles qu'elle juge opportun, sur les lieux mêmes.

732.8 En toute affaire dont il est régulièrement saisi, le Conseil ou la personne qu'il désigne pour agir selon les articles 732.3 et 732.4 peut, en tout temps, tenter d'aider les parties à leur recherche d'une solution totale ou partielle du litige. Il peut, à cette même fin, dépêcher auprès des parties toute personne jugée compétente.

732.9 En toute affaire de sa compétence, le Conseil ou la personne qu'il désigne est maître de l'enquête nécessaire à la prise de sa décision et n'autorise l'intervention des intéressés que dans cette mesure.

Si, dans ce cadre, une séance d'audition est tenue et qu'une partie intéressée reçoit un avis de convocation d'au moins cinq jours francs de la date et du lieu de cette audition et ne s'y présente pas ou refuse de se faire entendre ou à un ajournement de l'audition, le Conseil ou la personne désignée peut poursuivre l'enquête et décider et aucun recours judiciaire ne peut être fondé sur le fait qu'il a ainsi procédé en l'absence de cette partie.

732.10 Tout délai pour l'exercice d'un droit ou recours ou pour en suspendre ou retarder l'exercice peut être abrégé ou étendu par le Conseil en toute matière qui relève de sa compétence lorsqu'il l'estime nécessaire à la sauvegarde de droits fondamentaux des intéressés ou pour mieux assurer, en l'occurrence, la finalité véritable du Code.

732.11 Le **Conseil** peut prononcer la dissolution, pour les fins du Code, de toute association de salariés lorsqu'il est convaincu qu'elle est dominée ou financée par un employeur ou ses représentants. Avant d'en décider, le **Conseil** donne l'occasion à l'association de salariés d'exercer ses droits de défense. (Source: art. 149 C.t. adapté)

732.12 En toute matière qui relève de son ressort et notamment dans les cas de manoeuvres ou pratiques déloyales, de congédiement, de suspension, de déplacement, de refus de négocier avec diligence et bonne foi, d'arrêt de travail, de grève ou de lock-out, d'embauche de personnes au lieu et place de salariés grévistes ou lock-outés, de défaut ou retard à donner les avis requis selon la section 413 « Changement technologique », le Conseil peut, s'il le croit alors nécessaire pour assurer le respect ou la sauvegarde des droits des parties ou des intéressés ou l'application d'une disposition du Code ou de sa décision, émettre une ordonnance et ainsi enjoindre une personne, un groupe de salariés, une association de salariés, l'employeur, ses représentants ou son association à faire ce qui est nécessaire à cette fin ou à s'abstenir de faire ce qui y contrevient ou encore à réparer le préjudice subi ou à prévenir sa répétition.

Dans le cas de changement technologique, cette ordonnance peut notamment porter sur la suspension de la réalisation de ces changements, la réintégration des salariés ainsi déplacés ou mis à pied et le paiement d'une indemnité équivalente aux salaires et autres avantages dont ils furent privés.

Dans le cas où, de l'avis du Conseil, des salariés tentent d'exercer leur droit d'association dans un contexte d'intimidation, ou de refus de reconnaissance syndicale, une ordonnance peut enjoindre à un employeur de fournir à une association de salariés requérante l'accès à la liste de ses salariés pour permettre à cette association de contacter ces salariés ailleurs et à un autre moment qu'aux lieux et heures de travail.

Avant d'émettre l'ordonnance, le Conseil fournit aux parties visées l'occasion d'être entendues aux conditions qu'il juge appropriées, dans les circonstances, et peut également tenter d'amener les parties à trouver une solution au litige.

732.13 Le Conseil peut déposer une copie conforme d'une ordonnance rendue selon l'article 732.12 au bureau du protonotaire de la Cour supérieure du district où est situé le lieu de travail en cause. Ce dépôt confère à l'ordonnance la même force et le même effet comme s'il s'agissait d'un jugement émanant de la Cour supérieure.

732.14 Le **Conseil** ou la personne qu'il a désignée selon les articles **732.3 et 732.4** doit rendre par écrit et motiver sommairement toute décision qui termine une affaire de son ressort. (Source: art. 51 C.t.)

732.15 Sous réserve de l'article 732.16 en autorisant la révision ou la révocation, la décision du Conseil ou de la personne qu'il désigne lie les parties et est finale et sans appel.

732.16 En tout temps, le Conseil peut, d'office ou à la demande d'une partie, réviser, **corriger** ou révoquer toute décision ou tout ordre rendu **dans le cadre de son champ de compétence**.

La requête en révision ou révocation doit préciser les principaux motifs qui la justifient.

Le Conseil peut également corriger, de la même manière et en tout temps, **ses** décisions **et** ordres entachés d'erreurs d'écriture ou de calcul, ou de quelque autre erreur matérielle. (Source: art. 49 C.t., adapté)

732.17 **Le Conseil peut**, avant de rendre une décision sur la révocation ou la révision d'une décision ou d'un ordre **selon le premier alinéa de l'article 323.**9, permettre aux parties, en la manière qu'il juge appropriée, de se faire entendre sur toute question pertinente.

Si une partie intéressée et convoquée ne se présente pas ou refuse de se faire entendre à la séance fixée à cette fin, ou à ajournement de cette séance, le **Conseil** peut néanmoins procéder à l'instruction de l'affaire et aucun recours judiciaire ne peut être fondé sur le fait qu'il a ainsi procédé en l'absence de cette partie. (Source: art. 50 C.t.)

732.18 À la suite d'une requête en accréditation, en révision ou en révocation d'accréditation, **le Conseil** peut ordonner la suspension de la négociation et du délai pour l'exercice du droit de grève ou de lock-out et empêcher le renouvellement d'une convention collective.

En ce cas, les conditions de travail prévues dans la convention collective demeurent en vigueur et les articles 322.7 et 445.3 s'appliquent jusqu'à la décision **du Conseil à l'égard** de la requête en accréditation, en révision ou en révocation d'accréditation. (Source: art. 42 C.t.)

732.19 **Sous réserve de l'article 231.2**, toute demande que le Conseil est compétent à entendre en vertu du code doit lui être directement adressée. (Source: art. 24 C.t., adapté)

732.20 **Le Conseil peut, dans le but de s'assurer de l'application des dispositions de ce code qui lui sont pertinentes, émettre de temps à autre des directives. Ces directives ne lient cependant pas le Conseil dans l'exercice de ses pouvoirs ou dans l'accomplissement de ses obligations. Dans l'établissement de ses directives, le Conseil peut requérir les représentations de toute personne. Ces directives sont publiées et rendues disponibles à toute personne intéressée.**

Section 733 — Mesures transitoires

Dispositions ayant pour effet d'assurer le passage au nouveau régime et notamment:

— pour établir la date à compter de laquelle les requêtes, enquêtes et autres demandes sont traitées par le C.R.T.;

— pour préciser que les affaires dont sont actuellement saisis les commissaires du travail doivent suivre leur cours et qu'elles demeurent sujettes à l'appel auprès du tribunal;

— les références faites en d'autres lois aux commissaires du travail visent maintenant le C.R.T., le Tribunal du travail ou l'arbitre, selon le cas;

— l'abrogation des articles du Code maintenant désuets: 24, 28, 29, 30, etc.

CHAPITRE 740 — Tribunal du travail

Section 741 — Formation et organisation

741.1   Un tribunal chargé de la décision des litiges concernant le travail est créé par la présente loi, sous le nom de « Tribunal du travail », avec les juridictions spécifiées **à la section 742**. (Source: art. 112 C.t.)

741.2   Après consultation du Conseil général du Barreau du Québec et du Conseil consultatif du travail et de la main-d'oeuvre, le gouvernement nomme, **selon la procédure arrêtée à cette fin**, les membres du tribunal parmi les juges de la Cour provinciale, en nombre suffisant pour expédier rapidement les affaires qui sont soumises au tribunal.

Il nomme aussi de la même manière, parmi les membres du tribunal, un juge en chef, un juge en chef adjoint et un juge coordonnateur. Les dispositions de la Loi sur les tribunaux judiciaires (L.R.Q., c. T-16) relatives aux fonctions et au mandat des juges en chef, juges en chef adjoint et juges coordonnateurs s'appliquent à eux. (Source: art. 113 C.t.)

741.3   Les membres du tribunal sont soumis à la surveillance, aux ordres et au contrôle du juge en chef en ce qui regarde la distribution des causes, la tenue des séances et généralement toutes matières d'administration qui les concernent.

Si le juge **saisi d'une affaire** devient soudainement incapable par suite d'un évènement imprévu de rendre sa décision dans le délai imparti, le juge en chef en désigne immédiatement un autre pour entendre sans retard **l'affaire et en décider**. (Source: art. 115 C.t. et 130, al. 4 C.t.)

741.4   Au cas d'incapacité d'agir du juge en chef par suite d'absence ou de maladie, il est remplacé par le juge en chef adjoint; lorsque le juge en chef adjoint est aussi incapable d'agir par suite d'absence ou de maladie, il peut être remplacé par un autre membre du tribunal, nommé par le gouvernement pour exercer ses fonctions pendant que dure son incapacité. (Source: art. 116 C.t.)

741.5   Lorsqu'un membre du tribunal doit voyager pour l'exercice de ses fonctions, il lui est payé, à titre d'allocation de dépenses, en outre de ses frais réels de transport, une indemnité dont le montant et les modalités de paiement sont déterminés par le gouvernement.

La demande de paiement des frais de transport et de l'allocation de dépenses doit être accompagnée d'un certificat signé par le membre du tribunal, établissant l'exactitude du nombre de jours et, le cas échéant, du nombre de nuits pour lesquels il demande l'allocation de dépenses, et l'exactitude du montant des frais réels de transport.

Les dépenses occasionnées par l'application des dispositions du présent article sont payées à même le fonds consolidé du revenu. (Source: art. 117 C.t.)

741.6   Le greffier du tribunal ainsi que les autres fonctionnaires et employés jugés nécessaires au bon fonctionnement du tribunal sont nommés et rémunérés conformément à la Loi sur la fonction publique (L.R.Q., c. F-3.1.1). (Source: art. 114 C.t.)

741.7   Le greffier du tribunal tient les archives du tribunal et y inscrit tous les actes de procédure; il tient aussi des livres de comptes et fait rapport des actes de procédure, de l'état de ses comptes et de toutes les informations qu'il a prises dans l'exercice de sa charge, chaque fois qu'il en est requis par le gouvernement.

Lorsque le tribunal siège en matière pénale, le greffier du tribunal a les mêmes pouvoirs et devoirs qu'un greffier de la paix. (Source: art. 125 C.t.)

741.8   **Quand** le tribunal siège en matière pénale, il peut requérir le greffier de
la couronne ou le greffier de la paix du district dans lequel il siège, ou
tout adjoint de ces greffiers, d'agir à titre de greffier du tribunal. (Source:
art. 126 C.t.)

741.9   Tous les policiers, constables et agents de la paix en fonction au lieu où
se tiennent les séances du tribunal sont des officiers du tribunal et sont
tenus d'obéir aux ordres de ses membres. (Source: art. 127 C.t.)

741.10   Chaque juge du tribunal doit transmettre au ministre de la Justice, à
l'expiration de chaque mois, un rapport mentionnant:

a) le nombre de causes entendues par lui pendant le mois;

b) le nom des parties;

c) l'endroit et la date de l'audition;

d) la date du jugement;

e) la nature du jugement.

Le ministre peut faire faire ces rapports sur des formules préparées
suivant ses instructions. (Source: art. 136 C.t.)

741.11   Le ministre de la Justice est chargé de l'application **de ce** chapitre **740**.
(Source: art. 137 C.t., adapté)

Section 742 — Attributions et pouvoirs

742.1   **Sous réserve de la compétence de la Cour supérieure et des champs
spécifiques de compétence confiés, selon ce Code, au Conseil des
relations du travail, au Conseil des services essentiels et aux arbitres,
le tribunal a juridiction exclusive pour connaître et disposer de tout
recours de nature civile et pénale et fondé ou qui résultent de ce Code
en outre des autres matières déclarées de sa compétence par la loi.**

Malgré le premier alinéa, dans toute poursuite pénale intentée devant le
tribunal, tout juge de paix ou toute personne ayant les pouvoirs d'un juge
de paix peut exercer les pouvoirs qui lui sont conférés par la Loi sur les
poursuites sommaires (L.R.Q., c. P-15), sauf celui d'entendre la preuve
et de rendre jugement sur les poursuites. (1985, c. 6, a. 493.) (Source:
art. 118, al. 2 C.t., adapté)

742.2 Tout membre du tribunal est compétent pour instruire et décider, seul, toute affaire soumise au tribunal.

S'il l'estime approprié, le juge en chef peut confier une affaire à plus d'un juge du tribunal. Ces derniers concourent tous à la décision. (Source: art. 121 C.t., adapté)

742.3 Lorsqu'ils siègent autrement qu'en matière pénale, le tribunal ainsi que chacun de ses membres sont investis des pouvoirs et immunités de commissaires nommés en vertu de la Loi sur les commissions d'enquête (L.R.Q., c. C-37). (Source: art. 122 C.t.)

742.4 Le tribunal et chacun de ses membres, siégeant en matière pénale, ont les mêmes pouvoirs qu'un ou plusieurs juges de paix. (Source: art. 123 C.t.)

742.5 Le tribunal a tous les pouvoirs nécessaires à l'exercice de sa juridiction et il peut, notamment, rendre toute ordonnance qu'il estime propre à sauvegarder les droits des parties. (Source: art. 124 C.t.)

742.6 **En tout temps, le tribunal peut, s'il l'estime approprié, suspendre l'enquête pour aider les parties à trouver une solution au litige. Le cas échéant, le tribunal prend acte de l'accord ce qui équivaut à jugement.**

742.7 **Dans les matières qui relèvent de sa compétence, le Tribunal peut, s'il l'estime nécessaire pour assurer le respect et la sauvegarde des droits des parties, émettre une ordonnance remédiatrice enjoignant à une personne de s'abstenir, de cesser ou de faire ou d'entreprendre un acte, une décision ou une démarche, ou de réparer le préjudice causé par cet acte, cette décision ou cette démarche.**

Le Tribunal donne aux parties l'occasion d'être entendues avant d'émettre une telle ordonnance.

Section 743 — Instruction

743.1 La cause est instruite au chef-lieu du district judiciaire où elle a pris naissance, sauf si les parties en conviennent autrement, ou si le juge en chef décide, pour des raisons d'intérêt public, qu'elle sera instruite ailleurs.

Le tribunal peut siéger n'importe quel jour juridique de l'année. (Source: art. 128 C.t.)

743.2 Les séances d'enquête et d'audition sont publiques. Toutefois, le tribunal peut ordonner le huis clos s'il l'estime nécessaire dans l'intérêt de **l'ordre public**. (Source: art. 133 C.t., adapté)

743.3 Le tribunal doit permettre aux parties de se faire entendre et, à cette fin, leur donner, en la manière qu'il juge appropriée, un avis d'au moins cinq jours francs de la date, de l'heure et du lieu **de l'audition**.

Si une partie intéressée et ainsi convoquée ne se présente pas ou refuse de se faire entendre à la séance fixée à cette fin, ou à un ajournement de cette séance, le tribunal peut néanmoins procéder à l'instruction de l'affaire et aucun recours judiciaire ne peut être fondé sur le fait qu'il a ainsi procédé en l'absence de cette partie. (Source: art. 132 C.t.)

743.4 Lors de l'enquête et de l'audition, chacune des parties peut interroger les témoins et exposer ses arguments. (Source: art. 135 C.t.)

743.5 Toute personne qui témoigne devant le tribunal a les mêmes privilèges et les mêmes immunités qu'un témoin devant la Cour supérieure et les articles 307 à 310 du Code de procédure civile s'y appliquent, **mutatis mutandis**. (Source: art. 134 C.t.)

743.6 **Le tribunal doit** rendre un jugement définitif dans les quinze jours de la fin de l'audition.

Il en transmet, sans délai, une copie conforme à chaque partie intéressée. L'original est conservé dans un greffe facilement accessible au public. (Source: art. 131 C.t., adapté)

743.7 **Le jugement du tribunal peut être exécuté en suivant les procédures établies à l'article 231.7 pour valoir aux mêmes effets.**

CHAPITRE 750 — Conseil consultatif du travail et de la main-d'oeuvre

Section 751 — Formation du C.C.T.M.

751.1 Un organisme d'étude et de consultation est institué sous le nom de « Conseil consultatif du travail et de la main-d'oeuvre ». (Source: art. 1 L.C.C.T.M.)

751.2 Ce Conseil **consultatif** se compose des membres suivants nommés par le gouvernement sur la recommandation du ministre du Travail:

1) le président;

2) cinq personnes choisies parmi celles qui sont recommandées par les associations de salariés les plus représentatives;

3) cinq personnes choisies parmi celles qui sont recommandées par les associations d'employeurs les plus représentatives.

Le sous-ministre du Travail ou son délégué, est aussi, d'office, membre du Conseil, mais il n'a pas droit de vote. (Source: art. 4 L.C.C.T.M.)

751.3 Les membres du Conseil **consultatif** autres que le président, le sous-ministre du Travail ou son délégué, sont nommés pour trois ans; le président est nommé pour cinq ans. (Source: art. 5 L.C.C.T.M.)

751.4 Les membres du Conseil **consultatif** demeurent en fonction, nonobstant l'expiration de leur mandat, jusqu'à ce qu'ils soient nommés de nouveau ou remplacés. (Source: art. 6 L.C.C.T.M.)

751.5 Toute vacance survenant au cours de la durée du mandat d'un membre du Conseil **consultatif** autre que le sous-ministre du Travail ou son délégué, est comblée en suivant le mode de nomination prescrit pour la nomination du membre à remplacer. (Source: art. 7 L.C.C.T.M.)

Section 752 — Objet

752.1 Ce Conseil **consultatif** doit donner son avis au ministre du Travail sur toute question que l'un ou l'autre lui soumet relativement aux sujets qui relèvent de sa compétence.

Tout projet de loi modifiant le Code et tout projet de règlement d'application du Code sont soumis au Conseil consultatif pour avis circonstancié. À cette fin, le ministre indique le délai dans lequel l'avis doit être produit.

Dans le cas d'un projet de loi, l'avis du C.C.T.M. est déposé par le ministre à l'Assemblée nationale lors du dépôt du projet. (Source: art. 2, al. 1 L.C.C.T.M. adapté)

752.2 **Les autres membres du gouvernement peuvent aussi solliciter des avis du Conseil consultatif.**

752.3 Ce **Conseil consultatif** peut entreprendre l'étude de toute question qui relève du domaine du travail et de la main-d'oeuvre et faire effectuer, **dans le cadre des ressources mises à sa disposition,** les études et recherches qu'il juge utiles ou nécessaires pour la poursuite de ses fins. (Source: art. 2, al. 2 L.C.C.T.M.)

752.4 Ce Conseil **consultatif** peut solliciter des opinions et suggestions du public sur toute question dont il entreprend ou poursuit l'étude et soumettre des recommandations sur cette question au ministre **responsable.** (Source: art. 3 L.C.C.T.M.)

752.5 **En outre des avis qu'il doit donner à la demande expresse du ministre ou selon les dispositions particulières du Code, le C.C.T.M. prend les mesures qu'il juge utiles pour être au fait des services que rendent les divers organismes respectivement chargés de l'application des dispositions du Code. À cette fin, le Conseil consultatif rencontre, au moins une fois l'an:**

1) **le juge en chef du tribunal et les présidents de la Commission des normes du travail et du Conseil des relations du travail;**

2) **les responsables du service de la conciliation et médiation du ministère;**

3) les représentants des associations de salariés et des associations d'employeurs dont les membres respectifs sont assujettis à des décrets de convention.

752.6   À intervalle régulier, le Conseil consultatif doit évaluer l'efficacité des dispositions du Code et joindre ses constats à son rapport annuel.

752.7   Une fois l'an, le Conseil consultatif dresse une liste de personnes admissibles à la fonction d'arbitre pour les fins du chapitre 440 « Arbitrage ». Cette liste annuelle est transmise au ministre, à la Commission, au C.R.T. et aussi à tous les intéressés.

Le C.C.T.M. doit faire connaître les conditions d'admissibilité retenues pour la sélection des nouveaux candidats et pour la révision de la liste précédente.

Le C.C.T.M. peut également établir aux mêmes conditions des listes spéciales pour les différentes catégories d'arbitrage prévues au chapitre 440.

Section 753 — Fonctionnement

753.1   Le Conseil **consultatif** peut tenir ses séances à tout endroit du Québec. Le quorum est de sept membres. (Source : art. 11 L.C.C.T.M.)

753.2   Le Conseil peut former des comités spéciaux pour l'étude de questions particulières et les charger de recueillir les renseignements pertinents et de lui faire rapport de leurs constatations et recommandations.

Ces comités sont composés de membres du Conseil choisis en nombre égal dans chacune des catégories de membres visés aux **alinéas 2 et 3 de l'article 751.2**.

Le Conseil peut adjoindre à tout comité ainsi formé, à titre de membres temporaires, des personnes qui ne font pas partie du Conseil **et qui peuvent représenter les groupes ou milieux intéressés à la question étudiée**. (Source : art. 13 L.C.C.T.M., adapté)

753.3   Le président du Conseil **consultatif** en dirige les activités; il prépare l'ordre du jour des séances, qu'il convoque et préside, coordonne les travaux du **C.C.T.M.** et en assure la continuité, veille à la préparation des dossiers, fournit aux membres les renseignements relatifs aux questions à l'étude et assure la liaison entre ce Conseil et le ministre du Travail ou le ministre **plus directement intéressé.**

Au cas d'absence du président à une séance du Conseil, il est remplacé alternativement par l'un des membres visés **aux alinéas 2 et 3** de l'article **751.2** désigné à cette fin par les membres du Conseil présents à la séance. (Source: art. 8 et 12 L.C.C.T.M.)

753.4   Le secrétaire du Conseil **consultatif** est nommé par le gouvernement qui fixe ses honoraires, allocations ou traitement ou, s'il y a lieu, son traitement additionnel.

Si le secrétaire est nommé à titre permanent, il ne peut être destitué que conformément aux articles 87 et 97 de la Loi sur la fonction publique (L.R.Q., c. F-3.1), selon le cas.

Tout autre fonctionnaire ou employé du Conseil est nommé et rémunéré suivant la Loi sur la fonction publique. (Source: art. 10 L.C.C.T.M.)

753.5   Les membres du Conseil **consultatif et les membres temporaires des comités spéciaux** autres que le président et le sous-ministre du Travail ou son délégué sont indemnisés de ce qu'il leur en coûte pour assister aux séances et reçoivent une allocation de présence fixée par le gouvernement. Le gouvernement fixe les honoraires, allocations ou traitement ou, suivant le cas, le traitement additionnel du président. (Source: art. 8, al. 2 et 9 L.C.C.T.M.)

753.6   Le Conseil **consultatif** peut adopter des règlements pour la régie interne. Ces règlements doivent être soumis à l'approbation du gouvernement. (Source: art. 14 L.C.C.T.M.)

753.7   Le Conseil **consultatif** doit, au plus tard le 30 juin de chaque année, faire au ministre du Travail un rapport de ses activités pour son exercice financier précédent et des études qu'il a effectuées ou a fait effectuer conformément **à l'article 752.2.**

Le ministre du Travail dépose le rapport du Conseil devant l'Assemblée nationale dans les trente jours suivant sa réception. S'il le reçoit alors que l'Assemblée ne siège pas, il le dépose dans les trente jours de l'ouverture de la session suivante ou, selon le cas, dans les quinze jours de la reprise des travaux. (Source: art. 15 L.C.C.T.M.)

CHAPITRE 760 — Conseil des services essentiels

Note: Nous pourrions reprendre en ce chapitre 760 les articles 111.01 à 111.0.14 de l'actuel Code du travail.

CHAPITRE 770 — Règlements d'application

Section 771 — Règlements du gouvernement

771.1 **En sus des dispositions du Code qui lui confère spécifiquement un tel pouvoir, le gouvernement peut déterminer par règlement:**

1) le salaire minimum, **sans distinction en fonction de l'âge du salarié, mais** qui peut être établi au temps ou au rendement ou sur une autre base ;

2) le bulletin de paye ;

3) le montant maximum qui peut être exigé du salarié pour la chambre et la pension ;

4) la semaine normale d'un salarié, notamment celle :

   a) du domestique ;

   b) de diverses catégories de gardiens ;

   c) du salarié occupé dans le commerce de l'alimentation au détail ;

   d) du salarié occupé dans les exploitations forestières ;

   e) du salarié occupé dans les scieries ;

   f) du salarié occupé dans les travaux publics ;

   g) du salarié qui travaille dans un endroit isolé, inaccessible par une route carrossable et qu'aucun système régulier de transport ne relie au réseau routier du Québec ;

   h) de diverses catégories de salariés effectuant sur le territoire de la région de la Baie-James des travaux réalisés sous la responsabilité de Hydro-Québec, de la Société d'énergie de la Baie-James ou de la Société de développement de la Baie-James ;

5) les jours fériés, chômés et payés;

6) les primes, indemnités et allocations diverses;

7) les outils, les douches, les vestiaires et les lieux de repos.

8) **les conditions permettant la fusion d'associations de salariés en syndicat professionnel selon la section 313 « Liberté d'affiliation »;**

9) **les dispositions servant de cadre général aux règlements particuliers qu'un comité paritaire peut adopter selon la section 613 « Administration » ou pour abroger un tel règlement particulier ou certaines de ses dispositions;**

10) **la tarification des honoraires et les modalités de remboursement des frais des arbitres de différend et de griefs et que ces derniers soient nommés par le ministre, la Commission, le Conseil, les parties à une convention collective ou, selon le cas, les parties contractantes à un décret;**

11) **les modalités d'application et les conditions particulières d'exercice des dispositions de la section 240 « Licenciement collectif » notamment celles relatives aux avis, à la manière d'établir le nombre de salariés visés en un même licenciement collectif, à la formation d'un fonds collectif;**

12) **les autres informations que doit fournir l'employeur au préavis exigible selon la section 413 « Changement technologique ».**

771.2   Le gouvernement peut, **par** règlements, exempter de l'application totale ou partielle **du chapitre 220 « Conditions générales de travail »**, pour le temps et aux conditions qu'il détermine, une ou plusieurs catégories de salariés qu'il désigne, notamment les cadres, le salarié d'un conjoint, les salariés à commission, les travailleurs agricoles, les salariés des exploitations forestières, des scieries et des travaux publics, les gardiens, les salariés qui reçoivent habituellement des pourboires, les étudiants employés dans un organisme à but non lucratif et à vocation sociale ou communautaire, tel une colonie de vacances ou un organisme de loisirs et les stagiaires dans un cadre de formation ou d'intégration professionnelle reconnu par une loi. (Source: art. 88, al. 1 L.N.T.)

771.3   Le gouvernement peut aussi, le cas échéant, fixer **par règlement** des **conditions de travail** différentes de celles que prévoit **le chapitre 220 « Conditions générales de travail »**, pour les salariés **visés à l'article 761.2.**

Le Gouvernement fixe également par règlement les conditions minimales de travail des domestiques et les conditions minimales de travail des personnes dont la fonction principale est de garder dans un logement un enfant ou une personne malade, handicapée ou âgée. Ces règlements portent notamment sur le salaire, les allocations, les heures de travail et les temps libres. (Source: art. 88, al. 2 L.N.T.)

771.4   Le gouvernement peut, par règlement, soustraire de l'application totale ou partielle:

1) **du chapitre 220 « Conditions générales de travail » et des règlements qui s'y rattachent** certains établissements ou catégories d'établissements à vocation de rééducation physique, mentale ou sociale et, le cas échéant, fixer des normes du travail qui sont applicables aux personnes qui y travaillent;

2) **de l'article 213.15 et 231.1 (retraite obligatoire)** certaines catégories de salariés ou d'employeurs. En ce cas, le règlement ne peut avoir effet plus de six mois antérieurs à la date de son adoption. (Source: art. 90 et 90.1 L.N.T.)

Section 772 — Autres règlements

772.1   Le **Conseil des relations du travail** peut faire tout règlement qu'il juge approprié pour donner effet aux dispositions du code dans les matières de son ressort et en particulier pour:

a) la délivrance des permis prévus aux articles **314.6 et 314.7 (forêt et mine)**;

b) pourvoir à un régime d'accréditation approprié au caractère temporaire et saisonnier des exploitations forestières et des industries de la pêche et de la préparation du poisson et en particulier, décider que la période de trente jours prévue au paragraphe **c) de l'article 322.1** se situe à un autre moment;

c) modifier le nombre d'exemplaires **de la convention collective** et de copies conformes à déposer suivant l'article **433.1** et établir la procédure à suivre pour ce dépôt et les renseignements que les parties doivent lui fournir à cette occasion;

d) établir des modalités particulières pour le dépôt d'une convention collective applicable à plusieurs employeurs ou à plusieurs associations accréditées;

e) établir la procédure à suivre pour le dépôt d'une sentence arbitrale **selon l'article 441.19** et les renseignements que l'arbitre doit fournir sur la durée des étapes de la procédure suivie pour l'arbitrage, **l'objet de la mésentente et le processus de nomination suivi**;

f) **préciser les informations complémentaires que doit fournir l'employeur à son préavis donné selon la section 413 « Changement technologique »**;

g) **déterminer les territoires du Québec qui constituent les régions de Québec et de Montréal**;

h) **établir les modalités relatives à la conduite de sa régie interne et à la tenue d'un scrutin.**

(Source: art. 138 C.t.)

772.2   La Commission peut, par règlement:

1) adopter des règles de régie interne;

2) constituer des comités pour l'examen des questions qu'elle détermine;

3) rendre obligatoire, pour un employeur ou pour une catégorie d'employeurs qu'elle indique, un système d'enregistrement ou la tenue d'un registre où peuvent être indiqués les nom, prénom et résidence de chacun de ses salariés, son emploi, l'heure à laquelle le travail a commencé, a été interrompu, repris et achevé chaque jour, la nature de ce travail et le salaire payé, avec mention du mode et de l'époque du paiement ainsi que tout autre renseignement jugé utile à l'application **du chapitre 220 « Conditions générales de travail »** ou d'un règlement;

4) prélever des employeurs, une somme n'excédant pas 1 % du total des salaires qu'ils paient à leurs salariés et de ceux qu'ils sont réputés leur verser en vertu de l'article 1015.2 de la Loi sur les impôts (L.R.Q., c. 1-3), fixer le maximum du salaire assujetti à ce prélèvement et le minimum des salaires payés par l'employeur pour qu'il soit assujetti à ce prélèvement; ce règlement doit fixer la méthode, le taux de prélèvement, la période pour laquelle ce prélèvement est exigible et être accompagné d'un état estimatif des recettes et des déboursés de la Commission; **ce règlement fixe également la pénalité et le taux d'intérêt applicables au défaut ou au retard à remettre le rapport de prélèvement accompagné du paiement**;

5) déterminer la nature des créances qui peuvent donner droit au versement **d'indemnité au salarié pour la perte de salaire selon la section 223 « Autres conditions de travail »**, les conditions d'admissibilité à **cette indemnité, sa quotité** et les modalités de **son versement.**

(Source: art. 29 et 89 L.N.T. adaptés)

772.3 **Ne peuvent être assujettis** au prélèvement visé dans le paragraphe **4** de l'article **772.2** :

1) une communauté urbaine;

2) une corporation municipale;

3) une corporation municipale ou intermunicipale de transport au sens de l'article 1 de la Loi sur les corporations municipales et intermunicipales de transport (L.R.Q., c. C-70);

4) une corporation scolaire;

5) le Conseil scolaire de l'Île-de-Montréal;

6) une fabrique;

7) une corporation de syndics pour la construction d'églises;

8) un établissement, un conseil régional ou une famille d'accueil visés respectivement dans les paragraphes a, f et o de l'article 1 de la Loi sur les services de santé et les services sociaux (L.R.Q., c. S-5) dans la proportion des sommes d'argent qu'ils reçoivent en vertu de cette loi;

9) une institution ou organisme de bienfaisance dont l'objet est de venir en aide gratuitement et directement à des personnes physiques dans le besoin;

10) une institution religieuse;

11) une institution d'enseignement;

12) l'Office de la construction du Québec;

13) un comité paritaire constitué en vertu **du chapitre 610 « Décret de convention »**;

14) un employeur régi par un décret **de convention**, quant aux salaires payés qui font l'objet d'un prélèvement par un comité paritaire **ou par l'Office de la construction du Québec**;

15) l'employeur d'un domestique.

(Source: art. 30 L.N.T.)

772.4   La majorité des membres du tribunal, à une assemblée convoquée à cette fin par le juge en chef, peuvent, **après consultation du Conseil consultatif du travail et de la main-d'oeuvre,** édicter des règlements applicables à la conduite de la procédure et à l'instruction des instances devant lui. (Source: art. 138 C.t.)

Section 773 — Approbation et publication des règlements

773.1   **Tout règlement édicté en vertu des articles 772.1 (C.R.T), 772.2 (Commission) et 772.4 (Tribunal) doit, pour valoir, être soumis à l'approbation du gouvernement. À cette fin, le ministre reçoit le règlement auquel est joint un avis circonstancié du Conseil consultatif du travail et de la main-d'oeuvre.** (Source: art. 31 et 32 L.N.T. adaptés)

773.2   **Avant de le soumettre pour approbation, le ministre publie le règlement à la Gazette officielle du Québec et en indiquant la période au cours de laquelle les intéressés peuvent lui transmettre, en la manière qu'il fixe, leurs avis. Il peut également ordonner la tenue d'une enquête pour obtenir les informations qui lui paraissent nécessaires.**

Si les circonstances particulières l'exigent ou si l'intérêt public le commande, le ministre peut soumettre ce règlement pour approbation immédiate et sans publication préalable et, ce défaut n'entache nullement la validité du règlement. (Source: art. 33, 34, 37 et 38 L.N.T. adaptés)

773.3   **Le gouvernement peut approuver le règlement avec ou sans modification.** (Source: art. 35 L.N.T.)

773.4   **Le gouvernement reçoit l'avis circonstancié du Conseil consultatif du travail et de la main-d'oeuvre avant d'adopter un règlement en vertu des paragraphes 9, 10, 11 et 12 de l'article 771.1 et des articles 771.2, 771.3 et 773.4.**

À cette fin, le ministre présente au C.C.T.M. le projet de règlement et détermine le délai pour recevoir l'avis demandé. (Source: art. 20 et 21 Loi des décrets; art. 92 L.N.T. adaptés)

773.5 **Les règlements édictés en vertu du présent chapitre 770 entrent en vigueur à compter de la date de leur publication dans la Gazette officielle du Québec ou à toute date ultérieure qui y est indiquée.**

Dans le cas de règlements visés à l'article 773.1, un avis d'approbation doit accompagner le règlement qui est publié tel qu'il a été ainsi approuvé. (Source: art. 104 et 148 C.t. adaptés; art. 36 L.N.T.)

TITRE 8 — PROCÉDURE ET PÉNALITÉS

CHAPITRE 810 — Procédure

810.1 Aucun acte de procédure fait en vertu du présent code ne doit être considéré comme nul ou rejeté pour vice de forme ou irrégularité de procédure.

Toute demande au **Conseil lui** est valablement adressée en la **lui** expédiant au ministère du Travail.

La Commission, le Conseil ou le tribunal qui reçoit une plainte, requête ou autre document qui ne relève pas de sa compétence doit le transmettre, sans délai, à son véritable destinataire en lui indiquant la date de sa réception. Sous réserve des droits des autres parties, cette dernière date peut être considérée comme si ce destinataire l'avait reçu en ce même temps. (Source: art. 151 C.t. adapté)

810.2 Tout employeur et toute association peut se faire représenter pour les fins du présent code par des représentants dûment mandatés.

810.3 **Sous réserve de l'article 433.6, l'action** civile résultant du **Code, d'un règlement d'application ou d'un décret de convention** se prescrit par un an à compter de chaque échéance. Au cas de fausse inscription dans un registre obligatoire, le système d'enregistrement ou la liste de paye, ou de remise clandestine, ou de toute autre fraude, la prescription ne court à l'encontre des recours qu'à compter de la date où **la Commission ou le comité paritaire** a connu la fraude.

Un avis d'enquête **de la Commission ou du comité paritaire** expédié à l'employeur par courrier recommandé interrompt la prescription à l'égard de tous ses salariés pour six mois à compter de sa mise à la poste. (Source: art. 28 et 28.1 Loi des décrets)

810.4 Dans la computation de tout délai fixé par le présent code ou imparti en vertu de quelqu'une de ses dispositions:

1) le jour qui marque le point de départ n'est pas compté, mais celui de l'échéance l'est;

2) **sauf s'il s'agit de délai de dix jours ou moins**, les jours non juridiques sont comptés;

3) lorsque le dernier jour est non juridique, le délai est prorogé au premier jour juridique suivant.

(Source: art. 151.3 et 151.4 C.t. adaptés)

810.5 Si la date fixée pour faire une chose tombe un jour non juridique, la chose peut être valablement faite le premier jour juridique qui suit. (Source: art. 151.2 C.t.)

810.6 Aux fins du présent code, sont jours non juridiques:

a) les **samedis** et dimanches;

b) les 1er et 2 janvier;

c) le vendredi saint;

d) le lundi de Pâques;

e) le 24 juin, jour de la fête nationale;

f) le 1er juillet, anniversaire de la Confédération, ou le 2 juillet si le 1er tombe un dimanche;

g) le premier lundi de septembre, fête du travail;

g.1) le deuxième lundi d'octobre;

h) les 25 et 26 décembre;

i) le jour fixé par proclamation du gouverneur général pour marquer l'anniversaire de naissance du Souverain;

j) tout autre jour fixé par proclamation du gouvernement comme jour de fête publique ou d'action de grâces.

(Source: art. 151.1 C.t. adapté)

810.7 Les peines prévues **à la section 820** par la présente loi sont imposées suivant la Loi sur les poursuites sommaires (L.R.Q., C. P-15).

La partie II de ladite loi s'applique à ces poursuites sommaires. (Source: art. 147 C.t., 51 Loi des décrets et 143 L.N.T.)

810.8 Toute poursuite pénale doit, à peine de déchéance, être intentée dans un délai d'un an à compter de l'infraction. (Source: art. 53 Loi des décrets)

810.9   Toute poursuite pénale en vertu du présent code peut être intentée par le procureur général **ou par** le **Conseil ou la Commission ou le comité paritaire selon leur champ de compétence respectif** ou une partie intéressée. (Source: art. 148, al. 1) C.t., 52 Loi des décrets et 143 L.N.T.

810.10   **Sauf sur** une question de compétence, aucun des recours extraordinaires prévus aux articles 834 à 850 du Code de procédure civile ne peut être exercé ni aucune injonction accordée contre le **tribunal, le Conseil des relations du travail**, le Conseil des services essentiels, **la Commission, les membres et les personnes désignées par ces quatre organismes ou l'arbitre** agissant en leur qualité officielle et, **sous les mêmes réserves, ces derniers ne sont pas soumis à l'article 33 du Code de procédure civile**. (Source: art. 139 et 139.1 C.t.; art. 22 L.N.T.)

810.11   Un juge de la Cour d'appel peut, sur requête, annuler sommairement tout bref délivré et toute ordonnance ou injonction prononcées à l'encontre **de l'article 810.10**. (Source: art. 140 C.t. et 23 L.N.T.)

810.12   Aucun recours ne peut être intenté en raison ou en conséquence d'un rapport fait ou d'une ordonnance rendue par le **C.R.T., le Conseil des services essentiels** ou des publications s'y rapportant le cas échéant, ou en raison d'actes accomplis de bonne foi et dans l'exercice de leurs fonctions par les membres **de ces conseils** ou par des personnes nommées par eux conformément **aux dispositions du Code**. (Source: art. 140.1 C.t. adapté)

810.13   Aucune preuve n'est permise pour établir qu'une enquête ou poursuite prévue par le présent code a été intentée à la suite d'une plainte d'un dénonciateur ou pour découvrir l'identité de ce dernier. (Source: art. 152 C.t., 42 Loi des décrets et 146 L.N.T.)

810.14   Les amendes prévues à la présente loi sont versées au fonds consolidé du revenu. (Source: art. 148, al. 2 C.t.)

CHAPITRE 820 — Pénalités

820.1 Tout employeur qui, ayant reçu l'avis prescrit, fait défaut de reconnaître comme représentants de salariés à son emploi les représentants d'une association de salariés accréditée ou de négocier de bonne foi avec eux une convention collective de travail, commet une infraction et est passible d'une amende de cent à mille dollars pour chaque jour ou fraction de jour que dure l'infraction. (Source: art. 141 C.t.)

820.2 Quiconque enfreint une disposition des articles **314.8, 314.9 et 314.10**, commet une infraction et est passible d'une amende de cent à mille dollars pour chaque jour ou fraction de jour que dure l'infraction. (Source: art. 143 C.t.)

820.3 L'employeur qui n'exécute pas l'ordonnance de réintégration **rendue en vertu des articles 231.1, 314.11 et 732.12** et, le cas échéant, de paiement d'une indemnité rendue en vertu **des dispositions ci-dessus** ou par application des articles **332.5 et 424.2** commet une infraction et est passible d'une amende de 500 $ par jour de retard. (Source: art. 146.1 C.t. et 30 Loi des décrets)

820.4 **Commet** une infraction et est passible, en outre du paiement des frais, d'une amende de 200 $ à 500 $ et pour toute infraction subséquente dans les deux ans d'une amende de 500 $ à 3 000 $, quiconque:

1) entrave de quelque façon que ce soit, l'action de la Commission, **du C.R.T., du comité paritaire** ou d'une personne autorisée par **l'un d'eux** dans l'exercice de leurs fonctions;

2) trompe **l'un de ces organismes** par réticence ou fausse déclaration;

3) refuse de **leur** fournir un renseignement ou un document **qu'ils ont** le droit d'obtenir en vertu **du Code**;

4) cache un document ou un bien qui a rapport à une enquête;

5) est partie à une convention ayant pour objet de stipuler une condition de travail inférieure à une **condition générale de travail garantie au Code**, à un règlement d'application ou à un décret de convention, **ou**

6) contrevient à toute autre disposition **du Code ou d'un règlement d'application ou d'un décret de convention.**

(Source: art. 140 L.N.T. et 33 Loi des décrets adaptés)

820.5 Une association de salariés ou un employeur qui contrevient à une entente ou à une liste visées aux articles [111.0.18, 111.10, 111.10.1, 111.10.3, 111.10.5 ou 111.10.7 **C.t.**], ou une association de salariés qui ne prend pas les moyens appropriés pour amener les salariés qu'elle représente à se conformer à cette entente ou à cette liste commet une infraction et est passible d'une amende de 1 000 $ à 10 000 $ pour chaque jour ou partie de jour pendant lequel dure l'infraction. (Source: art. 146.2 C.t.)

820.6 Quiconque entrave ou fait obstacle à l'action du Conseil **des services essentiels** ou d'une personne nommée par lui ou quiconque les trompe par réticence ou fausse déclaration commet une infraction et est passible, pour chaque jour ou partie de jour pendant lequel dure l'infraction, d'une amende:

1) de 25 $ à 100 $, s'il s'agit d'un salarié;

2) de 100 $ à 500 $, s'il s'agit d'un dirigeant ou employé d'une association de salariés, ou d'un administrateur, agent ou conseiller d'une association de salariés ou d'un employeur;

3) de 500 $ à 1 000 $, s'il s'agit d'un employeur, d'une association de salariés, ou d'une union, fédération ou confédération à laquelle est affiliée ou appartient une association de salariés.

(Source: art. 143.1 C.t.)

820.7 Quiconque déclare ou provoque une grève ou un lock-out contrairement aux dispositions du présent code, ou y participe, est passible, pour chaque jour ou partie de jour pendant lequel cette grève ou ce lock-out existe, d'une amende:

1) de 25 $ à 100 $, s'il s'agit d'un salarié;

2) de 1 000 $ à 10 000 $, s'il s'agit d'un dirigeant ou employé d'une association de salariés, ou d'un administrateur, agent ou conseiller d'une association de salariés ou d'un employeur;

3) de 5 000 $ à 50 000 $, s'il s'agit d'un employeur, d'une association de salariés ou d'une union, fédération ou confédération à laquelle est affiliée ou appartient une association de salariés.

(Source: art. 142 C.t.)

820.8 Quiconque contrevient à l'article **423.1** commet une infraction et est passible d'une amende d'au plus 1 000 $ pour chaque jour ou partie de jour pendant lequel dure l'infraction. (Source: art. 142.1 C.t.)

820.9 Commet une infraction et est passible, en outre du paiement des frais, d'une amende de 200 $ à 500 $ et pour toute infraction subséquente dans les deux ans, d'une amende de 500 $ à 3 000 $, l'employeur qui:

1) sciemment, détruit, altère ou falsifie:

a) un registre;

b) le système d'enregistrement; ou

c) un document ayant trait à l'application **du Code, d'un règlement d'application ou d'un décret de convention**;

2) omet, néglige ou refuse de tenir un document visé au paragraphe I.

(Source: art. 139 L.N.T., 34 Loi des décrets)

820.10 Quiconque fait défaut de se conformer à une obligation ou à une prohibition imposée par le code, ou par un règlement **d'application, un décret de convention, une ordonnance ou décision du C.R.T.**, du tribunal ou d'un de ses juges, commet une infraction et est passible, à moins qu'une autre peine ne soit applicable, d'une amende de cent à cinq cents dollars et de mille à cinq mille dollars pour chaque récidive dans les deux ans. (Source: art. 144 C.t. adapté)

820.11 Si plusieurs personnes forment l'intention commune de commettre une infraction, chacune d'elles est coupable de chaque infraction commise par l'une d'elles dans la poursuite de la commune intention. (Source: art. 146 C.t.)

820.12 Si une corporation commet une infraction, un officier, administrateur, employé ou agent de cette corporation, qui a prescrit ou autorisé l'accomplissement de l'infraction ou qui y a consenti ou acquiescé, est réputé être partie à l'infraction. (Source: art. 142 L.N.T.)

820.13 Est partie à toute infraction et passible de la peine prévue au même titre qu'une personne qui la commet toute personne qui aide à la commettre ou conseille de la commettre, et dans le cas où l'infraction est commise par une corporation ou par une association, est coupable de l'infraction tout directeur, tout administrateur, gérant ou officier qui, de quelque manière, approuve l'acte qui constitue l'infraction ou y acquiesce. (Source: art. 145 C.t., 141 L.N.T., 30 Loi des décrets)

TABLE DE CONCORDANCE: LOIS ACTUELLES

PROJET DE CODIFICATION
DES PRINCIPALES LOIS DU TRAVAIL

Code du travail

Article	Numéro du projet	Article	Numéro du projet
Art. 1		**Art. 12**	
par. a)	120.4	al. 1)	314.8
b)	120.2	**Art. 13**	314.9
	323.1		340.4
c)	120.3		
d)	120.13	**Art. 14**	314.10
e)	120.15		
f)	120.19	**Art. 15**	231.6
g)	120.20		314.11
h)	120.21		
i)		**Art. 16**	231.2
j)		**Art. 17**	231.4
k)	120.17		
l)	321.3	**Art. 19**	231.6
n)	120.18	**Art. 19**	
o)	120.7	in fine	231.8
p)		**Art. 19.1**	231.7
q)			
r)		**Art. 20**	231.5
Art. 2	340.5	**Art. 20.1**	331.1
al. 1,2		**Art. 20.2**	331.2
Art. 3	311.1	**Art. 20.3**	331.3
Art. 4	311.2	**Art. 20.4**	331.5
Art. 5	314.3	**Art. 20.5**	331.4
Art. 6	314.4	**Art. 21**	
Art. 7	314.5	al. 1	321.1
Art. 8	314.6	al. 2	321.2
		al. 3	
Art. 9	314.7	al. 4	321.4
		al. 5	321.5
Art. 10	340.1	**Art. 22**	322.1
Art. 11	340.3	**Art. 23**	732.1

Article	Numéro du projet
Art. 23.1	
al. 1	732.5
al. 2	732.4
Art. 24	732.19
Art. 25	322.2
Art. 26	322.3
Art. 27	
al. 1	322.4
Art. 27.1	322.5
Art. 28	
Art. 29	
Art. 30	
Art. 31	
al. 2, 3	322.17
Art. 32	322.8
Art. 32	
al. 2	322.12
Art. 33	732.6
Art. 33	
al. 2, 3	732.4
Art. 34	322.19
Art. 35	
Art. 36	322.11
Art. 36.1	322.9
Art. 37	322.13
Art. 37.1	322.15
Art. 38	322.16
Art. 39	322.10
Art. 40	322.6
Art. 41	323.8

Article	Numéro du projet
Art. 42	732.18
Art. 43	
Art. 44	323.2
Art. 45	323.6
Art. 46	323.7
Art. 47	323.5
Art. 47.1	332.1
Art. 47.2	332.2
Art. 47.3	332.3
Art. 47.4	332.4
Art. 47.5	332.5
Art. 47.6	332.6
Art. 49	732.16
Art. 50	732.17
Art. 51	732.14
Art. 51.1	732.12
Art. 52	411.1
Art. 52.1	411.2
Art. 52.2	
al. 1, 2, 3	411.3
al. 4	431.5
Art. 53	
al. 1	411.4
al. 2	411.5
Art. 53.1	411.6
Art. 54	412.1
Art. 55	412.2
Art. 56	412.3
Art. 57	412.4
Art. 57.1	412.5

Article	Numéro du projet	Article	Numéro du projet
Art. 58	421.5	**Art. 77**	
Art. 58.1		al. 1	442.2
		al. 2	441.2
Art. 59		**Art. 78**	441.3
al. 1	322.7		
al. 2	422.2	**Art. 79**	
al. 3	431.2	al. 1	442.4
Art. 60	421.4	al. 2	442.5
Art. 61	323.3	**Art. 80**	441.4
Art. 61.1	323.4	**Art. 81**	441.6
Art. 62	431.2	**Art. 82**	441.5
Art. 63	433.7	**Art. 83**	
Art. 64	431.3	**Art. 84**	
Art. 65	431.4	**Art. 85**	441.12
Art. 66	431.5	**Art. 86**	441.13
Art. 67		**Art. 87**	
al. 1	433.2	**Art. 88**	441.17
al. 2	431.6	**Art. 89**	441.19
Art. 68		**Art. 90**	441.18
al. 1	432.1	**Art. 91**	441.11
al. 2	432.2	**Art. 92**	442.6
Art. 69	433.4	**Art. 93**	441.20
Art. 70	433.5	**Art. 93**	
Art. 71	433.6	al. 1	442.7
Art. 72		**Art. 93.1**	443.1
al. 1, 2, 4	433.1	**Art. 93.2**	443.2
al. 3	322.1	**Art. 93.3**	
Art. 73	313.1	**Art. 93.4**	443.3
Art. 74	442.1	**Art. 93.5**	443.4
Art. 75	442.2	**Art. 93.7**	442.8
Art. 76	442.3	**Art. 94**	444.1

Article	Numéro du projet	Article	Numéro du projet
Art. 96		Art. 101.6	441.19
Art. 97		Art. 101.7	445.10
Art. 98	444.2	Art. 101.8	441.21
Art. 100		Art. 101.9	441.22
al. 1, 3	445.1	Art. 101.10	441.23
Art. 100.0.1	445.5	Art. 102	445.2
Art. 100.0.2	445.6	Art. 103	441.24
Art. 100.1	441.9	Art. 104	773.5
Art. 100.1.1	441.3	Art. 105	421.2
Art. 100.1.2	441.4	Art. 106	421.1
Art. 100.2	441.6	Art. 107	421.3
Art. 100.2.1	445.4	Art. 108	421.6
Art. 100.3	445.9	Art. 109	422.1
Art. 100.4	441.5	Art. 109.1	423.1
Art. 100.5	441.7	Art. 109.2	423.2
Art. 100.6		Art. 109.3	423.3
al. 1, 2	441.12	Art. 109.4	423.4
al. 3, 4, 5	441.13	Art. 110	424.1
Art. 100.7	441.15	Art. 110.1	424.2
Art. 100.8	441.14	Art. 111.0.1	
Art. 100.9	441.8	Art. 111.0.2	
Art. 100.10	445.3	Art. 111.0.3	
Art. 100.11	445.7	Art. 111.0.4	
Art. 100.12	445.8	Art. 111.0.5	
Art. 100.16	441.10	Art. 111.0.6	
Art. 101	441.20	Art. 111.0.7	
Art. 101.2	441.17	Art. 111.0.8	
Art. 101.3	441.16	Art. 111.0.9	
Art. 101.5	441.18		

Article	Numéro du projet	Article	Numéro du projet
Art. 111.0.10		Art. 111.10.4	
Art. 111.0.11		Art. 111.10.5	
Art. 111.0.12		Art. 111.10.6	
Art. 111.0.13		Art. 111.10.7	
Art. 111.0.14		Art. 111.10.8	
Art. 111.0.15		Art. 111.11	
Art. 111.0.16	120.28	Art. 111.12	
Art. 111.0.17		Art. 111.13	
Art. 111.0.18		Art. 111.14	
Art. 111.0.19		Art. 111.15	
Art. 111.0.20		Art. 111.16	
Art. 111.0.21		Art. 111.17	
Art. 111.0.22		Art. 111.18	
Art. 111.0.23	421.7	Art. 111.19	
Art. 111.0.24		Art. 111.20	
Art. 111.0.25		Art. 112	741.1
Art. 111.0.26	422.3	Art. 113	741.2
Art. 111.1	212.4	Art. 114	741.6
Art. 111.2	120.25	Art. 115	741.3
Art. 111.3		Art. 116	741.4
Art. 111.4	313.2	Art. 117	741.5
Art. 111.6		Art. 118 al. 2	742.1
Art. 111.7			
Art. 111.8		Art. 119	
Art. 111.10		Art. 121	742.2
Art. 111.10.1		Art. 122	742.3
Art. 111.10.2		Art. 123	742.4
Art. 111.10.3		Art. 124	742.5
		Art. 125	741.7

Article	Numéro du projet	Article	Numéro du projet
Art. 126	741.8	Art. 143	820.2
Art. 127	741.9	Art. 143.1	820.6
Art. 128	743.1	Art. 144	820.10
Art. 129		Art. 145	820.13
Art. 130		Art. 146	820.11
al. 4	741.3	Art. 146.1	820.3
Art. 131	743.6	Art. 146.2	820.5
Art. 132	743.3	Art. 147	820.7
Art. 133	743.2	Art. 148	773.5
Art. 134	743.5	Art. 148	
Art. 135	743.4	al. 1	810.9
		al. 2	810.14
Art. 136	741.10	Art. 149	732.11
Art. 137	741.11	Art. 150	
Art. 138	772.4	Art. 151	810.1
Art. 139		Art. 151.1	810.6
Art. 139.1	810.10	Art. 151.2	810.5
Art. 140	810.11	Art. 151.3	
Art. 140.1	810.12	Art. 151.4	810.4
Art. 141	820.1	Art. 152	810.13
Art. 142	820.7		
Art. 142.1	820.8		

Loi sur les normes du travail

Article	Numéro du projet
Art. 1	
par. 1.	120.1
2.	
3.	120.9
4.	
5.	120.14
6.	120.16
7.	
8.	
9.	120.24
10.	211.2
11.	120.26
12.	120.27
Art. 2	
Art. 3	212.8
Art. 3.1	212.4
Art. 4	721.1
Art. 5	722.1
Art. 6	721.2
Art. 7	721.9
Art. 8	721.3
Art. 9	721.4
Art. 10	721.5
Art. 11	722.3
Art. 12	
Art. 13	721.6
Art. 14	721.5
Art. 15	723.1
Art. 16	
al. 1	723.2
al. 2	723.3
Art. 17	723.2

Article	Numéro du projet
Art. 18	723.6
Art. 19	721.7
Art. 20	723.4
Art. 21	723.5
Art. 22	810.10
Art. 23	810.11
Art. 24	721.8
Art. 25	723.7
Art. 26	723.9
Art. 27	723.10
Art. 27 in fine	762.1
Art. 28	723.8
Art. 29	772.2
Art. 29 par. 4	223.3
Art. 30	772.3
Art. 31	
Art. 32	773.1
Art. 33	
Art. 34	773.2
Art. 35	773.3
Art. 36	773.5
Art. 37	
Art. 38	773.2
Art. 39	722.2
Art. 40	221.1
Art. 41	221.2

Article	Numéro du projet	Article	Numéro du projet
Art. 42	221.3	Art. 70	222.24
Art. 43	221.4	Art. 71	222.25
Art. 44	221.5	Art. 72	222.26
Art. 45	221.6	Art. 73	222.28
Art. 46	221.7	Art. 74	222.29
Art. 47	221.8	Art. 75	222.27
Art. 48	221.9	Art. 76	213.7
Art. 49	221.10	Art. 77	222.32
Art. 50	221.11	Art. 78	222.1
Art. 51	221.12	Art. 79	222.9
Art. 52	222.2	Art. 80	222.19
Art. 53	222.3	Art. 81	222.18
Art. 54	222.4	Art. 82	213.3
Art. 55	222.5	Art. 83	213.5
Art. 56	222.6	Art. 84	213.16
Art. 57	222.7	Art. 84.1	213.15
Art. 58	222.8	Art. 85	223.1
Art. 59	222.10	Art. 86	223.2
Art. 60	222.11	Art. 87	
Art. 61	222.13	Art. 88	
Art. 62	222.14	al. 1	771.2
		al. 2	771.3
Art. 63	222.15	Art. 89	772.2
Art. 64	222.16	Art. 89	
Art. 65	222.12	par. 6	222.30
Art. 66	120.5	Art. 90	
Art. 67	222.23	Art. 90.1	771.4
Art. 68	222.21	Art. 91	
Art. 69	222.22	Art. 92	763.4

Article	Numéro du projet	Article	Numéro du projet
Art. 93		Art. 136	223.3
Art. 94	212.2	Art. 137	223.4
	433.3	Art. 138	223.5
Art. 95	212.7		772.1
Art. 96		Art. 139	820.9
Art. 97	212.6	Art. 140	820.4
Art. 98 à 121	722.4 et suivants	Art. 141	820.13
		Art. 142	820.12
Art. 122	231.1	Art. 143	810.7
Art. 122 in fine	222.31 231.1		810.9
		Art. 144	
Art. 122.1	231.1	Art. 145	
Art. 123		Art. 146	810.13
Art. 123.1	231.2	Art. 147	
Art. 124 in fine	213.9 231.5	Art. 149	
Art. 125	213.10	Art. 151	
Art. 126	213.11	Art. 152	
Art. 127	213.13	Art. 153	
Art. 128	231.1	Art. 154	
Art. 129	441.17	Art. 155	
Art. 130	441.18	Art. 156	
Art. 131	441.19	Art. 157	
Art. 132	441.21	Art. 158	
Art. 133	441.22	Art. 169	
Art. 134	441.23	Art. 170	
Art. 135	441.24		

Loi sur les décrets de convention collective

Article	Numéro du projet	Article	Numéro du projet
Art. 1		**Art. 20**	773.4
par. a		**Art. 21**	773.4
b			613.6
c		**Art. 22**	613.7
d		**Art. 23**	613.7
e	120.14	**Art. 24**	613.7
f		**Art. 25**	613.7
g		**Art. 26**	712.5
Art. 2	611.1	**Art. 26.1**	712.6
	612.1	**Art. 27**	
Art. 3		**Art. 28**	
Art. 4	612.2	**Art. 28.1**	810.3
al. 2	612.5	**Art. 29**	611.8
Art. 5		**Art. 30**	820.3
al. 1, 2	612.3		820.13
al. 3	612.4	**Art. 31**	
Art. 6	612.6	**Art. 32**	
Art. 7	612.7	**Art. 33**	820.4
Art. 8		**Art. 34**	820.9
Art. 9	611.3	**Art. 35**	
Art. 10	611.4	**Art. 36**	
Art. 11	611.2	**Art. 37**	
Art. 12	611.5	**Art. 38**	
Art. 13	611.6	**Art. 39**	
Art. 14	212.7	**Art. 40**	
Art. 14.1		**Art. 41**	
Art. 15	612.8	**Art. 42**	810.13
Art. 16	613.1	**Art. 43**	
	613.2		
Art. 17			
Art. 18	613.3		
Art. 19	613.4		

Article	Numéro du projet	Article	Numéro du projet
Art. 44		Art. 50	
Art. 45		Art. 51	810.7
Art. 46		Art. 52	810.9
Art. 47		Art. 53	810.8
Art. 48		Art. 54	
Art. 49			

Loi sur les syndicats professionnels

Article	Numéro du projet	Article	Numéro du projet
Art. 1 par. 1	312.1	Art. 14	312.16
2	312.2	Art. 15	312.17
3		Art. 16	312.18
4	312.3	Art. 17	312.19
5	312.4	Art. 18	312.20
Art. 2	312.5	Art. 19	313.3
Art. 3	312.6	Art. 20	
Art. 4	312.7	Art. 21	
Art. 5	312.8	Art. 22	311.3
Art. 6	312.9	al. 2	311.4
Art. 7	311.1	Art. 23	
Art. 8	312.10	Art. 24	314.1
Art. 9	312.11	Art. 25	313.5
Art. 10	312.12	Art. 26	313.5
Art. 11	312.13	Art. 27	313.5
Art. 12	312.14	Art. 28	313.5
Art. 13	312.15		

Loi sur le Conseil consultatif du travail et de la main-d'oeuvre

Article	Numéro du projet	Article	Numéro du projet
Art. 1	751.1	Art. 8	753.3
Art. 2		al. 2	753.5
al. 1	752.1	Art. 9	753.5
al. 2	752.2	Art. 10	753.4
Art. 3	752.4	Art. 11	753.1
Art. 4	751.2	Art. 12	753.3
Art. 5	751.3	Art. 13	753.2
Art. 6	751.4	Art. 14	753.6
Art. 7	751.5	Art. 15	753.7

Loi sur le ministère du Travail

Article	Numéro du projet	Article	Numéro du projet
Art. 1	711.1	Art. 14	712.3
Art. 2	711.2	Art. 15	712.4
Art. 3	711.3		712.6
Art. 4	711.4	Art. 16	712.5
Art. 5	711.5	Art. 17	712.7
Art. 6	711.6	Art. 59	713
Art. 7	711.7	Art. 60	713
Art. 8	711.8	Art. 61	713
Art. 9	711.9	Art. 62	713
Art. 10	711.10	Art. 63	713
Art. 11	711.11	Art. 64	713
Art. 12	711.12		
Art. 13	712.1		
	712.2		

Autres lois

Actuel	Projet
L.F.Q.P.M. art. 1, par. 01 et 02	240.1
art. 45	240.2
art. 45	240.3
art. 45	240.4
art. 45	240.6
art. 45	240.7
R.R.Q. 1981, c. F-5: art. 4	240.5
C.P.C., art. 650	231.1
C.P.C., art. 60	314.2

TABLEAU DE CONCORDANCE DU PROJET
AVEC LES RECOMMANDATIONS DU RAPPORT*

Recommandations	Projet	Recommandations	Projet
II-2 a	211.3	V-12	221.1
II-2 b	222.4	V-13	771.1
	222.32		
II-4	223.6	V-14	222.2
II-6	771.3	V-15	222.1
III-2	413.3	V-16	222.1
	413.4	V-17	222.24
III-4	240.1	V-18	222.25
III-4 a)	240.2	V-19	222.11
III-4 b)	240.8		
III-13	413	V-20	222.13
	732.12	V-21	222.14
IV-2	ensemble du projet	V-22	222.11
		V-23	222.20
V-1	chap. 210 et 220	V-24	213.5
V-2	212.2	V-25 a)	231.2
	433.3	V-25 b)	231.3
		V-25 c)	231.3
V-3	212.3	V-25 d)	231.1
	445.11	V-26 a)	213.9
V-4	771.3	V-26 b)	213.11
V-5	212.5	V-26 c)	213.11
			213.14
V-6	212.5	V-26 d)	213.12
V-7	742.1	V-26 e)	213.13
V-8	section 213	V-27	721.3
V-9	110.11	V-28	223.3
	110.12		223.4
V-10	213.1	V-29	722.2
V-11	213.8		722.4

* Puisque ce projet de codification entend rendre compte des recommandations de la Commission, le tableau y fait les renvois nécessaires.

Recommandations	Projet	Recommandations	Projet
V-30 a)	722.4	**VI-18**	423.4
V-30 b)	722.1		423.5
	722.4		732.1
V-30 c)	722.2		732.8
			732.12
V-31	772.2		732.20
V-32	120.27	**VI-19**	752.7
	212.6	**VI-20**	444.3
V-33	221.7	**VI-21**	chap. 610
VI-1	321.8	**VI-22**	611.1
VI-2	340.6		611.2
	432.3		612.6
VI-3	chap. 730	**VI-23**	section 314
VI-4	Titre I (préambule) et 731.1	**VI-24**	612.6
		VI-25	612.4
VI-5	321.6		612.5
VI-6	321.7		612.6
	340.5	**VI-26**	611.4
VI-7	732.12	**VI-27**	section 613
VI-8	321.9	**VI-28**	752.5
VI-9	322.17	**VI-29** a)	731.1 à 731.12
	732.11	**VI-29** b)	732.1 à 732.20
VI-10	322.5		
VI-11	322.18	**VI-30**	742.1
VI-12	314.11	**VI-31** a)	742.1
VI-13 a)	322.13	**VI-31** b)	332.5
VI-13 b)	322.14	**VI-32**	742.1
VI-13 c)	322.12	**VI-33** a)	742.6
VI-14 a)	section 443	**VI-33** b)	742.7
VI-14 b)	441.11	**VI-33** c)	743.7
	442.6	**VI-33** d)	742.2
	443.3	**VI-34**	445.1
VI-15	422.2	**VI-35**	441.2
VI-16	752.5		752.7
VI-17	423.5		

Recommandations	Projet
VI-36	322.7
VI-37	441.11
VI-38	441.6
VI-39	441.11
VI-40	442.8
VI-41	441.19
VII-4 a)	752.2
b)	section 752
c)	752.1
	752.2
	752.3
d)	753.2

Achevé d'imprimer à Montmagny
par les travailleurs des ateliers Marquis Ltée